组织行为学
知识点精解
与习题案例集

邓靖松 编著

中国人民大学出版社
·北京·

作者简介 >>>

邓靖松，中山大学管理学院副教授，长期从事组织行为与人力资源管理的科研与教学工作，主要研究领域为团队信任与管理、离职研究，在《心理学报》《心理科学》《应用心理学》、International Employment Relations Review、Personnel Psychology 等期刊发表学术论文 30 余篇，在系列案例集《中山大学管理案例研究》发表教学案例 12 篇，出版专著和教材 4 部，其中《管理心理学》(第四版) 入选"十四五"职业教育国家规划教材，主持国家自然科学基金项目 3 项、教育部人文社会科学研究青年基金项目 1 项、省级课题多项。

内容简介 >>>

本书包括个体行为、群体与团队行为、组织行为、个人与组织的关系等多个方面的内容。其中，个体行为部分从个体心理的角度分析人在组织中行为表现背后的动机与激励因素；群体与团队行为部分包括冲突管理和团队建设等内容；组织行为部分包括领导、沟通、组织文化、组织变革与发展等内容；个人与组织的关系部分包括组织公民行为等内容。

本书是一本知识点精解与习题案例集，既可以与马克思主义理论研究和建设工程重点教材《组织行为学》配套使用，也可以在教学中单独使用。通过对每章知识点的内容提要式的复习和各种题型举一反三的练习，读者可以加深对课本中相关理论知识的理解；通过分析案例中的管理问题，读者可以加深对组织管理的认识，提升分析和解决实际管理问题的能力。本书既可以作为教师的教学参考书，也可以供学生自主学习使用，无论是工商管理专业的本科生、MBA 学员还是企业管理者，都可以从本书中获益。

前　言

本书是为马克思主义理论研究和建设工程重点教材（以下简称"马工程教材"）《组织行为学》开发的习题案例集。新编马工程教材《组织行为学》共 10 章，内容非常精练，每章末只有思考题没有练习题，学生不易掌握重点难点知识以及提升实践能力。由于该教材的出版时间是 2019 年，可供参考的辅助材料比较少，为顺应马工程教材改革和教考分离，需要建立标准化的习题案例库供教师和学生参考。

教考分离已成为教育制度改革的新趋势，也是规范教学工作和适应教学管理制度改革的需要。以教学大纲为依据进行教学和考核，统一命题、集体流水评卷的教考分离，有利于充分发挥考试在教学工作中的作用，使教学工作规范有序地开展。实施教考分离的首要条件是建立标准化的习题案例库作为学生学习的辅助材料。为了在"组织行为学"的课程教学中更好地实施教考分离，与马工程教材配套的习题案例集必不可少。

"组织行为学"作为管理学专业的基础课，教学时数一般都在 50 学时以上，相对精练的教材内容难以满足教学需要，有必要补充大量的辅助材料（例如习题与案例），为此，作者针对马工程教材《组织行为学》开发了相应的习题案例集，以加深学生对相关知识的理解和掌握。本书在编写过程中力求实现以下目标：

（1）理念目标：基于马工程教材《组织行为学》的知识体系，建立习题案例库，并提供详解，为马工程教材建设和教考分离的实施提供配套的参考资料。

（2）内容目标：为马工程教材《组织行为学》开发配套的习题案例集，加深学生对相关知识的理解和掌握；推进教考分离，助力实践教学和案例教学的开展，通过知识点精解及各种题型丰富标准化的习题案例库。

（3）能力目标：提升学生的理论水平与实践能力；促进教学方法中教学性与研究性的结合。

本书的主要特点是与马工程教材《组织行为学》紧密结合，本书的创新之处是紧扣教材，针对知识点开发的相应的习题案例集，让学生真正能够学以致用。案例教学是管理学常用的教学方法，但是在组织行为学教学中，让学生学会整合所学知识，全面、批判性地看待问题尤为重要。教师需要好的习题案例素材。在开发本书案例时，有幸得到了作者主持的国家自然科学基金项目（NSFC：71772189）的资助，作者在案例选择上注重结合中国的文化特点和管理实际，案例都是中山大学管理学院教师在教学实践中反复推敲和使用过的真实案例。

  组织行为学是一门强调应用的学科，理论与实践的结合尤为重要，要求学生能够真正学以致用，提高自己分析问题和解决问题的能力。习题和案例分析训练有助于达到这个目的，使学生增加对管理实践的感性认识，间接获得一些管理经验，帮助学生进一步理解所学知识并验证理论，提高学习兴趣。作者期望本书能进一步推动"组织行为学"课程的教学，并促进教考分离的实施，同时对提高教学质量和学生的学习效果起到一定的作用。

目　　录

第一章　　　个体心理与行为

要点

> √ 知觉的含义及分类
> √ 归因的含义及主要理论
> √ 决策的基本理论
> √ 价值观的含义与分类
> √ 马克思主义价值观及特征
> √ 态度与工作中的态度
> √ 能力与人格
> √ 工作场所的人格理论
> √ 情绪智力与情绪劳动
> √ 压力及成因

第一部分　知识点

一、知觉与决策

知觉（perception）是指个体为了给观察到的对象赋予一定的意义而进行的组织和解释感觉印象的过程。知觉是一种积极、能动的认识过程。

（一）知觉的含义

一般而言，我们将知觉分为物体知觉和社会知觉。

物体知觉就是对自然界中机械、物理、化学、生物等种种现象的知觉，包括空间知觉、时间知觉和运动知觉。

社会知觉则是对由人的社会实践所构成的社会现象的知觉，包括对他人的知觉、人际知觉、自我知觉和角色知觉。

在中国的管理情境下，我们应当自觉地运用马克思主义的观点与立场对本章内容进行分析。具体而言，可以从马克思主义关于存在与意识的辩证关系的论述中获得重要指导。

恩格斯认为："全部哲学，特别是近代哲学的重大的基本问题，是思维和存在的关系问题。"[①] 马克思站在辩证唯物主义的立场上，给出了清晰而明确的论断："不是人们的意

---

① 中共中央马克思恩格斯列宁斯大林著作编译局 . 马克思恩格斯选集（第四卷）. 北京：人民出版社，1995：223.

识决定人们的存在，相反，是人们的社会存在决定人们的意识。"[1]

（二）归因的含义及主要理论

归因是指对观察到的行为结果进行分析并推断其原因的过程。

根据辩证唯物主义，无论是知觉、归因还是决策，都属于个体意识层面的范畴，它们的内容受到个体生理条件、生活环境、人生经历以及阶层地位等客观存在的影响。

归因的主要理论有：（1）海德的归因理论；（2）对应推断理论；（3）凯利的三维归因理论；（4）维纳的归因理论。

同时，我们也要看到，为了使自己的社会知觉能够更准确地反映客观现实，个体必须通过做出行为并不断地反思和观察来调整自己的认知。同样地，归因是个体对他人及自身行为原因的推论和解释，它反映了个体的主观能动性，但无论是海德的归因理论、对应推断理论，还是凯利的三维归因理论、维纳的归因理论，都仅仅是从主观意识层面概括性地描述了个体归因的方向及影响因素，归因的具体内容还直接受制于客观因素，其客观真实性并不能从以上四种理论中得到体现。

（三）决策的含义及基本理论

决策有狭义和广义之分。从狭义上说，决策是在几种行为方案中做出选择；从广义上说，决策还包括在做出最后选择之前必须进行的一切活动。

决策的基本理论包括：（1）理性决策模型；（2）有限理性决策模型；（3）隐含偏爱模型；（4）直觉模型。

无论是理性决策模型、有限理性决策模型，还是隐含偏爱模型、直觉模型，本质上仅刻画了个体在决策时的心理活动过程，该过程受到个体禀赋、个体经历和决策情境的影响，而且，任何一种理论都不能确保个体决策的正确性，正确性只能由个体通过实践的结果来检验。

二、价值观与态度

（一）价值观的含义与分类

1. 价值观的含义

价值观（values）代表了人们最基本的信念：从个人或社会的角度来看，某种具体的行为模式或存在的最终状态比与之相反的行为模式或存在状态更可取。

价值观具有内容和强度两种属性。

2. 价值观的分类

德国学者斯普兰格在《人的类型》一书中指出，社会生活有六个基本的领域，人会对其中的某个领域产生特殊的兴趣或价值观，据此将人的性格分为六种类型，不同的性

---

① 中共中央马克思恩格斯列宁斯大林著作编译局．马克思恩格斯全集（第三十一卷）．北京：人民出版社，1998：412.

格类型有不同的价值观成分。

3. 工作价值观

（1）工作价值观的含义。工作价值观的概念最早是由美国心理学家休珀在实证研究的基础上提出的，指的是对个体所追求的与工作有关的目标的表述，是个体的内在需要及其从事活动时所追求的工作特质或属性。

国内研究者认为工作价值观是指人们在求职过程中用来衡量各种职业优势、意义和重要性的内在尺度，属于个性倾向性的范畴，同时也具有很强的社会属性。

（2）影响工作价值观的变量。随着工作价值观研究的不断深入，学者们开始考察一些变量对工作价值观的影响，一般集中考察人格特质、人口学变量、组织行为变量等。

（3）工作价值观对员工行为和绩效的影响。国外的研究结果表明，成就导向和权力导向的工作价值观与工作结果之间有明显的相关关系，即具有高权力导向的员工，其职位晋升和工作更换的机会更多，薪酬也更高。国内有学者研究发现，工作价值观作为重要的调节变量，影响着工作压力和业绩之间的关系。

（二）马克思主义价值观

1. 中华优秀传统文化

我们提倡和弘扬社会主义核心价值观，必须从中华文化中汲取丰富营养，否则就不会有生命力和影响力。比如，中华文化强调"民惟邦本""天人合一""和而不同"，强调"天行健，君子以自强不息""大道之行也，天下为公"……

组织行为学关于价值观的研究侧重于个体层面，强调组织中的个人在工作中所看重或追求的东西。毫无疑问，个人价值观离不开社会大环境，也脱离不了历史和传统。个人价值观往往是社会、历史、文化在个人身上的具体体现。对于我国的组织管理来说，坚持马克思主义的价值观，继承和发扬中华优秀传统文化，提倡和弘扬社会主义核心价值观，是我们应该遵循的原则。

2. 马克思主义价值观

马克思主义价值观是由马克思恩格斯基于历史唯物主义创立的一个开放的理论体系，经由马克思主义者的不断发展和完善，现在已经变得日益丰富和完整。

马克思主义价值观有着自身鲜明的特征。其中，全心全意为人民服务的根本宗旨和集体主义的基本原则，是马克思主义价值观中最核心的内容。

3. 社会主义核心价值观

党的二十大报告指出："社会主义核心价值观是凝聚人心、汇聚民力的强大力量。"社会主义核心价值观是当代中国精神的集中体现，凝结着全体人民共同的价值追求。

（三）态度的概念及基本理论

1. 态度的概念

态度（attitude）是指个体对外界特定事物所持有的较为持久且稳定的内在心理倾向。

2. 态度的基本理论

利昂·费斯汀格提出的认知失调理论（cognitive dissonance theory）认为，个体会认识到自己的态度之间，或者态度与行为之间存在着不一致。任何形式的不一致都会令人感到不舒服，人们都有减少心理不适感的倾向，因而会试图减少这种不一致，以便达到失调程度最低的稳定状态。费斯汀格认为，个体想消除认知失调的愿望取决于三个因素。

（四）工作中的态度

1. 工作满意度

工作满意度（job satisfaction）是指员工所表现出来的对工作的喜欢程度。它源自个体评估工作或者工作经历时的一种快乐或积极的情绪状态。

关于工作满意度的测量，有两种广泛使用的方法。

2. 工作参与

工作参与（job involvement）是指员工在心理上对其工作的认可程度，以及他的绩效水平对自我价值的重要程度。

三、能力

（一）能力的概念

心理学家认为，能力（ability）是指个体顺利完成某种活动须具备的心理特征。

（二）能力的基本理论

（1）瑟斯顿的七维智力理论。
（2）弗农的智力层次结构理论。
（3）加德纳的多元智力理论。

四、人格

（一）人格的定义与特征

1. 人格的定义

在组织行为学中，人格（personality）是指与工作相适应的个人品质的总和。它不是一个纯自然的范畴，而是个体遗传与后天环境交互作用所形成的相对稳定和独特的心理行为模式。

2. 人格的特征

人格具有独特性、稳定性、统合性和功能性。

（二）工作场所的人格

1. 卡特尔的人格特质理论

美国著名的人格心理学家卡特尔认为，特质（trait）是构成人格的基本单元。特质是指个人行为的一些持久而稳定的特点，比如懒惰、畏缩、害羞、顺从、上进、忠诚等。1949 年，卡特尔通过因素分析的统计方法提出了 16 种相互独立的根源特质。

2."大五"模型

20 世纪 80 年代，科斯塔和麦克雷提出了"大五"模型（big five model），近年来的大量研究证实，模型中提出的五项人格维度是所有其他维度的基础，并且包含了人格特质中最重要的变量。

3.迈尔斯－布里格斯类型指标

迈尔斯－布里格斯类型指标（Myers-Briggs type indicator，MBTI）是目前使用最广泛的人格测试工具之一。

五、情绪与压力

（一）情绪与情绪智力

1.情绪的内涵

情绪（emotion）指的是由特定的人或事物引发的较为强烈的情感体验。

第一，情绪由刺激所引起，并不是自发的，具有指向性与冲动性。引起情绪的刺激有时是外在的、具体可见的。

第二，情绪是一种主观感受，具有个体差异性。不同的人面对同样的刺激，表现出的情绪不一定相同。

第三，情绪会产生生理唤醒，并伴随一定的外部表现，包括身体动作、面部表情、语调等。

2.情绪智力

情绪智力（emotional intelligence，EI）指的是驾驭自己和他人的情感情绪，区分它们之间的差异，并使用这些信息指导自己去思考和行动的能力。

（二）情绪劳动

情绪劳动（emotional labor）最早由美国社会学家霍克希尔德提出。情绪劳动指个体通过对自身情绪的管理创造出一种公众能够觉察的面部和肢体表现，也就是说，员工在与工作相关的人际交往过程中表现出令组织满意的情绪。

情绪劳动对劳动者和组织来说有利有弊。情绪劳动本身是一个中性的概念，组织和员工需要对之进行管理和控制，从而规避和减少情绪劳动的负效用。

（三）压力

1.压力的含义

压力（stress）指的是一种动态情境，在这种情境中，个体要面对与自己所期望的目标相关的机会、限制或要求，并且这种动态情境所产生的结果被认为是重要而又不确定的。

2.压力的成因

（1）社会因素。社会因素包括经济因素、政治因素和技术因素。

（2）组织因素。组织内部有许多因素能给我们带来压力。具体而言，主要表现在任务要求、角色要求和人际要求三方面。

（3）个人因素。主要包括个人的经济问题、家庭问题及员工自身的个性特点等。

3.压力导致的症状

压力导致的症状多种多样。根据罗宾斯的压力模型，可主要归纳为生理症状、心理症状和行为症状三类。

（四）职业枯竭

职业枯竭，又称为职业倦怠（job burnout），对它的研究可以追溯到20世纪70年代。这一概念最早是由弗罗伊登伯格于1974年提出的。他认为，当工作本身对个人的能力、精力及资源存在过度要求，从而导致工作者感到筋疲力尽时，职业倦怠便产生了。

第二部分　习题集

一、填空题

1.知觉是指_____为了给观察到的对象赋予一定的意义而进行的组织和解释感觉印象的过程。

2.归因的一般原则有_____、_____、_____、_____、_____。

3.角色知觉是指对人们所表现的_____的知觉。

4."大五"人格特征包含外倾性、神经质或情绪稳定性、开放性、_____和尽责性。

5.性格是个体对现实的_____和与之相应的习惯化了的_____。

6.能力是直接影响活动效率，并使活动顺利完成的个性心理特征，有_____和_____之分。

7.态度是由_____、_____、_____三种成分构成的，是比较稳定且相对持久的个人内在结构。

8.态度是刺激与_____之间的中介因素。

9.海德的认知平衡理论十分重视_____对态度的影响力。

10.影响员工态度转变的内部因素有员工的认知、_____和员工的个性心理特征。

11.霍夫斯泰德文化五维度架构包含个人主义和集体主义、_____、不确定性规避、长期导向与短期导向、男性化与女性化。

12.工作价值观可视为价值系统中一部分，是对工作、工作行为或工作目标的持久_____及选择、评判标准。

13. 工作压力主要来自三个方面：_____、_____、_____。

14. 工作压力会作用于员工及公司的组织层面而导致_____及_____的产生。

二、单项选择题

1. 在人际知觉中形成的以点概面或以偏概全的主观印象，称为社会知觉中的（　　　）。

    A. 首因效应　　　　　　　　　　　B. 近因效应

    C. 心理定势现象　　　　　　　　　D. 晕轮效应

2. 知觉者在对自己的行为进行解释时趋于自利的倾向，基本表现为知觉者常常把成功归于内因，把失败归结为外部因素的影响。这是（　　　）。

    A. 利己偏见　　　　　　　　　　　B. 基本归因错误

    C. 主观归因偏差　　　　　　　　　D. 客观归因偏差

3. 根据归因理论，通常被看作内因的原因是（　　　）。

    A. 努力程度　　　B. 任务难度　　　C. 运气　　　D. 机遇

4. 俗话说"听其言，观其行，而知其人"，这就是说，我们认识一个人，要根据他的言论和行为来判断。这里所说的是社会知觉中的（　　　）。

    A. 自我知觉　　　　　　　　　　　B. 对他人的知觉

    C. 角色知觉　　　　　　　　　　　D. 人际知觉

5. 德韦克发现，把成功归于努力的人比把成功归于能力的人，在以后的工作中将（　　　）。

    A. 坚持时间没有变化　　　　　　　B. 坚持时间受其他因素制约

    C. 坚持时间更短　　　　　　　　　D. 坚持时间更长

6. 在解释他人行为的原因时，高估其内在的人格因素，低估情境因素的倾向被称为（　　　）。

    A. 行动－观察者归因偏差　　　　　B. 基本归因偏差

    C. 自利性归因偏差　　　　　　　　D. 整体性归因偏差

7. 不同的气质类型具有不同的行为特征，表现为直率、热情、精力旺盛、易冲动、心境变化剧烈、具有外倾性的气质类型是（　　　）。

    A. 黏液质　　　B. 胆汁质　　　C. 多血质　　　D. 抑郁质

8. 气质和工作应合理匹配，适宜从事社交、外交、管理、律师、记者、演员等需要有表达、活动与组织能力工作的气质类型是（　　　）。

    A. 多血质　　　B. 黏液质　　　C. 胆汁质　　　D. 抑郁质

9. 按能力的倾向划分，有一般能力和（　　　）。

    A. 个人能力　　　B. 认知能力　　　C. 特殊能力　　　D. 创造能力

10. 人顺利地完成一定活动所具备的稳定的个性心理特征称为（　　　）。

    A. 智力　　　B. 能力　　　C. 感觉　　　D. 知觉

11. 在心理学中，从一个人对现实的稳定态度和习惯化了的行为方式中表现出来的较稳定的有核心意义的个性心理特征是（　　　）。

    A. 气质　　　B. 价值观　　　C. 态度　　　D. 性格

12. 气质类型中黏液质的主要行为特征是（　　　）。

　　A. 敏捷活泼　　　　　　　　　B. 小心迟疑

　　C. 缓慢稳定　　　　　　　　　D. 迅猛急躁

13. 下列选项中不正确的是（　　　）。

　　A. 多血质活泼好动，富于生气

　　B. 胆汁质精力充沛，情绪发生快而强

　　C. 黏液质柔弱易倦，情绪发生慢而强

　　D. 抑郁质言语动作细小无力、胆小

14. 外在工作价值观包含（　　　）。

　　A. 学习新事物　　　　　　　　B. 发挥自身潜力

　　C. 高报酬　　　　　　　　　　D. 自主和负责

15. 心理学上常说的人格决定因素不包括下面的（　　　）。

　　A. 遗传　　　　　B. 环境　　　　　C. 情境　　　　　D. 年龄

16. 一个人整个的、本质的、比较稳定的意识倾向性与心理特征总和称为（　　　）。

　　A. 个性　　　　　B. 精神　　　　　C. 素质　　　　　D. 品德

17. 费斯汀格提出三种解决认知不协调的途径，相对而言，人们更不愿意采用（　　　）。

　　A. 改变行为，使对行为的认知符合态度的认知

　　B. 改变态度，使其符合行为

　　C. 引进新的认知元素，改变不协调状态

　　D. 以上都不对

18. 下列选项为影响员工态度转变的内部因素的是（　　　）。

　　A. 员工的认知　　　　　　　　B. 人际影响

　　C. 企业内部的信息沟通　　　　D. 企业文化的影响

19. 主体对某特定对象进行认知、评价并做出价值判断所形成的心理倾向是（　　　）。

　　A. 兴趣爱好　　　B. 价值观　　　　C. 态度　　　　　D. 人生观

20. 态度的特性有态度的社会性、态度的针对性、态度的协调性、态度的稳定性、态度的两极性和（　　　）。

　　A. 态度的直接性　　　　　　　B. 态度的相对性

　　C. 态度的间接性　　　　　　　D. 态度的科学性

21. 由价值观的差异而导致的冲突，其冲突源属于（　　　）。

　　A. 沟通因素　　　　　　　　　B. 结构因素

　　C. 领导因素　　　　　　　　　D. 个人因素（或个人行为因素）

22. 下列选项中不属于应对压力的有效策略的是（　　　）。

　　A. 积极锻炼　　　　　　　　　B. 放松训练

　　C. 行为自我控制　　　　　　　D. 情绪自我压抑

23. 公司压力管理中的自然方面可分为（　　　）。

　　A. 高层人事管理和预防性个人导向管理

B. 家庭生活影响和工作关系影响

C. 公司规定的和公司未规定的

D. 法律规定的和法律未规定的

24. 预防性压力管理对公司的作用是（　　　　）。

A. 使一个运转不畅的公司有所改变

B. 发挥员工的创造力和主动性以及促进生产的增长和公司的发展

C. 消除所有压力

D. 保证公司正常运转

三、多项选择题

1. 影响知觉准确性的因素包括（　　　　）。

A. 知觉对象　　　　B. 情境　　　　　　C. 直觉　　　　　　D. 知觉者

E. 错觉

2. 产生错觉的原因有（　　　　）。

A. 知觉者的能力　　　　　　　　　B. 知觉者的生理状况

C. 知觉者的心理状况　　　　　　　D. 知觉对象和背景的特点

E. 知觉者的背景

3. 个性心理特征是人的多种心理特性的一种独特的组合。从个性心理特征的角度来看，个性心理的差异表现在（　　　　）。

A. 能力　　　　　　B. 气质　　　　　　C. 性格　　　　　　D. 想象

E. 记忆

4. 影响个性形成的因素有（　　　　）。

A. 先天遗传因素　　　　　　　　　B. 家庭因素

C. 文化传统因素　　　　　　　　　D. 阶层因素

E. 经济因素

5. 能力按其适应性可分为（　　　　）。

A. 智力　　　　　　B. 一般能力　　　　C. 专门能力　　　　D. 创造力

E. 智商

6. 罗克齐将价值观划分为两类，分别是（　　　　）。

A. 终极价值观　　　　　　　　　　B. 企业价值观

C. 工具价值观　　　　　　　　　　D. 个人价值观

E. 经济价值观

7. 态度的构成维度包括（　　　　）。

A. 认知　　　　　　B. 情感　　　　　　C. 意向　　　　　　D. 动机

E. 爱好

8. 态度的特性包括（　　　　）。

A. 社会性　　　　　B. 针对性　　　　　C. 稳定性　　　　　D. 主观性

E. 间接性

9. 工作压力引起的个人行为症状包括（　　　）。

  A. 退缩与忧郁   B. 增加看病的次数

  C. 食欲减退，体重减轻   D. 与同事、家人关系不良

  E. 注意力不集中

10. 工作压力引起的组织症状包括（　　　）。

  A. 缺勤   B. 职业倦怠

  C. 产品品质降低、数量减少 D. 心智疲劳及智力水平降低

  E. 决策效能低下

四、简答题

1. 消除认知不协调的方法有哪些？

2. 简述归因基本错误的主要内容。

3. 简述海德认为人们在对他人的行为予以归因时应遵循的两大原则。

4. 如何根据人的能力差异实施有效的管理？

5. 管理过程中如何利用气质的差异？

6. 管理过程中如何运用能力的差异？

7. 性格在管理中有什么意义？

8. 影响个性形成的因素有哪些？

9. 简述价值观的分类、含义及作用。

10. 影响态度形成的因素有哪些？

11. 价值观对组织行为有什么作用？

12. 简述组织应对压力的途径。

13. 简述工作压力的含义和来源。

14. 简述对待压力的有效方法和措施。

五、论述题

1. 联系实际论述社会知觉中常见的归因偏差及如何克服归因偏差。

2. 管理者的知觉对管理方式的影响？

3. 联系实际论述社会知觉的印象整合与管理。

4. 论述知觉与感觉的概念差异。

5. 联系实际论述如何根据人的性格差异实施有效的管理。

6. 论述性格在管理实践中的应用并举例说明。

7. 气质差异有哪些应用？举例说明。

8. 如何进行价值观的管理？

9. 态度对行为有什么影响？

10. 转变态度的方法有哪些？

11. 论述工作压力的双重作用。

12. 简述压力与工作绩效的关系。

参考答案

一、填空题

1. 个体
2. 共变原则　打折扣原则　非共同效果原则　非预期性原则　三度归因原则
3. 角色行为
4. 随和性
5. 稳定态度　行为方式
6. 一般能力　特殊能力
7. 认知　情感　意向
8. 反应
9. 人际关系
10. 员工的需要
11. 权力距离
12. 信念
13. 社会　组织　个人
14. 个人症状　组织症状

二、单项选择题

1. D　2. A　3. A　4. B　5. D　6. A　7. B　8. A　9. C　10. B　11. D　12. C　13. C
14. C　15. D　16. A　17. A　18. A　19. B　20. C　21. D　22. D　23. D　24. B

三、多项选择题

1. ABDE　2. BCD　3. ABC　4. ABCD　5. ACD　6. AC　7. ABC　8. ABCE　9. BCD
10. ABCE

四、简答题

1. 认知不协调是一种不愉快的情感体验，具有动机的作用，会驱使个体设法减轻或消除不协调状态，使认知系统尽可能协调过来。消除这种不协调状态的方法很多，主要有：（1）改变行为，使对行为的认知符合态度的认知。（2）改变态度，使其符合行为。（3）引进新的认知元素，改变不协调状态。因此。当人们的认知系统发生不协调时，只有找不到适当的理由加以解释时，行为与态度才会失调，从而引发行为与态度的改变。

2.（1）给没有必然性的事件或现象之间强加因果关系，根据自己的嗜好或想当然地对他人的行为或者事件进行解释。

（2）过分强调某种个人因素的影响而忽视情境因素的作用，以偏概全。

（3）过高估计偶发事件的代表性，对偶发事件进行普遍性的解释。

（4）过分相信直接获得的信息，总以为"眼见为实"是一种必然。

3.（1）认为他人行为发生的原因来自情境因素，如个体的周围环境、与个体相互作用的其他人对个体行为的强制作用、外加奖赏或惩罚、运气、任务的难易等，这种归因方式称为情境归因。

（2）将他人行为发生的原因归于个体本身的特点或其所具有的条件，如人格、品质、动机、情绪、心境、态度、能力、努力以及其他一些个体所具备的特点等，这种归因方式称为个人倾向归因。

4.（1）要明确同一个人不可能适应所有部门的每项工作。

（2）要明确受教育程度相同，能力水平不一定相同，知识的掌握并不等于能力的发展，仅仅是能力发展的前提条件。

（3）要明确同样智力水平的人，并不一定适合同一种工作。因为任何一种工作，除了需要一定的智力水平，还要求具有其他能力。

5.应当利用气质的差异，妥善地进行管理。具体来讲，在管理中可从人机关系、人际关系、思想教育等方面来考虑利用气质差异。利用气质差异应考虑以下原则：气质绝对性原则，气质互补原则，气质发展原则。

6.录用选拔，全面考察；使用安排，人尽其才；培训提高，两者兼包；考核评价，因岗异样。

7.行为预测，量材而用，因材施教。

8.先天遗传因素和后天社会环境因素。后天社会环境因素主要有家庭因素影响、文化传统因素影响和社会阶层因素影响等。

9.（1）含义：

1）价值观是一个使用非常广泛的概念，它一直是哲学、社会学、教育学、政治学、文学等众多学科的研究对象。价值观指的是人在对事物属性的认识的基础上，从其自身的需要出发，形成的与事物价值有关的、对其行为起指导性作用的观念系统。

2）价值观浸透于人的整个个性之中，是指导人的行为、态度、信念、理想的内心尺度。价值观是社会成员用来评价行为、事物以及从各种可能的目标中选择自己合意目标的准则。价值观通过人们的行为取向及对事物的评价、态度反映出来，是世界观的核心，是驱使人们行为的内部动力。它支配和调节人们的一切社会行为，涉及社会生活的各个领域。

3）价值观是后天形成的，是通过社会化培养起来的。家庭、学校等群体对个人价值观的形成起着关键的作用，其他社会环境对价值观也有重要的影响。

（2）分类：

1）罗克齐的价值观。罗克齐将价值观划分为两类，每一种类型有18项具体内容。一种类型称为终极价值观，指的是一种期望存在的终极状态，是一个人希望通过一生而实现的目标；另一种类型称为工具价值观，这种价值观指的是偏爱的行为方式或实现终极价值观的手段。

2）格雷夫斯的价值观。格雷夫斯在对企业组织中各类人员进行大量调查的基础上，按表现形态将价值观由低到高划分为七个等级类型，分别为反应型、部落型、自我中心型、坚持己见型、玩弄权术型、社交中心型、存在主义型。

3）奥尔波特的价值观。心理学家奥尔波特认为六种价值观，即社会型、经济型、政治型、艺术型、理论型、宗教型，可能同时存在于一个人身上，但它们是作为可变的价值取向，以不同的程度在一个人的观念体系中组合起来，贯穿在生活的所有方面，不同类型占主导地位的人就属于不同价值观的人，各类型的人表现出不同的行为特征。

（3）作用：

价值观能左右人的知觉、决定人的态度、影响人的行为，是决定人的行为的心理因素。

10.态度的形成受以下一些主客观因素制约：（1）社会因素；（2）个性因素，其中包括个性倾向性因素和个性心理特征因素；（3）态度系统特性因素。

11.它不仅影响个人行为，还影响整个组织行为，进而影响企事业单位的经济效益和社会效益。在同一客观条件下，对于同一事物，人们的价值观不同，就会产生出不同的行为，因此，为了获得好的经济效益和社会效益，企事业单位的领导者在确定组织目标时就必须考虑与企事业单位有关的各类成员的价值观。只有在平衡各方面价值观的基础上，才能确定合理的组织目标。

12.减少角色模糊；减少角色冲突；减少角色过载；增强控制感；自主决定工作计划和工作进程并对工作结果负责；提供社会支持。

13.（1）含义：

工作压力，即当工作的要求与员工本身的能力、资源或需求不能契合时，个人所产生的不良情绪及生理反应。

（2）来源：

1）社会因素。有一些压力来自社会方面，包括社会宏观环境，如产业政策、经济局势等大环境因素，以及员工身边的微观环境。员工所处社会阶层的地位高低、收入状况同样对其构成社会压力。

2）组织因素。组织内有许多因素能引起压力感，组织结构、组织变革、组织生命周期、工作环境、文化整合、沟通障碍、领导风格、工作任务过重或工作量不足、角色要求、任务要求等都会给员工带来压力。

3）个人因素。员工本人也会成为自身压力的来源。例如，追求完美、期望过高、缺乏安全感、被迫不断变换角色、与人沟通不够、外部表现与内心想法相矛盾等，都将使员工感觉到压力。

14.排除或控制压力来源，抵消压力的影响，增强个人对抗压力的能力，从事各项体育活动，适当的饮食，足够的睡眠以及治疗等，都是应对压力的行之有效的方法和措施。具体来说，对待压力有以下方法：

（1）改变行为方式来减轻和抵消压力，如重新确定新的目标、改善工作环境、重新设计组织结构和工作任务、进行工作职务分析等。

（2）积极开展散步、慢跑、打网球、游泳等体育活动，增强抵消压力的本领。

（3）采用"深层肌肉放松法""精神放松法""快速放松法"等，来增加对压力的承受能力。

五、论述题

1.（1）常见的归因偏差有基本归因错误、利己偏见等。

（2）归因偏差的克服：

1）通过归因训练，掌握某种归因技能，形成积极的归因风格。通过归因训练，可以获得各种形式的归因反馈信息，从而有针对性地消除归因偏差。在归因训练时，对成员做出的符合实际的、积极有效的归因应及时地给予强化，鼓励他们形成正确的归因风格。

2）要引导成员多进行个人倾向归因，克服总是外部归因的偏差，以提高他们的成就动机并对工作绩效产生积极影响，促使他们将工作的成败归因于自己的努力、能力等方面，克服与矫正遇事总是抱怨客观条件不好，运气太差、任务太难等不良的归因倾向。

3）要引导成员多从内在的、不稳定与可以控制的因素（努力）来归因，少从内部的、稳定的、不可控制的因素（能力）来归因，帮助其克服总是认为自己能力太差、自信心不足的偏差，提高他们的成就动机与自我效能感，增强他们的自信心和继续努力的动力，以改进工作方法并提高工作绩效。

4）通过观察学习，即观察与学习其他成员正确归因、改进行为并取得成功的典型实例，使大家效仿与学习正确有效的归因方式与行为，也会收到好的效果。

2.管理者的社会知觉直接关系到他们采用的管理方式。

（1）人际知觉与人群关系管理方式。管理者如果能够重视与员工交往，并与员工建立友好的人群关系，他们就能获得丰富的人际知觉，这样就能自觉地采用和执行与社会人假设相适应的人群关系管理方式。

（2）自我知觉与自我实现管理方式。管理者如果善于在各种社会知觉中进行自我知觉，从他人的行为，特别是他人对待自己的态度中发现和了解自己，并形成了某种自我实现的需要，他们就会倾向于采用和执行自我管理方式。

（3）对人知觉与应变管理方式。管理者如果能够经常与员工接触和交往，他们就能获得充分的对人知觉，了解人的各种个性心理特征，形成相应的意识，把人作为一个复杂的人来看待，从而采取相应的应变管理方式。

（4）角色知觉与责任制管理方式。管理者如果善于运用角色知觉，掌握各种角色的行为标准，形成相应的意识，他们就可能倾向于利用人们的责任心，实行责任制的管理方式。

3.对人的知觉实际上就是对人的看法和评价，这种评价对管理工作会产生明显的影响，包括聘用面试、绩效评估、员工努力、员工忠诚等方面。

为防止社会认知偏差效应的干扰以及克服社会知觉的障碍，应采取以下措施：

（1）要注意通过社会化和再社会化途径，在人际交往与人际互动中，正确认识自我、认识他人，认识与处理好人际关系、认识与处理好自己的角色，以促进自我健康成长与发展。

（2）鉴别信息应由表及里、去伪存真，形成正确的社会认知。

（3）实施印象管理，保持社会认知的有效性与一致性。

（4）注意情绪的调控，避免非理性与负面情绪的干扰，以及社会认知与信念的偏差。

联系实际略。

4.知觉是当前直接作用于感觉器官的整个客观事物在大脑中的反映。当一个客观事物的某一种属性对有关的感觉器官发生作用时，通过一系列传入神经，把这一感觉信息传入大脑相应的感觉中枢，引起相关的感觉信息组合的活动，从而反映当前该事物的存在。

感觉是人脑对客观事物个别属性（如颜色、声音、气味等）的反映，它是通过感官的特殊传导通路，把信息投射在大脑皮层的相应区域，经过简单的加工就获得了事物属性的知识。

5.（1）主动型的人一般具有较高的追求和奉献精神，具有较为丰富的思想内涵，他们的主动意识强，往往表现出开拓精神。对他们中能力强的人，应该以授权方式为主，尽量放权，可以交给他们复杂的、有难度的，特别是富有挑战性、风险性和开拓性的工作；对他们中能力弱的人，应该尽可能地为他们提供学习、提高能力水平的条件，为他们创造好的环境，帮助他们进步，尽量交给他们有把握完成的工作，逐渐提高他们的能力。

（2）被动型的人比较注重物质利益、工作条件和人际环境，他们表现出来的往往是责任心，而不是进取心，思想内涵也比较简单。对他们中能力强的人，要明确其具体责任，赋予确定的激励机制；对他们中能力弱的人，一定要辅以较为完美的管理制度和激励办法，分配给他们较为单一、专一的工作比较合适。

（3）个性突出，缺点、弱点明显的能人，一是要使其扬长避短；二是要做好思想和情感沟通；三是要放开一点儿，采取忍耐和期待的办法。

（4）对有特殊才能的人，一定尽可能给他们最好的条件和待遇。

6.性格是多种心理特征的独特结合，其特征结构和分类知识，为我们合理运用人的性格的多样性和互补性、充分调动人的积极性提供了依据，从而提高了管理效果。

在管理中应用性格知识，必须重视以下几个方面：

（1）重视管理者自身性格的锻炼。

（2）重视对组织成员性格的了解和把握。

（3）重视领导班子及其组织成员的性格互补结构。

（4）重视创造一个有利于培养良好性格的环境。

举例说明略。

7.可以从人机关系、人际关系、思想教育等方面考虑应用气质差异。选拔和培训某些特殊的专业人员，也要运用气质差异。应用应遵循以下原则：气质绝对原则、气质互补原则、气质发展原则。

举例说明略。

8.（1）确立核心价值观，并以之为主导形成企业的价值观体系。由于核心价值观是企业最重要的价值观念，在企业价值观念体系中居于支配地位，因此确立核心价值观就成为实行价值观管理的第一步。

（2）把企业价值观变为全体员工的共同价值观。一个人的价值观在他10岁左右时就已大体形成。当他加入一家企业后，如果其价值观与该企业原有成员之间的价值观差别不大，他会较快地接受该企业的文化，否则就容易产生文化冲突，造成管理上的困难。企业可以通过教育和培训将企业价值观变为全体员工的共同价值观。

（3）建立相应的企业文化，形成共同价值观的支持系统。企业制度对共同价值观的作用影响很大，对员工来说，这是外加的行为规范，可以使员工的言行符合企业的价值观，将企业价值观落到实处。

9.（1）从态度与社会性判断的关系来说，态度具有稳定的特征，它形成以后常常会成为个体适应上的习惯性反应，变成一种刻板而无弹性的心理构成物，有力地影响着人的社会性判断。（2）从态度与学习的关系来说，态度具有强烈的情绪情感特征。当学习内容与学习者原有的态度一致时，学习者会感到轻松愉快，其观点和材料会被迅速吸收消化；当学习内容与原有态度不一致时，学习者会产生厌恶、烦恼和紧张等消极情绪，阻止对新内容、新材料的吸收。（3）从态度与工作行为表现的关系来说，个体的行为表现与其心理准备状态有直接关系。实验表明，可以借某种态度的唤起而使个体的工作行为发生戏剧性的变化。如果我们能够使员工对企业有认同感，忠诚于企业，那么他们就会在工作中吃苦耐劳，并能承受各种压力和重担；反之，他们的忍耐力就较小。（4）从态度与工作效率的关系来说，一般而言，积极的工作态度对工作的知觉判断、学习、忍耐力等能发挥积极的影响，因而能提高工作效率，取得良好的工作绩效。但是，消极的工作态度，由于想要取得很高的工作报酬，也可能引发积极的工作行为，取得良好的工作绩效。由于中介因素的影响，工作态度与工作绩效的关系十分复杂。

10.（1）逐步提出要求。心理学研究表明，要转变一个人的态度，首先必须了解他原来的态度，再估计一下他的态度与所要转变的态度目标之间的差距是否过于悬殊，若差距过大，会发生反作用。如果逐步提出要求，不断缩小差距，人们比较容易接受。因此，要转变人们的态度，不能操之过急，最好逐步提出要求。

（2）积极参加实践活动。心理学研究认为，要转变一个人的态度，最好能够引导他积极参加有关的实践活动，或者让其在活动中扮演一定的角色。原因在于，某种特定的环境气氛能够使人们受到感染。

（3）利用组织规定和群体规范。组织的规章制度、公约、法规告诉人们怎样做是对的，怎样做是不对的。一般来说，组织规定和群体规范可以有效地改变人们的态度。任何一个群体都有自己的行动准则（或群体规范），它要求群体的每一个成员都必须遵守。如果某成员违反了群体规范，群体就会采取各种方式使该成员服从。因此，管理者可利用群体来改变一个人的态度。

（4）充分利用宣传工作。管理人员改变员工的态度可以采用普遍宣传、重点教育和个别说服的方法。可以这样说，其他的任何一种方法在某种意义上都离不开宣传工作。

11.（1）适度的工作压力会激励工作人员，激发工作者的潜能，提高其工作效率。

（2）过大或太小的工作压力则会减损工作者所能展现的工作效率，并造成士气低落、工作成效不彰的反效果。

12.压力与工作绩效关系明显。压力从低到高的变化对工作绩效水平的影响是不同的。在压力小的情况下，人们可能警惕性不够，没有挑战性，工作绩效不能达到最好的水平。压力达到中等水平时，有助于刺激机体，增强机体的反应能力，改善工作绩效水平，这时候个体的工作会做得更好、更快，并且个体也更加具有工作热情。对任何工作任务来说，均存在一个最优的压力水平，过了这个点后，工作绩效开始变差，在超过压力水平的情况下，员工会过分焦虑，从而影响他们取得好的工作绩效。

第三部分　案例集

一、课堂讨论案例

案例1

计算机化的测试①

　　商学院的毕业生都必须选修学分制的时事课程。与商学院的其他课程一样，这门课程的期末考试是在计算机上进行的。计算机从一个包含350个问题的题库中随机为每一位学生抽取40个问题，每次在屏幕上显示一个问题。当课程于1月开始之后，学生感觉准备好了，就可以随时参加考试。

　　不幸的是，问题出现了。当测试被计算机化之后，有一个"跳过选项"被添加到了计算机程序中。这个选项的设计是为了让学生能够跳过他们不想立即回答的问题，理论上，这个跳过的问题应该在晚些时候再出现在屏幕上，就像学生在书面测试中跳过问题再回来做一样。不过，跳过选项没能正常工作。它没有把跳过的问题再返回给学生，而是简单地把它们删除了。因此，跳过选项成为学生回避他们不想回答的问题的一种方式。

　　程序中的另一个错误是，当测试中被跳过的问题达到一定数量（6～10个）之后，计算机就会自动终止测试，接着会直接把分数显示给学生，并存储在计算机中。分数是基于百分比进行计算的，只统计学生回答过的问题。跳过的问题不会被统计为正确的或错误的。因此，如一个只回答了10个问题的学生，他答对了9个，并且跳过了足够多的问题，以致计算机自动终止测试，那么这个学生得到的分数就是90%。

　　关于跳过命令的消息似乎在学期结束的时候就已经被广泛传播开来，有人估计，至少一半的学生知道。据调查，在139名毕业班学生中，有77名学生在参加考试的时候回答的问题不到所要求的40个。当被问及此事时，有些学生说他们并没有意识

---

　　①　大卫·惠顿，金·卡梅伦．管理技能开发：第8版．张文松，等译．北京：机械工业出版社，2012.

到程序出现了错误，只是恰巧没记住总共回答了多少个问题。另一些学生辩解说："这就像填写所得税表格一样。人们总会雇会计来寻找他们可以利用的漏洞。这并不是违法的，即使是政府也没有告诫过漏洞的存在。计算机程序存在这个漏洞，而我们只是做了我们要做的事情。"

问题与思考

1. 如果你是学生中的一员：

A. 你会在学期结束时告诉老师程序存在错误的事情吗？

B. 报告你所知道的作弊学生的姓名。

C. 承认你作弊了。

2. 如果你是这门课的教师，你会做下列哪件事情？

A. 让 77 名没有完成 40 个问题的学生不及格。

B. 要求 77 名学生重新参加考试，并让他们通过。

C. 要求 139 名同学全部重修该课程，因为没有一名学生报告问题的存在，违反了学生道德守则。

D. 修改计算机程序，不对学生做任何处理。

E. 选择其他对策。

3. 你做出上述问题 1 和问题 2 中的决策的依据是什么？与你的伙伴讨论你的决策依据。

4. 你觉得自己属于哪种人格类型？为什么？

 案例 2

试卷被盗①

自我知觉中有个重要的概念：敏感阈限，指的是当一个人遇到与自我概念不一致的关于自己的信息，或面对改变自己行为的压力时，自我防御机制就会起作用。例如，一个朋友对你说："你今天看起来很累，你觉得还好吗？"如果你感觉很好，信息与你的自我知觉是不一致的，但因为这个矛盾相对很小，它不可能要求你重新检验和改变你的自我概念。信息越矛盾，对你的自我概念来说意义越重大，就越接近你的敏感阈限，并且你感到需要为此保护自己。例如，你认为自己作为一名经理工作得还不错，而有一个同事断定你作为一名经理并不称职，这会超过你的敏感阈限，如果这个同事是一个有影响力的人，就更会如此。你可能启动防御机制来保护你对自己持有的印象。

根据你对上面这段话的理解，分析下面的案例。

一位颇受学生欢迎的大学教授出好期末考试卷后放入抽屉，随手关上了办公室

---

① 邓靖松 . 管理心理学 . 4 版 . 北京：中国人民大学出版社，2021.

的灯。就在这时，一个高大魁梧的身影出现并拿走了试卷。教授打开抽屉，发现里面的东西都被拿走了，走廊里有个人跑了。教授将此事立即报告给了校长。

（1）小偷高大魁梧。

（2）灯是教授关的。

（3）一个高大魁梧的身影拿走了试卷。

（4）试卷被人从抽屉里拿走了。

（5）试卷被教授从抽屉里拿走了。

（6）教授关灯后出现了一个高大魁梧的身影。

（7）打开抽屉的那个人是教授。

（8）走廊里跑的是教授。

（9）抽屉实际上从未打开过。

（10）这篇报告中提到了三个人。

请你按顺序对这 10 个结论逐个进行判断，一旦确定答案后就不要再去读原来的观察结论，也不要再改答案。做出判断的时候请不要和周围的人商量，待你完成判断后再和其他人进行交流，并说明自己做出判断的原因。

案例 3

态度引领成功[①]

企业界流传着这么一个故事：

某公司在成立的最初几年，因业务代表的消极心态，曾让公司面临全盘溃败的窘境。于是总裁亲自来到业务代表中间探访。业务代表们抱怨在工作中遇到很多困难，有一半人都坦言自己在另谋出路。

总裁叫来了公司门口那个每天替员工擦鞋的小伙子来给他擦鞋。总裁问他："你多大了？在我们公司门口擦鞋有多久了？"

小伙子回答："我 19 岁，来 6 个月了。"

"很好。你擦鞋一次赚多少钱？""擦一次赚 5 块钱。"小伙子回答。

"在你来之前是谁在这里擦鞋？他为什么离开？"

"是一个大叔，我听说，他觉得擦鞋无法维持生活而离开了。"

"那你擦鞋一次赚 5 块钱，有办法维持生活吗？"

"可以的，先生。我每天能有两三百块钱的收入呢。"小伙子一边卖力地擦着鞋子，一边微笑着回答。

总裁对业务代表们说："这个小伙子现在做的工作，过去是由一个 40 多岁的中年男人负责的，他们的工作相同，收取的费用相同，服务的对象也相同。"

---

① 邓靖松.管理心理学.4 版.北京：中国人民大学出版社，2021.

"但是，"他激动地说，"这两个人的结局不一样！这个小伙子内心充满着对生活的希望，他工作时，脸上总是面带微笑。他服务热情，在周边工作的人都愿意来他这儿擦鞋，所以生意兴隆。而原来那个中年男人性情非常冷漠，悲观失望，情绪不稳定。而且，当顾客付费时，他也不会说声'谢谢'，因此，顾客越来越少，他的生意越来越惨淡，当然无法以此为生。"

业务代表们明白了，他们之所以销售做得不好，就是因为他们被困难吓退了，没有在销售商品的时候用他们的乐观和热情感染对方，是他们的工作态度出了问题。经过调整，第二年，该公司依靠全体员工的团结努力，走出了困境，取得了骄人的业绩。

没有人可以隐瞒自己的态度。态度可以理解为待人和做事的方式，对这一点人们立即就能注意到，它通过面部表情、声音和语调甚至肢体语言表现出来。人们在交往过程中能立即感觉到一个人对待别人的态度如何，周围的人也会受他态度影响并做出相应的回应。

问题与思考

是什么原因使擦鞋小伙子获得了成功？态度在其中起到了什么作用？这个案例给你的学习或工作带来什么启示？

二、课后分析案例

案例4

小崔的职业生涯：性格决定命运？[①]

小崔，女，80后，毕业于燕山大学工商管理专业，目前在北方某沿海城市的一家国有企业担任出纳。在周围人的眼里，小崔就是一个生活幸福的乖乖女，工作稳定，老公关心体贴，父母精明能干、年富力强。小崔婚后还能工作和生活在父母身边，这让很多同龄人心生羡慕。然而，在谈起自己的职业生涯时，小崔一声叹息，说来话长……

成长记忆：听话的童年

"我的父母都受过很好的教育，父亲是恢复高考后的第一批大学生，后来又去美国进修。从小父母对我的要求就比较严格，绝对是望女成凤的类型，尤其是父亲，坚持让我从一年级起就每天写日记，每天练习手风琴。即便是寒暑假，我的大部分时间也是围绕着学习和手风琴度过的，感觉童年的生活缺少了很多乐趣，有点儿枯燥。"

---

① 本案例由邓靖松、韩丹撰写。本案例研究得到了国家自然科学基金项目（71772189）的资助。

小崔在回忆时，表情很无奈，感叹自己的童年生活过得很枯燥，失去了很多快乐的时光。对她来说，父亲对她的影响最深刻，影响的关键词是"严格""望女成凤"。

"说实话我并不是一个爱学习的人，也不喜欢写日记，我觉得写作是要靠灵感的；我也不喜欢拉手风琴，我根本没什么兴趣，但是父母让我学，我觉得他们也是为我好，所以我就去学了。但遗憾的是，直到现在我的写作能力也不是很好，我的手风琴也没考过级，大概是因为之前的学习也存在应付的心理吧。包括后来读大学的专业都是按照父母的意愿选的，我觉得父母吃过的盐比我走过的路要多，所以都是父母帮我做主。"

言语之间能看出小崔是比较听家长话的人，从小到大都是按照父母为她设计的路线走，比较缺乏主见。父母要她练习手风琴，虽然她并不喜欢，但也没有提出反对意见，认为父母是为她好，所以接受，交谈中始终强调父母是为她好，相信父母的选择。对于子女在成长的道路上的重要抉择，一些家长的行事作风是"大包大揽"，不愿适时放手让子女自己做决定，不征求子女意见，增强了子女的依赖感，使子女没有真正参与自己的人生规划与设计。

大学生活：室友潜移默化

"大学期间，我主修了工商管理，同时辅修了财务会计，主修专业是我父母帮我选的，辅修专业是我自己选的。同宿舍有个农村女孩，很能吃苦，目标也很明确，她的口头禅就是'什么都得靠我自己'，因为父母帮不了她。我们成了好朋友，她的一言一行影响了我。大三的时候，因为就业压力大，我决定考研并积极努力准备，无奈以失败告终。

"大四的时候，父母鼓励我考公务员，可我成绩不好啊，而且又想考研，时间和精力不够。考研结果出来后，心里有点儿慌了，没有工作无所事事，于是就想着先随便找一个工作干着，但发现很多单位都会看重本科毕业的学校，很多简历投出去都没回音。

"在经过了一段失落和迷茫的时期后，与其说是我们两个商量好，倒不如说在她的鼓动下，我们决定毕业后一起去外面闯闯，所以在大四快毕业的时候，我就跟父母说出了自己的想法。起初父母不同意，他们希望我留在身边，但最终还是禁不住我的软磨硬泡，勉强同意了我和同学一起去广州。这可以说是我长这么大最有主见的一次了。我知道他们也希望从未独自走出小城的我，出去锻炼锻炼。"

小崔在讲这段经历的时候，关键词是"影响"和"主见"，尤其说到最有主见的一次的时候，她腼腆地笑了笑，不得不说她大学四年的同窗潜移默化地影响了她，让她有勇气说服父母到离家几千公里之外的城市闯荡。

初涉职场：漫无目的四处碰壁

"一到广州，发现工作不是想象中那么好找，例如一些公司的招聘广告上赫然写着只招985、211重点院校毕业生等。

"后来找了一份在汽车4S店里做销售顾问的工作。但是问题来了，我不喜欢那些销售员疯狂地抢客户赚回扣，就跟其中一个销售员吵架，结果我们都被主管指责和批评，我接受不了就辞职了。我觉得自己性格太直了，有时候也应该学会换位思考。当然，这些是我之后才悟出来的。第二份工作是去一家化妆品公司做销售，每天要工作12小时，很辛苦，我不愿意拼业绩；况且我一直认为当时仅是过渡期，不会永远这样，我家总会找人、托关系给我找份工作的。

"后来又经历了几次面试的失败，最后应聘到一家地产公司担任行政助理，这家公司在华南地区还是挺有名气的，办公场所在广州的CBD，公司提供员工宿舍，有免费的员工工作餐。刚刚从校门走上社会的我，对这一切都很满足，我幻想着自己能在这个城市立足。"

人生大事：婚姻和事业的抉择

"但是好景不长，家里对我的个人问题着急了，在家乡小城，到了结婚年龄周围有很多亲戚朋友会热心张罗着给介绍对象。在广州就不一样了，在这里，25岁甚至30岁未婚的比比皆是，所以25岁的年龄，我也没放在心上，而且找对象这个事情是可遇不可求的。但是我爸妈很着急，隔三岔五就给我打电话问问情况，并在家里给我张罗了几次相亲。每次我都要请假，然后，坐飞机飞回去相亲。当然，父母的担心也影响了我，说实话，我也怕自己嫁不出去，这边朋友也不多，所以父母让我回去相亲我也没啥怨言。

"相亲成功后，家里人让我赶紧把广州的工作辞了回家乡发展。说实话，我有段时间真的很矛盾，我不舍得辞去广州的工作。最后权衡再三，我还是回去了，父亲帮我找了一份国企的出纳工作。现在我过得也挺好的，结婚了，也有宝宝了，虽然起初并不太喜欢出纳工作，但慢慢地我发现这一岗位与自己的性格还比较匹配，我在努力考会计师证，争取生完小孩后转做会计，希望几年之后能当一名职业经理人。"

当笔者继续追问小崔是否对自己的梦想制订了短期或中长期的计划的时候，小崔不好意思地摇了摇头。

案例教学参考

1. 教学目的

结合个性和能力的相关理论，分析小崔职业生涯规划中存在的问题和不足之处。诊断其职业生涯规划欠缺的原因及其性格形成的关键影响因素，在此基础上进一步分析个体职业生涯规划应该重视的关键因素，并通过分析小崔性格形成的过程，指出后天的成长环境对个性发展的影响，启发家庭和学校思考在学生培养过程中的注意事项。

2. 适用范围

本案例适用于个性发展、职业生涯规划、性格塑造等主题。

3. 案例分析思路

（1）小崔职业生涯发展的各个阶段回顾。

小崔职业生涯发展的阶段特征见表1-1。

表1-1　小崔职业生涯发展的阶段特征

阶段	上大学前	大学	毕业之后	工作之后	以后的规划
关键词	枯燥	影响、变化	去广州，找工作	放弃	转做会计、职业经理人
外部因素		室友潜移默化的影响	就业压力大，工作难找	婚育压力	
家庭因素	父母望女成凤	依赖父母	父母态度转变，同意小崔和同学去广州	父母施压	在父母的帮助下找到工作
自我规划	认为父母都是为自己好，自己很少操心	一心想好好学习，考研究生，为自己的学历增色	找到喜欢的工作并有所发展	离开广州，回到家乡小城	希望转做会计，以后做一名财务方面的职业经理人

（2）小崔人生经历与职业生涯各阶段中的性格体现。

第一，童年在父母安排的学习和练琴中度过，个性不独立，做事无主见。一直以来，小崔是父母眼中的乖乖女，听父母的话，小崔认为父母的话都是经验之谈，而且都是为自己好，理所当然地享受着父母的包办，从小养成了依赖心理。

第二，在青春期，一贯缺乏主见的小崔遇到了独立、有个性、雷厉风行的室友，思想发生了微妙的变化，虽然父母不同意她去外地发展，但是她还是想办法说服了父母，按她自己的话来说是"长这么大最有主见的一次了"。小崔的职业生涯规划的开端是在她毕业后决定去广州。从刚到广州时面试的处处碰壁到一家知名地产公司行政助理工作的尘埃落定，小崔在广州这个陌生的城市找到了希望，那个时候对职业生涯规划尚处于懵懂状态的小崔希望自己能在广州立足。

第三，婚姻问题让小崔放弃了自己喜欢的工作，迎来职业生涯的转折点。小崔放弃广州的工作虽然心里很不舍，但是按她自己的话讲是必须面对未来，面对婚育问题和父母年龄逐渐变大的问题。作为父母唯一的孩子，小崔希望留在他们身边照顾他们，况且结婚对象也在老家，虽然很矛盾，但想来想去也只有回去发展。在父母的帮助下，小崔找到了出纳的工作，同时发现财会岗位与自己的性格很匹配，小崔逐渐认识到自己性格温顺内向、依赖性强，做事没有主见、不够积极主动、没有计划。

（3）小崔对职业生涯不满意的原因。

第一，小崔的性格导致其职业生涯规划意识欠缺。就小崔的性格而言，既有温顺的一面，又有固执的一面。她从小无法正确表达自己的需求，不能说出自己的感受，只为不违背大家的心愿，永远做不了自己。随着年龄的增长，她开始意识到自己的需求，她自然也不想要现在的职业状态，虽然在很多时候她还是保留自己乖乖女的形象，但在一个相对安全的环境中，她可能会变得固执己见，例如毕业时坚持南下广州。

但是小崔缺乏主见，依赖心过重，从小到大遇到的很多事情，包括高考后的选学校和填报志愿这些人生大事，很少表达自己的想法，都依赖父母为其做主。父母作为小崔职业生涯规划的主导人，他们的亲力亲为导致小崔的职业生涯规划意识欠缺。

第二，职业生涯规划缺乏连续性。当婚育问题摆在面前，并与职业生涯规划发生冲突的时候，小崔选择了听从父母的建议，选择先解决婚育这个主要问题，然后再解决工作问题。同时对于自己的职业生涯没有一个系统的规划，只是给自己初定了一个转做会计的目标，并没有制订相关的培训计划，职业规划能力有待提高。

（4）小崔性格形成的主要影响因素。

第一，家庭背景。小崔一路走来享受着父母的包办，她的依赖心理变得比较强，凡事都想着依赖父母，失去了自主性。

第二，环境因素。叛逆期遇到了独立个性的室友，让小崔的性格发生了微妙的变化，间接地影响了小崔的心态和性格。

（5）小崔职业生涯规划的启示。

和小崔一样，很多大学毕业生对自己没有清晰的职业生涯规划，没有认真地找准定位，调整好心态，总是抱着年轻的资本，认为能够慢慢来。他们选择了等待机会，殊不知，时间就这样过去了，而自己的同学大多找到了合适的工作，自己才开始担心起来，于是随便找个工作，干了一段时间，最后发现不适合或者不喜欢。选择辞职后，还是没有认识到自己的喜好、优势，就随意应聘了另一个工作岗位，就这样恶性循环下去。走上工作岗位后对自己也没有清晰的定位，找工作很盲目，并没有考虑到个人的喜好和发展。

根据美国学者萨伯的研究，美国青少年在青春期中期开始明确自己的职业偏好，形成有关合适的工作的看法，并且开始发展出职业方面的自我概念。尽管此时的想法往往比较天真烂漫，带有浓厚的感情色彩，未必会决定从事何种具体的工作，但是青少年会开始根据自身的兴趣、价值观和能力来缩小自己的选择范围。在青春期后期，一个更为现实的、较少以幻想为依据、更多地以青少年对自身才能的估计为基础的职业规划逐渐确定下来。

因此，就个体的内部因素来说，性格固然会影响自身的职业规划和职业选择，但是个体自身的目标也起着主导作用。人生的终极目标可以激发人的动力，让他们投入自己的满腔热情来实现自身的价值，给人们带来幸福和快乐。终极目标越高，人就越有信心和动力去实现它。其中，职业只是实现目标的一种工具而已。目标对职业生涯的选择起着导向作用，激发学生潜在的欲望。通常情况下，大学生毕业后，倾向于选择和生活目标一致的工作。因此，要建立自己的终极目标，目标越清晰，往往付出的努力越大，成功的概率越高，在激励自己努力奋斗的过程中，对职业的满意度也越高。

（6）对高校教育和家庭教育的建议。

个性对于职业生涯的发展有着重要的影响，不同个性的人在择业、就业的方向上存在着很大的区别，所以高校也必须根据学生个性的不同进行有针对性的职业规划指导。只有这样，才能让每个学生都找到适合自己生存和发展的岗位，才能发挥真正的能力和实现自己的价值，才能使整个职业生涯的发展顺利。指导人员在指导过程中，应该先了解学生的兴趣、职业期待、职业理想、特长、心理误区等，然后引导其在就业择业时学会看重用人单位的哪些条件，并把这些条件和自身相结合，看看互相是不是合适，比如自己的职业期待、兴趣和从事的工作是否匹配，自己的职业发展理想和用人单位的发展方向是否匹配，用人单位的企业文化、培训体系、晋升制度是否符合自己的期待或者是否适合自己的性格，等等，提升学生的职业规划能力。

对于子女在成长的道路上的重要抉择，一些家长的行事风格是"大包大揽"，不愿放手让子女自己去决定，不征求子女意见，使子女产生过强的依赖感，从而失去自主性，不能自主做出决策。家长应该让子女自己决定自己的人生，去体验职业，并尊重子女在这种体验中找到的自己的职业兴趣和最终选择。不能把家长的眼光和价值观强加给子女，要尊重子女的职业选择，这是子女认识社会和职业环境的过程。家长的观念也会影响子女的职业生涯规划。例如，很多家长都觉得供子女上学就是让他们能够找到好工作；也有很多家长持男主外、女主内，女孩子婚姻比事业重要等看法。这些观念可能会影响子女对自己未来的职业生涯规划。家庭教育要适度，不能过于严厉或宽松，否则会影响子女三观的养成。

很多情况下，家庭民主，父母性格开朗，教导有方，在子女成长的过程中给予他们更多自己决策的权力，给子女支持和鼓励，这样的家庭环境中成长起来的孩子更容易取得成功。父母的认同也起着重要的作用。父母及其他家庭成员从事的职业是子女观察社会职业的开始，父母及其他家庭成员所从事的职业会影响子女的职业选择。

家长要学会尊重和赏识子女。心理研究已经证实，适当的鼓励和夸奖能够使子女倍感满足，子女会在这一过程中通过别人对自己的态度获得认知自我的途径和方法。因此，要夸奖和称赞子女，这样他们会更有动力和自信，从而有更高的自我要求与期望。在家庭教育中，家长不要控制子女的情绪和意志，要鼓励子女说出自己的感受和想法，逐渐培养子女的独立个性。

案例 5

史上最牛女秘书事件 [①]

2006 年 4 月，EMC 大中华区总裁与其高级女秘书因工作琐事激烈争吵，导致后者黯然离职。这起本该内部消化的事情，因为事关"外国老板与中国员工文化障碍"的话题而闹得沸沸扬扬。当事人瑞贝卡（化名）也因而被互联网冠以"史上最牛女秘书"之名。

---

① 女秘书群发邮件 PK 总裁 网上诞生"史上最牛秘书".https：//www.hroot.com/d-935732.hr.

下班锁门引起总裁不满

4月7日晚，总裁回办公室取东西，到门口发现自己没带钥匙，而私人秘书瑞贝卡已下班。总裁几次联系未果后大发雷霆，于次日凌晨1时13分通过内部电子邮件系统发给瑞贝卡一封措辞严厉的英文"谴责信"，要求她以后无论是午餐时段还是晚上下班后，要跟其服务的每一名经理都确认无事后才能离开办公室。与此同时，总裁还将信件抄送给公司几位高管。

回信咄咄逼人拒绝认错

面对总裁的责备，一个小秘书应该怎样应对？一位资深人士告诉记者，应该同样用英文写封回信，解释原委并接受总裁的要求，态度要温婉有礼。另外，再给顶头上司和人力资源部高管去信，坦承自己的错误并道歉。

但瑞贝卡没有这么做。两天后，她回了封中文邮件，称自己并无过错，回绝了总裁的要求，并请总裁说话注意语气。瑞贝卡回信的对象不止总裁一个，而是EMC（北京）、EMC（成都）、EMC（广州）、EMC（上海）等。这样一来，EMC中国公司的所有人都收到了该邮件。

不久，这封邮件被转发至全国数千外企，在网上引起了一阵热议，有的版本后跟帖多达1 000条。

老板的谴责

瑞贝卡，这个星期二我刚告诉你，想东西、做事情不要想当然，今天晚上你就把我锁在门外，我要的东西都还在办公室里。问题就在于你以为我随身带了钥匙。从现在起，无论是午餐时段还是晚上下班后，你要跟你服务的每一名经理都确认无事后才能离开办公室，明白了吗？

女秘书的反击

第一，我做这件事是完全正确的，我锁门是从安全角度考虑的，这里不是没有丢过东西，如果丢了东西，那么我无法承担这个责任。

第二，你有钥匙，你自己忘了带，还要说别人不对。造成这件事的主要原因是你自己，不要把自己的错误转移到别人的身上。

第三，你无权干涉和控制我的私人时间，我一天就8小时工作时间，请你记住中午和晚上下班的时间都是我的私人时间。

第四，从到EMC的第一天到现在为止，我工作尽职尽责，也多次加班，我也没有任何怨言，但是如果你们要求我加班是为了工作以外的事情，那么我无法做到。

第五，虽然咱们是上下级的关系，但是也请你注意一下说话的语气，这是做人最基本的礼貌问题。

第六，我要在这里强调一下，我并没有猜想或者假定什么，因为我没有这个时间，也没有这个必要。

问题与思考

出现这样的风波，是文化差异的问题吗？为什么这位员工对领导的要求有如此大的反应？当代企业组织中的员工发生了什么变化？面对这样的员工群体，管理者应该怎样做好领导和激励？

案例教学参考

本案例呈现给我们的是一个冲突。冲突的当事人是外国老板和中国员工。首先对总裁的行为进行简要分析。总裁下班时间回办公室忘记带钥匙，联系秘书后无果，于是决定发邮件让公司上下都明确下级尤其是秘书的工作职责。他的做法是欠考虑的，他措辞严厉，导致了女秘书的激烈对抗，至少他忽略了中国文化对于批评的习惯做法，中国人强调面子，因此很少当众批评下属，即便当众批评也一定要委婉，对于下属的错误，一般的做法是私下指出，并在教给其正确的做法后给予适当的鼓励，这样下属才更乐于接受，甚至还会对上级心存感激。

再来分析女秘书的心理与行为。由案例可知，女秘书已经不是传统的中国员工的形象，她的价值观和行为方式的变化也反映了一定的时代特征。她有想法、有个性，希望别人能够给予自己足够的尊重，向往自由和上下级平等的工作状态，而且她承受压力和批评的能力较差，对待责备有一定的逆反心理。她也没有认真体会总裁的管理风格，甚至没有设身处地地考虑总裁进不了办公室的处境，只从自身立场出发，认为总裁的批评不合情理，这就体现了文化冲突的特征。因此，处理文化冲突的原则是换位思考，采取行动之前先站在对方的角度，考虑对方的感受，设身处地地思考对方的行为和价值观，从而使双方彼此理解并相互适应。

此外，对冲突的管理也是本案例的关键问题。冲突有好坏之分。好的冲突是建设性的，能够增进双方的交流和沟通，达到更好地了解和理解彼此的效果；坏的冲突却是破坏性的，带来的是矛盾激化，破坏双方关系，造成消极的影响。本案例中的冲突显然属于后者。就该类冲突而言，对于管理者来说，首要的是如何避免引发冲突，其次才是如何处理冲突。而案例中的总裁谴责信中严厉的措辞和咄咄逼人的语气直接导致了冲突的产生，并且在引发冲突之后，他并没有采取任何解决和补救的措施，而是回避冲突，将女秘书辞退了事。这就不像是一个高级管理者的所作所为。作为管理者，尤其是高级管理者，应当关心自己的员工，了解员工的需要，及时化解矛盾，帮助员工成长。当冲突不可避免地发生之后，应当正面回应，首先需要检讨自己，然后积极采取解决措施，力争让冲突向好的方面发展。如果矛盾已经恶化，那就应该替员工着想，采取让当事人满意的补救措施，不能为了息事宁人而采取回避手段，否则会造成自身的威信受损，难以服众。

本案例涉及的另一个重要管理问题是激励问题。有效的激励能够加强对员工的引导，增强员工的信心并提高其工作绩效，同时还能够让管理者赢得员工的感激和拥戴。

整个事件的起因仅仅是因为总裁的谴责信吗？仔细分析就会发现，谴责信只不过是一根导火索，女秘书积怨已久。"……我工作尽职尽责，也加过很多次的班，我也没有任何怨言……"这其实说明女秘书心里是有怨言的，而且已经很久了。女秘书认为自己"工作尽职尽责"，却从来没有得到上司的肯定与赞扬。"也多次加班"显然表明女秘书对加班是不情愿的，而且也说明总裁的管理缺乏必要的激励措施。如果总裁能够对那些工作积极、认真踏实的员工给予一些肯定和鼓励，或者采取一些具体的奖励措施，在工作繁忙需要额外加班时多给员工一些激励和信心，也许女秘书就不会有怨言，不会发生后来一系列的事件了。

我们可以从激励的角度来分析女秘书的心理。根据马斯洛的需要层次理论，瑞贝卡的主导心理需求是被尊重的需要；根据赫茨伯格的双因素理论，此时瑞贝卡缺乏的是保健因素。因此，作为领导，应该充分尊重员工，给予员工肯定与认可；同时给予员工自由、宽松的工作氛围，以降低员工的不满。管理者在领导方式上既要强调纪律与制度，同时也要深入了解员工的需求，与员工进行更多的沟通与交流，这样才能既保证组织运行高效，又能使得组织氛围和谐，带给员工更大的激励。

第二章

动机与激励

要点

> √ 行为、需要与动机的基本概念
> √ 激励的含义
> √ 内容激励理论
> √ 过程激励理论
> √ 综合激励理论
> √ 中国文化背景下的激励实践

第一部分　知识点

一、基本概念

（一）行为、需要与动机

1.行为

行为（behavior）是人类有意识的活动。行为科学认为，行为既是人的有机体对外界刺激做出的反应，又是人通过一连串动作实现其预定目标的过程。

2.需要

需要（need）是指客观的刺激作用于人的大脑所引起的个体缺乏某种东西的感觉。这里所说的客观的刺激不仅指身体外部的，也包括身体内部的。

3.动机

动机（motive）的原意是引起动作。心理学上把引起个人行为、维持该行为并将此行为导向满足某种需要的欲望、愿望、信念等心理因素称为动机。

（二）激励

一个人可能同时有许多需要和动机，但是人的行为却是由最强烈的优势动机引发和决定的。因此，要使员工产生组织所期望的行为，可以根据员工的需要设置某些目标，并通过目标导向使员工出现有利于组织目标的优势动机并按组织所需要的方式行动，这就是激励的实质。

所谓激励，就是创设满足员工各种需要的条件，激发员工的工作动机，使之产生实现组织目标的特定行为的过程。

二、内容激励理论

（一）马斯洛的需要层次论

1. 马斯洛需要层次论的贡献

（1）马斯洛的需要层次论为我们研究人的行为提供了一个比较科学的理论框架，成为激励理论的基础。

（2）马斯洛将各类需要研究得很细，指出了每一类需要的具体内容。

（3）马斯洛将自我实现作为人的需要的最高层次对我国的管理者同样具有积极的意义。

2. 马斯洛需要层次论的缺陷

（1）对需要层次的分析简单、机械。

（2）马斯洛需要层次论的理论前提：人都是自私的，不是一种科学的假设。

（3）把人的基本需要归结为五个层次，不尽完善。

（二）赫茨伯格的双因素理论

1. 双因素理论的观点

赫茨伯格认为，传统的满意与不满意的观点是不正确的。满意的对立面应当是没有满意，不满意的对立面应当是没有不满意。

2. 双因素理论的应用

（1）我们在实施激励时，应注意区别保健因素和激励因素，前者的满足可以消除不满，后者的满足可以产生满意。

（2）应注意激励深度问题。上级的赏识、荣誉感和成就感的满足，使当事人得到巨大的激励，因为它来自工作本身，被称作内在激励。而工资、奖金、福利等则缺乏激励深度，被称作外在激励。

（3）随着经济的发展，内在激励的重要性越来越明显。

三、过程激励理论

（一）弗鲁姆的期望理论

1. 期望理论的观点

$$M = EV$$

其中，M 为激励力量；E 为期望值；V 为效价，指达到目标后对于满足个人需要的价值大小。

2. 期望理论的应用

（1）努力与绩效的关系。

（2）绩效与报酬的关系。

（3）报酬与个人需要的关系。

（二）亚当斯的公平理论

1.公平理论的基本观点

当一个人做出了成绩并取得了报酬以后，他不仅关心自己所得报酬的绝对量，而且关心自己所得报酬的相对量。因此，他要进行种种比较来确定自己所获报酬是否合理，比较的结果将直接影响今后工作的积极性。

一种比较称为横向比较。除了横向比较，人们也经常做纵向比较。

2.公平理论的应用

（1）影响激励效果的不仅有报酬的绝对值，还有报酬的相对值。

（2）激励时应力求公正，使等式在客观上成立，即使有主观判断的误差，也不致造成严重的不公平感。

（3）在激励过程中应注意对被激励者公平心理的疏导，引导其树立正确的公平观：第一，使大家认识到绝对的公平是没有的。第二，不要盲目攀比。第三，不要按酬付劳。

（三）洛克的目标设置理论

目标设置理论的主要观点如下：

（1）目标本身就具有激励作用。

（2）目标设置应该明确而具体。

（3）目标设置应该具有挑战性。

（4）目标设置应能引起目标承诺。

（5）目标与反馈结合在一起更能提高绩效。

（6）目标设置应能提高自我效能感。

（7）目标设置应该结合适宜的任务策略。

（8）目标设置应能提高员工的满意度。

（9）高绩效循环模型。

（四）斯金纳的强化理论

1.强化理论的观点

斯金纳认为，无论是人还是动物，为了达到某种目的，都会采取一定的行为，这种行为将作用于环境。当行为的结果对他或它有利时，这种行为就会重复出现；当行为的结果不利时，这种行为就会减弱或消失。这就是环境对行为强化的结果。

2.强化理论的应用

（1）要依照强化对象的不同需要采用不同的强化措施。

（2）小步前进，分阶段设立目标。

（3）及时反馈。

（4）应以正强化为主，负强化为辅，才会收到更好的效果。

四、综合激励理论

（一）综合激励理论

该理论综合了期望理论、双因素理论、公平理论、强化理论等，比较全面辩证地分析激励问题，使人们站得更高，应对做得更好。

（二）综合激励理论的应用

（1）激励并不是简单的因果关系。
（2）要形成良性循环。
（3）个人努力是核心因素。

五、中国文化背景下的激励实践

（一）激励的一般原则

（1）个人目标与组织目标相结合的原则。
（2）外在激励与内在激励相结合的原则。
（3）物质激励与精神激励相结合的原则。
（4）正激励与负激励相结合的原则。
（5）按需激励的原则。
（6）民主公平的原则。

（二）中国文化背景下的激励特点

中国古代激励理念：刚柔相济、以民为本、以和为贵。

（三）物质激励与精神激励

1. 物质激励方法
（1）在薪酬分配方面，工资、奖金、股权相结合。
（2）薪酬分配分类实施。
（3）薪酬分配与目标管理、绩效管理相结合。
（4）夯实基础工作——职位设置、人员评价、职位评价。
（5）以奖为主，以罚为辅。
（6）重视福利。
（7）职业生涯管理，多种通道并行。
（8）提供市场上具有竞争力的薪酬水平。

2. 精神激励方法
（1）目标激励。
（2）内在激励。

（3）形象激励。

（4）荣誉激励。

（5）兴趣激励。

（6）参与激励。

（7）感情激励。

（8）榜样激励。

第二部分　习题集

一、填空题

1. 对于已有的激励理论，主要可以分为_____、_____和_____。

2. 激励理论的实际应用出现了一些新的变化，如_____、_____、_____和_____等。

3. 股票期权又称为_____，是由企业产权的所有者向其高级管理人员或技术骨干提供的一种在一定期限内按照预先约定的价格购买一定数量的本公司股票的权利。

4. 内容激励理论主要有_____的需要层次理论、赫茨伯格的_____、奥尔德佛的_____、麦克利兰的_____。

5. 过程激励理论主要有_____、_____、_____、_____以及_____。

6. 根据马斯洛的需要层次理论，通过提供_____可以满足员工的生活需要。

7. 与马斯洛需要层次理论相比，ERG 理论并不强调_____的顺序。

8. 对于_____成就需要的人，金钱是追求成功的目的。

9. 期望理论的应用有_____、增强绩效与报酬之间的关联和提高员工的效价知觉。

10. 强化理论有正强化、负强化、_____和惩罚四种策略。

11. 需要层次理论认为人的需要有生理需要、安全需要、社交的需要、_____、_____。

12. 双因素理论分为_____和_____，简称"双因素"。

13. "生存、关系、成长"理论认为人类有三种需要：_____、_____、_____。

14. 期望理论认为，决定行为动机的因素有两个，即_____与_____。

二、单项选择题

1. 美国心理学家赫茨伯格在他提出的双因素理论中，把工作富有成就感、工作成绩得到认可、工作本身富有挑战性、职务上的责任感、职位升迁等因素归为（　　）。

　　A. 情境因素　　　　B. 保健因素　　　　C. 激励因素　　　　D. 工作因素

2. 认为可以通过控制外部刺激达到调节人的行为之目的的激励理论是（　　）。

A. 期望理论　　　　　B. 强化理论　　　　　C. 公平理论　　　　　D. 挫折理论

3. 1943 年，首次提出"需要层次理论"的美国著名心理学家是（　　　）。

A. 德鲁克　　　　　B. 马斯洛　　　　　C. 弗鲁姆　　　　　D. 波特尔

4. 弗鲁姆在他的期望理论中强调，要调动、保持人的工作积极性，管理者必须正确处理好三类关系：努力与绩效的关系、绩效与报酬的关系和（　　　）。

A. 报酬与他人需要的关系　　　　　　　B. 报酬与社会需要的关系

C. 报酬与组织需要的关系　　　　　　　D. 报酬与个人需要的关系

5. 麦克利兰提出的激励理论是（　　　）。

A. 需要层次理论　　　　　　　　　　　B. 成就需要理论

C. 期望理论　　　　　　　　　　　　　D. 双因素理论

6. 下列选项中说法正确的是（　　　）。

A. 间歇型强化更能引导员工产生期望的行为

B. 连续型强化能更好地防止行为的消退

C. 间歇型强化适用于新出现的、不稳定的、出现频率低的行为

D. 间歇型强化适用于稳定的、出现频率高的行为

7. 赫茨伯格提出的双因素理论认为不能直接起到激励的作用，但能防止人们产生不满情绪的是（　　　）。

A. 保健因素　　　　B. 激励因素　　　　C. 成就因素　　　　D. 需要因素

8. 激励过程即（　　　）。

A. 需要—动机—行为—目标　　　　　　B. 目标—行为—动机—需要

C. 需要—行为—动机—目标　　　　　　D. 目标—动机—行为—需要

9. 某公司今年超额完成利润目标，公司决定按员工个人工资的 50% 一次性发放年终奖金，结果花钱买来的是怨声载道，可以用来解释此现象的是（　　　）。

A. 期望理论　　　　B. 公平理论　　　　C. 双因素理论　　　　D. 需要层次理论

10. 关于激励的叙述错误的是（　　　）。

A. 激励是组织中人的行为的动力，而行为是人实现个体目标与组织目标一致的过程

B. 无激励的行为是盲目而无意识的行为

C. 有激励而无效果的行为，说明激励的机制出现了问题

D. 从组织范围的角度出发，把人的需要具体化为员工切实关心的问题，称之为需要层次理论

11. 斯金纳的强化理论不是突出激励的内容和过程，而是研究（　　　）。

A. 动机和行为之间的关系　　　　　　　B. 需要和动机之间的关系

C. 报酬和行为之间的关系　　　　　　　D. 行为和结果之间的关系

12. 企业引入奖金机制的目的是发挥奖金的激励作用，但目前，我国许多企业的奖金已经成为工资的一部分，奖金变成了保健因素。这说明（　　　）。

A. 双因素理论在中国不适用

B. 保健因素和激励因素的具体内容在不同的国家是不一样的

  C. 防止激励因素向保健因素转化是管理者的重要责任

  D. 将奖金设计成激励因素本身就是错误的

13. 以下不能在需要层次理论中得到合理解释的现象是（ ）。

  A. 一个饥饿的人会冒着生命危险去寻找食物

  B. 穷人很少参加排场讲究的社交活动

  C. 在陋室中苦攻"哥德巴赫猜想"的陈景润

  D. 一个生理需要占主导地位的人，可能因为担心失败而拒绝接受富有挑战性的
    工作

14. 下列选项属于过程激励理论的是（ ）。

  A. 三需要理论   B. 需要层次论   C. 期望理论   D. ERG 理论

15. 下列属于马斯洛需要层次理论的是（ ）。

  A. 自我实现的需要   B. 合作

  C. 发展   D. 生存

16. 就马斯洛的需要层次理论和赫茨伯格的双因素理论相比较而言（ ）。

  A. 生理需要相当于保健因素

  B. 生理需要和安全需要相当于保健因素

  C. 生理需要、安全需要和社交需要相当于保健因素

  D. 生理需要、安全需要、社交需要和尊重需要相当于保健因素

三、多项选择题

1. 美国耶鲁大学教授奥尔德佛在马斯洛需要层次理论的基础上，又将人类需要分为三类，具体包括（ ）。

  A. 生存需要   B. 相互关系需要 C. 成长需要   D. 权力需要

  E. 成就需要

2. 激励理论大致可以分为两种基本类型，即（ ）。

  A. 状态激励理论   B. 自我感知激励理论

  C. 内容激励理论   D. 过程激励理论

  E. 综合激励理论

3. 美国心理学家斯金纳的强化理论认为基本的强化手段包括（ ）。

  A. 正强化   B. 惩罚   C. 负强化   D. 自然消退

  E. 攻击

4. 麦克利兰成就需要理论中的需要类别包括（ ）。

  A. 关系   B. 成就   C. 成长   D. 权力

  E. 生存

5. 部分强化包括（ ）。

  A. 固定大小强化   B. 固定比率强化

  C. 固定间隔强化   D. 可变间隔强化

  E. 可变比率强化

四、简答题

1. 简答麦克利兰成就需要理论中提出的三种需要。
2. 简答马斯洛需要层次理论中的五个需要层次。
3. 简答奥尔德佛 ERG 理论的主要内容。
4. 简述双因素理论的基本观点。
5. 期望理论的公式是什么？
6. 强化理论在管理实践中有哪些运用？
7. 公平理论的内容及意义是什么？
8. 强化的种类有哪些？
9. 简述归因理论的主要内容。

五、论述题

1. 根据成就需要理论，对于职业经理人，你认为应如何激励？
2. 试述在管理实践中运用强化理论应注意的事项。设想你是一个部门主管，你怎样用强化理论纠正一个销售员经常迟到的行为？
3. 有些企业实行秘密薪酬政策，不仅规定管理人员不能向外透露员工薪酬情况，而且也不提倡员工与同事谈论自己的薪酬。试述这种做法对员工行为的影响。
4. 期望理论对管理实践有何启示意义？
5. 如何在管理中运用需要层次理论？
6. 简述强化程序对绩效和行为的影响。

参考答案

一、填空题

1. 内容激励理论　过程激励理论　综合激励理论
2. 激励对象和方法的多样化　年薪制　员工持股计划　股票期权制
3. 优先购股权
4. 马斯洛　双因素理论　ERG 理论　成就需要理论
5. 目标设置理论　强化理论　期望理论　公平理论　波特－劳勒的激励过程模型
6. 奖励性报酬
7. 需要层次
8. 低
9. 提高员工期望值
10. 自然消退
11. 尊重的需要　自我实现的需要
12. 激励因素　保健因素
13. 生存需要　相互关系需要　成长需要

14. 期望　效价

二、单项选择题

1. C　2. B　3. B　4. D　5. B　6. D　7. A　8. A　9. B　10. D　11. D　12. C　13. C　14. C　15. A　16. C

三、多项选择题

1. ABC　2. CD　3. ABCD　4. BD　5. ABCDE

四、简答题

1. 成就需要、归属需要、权力需要。

2. 生理需要、安全需要、社交需要、尊重需要、自我实现需要。

3. 奥尔德佛指出人最核心的需要有三种：生存需要、相互关系需要、成长需要。

ERG 理论还认为：多种需要可以同时存在，共同发挥激励作用；对每一层次的需要，满足越少，则越希望得到满足；如果较高层次的需要不能得到满足，那么满足较低层次需要的愿望会更强烈。

4. 与人的工作动机有关的因素有两类，即激励因素和保健因素。保健因素的满足，激起的是外部动机，激励因素的满足，激起的是内部动机，二者对于调动人的积极性来说，都是起作用的，只是影响的程度不同而已。双因素理论修正了传统的满意与不满意的观点。

5. 只有当人们认为存在实现预期目标的可能性，并且实现这种目标又是非常重要的时候，他们的激励程度或动机水平才会最大。也就是说，决定行为动机的因素有两个，即期望与效价。用公式表示为：（激励力量）动机水平 = 期望值 × 效价。动机水平也即激励力量，指调动一个人的积极性，激发人内部潜力的强度，它决定着人们在工作中会付出多大的努力。期望值指个人依据一定的经验判断通过某种行为达到目标的主观概率，或个人对达到目标可能性大小的估计。效价指要达到的目标对于满足个人需要的价值，或目标满足个人需要的程度。

6. 强化对象：因人而异，采取不同的强化因素。强化手段：不断创新，采取多种强化手段。强化时机：及时而正确地强化。强化策略：奖励与惩罚相结合，以奖为主，以罚为辅。

7. 人们的工作动机，不仅受其所得报酬的绝对值的影响，而且要受到报酬的相对值的影响。即每个人都把个人的报酬与贡献的比率同他人的比率做比较。如比率相等，则认为公平合理而感到满意，从而心情舒畅地努力工作；否则就会感到不公平、不合理而影响工作情绪。这种比较过程还包括同本人的历史的贡献报酬比率做比较。

公平理论提出的基本观点是客观存在的，作为管理者，应从这里得到一些有益的启示。

（1）公平奖励职工。要求公平是任何社会普遍存在的一种社会现象。公平理论第一次把激励和报酬的分配联系在了一起，说明人是要追求公平的，从而揭示了现实生活中的许多现象。

（2）加强管理，建立平等竞争机制。人的工作动机不仅受绝对报酬的影响，而且更重要的是受相对报酬的影响。人们在主观上感到公平合理时，心情就会舒畅，人的潜力就会充分发挥出来，从而使组织充满生机和活力。这就启示管理者必须坚持"各尽所能，按劳分配"的原则，把员工所做的贡献与他应得的报酬紧密挂钩。

（3）教育员工正确选择比较对象和认识不公平现象。公平理论表明公平与否源于个人感觉，个人判别报酬与付出的标准往往都会偏向于对自己有利的一方，从而使员工产生不公平感，这对组织是不利的。因此，管理者应能以敏锐的目光察觉个人认识上可能存在的偏差，适时做好引导工作，确保个人的工作积极性。

8. 根据强化的性质和目的可分为四种类型：正强化、惩罚、负强化（逃避性学习）、自然消退（也称衰减）。

9. 归因理论认为，人们将过去的成功或失败主要归结于四种因素：努力、能力、任务难度和机遇。这四种因素又可按内外因、稳定性和可控性进一步分类：从内外因方面来看，努力和能力属于内因，而任务难度和机遇则属外因；从稳定性来看，能力和任务难度属于稳定因素，努力与机遇则属不稳定因素；从可控性来看，努力是可以控制的因素，而任务难度和机遇则超出个人控制范围。

五、论述题

1.（1）满足成就需要。成就需要是指人希望通过自己的努力和能力而达到一定目标、获得成就感的需要。布置一些有挑战性和有难度的工作，通过成功来展示自己的能力。

（2）满足归属需要。这种需要是一种渴望被群体接受，能够与人亲密相处的需要。营造良好的公司团体氛围，使职业经理人能够被团体和社会所接受，能够和他人有亲密的交流，获得他人的信任，得到别人的关心，同时也能够关心别人。

（3）满足权力需要。权力需要是一种控制和影响他人的需要。赋予职业经理人一定的权力与地位，在达到业绩目标时给予适当的升职激励。

（4）具体情况具体分析。在不同国家、不同文化背景下，成就需要的特征和表现也不尽相同，需要按照实际情况区别对待。

2.（1）应以正强化方式为主。在企业中设置鼓舞人心的安全生产目标，是一种正强化方法，但要注意将企业的整体目标和员工个人目标、最终目标和阶段目标等相结合，并对在完成个人目标或阶段目标中做出明显绩效或贡献者，给予及时的物质和精神奖励（强化物），以求充分发挥强化作用。

（2）采用负强化（尤其是惩罚）手段时要慎重。负强化应用得当会促进安全生产，应用不当则会带来一些消极影响，可能使人由于不愉快的感受而出现悲观、恐惧等心理反应，甚至发生对抗性消极行为。因此，在运用负强化时，应尊重事实，讲究方式方法，处罚依据准确公正，这样可尽量消除其副作用。

（3）注意强化的时效性。采用强化的时间对于强化的效果有较大的影响。一般而论，强化应及时，及时强化可提高安全行为的强化反应程度。但须注意及时强化并不意味着随时都要进行强化。不定期的非预料的间断性强化，往往可取得更好的效果。

（4）因人制宜，采用不同的强化方式。由于人的个性特征及其需要层次不尽相同，不同的强化机制和强化物所产生的效应因人而异。因此，在运用强化手段时，应采用有效的强化方式，并随对象和环境的变化而相应调整。

（5）利用信息反馈增强强化的效果。信息反馈是强化人的行为的一种重要手段，尤其是在应用安全目标进行强化时，定期反馈可使员工了解自己参加安全生产活动的绩效及其结果，既可使员工得到鼓励，增强信心，又有利于及时发现问题，分析原因，修正行为。

运用强化理论纠正销售员经常迟到的行为答案略，遵循强化理论的行为原则，言之有理即可。

3. 根据公平理论，这可以解决工资报酬分配的合理性、公平性以及对工作积极性的影响等问题。

公平理论认为，人们有一种保持分配上的公平感的需要，员工的公平感将直接影响其工作动机。员工不仅关心自己经过努力获得的报酬的绝对数量，也关心自己的报酬和其他人的报酬的相对比较，以及与个人历史收入的比较。

对比较结果公平与否的判断会对员工的工作积极性产生影响。当个人工作与薪酬的比率与他人相等时，员工会认为合理公平，从而保持积极的工作心态；当员工感觉不合理时，就会采取措施以减少不公平感。

在秘密薪酬政策下，人们无法比较自己和他人的报酬，一定程度减少了因为薪酬不公平导致的工作积极性下降、发牢骚、讲怪话、消极怠工、制造矛盾或另谋高就等问题。但是长此以往也会引发对报酬获得的相互猜疑，降低工作的专注度，从而影响工作积极性。

4.（1）期望理论强调必须同时考虑三方面的问题：努力与绩效、绩效与报酬、报酬与个人需要的关系。

（2）提高绩效到报酬的期望值。根据期望理论，工作绩效只是获得工作报酬的手段。人们只有在明确认识到工作绩效对于获得报酬所具有的肯定意义的条件下，才会去努力争取高水平的工作绩效。因此，管理者应该对组织成员讲清楚，什么样的绩效水平将会获得什么样的报酬。报酬办法越明确、越具体，组织成员所形成的动机就越明确、越具体，强度也就越大。

（3）提高效价，采取合适的报酬。根据期望理论，报酬的效价是影响激励力量的关键因素。人们只有在认为社会组织所许诺的工作报酬对自己具有一定意义的前提下，才会为了获得这种报酬而主动地去努力工作。

5.（1）满足需要。

1）满足不同层次的需要。不同层次的需要都具有激励的意义，因此，管理者必须探索与各层次需要相对应的激励措施。

2）满足高层次需要之前先满足低层次需要。低层次需要直接关系到个体的生存。如果这种需要得不到满足，个体就会产生直接的意外事故或危机。高层次需要不是维持个体生存绝对必须的，而且在一般情况下，只有在低层次需要得到完全满足或部分满足之后，高层次需要才可能产生。因此，管理者应该首先保证低层次需要的满足。

3）低层次需要满足之后，必须培养并满足高层次需要。因为低层次需要的满足并不必然导致高层次需要的出现，所以管理不应停留在满足员工原有的合理需要上。但是有些管理者在管理中以为奖金和物质奖励在调动人的积极性上是万能的，以为一种低层次需要的满足，会自动产生另一层次更高的需要，从而忽视思想政治工作和其他工作，结果使个人需要系统的发展停滞不前，积极性不能健康持久地发挥，甚至使得很低层次的需要畸变或恶性膨胀，并促使个人走向堕落。

（2）满足不同人员的需要。每个人的需要状况（组成因素和发展水平）是各有特色的，因此管理者应该对每个成员的需要状况认真了解，摸清他们需要的真实情况，只有这样，才能做到使每个组织成员的需要都得到满足。

（3）突出满足合理的主导需要。要认真调查工作对象，看看他们当前的主导需要是什么，并认真地进行分析。如果这种主导需要是合理的（兼顾了国家、集体和个人的利益），就要给以关心，并创造条件帮助他们获得满足；如果这种主导需要是不合理的，或者虽然合理，但在目前条件下，经过努力也是难以实现的，就要及早给予引导、说明，使之逐渐形成新的主导需要。

6.强化程序分为连续性强化和间断性（部分）强化。部分强化包括四种：固定间隔、固定比率、可变间隔、可变比率。

下面以报酬形式作为强化物来看强化程序对绩效和行为的影响：固定间隔的强化程序，根据固定时间付酬，如月薪、年薪，导致平均绩效，行为迅速消退；固定比率的强化程序，根据具体反应数量付酬，如计件工资，导致很高稳定绩效，行为中速消退；可变间隔的强化程序，多种时间段后付酬，如不定期发奖，导致中高稳定绩效，行为缓慢消退；可变比率的强化程序，仅给某些反应付酬，如奖励时不严格依据销售量，导致很高绩效，行为极慢消退。

第三部分　案例集

一、课堂讨论案例

案例 1

总经理的烦恼①

M 公司是一家研制、开发高精密仪器的高科技公司，拥有 350 名员工，最近雇

---

① 邓靖松 . 管理心理学 .4 版 . 北京：中国人民大学出版社，2021.

用了刚刚获得 MBA 学位的万先生。万先生能力强、技术扎实、性格果断，有开拓精神，人际关系也处理得很好，入职三个月即被提升为部门主管，而其他员工往往要一年才能升到这个位置。

在万先生入职的第二年年初，由于出色的工作表现，他被任命为一个尖端项目的开发负责人，这项工作非常重要，而且正面临与另一家公司的竞争。新的任命刚过了两个月，M 公司总经理却意外地接到这个项目组中五位专家的辞呈，他们都表示有可能跳槽到 M 公司的竞争对手那里。总经理找这五位专家谈话，他们一致认为万先生是最勤奋的人，对他的工作也没有什么不满意，但是不满意他居然比他们这些在公司干了七八年的人升迁得还要快。因此，他们要到其他公司去显示才干，与万先生一比高低。

问题与思考

如果你是总经理，你怎么处理这个事件？如果你是万先生，你会怎么办？M 公司的激励制度有没有问题？如何设计新的激励制度？

案例 2

诊断工作绩效问题[①]

阅读下面的案例材料，运用所学的知识，诊断李某目前存在的绩效问题。针对这些问题，你会采取什么激励措施？通过小组讨论给出合理的解决方案，并代表你的小组进行角色扮演，即与李某针对问题的解决进行面谈。

李某的情况

李某两年前来到你所在的建筑公司从事绘图员的工作。他今年 35 岁，自两年前从技术学校毕业以来就从事绘画工作。现在他已经结婚了，有两个小孩。12 年来，他在四家建筑公司工作过。

李某带着他上任雇主评价低劣的推荐信来到你的公司，而你却雇用了他，因为你极其需要人手帮忙。由于当地建筑业的迅速发展，公司的工作量极大，导致你忽略了许多有助于形成支持、管理良好的工作环境的事务。例如，你无法记起上一次进行的正式绩效面谈是什么时候，或者你没有进行过任何员工职业生涯咨询。而且，周五早上进行办公室交流这一传统也被放弃很久了。由于工作压力和缺乏足够的人手，办公室工作的紧张程度非常高，晚上和周末加班已经成为家常便饭。

你对李某的绩效感到惊喜。在出现问题之前，他工作努力并始终高质量地完成工作。另外，他总是主动承担特殊的项目，为改善工作环境提出很多建议，并且具有建筑设计等方面的丰富的实践经验。但是，在过去的几个月里，他明显地退步了。他对他的工作似乎不再感兴趣，而且有好几次你发现他趴在桌上睡觉。另外，他在

---

① 大卫·惠顿，金·卡梅伦. 管理技能开发：第 8 版. 张文松，等译. 北京：机械工业出版社，2012.

最近的项目中与建筑师就设计程序的规范和正确性问题发生了好几次激烈的争吵。

在其中一次争吵之后，你无意中听到李某向同事抱怨道："在这里没有一个人尊重我的意见。我只是一个小小的绘图员。我与那些炙手可热的建筑师懂得一样多，但只是因为我学历不高，他们就忽视我的投入，而我又是在做一些无聊的工作。这真是往伤口上撒盐，我妻子不得不去工作以补贴家用。我肯定是公司中薪资最低的人。"一位同事问他为什么不去拿一个建筑学的大学学位，李某回答道："你知道养家糊口有多难吗？照顾孩子，加班，做一个通情达理的好父亲、好丈夫，还要去上夜校。算了，现实点儿吧！"

二、课后分析案例

案例3

有心周全，无力周旋：LD 公司的中层离职[①]

公司背景

LD 公司成立于 1996 年，是一家从事五金卫浴设备制造的公司，其注册地和厂址位于卫浴产品产销企业云集的广东省鹤山市。作为国内知名五金卫浴品牌的 ODM（原始设计制造商）和 OEM（原始设备制造商）加工厂，LD 公司经过十多年的发展，成为集开发、设计、生产、销售于一体的企业，产品远销非洲、中东、欧洲、美洲和大洋洲等地区，年营业额在 5 000 万元以上。LD 公司有职工 106 人，其中办公室管理人员 28 人，生产车间管理人员 28 人，工人 50 人；另外，公司还会视订单情况不定期聘用临时工。

LD 公司的创始人 X 先生于 20 世纪 60 年代出生在广东佛山，从其父辈开始，家族就从事五金器件的生意。X 先生于 20 世纪 90 年代初开始经商。最初，X 先生从事的是印刷包装材料行业，之后还涉足过煤矿产业，现在主要经营卫浴设备。X 先生拥有创业者吃苦耐劳的精神、敏锐超前的眼光和成熟稳重的处事风格，他抓住了时代的机遇，本着大胆求变的经营理念，将家族的生意越做越大。同时，他还积极学习中国古典哲学和西方管理思想，不但努力创造和谐的企业文化，还聘请职业经理人负责公司的日常运作，逐步实现管理的人性化和规范化。

危机凸现

LD 公司成立初期，主要生产铜棒以及管件、阀门等卫浴设备的中间产品。但是，随着进入这一行业的企业越来越多，竞争也变得越来越激烈。为了提高竞争力，获取更多利润，2009 年初，LD 公司决定转型升级，不再生产铜棒，并把精力转移到更

---

① 本案例由邓靖松、莫燕婷撰写。本案例研究得到了国家自然科学基金项目（71772189）的资助。

终端的产品——五金龙头系列产品。

为了配合战略转型，LD公司购置了大量的先进机械，聘请了有经验的管理及技术人员，并上马了ERP（企业资源计划）系统。可是，这一系列的"烧钱工程"不仅没有奏效，反而将企业内部原有的矛盾激发出来。到2009年底，企业陷入内忧外患，经历着前所未有的转型之痛。

最先出现问题的是财务部。作为企业的核心部门，财务部本应发挥事前预算、事中核算、事后监督的功能。然而，在原财务经理Z先生的领导下，财务部几乎处于瘫痪状态。在将近大半年的时间里，Z先生欺上瞒下，胡乱编制财务报表，不但没有将原始单据与记账凭证一一核对，而且没有按时缴纳税款，致使公司交了巨额滞纳金。可是，由于Z先生极得总经理及董事长信任，直到Z先生离职之后，其丑行才被公之于众。

接着，制造部也出现状况。在新产品的制造过程中，抛光是技术含量最高的最后一道工序。但是，抛光车间除了主管具有多年抛光经验，其余抛光工都是新手，这使LD公司抛光车间的产量和品质与其他工厂相比差距较大。这一情况不但使LD公司不得不将大量半成品发往其他抛光厂抛光，而且使客户对公司产品的质量有所怀疑。

仓库管理不善的问题也令人颇为担忧。由于一直没有找到合适的仓库管理员，长期以来，偌大的仓库只有仓库领班在管理。每天十几次原材料、半成品和成品等的进出，使得仓库领班奔波于地秤与货车之间，完全没有时间顾及其他。仓库物品不但摆放混乱、没有标识，就连数目和重量也没人说得清。仓库沦为单纯的货物集散地，失去了其本应有的管理全厂财物流通的功能。

行政部的办事效率一直被人诟病。按照规定，每个月的中旬，行政部都应该把上个月全厂的考勤、绩效评估等资料上交财务部，让后者进行工资的核算。可是，由于该部门人员办事拖拉，每个月都不能按时上交数据，有时甚至上月的数据下月才能统计出来，直接造成员工工资不能按时发放，严重影响了财务部的计划和员工士气。

最令全厂人员头痛的要数ERP系统的管理。这套ERP系统，将公司所有部门和流程都包括在内，理论上应该可以起到规范内部管理、提高办事效率的作用。但是，数据库的先天缺陷和员工培训的缺乏，令规范流于形式，系统名存实亡。例如，按照规定，各车间人员到仓库领料前必须先通过ERP系统打印领料单，经仓库管理负责人在系统上审批以后，才能将材料领出仓库；而绝大部分的工人由于贪图方便，直接到仓库取走材料，事后才补回单据。这种事后补单的做法，非常容易出现差错，不仅给了工人可乘之机，还导致数据库的数据与实际不符。数据越不准确，员工就因不信赖系统而越不敢使用，从而陷入一种恶性循环。为了保证数据的准确性，各部门不得不采用手工记录与系统记录的双重保险方法，办事效率大大下降。

因转型而凸现的危机令人措手不及，大家每天都像救火员般疲于应对，因此大家都在思考，LD公司的明天在哪里呢？

急召救兵

面对公司的种种问题，身为董事长的 X 先生当然更是心急如焚，他不禁怀疑自己是否选择了一位不合适的人担任总经理。

现任总经理 W 小姐是一位年轻时尚、有魄力、有魅力的职业经理人。1996 年，大学刚毕业的 W 小姐就进入了 X 先生的印刷包装材料公司担任文员。W 小姐在销售工作中表现优秀，她逐渐得到 X 先生的赏识，被派往美国学习并负责公司在当地的业务往来。经过十几年的磨炼，W 小姐从初出茅庐的新职员成长为成熟稳重的女强人。2008 年，W 小姐正式加入 LD 公司并担任总经理一职。

年纪轻轻便受到老板重用的 W 小姐饮水不忘挖井人，尽心尽力地报答老板的知遇之恩。W 小姐知道自己在管理方面资历尚浅，为了做好工作，她索性搬到生活条件较差的工厂住宿，并天天坐镇办公室，其勤奋程度非一般 CEO 可比。

W 小姐采用的是指令式的管理风格，公司大小事务，无论是销售合同的签订还是办公文具的采购，一律都要经过 W 小姐签字审批才能进行。此外，她对货物进出的监控尤其看重，并规定：每次货物进出仓库，仓库管理员、财务人员、采购员三人都必须同时在场，各自盘点并核对数目后，方可出货或入货。这些制度虽然看上去非常严谨，却忽视了实际情况。W 小姐并没有意识到，员工常常为了遵守制度而无暇分身，导致工作效率降低。

公司员工也对 W 小姐的管理方式颇有微词，不少人甚至认为 W 小姐完全不懂管理。一方面，事事签字的制度使因等不到签名而耽误事情的情况时有发生；另一方面，严厉高压的环境也大大阻碍了上下级之间的沟通，使全厂处于一种敢怒不敢言的工作气氛中。

从多个渠道了解到公司的内部情况后，X 先生知道，事实证明，W 小姐还是更适合销售而非综合管理工作；他也明白，要想公司起死回生，总经理一职非换人不可。他希望能以一种和谐的方式改变目前的状况。就在这时候，经在会计师事务所工作的朋友介绍，X 先生认识了管理经验丰富的 F 先生。

从在会计师事务所工作的朋友口中，X 先生了解到 F 先生受过良好的高等教育，曾担任大型国企、外企的财务总监，业余时间经常到广东的高等院校讲学教书。这位朋友还称赞 F 先生性格刚直不阿、工作一丝不苟、眼光与众不同。听完这番话，X 先生认为 F 先生具有较高的专业素质和良好的品德，于是马上决定聘请他到 LD 公司担任财务经理。此后，经过几次促膝长谈，X 先生对 F 先生的管理理念甚为赞赏，更让他兼任总经理助理，全面负责除销售外公司的所有事务。

F 总变法

2009 年 11 月，F 先生正式上任。初来乍到，他立刻被财务部的混乱境况吓了一跳。自从上任财务经理 Z 先生离职后，财务部只剩下一名出纳，基本上处于瘫痪的状态。据 F 先生回忆，"我正式上任的时候，财务部的桌面上还放着 2009 年 1 月份的单据，2009 年整年的账簿基本上是空的。"看到这种情况，F 先生立即意识到，LD 公司的问题比他想象的还要严重，要改变这一状况，非大干一场不可。但是 F 先生并没有忘记自己毕竟是新人，在搞清楚所有情况之前，自己是没有发言权的，所以他并没有轻举妄动，而是选择从自己最熟悉的地方入手，默默地整顿财务部。

财务部连个会计都没有怎么能行呢？为了让工作更顺利地展开，F先生亲自到人才交流中心招聘了一名会计Y小姐。Y小姐40岁左右，高中毕业后就从事会计工作，虽然学历不高，但是十几年的实践经验让她处理会计业务游刃有余。F先生经过面试，觉得Y小姐具有较高的业务水平，而且懂得为老板着想，当场就让Y小姐到公司报到。

F先生十分信任责任心极强的Y小姐，不但将财务部的所有工作都交付给她，还经常与她探讨如何改善LD公司的管理问题。Y小姐也十分欣赏F先生的能力和干劲，她认为F先生拥有非常过硬的专业知识，而且懂得尊重下级、关心下级，是一位值得信赖的好上司，能在他手下工作是自己的荣幸。因此，她工作时也特别努力，每天都自愿留下加班，希望能尽早地将上任财务人员留下的烂摊子收拾好。

F先生和Y小姐由于彼此的信任和相似的专业背景，很快就形成了异于常人的默契，不知情的人还以为他们是相识多年的老朋友。F先生认为，有了这样一位得力的助手，提升财务部的整体素质是早晚的事，于是便开始着手解决其他部门的问题。

经过一个月的观察与调查，F先生走遍了全厂各个车间，了解了产品的每一道工序流程，与每个主管都进行了交流。他发现，尽管各个部门的问题都不少，但是总的来说，所有问题都可以归结为执行力不足。上至总经理下至工人，都有章不循、有规不遵，导致公司的制度形同虚设，人人都有自己的办事方式，公司怎么能不乱呢？当然，他也很清楚，有些问题并不是一时半刻能够解决的，例如总经理的管理风格、制度的完善、制造部工人的技术水平、ERP系统的利用率等。但是，经过一番研究，他找到了突破口——行政部。

行政部主要负责上传下达、沟通协调以及人事方面的工作。行政部虽然不大，却与全公司其余部门密切相关。现任行政部副经理L小姐不到30岁，本科毕业。受总经理W小姐邀请，L小姐于2008年进入LD公司，并一直担任行政部副经理一职。L小姐虽然年轻有魄力，但是做事缺乏条理，个性张扬，因此不少人对她的做事方式颇有意见。

通过接触，F先生发现，L小姐对行政部的职责要求不是很了解，工作能力不强，而且做事浮躁，不听劝告，还经常推卸责任。例如，10月份员工考勤、工资构成等数据本应于11月中旬前上交财务部，以便月底发放工资。但是，几经催促，行政部直到11月29日下班前才将数据上交，导致会计Y小姐通宵加班才将工资计算出来。然而，当F先生就此事找L小姐问责时，L小姐却说这是一贯的做法，并说工资计算本来是财务部的事，现在行政部把基础数据都统计好，已经是帮了大忙了。面对满嘴歪理的L小姐，F先生也不想多费口舌，只是暗暗思忖：这个人一定要换掉。

要换掉由总经理W小姐请来的人，怎能不经过她的同意呢？于是，F先生将自己的想法与W小姐进行了沟通。听到F先生要将自己请来的人炒掉，W小姐气不打一处来，心想：平时你与我意见不合就算了，现在竟然还想来打我的人的主意。虽然心里十分不快，但W小姐仍强忍怒火，承认L小姐能力是有所欠缺；但同时，她也表明自己的意愿是将L小姐培养成自己的接班人，并以此委婉地拒绝了F先生的要求。不甘心改革步伐就此打住的F先生向老板X先生寻求支持，但老板由于不想过多插手W小姐的管理方式而没有给出明确答复。而事后，W小姐也对X先生抱怨，说F先生有喧宾夺主的倾向。自此，F先生与W小姐的关系陷入僵局。

管理混乱的公司总是容易出现漏洞。某天下午，当大家正在埋头工作的时候，质管部突然传来消息，说有一批原材料没经检验便被车间拿去使用了，而事后发现这批原材料有一项指标不及格。接到消息后，F先生马上赶到现场进行调查。经查证，原来是工人趁仓库管理员不注意时，拿了刚入库的原材料，导致了本次事件。F先生认为，在本次事件中，仓库应该承担对物品监管不力的责任，质管部应该承担没有及时进行质检的责任，而车间也应承担没按规矩领料的责任。同时负责处理此事的还有副总经理H先生。与F先生相反，H先生并没有亲自调查此事，只是将各部门反映的情况进行整理，得出了仓库应承担所有责任的结论。对副总经理这种敷衍了事的做法，F先生并不认同，但又无可奈何。

经过换人未果和领料失误这两件事，F先生察觉到LD公司内部固有势力的强大。他发现，不少中高层管理者都是抱着做一天和尚撞一天钟的心态来上班的，在这些人的领导下，不想做事的人慢慢会将想做事的人逼走。F先生感到，除非老板能赋予自己足够大的人事权，否则单凭一己之力，很难改变当前的局面。而从目前的情况来看，只要W小姐在位，人事权就轮不到自己掌握。想到这里，F先生开始对LD公司失去信心，并且考虑到家中的幼女正处于成长关键阶段而自己却无暇照顾，便向老板X先生表明了去意。

一败涂地

2010年2月10日对于LD公司全体员工来说是一个大日子，因为瑞士厨房卫浴设备品牌弗兰卡将派员到工厂进行检验。LD公司能否成为这个国际知名品牌的特约供应商，就看此次检验能否过关。

由于是突击检查，LD公司在验厂那天早上才接到通知。为了让全厂员工提高认识、严肃对待，副总经理在上班前临时召开了全员大会。会后，大家手忙脚乱地收拾了工作场所，佩戴上平时极少使用的劳保用品，务求以最佳状态迎接客户的检验。

上午10时左右，客户准时来到。出乎大家的意料，弗兰卡只派了两个人过来。在总经理W小姐等一行人的陪同下，客人走遍了所有车间，还不时与员工进行交谈。整个验厂过程大概持续了两个小时。

下午，双方人员进行了会谈。会上，客户毫不客气地用了三个字"非常差"来形容LD公司。接着，客户以质管部为例，进一步说明了问题的严重性。在检查过程中，他们发现，不但该部门的员工竟然用游标卡尺（测量产品内径的工具）来测量产品的外径，而且连质管部副经理也竟然对检验产品的方式完全没有概念。客户还说，质管部的问题只是冰山一角，其他部门的问题更是数不胜数。有鉴于此，弗兰卡方面认为，LD公司只热衷于做表面功夫，并没有扎扎实实地关注产品的质量；LD

公司的问题，不是员工的问题，而是管理的问题。

可想而知，整个会议大家如坐针毡。客户的每一句评价都如一把利剑刺进了在座每个人的心。不少平时自视甚高、趾高气扬的领导第一次感到面上无光，恨不得立刻找个洞钻进去。而最难堪的当属总经理 W 小姐。在她听来，客户是当众质疑她的管理能力，想到自己为 LD 公司付出了如此多的时间和心血，到头来却落得如此下场，伤心之余更觉得无地自容。而 F 先生可能是在座唯一感到轻松的人，在他看来，这次客户验厂有着非常重大的意义。一方面，它令全厂人都得到了一个与世界知名品牌接触的机会，从而看清自己的差距；另一方面，外人中肯的评价一针见血地指出了大家想说但不敢说的问题，给管理层带来了一次强烈冲击。

何去何从

在验厂结果公布大会结束后，总经理 W 小姐觉得是时候给自己放一个长假了，在放松身心之余，她也希望给自己足够的时间思考是否还留在 LD 公司发展。总经理不在，虽然很多事情因总经理不能签名而无法进行，但大家不用再害怕听到高跟鞋走过的声音了，倒也过得逍遥自在。

验厂后第二天的下午，董事长 X 先生突然下令全厂停止生产，进行盘点。此次盘点如此突然，加上大客户刚刚流失致使订单的来源失去保障，难免人心惶惶。但 X 先生的本意并非制造恐慌，而是想趁验厂的机会，好好盘点一下公司的资产，并以此作为下一步行动的依据。

与其他领导坐在办公室等结果相反，F 先生亲自到仓库进行盘点。然而，就在大家都干得热火朝天的时候，他忽然接到行政部的通知，说老板批准他的请辞了，并让他在当天交接。一同在仓库里盘点的 Y 小姐和领班 H 小姐听到消息后都大吃一惊，她们对 F 先生的突然离开都感到非常难过，甚至有点儿不能接受。其实，接到通知的 F 先生也很意外，虽然自己曾经对老板说过要离职，但是他想不明白，现在距离春节放假也没有几天了，为什么老板不等放假的时候再批准自己离开呢？这样的话不是对公司和员工的影响更小吗？这些问题的答案，恐怕只有 X 先生心里最清楚。他很欣赏 F 先生的才能，也很希望后者能留下来改变 LD 公司的状况；但他也很清楚 F 先生有家庭上的顾虑，而且与 W 小姐也合不来。如果非要二选一，X 先生更愿意留下交情更深的 W 小姐，而非相识不久的 F 先生，因此他要向 W 小姐表个态，以稳住她。而选择让 F 先生此时离开，则是为了在春节前将一切改变落实，让大家都过个安心年。

完成了大盘点后，F 先生就硬着头皮收拾了东西，办妥了离职手续，连夜返回了佛山。其他人继续若无其事地上班下班，似乎从来没有出现过 F 先生这个人，也没有发生过验厂失败这件事。各个车间仍旧加班加点赶工，希望能在过年前完成订单任务。而财务部也来了一位新经理——J 先生。他是被老板从佛山其他公司临时抽派过来的，已经为 X 先生服务了十多年。

不怎么了解财务工作的 J 先生刚一上任就将 F 先生辛苦制定的现金管理制度、报销制度等搁置一旁，并对会计 Y 小姐宣称，要另外招聘一名会计主管。Y 小姐一听此言，想到自己当时是以会计主管的名义招聘进来的，并且在公司工作的这段时间里几乎天天加班到十二点，这般辛勤付出却得不到肯定，顿时非常气愤。思前想后，她决定与老板 X 先生详谈。未料到，X 先生竟认为应该支持 J 先生的工作，并按此回复了 Y 小姐。老板的举动令 Y 小姐霎时觉得十分心寒，她觉得，老板不仅不信任自己，而且也否定了同样兢兢业业的战友 F 先生。Y 小姐认为，在这样的上级领导下，即使更拼命工作也无法得到认同，像其他人那样得过且过的话，自己心有不甘，所以她决定趁年末去人才市场转转，一旦外面有好的机会，自己就辞职。

厂房内机器的声音依然震耳欲聋，而办公室内似乎亦逐渐归于平静。LD 公司能否在虎年虎虎生成，这是一个问题。

问题与思考

你如何看待 LD 公司的管理团队人员相继离职的问题？分析该案例中的当事人，他们是否得到了上级的信任，为什么？如果你是 X 先生，你将如何激励你的管理团队以提高他们对公司的忠诚度？如果你是该管理团队中的某个当事人，你如何激励你的下属？

案例教学参考

1. 教学目的

本案例的教学目的是明确信任激励和信任管理在离职管理中的应用。从 LD 公司中层管理人员有心周全、无力周旋的心态出发，并从被信任者的角度分析团队信任管理，帮助学生理解下级的被信任感受公平感知、授权感知、上级支持、信息分享和上级肯定等不同因素的影响，并归纳出在不同的信任类型下，上级应分别采取何种信任激励措施，从而达到激励员工的最佳效果。

2. 适用范围

本案例适用于组织行为学课程，也适用于领导学课程。主要用于离职管理、信任激励、信任与忠诚管理、中层团队管理等主题。

3. 案例分析思路

本案例截取了 LD 公司在转型期的一个片段，具体表现为几位中层管理者的离职事件，体现出该公司的中层管理者有心周全却无力周旋的困境，最终导致无奈离职的结果。不难发现，LD 公司面临的问题归根结底都是用人的问题。"用人不疑，疑人不用"，可见用人又与信任息息相关。只有上下级之间建立牢固的信任关系，才能让员工在对上级忠诚的同时也对公司忠诚，从而达到信任留人的目的。究竟 LD 公司内部上下级之间的信任状况出现了什么问题呢？下面对案例中 X 先生与 W 小姐、X 先生与 F 先生、W 小姐与 F 先生以及 F 先生与 Y 小姐四对上下级之间的信任关系进行分析，并试图找出信任激励的影响因素和相应的激励措施。

董事长 X 先生与总经理 W 小姐：盲目信任

由案例可知，无论发生什么事，X 先生都力挺 W 小姐，在 F 先生与 W 小姐因换人而产生矛盾一事上，X 先生依然不分青红皂白地站在 W 小姐一边。及至后来，在受到客户弗兰卡公司的批评后，X先生送走了F先生，但仍然没有换掉W小姐的意思。而造成这一切的深层原因是前者对后者的信任。十多年来，由最初的文员到销售精英到总经理，X先生见证了W小姐在职场的成长历程。这些交往经验使X先生对W小姐建立了深厚的信任。因此，当W小姐能力不济的事实摆在眼前的时候，他很自然地首先考虑到自己与W小姐的交情，而非公司的利益。他知道，如果自己贸然换掉W小姐，那么虽然公司的经营情况可能会有所变化，但失去的是十几年的交情，这是他不愿意看到的；即使不换掉W小姐，公司的状况也未见得会变差，而且与W小姐交情却能维持下来。所以，X先生最后选择了折中的办法——招来了F先生。后来在W小姐与F先生发生矛盾一事上，X先生也是因为更偏袒W小姐，觉得不应该在新来的人面前破坏W小姐的威信，所以拒绝了F先生的要求。

同样，W小姐也很珍惜与X先生的交情。她没有忘记，这些年来，全靠X先生的栽培，自己才能从一名不谙世事的学生成长为一位商界女强人。因此，在升任总经理后，她心里就不断暗示自己要抓住机会加倍努力。这一方面是为了报答X先生对自己的赏识，另一方面也是为了自己在职业生涯中能更上一层楼。因此，无论工作上遇到什么困难，她都咬紧牙关挺过去。

一直以来，W小姐对LD公司尽心尽力，在遭遇挫折后，仍屡败屡战，正是为了回应X先生对她的信任。换言之，W小姐感知到自己被上级信任，并且这种信任激励了她做出积极的行为。

那么是哪些因素使W小姐感知到被X先生信任呢？首先，是X先生多年来对W小姐的帮助和提携。X先生不但发掘了W小姐销售方面的潜能，还送她到美国深造，后来还任命她为总经理。W小姐认为，X先生若不是信任自己，怎么会这么培养自己呢？其次，是X先生对W小姐的大力授权。自从任命W小姐为总经理后，X先生便很少插手公司的管理，出现问题一般都是W小姐说了算。这更让W小姐感到，X先生是充分信任自己的。最后，是X先生在关键事件面前对W小姐的支持。例如，在换人一事上，外人都觉得F先生有理，但X先生偏偏站在了W小姐那边。常言道，"患难见真情"，W小姐经过此事，更认定X先生对自己深信不疑。

由此可见，上级对下级的帮助和提携、授权以及关键事件的支持，是下级产生被信任感的影响因素。

董事长X先生与财务经理F先生：理性信任

本案例显示，X先生对F先生的态度飘忽不定，这主要是因为前者对后者的信任水平不高。我们先分析X先生对F先生的初步信任。通过一位会计师事务所朋友的强烈推介，X先生认识了F先生。此时LD公司的财务部虚位以待，看着备受赞誉的F先生，X先生犹如抓住了一根救命稻草。因此，X先生没有过多考虑，就聘请了F先生。这是一种通过第三方为中介建立起来的信任，基础较为薄弱。不久后，X先生因欣赏F先生的理念，一时头脑发热，提升了其职务，让他几乎与W小姐平起平坐。但他很快又后悔了，觉得不应那么快就如此信任F先生，因此并没有给予后者相应的权力。这一点在换人一事上表现得淋漓尽致。及至后来，X先生在敏感时期突然让 F 先生离职，在后者离职后对其聘请的会计也持不信任态度，这更充分说明 X 先生对 F 先生的信任来得快去得快。虽然 X 先生表面上看似求贤若渴，但实际上他信任的是交情，而不是能力。

而 F 先生面对 X 先生的反复无常是如何反应的呢？刚一相识，F 先生就被 X 先生委以重任，前者自然觉得后者对自己非常信任。"千里马常有，而伯乐不常有"，F 先生认为自己应当竭尽全力，做出点儿成绩来，才能配得上朋友的推荐和老板的厚望。因此，他初来报道便百分之百地忘情工作。但是由于换人事件，F 先生感到，X 先生其实并没有那么支持自己的工作。此时，他不禁暗暗掂量，如果继续留在公司，那么自己将要面对的不仅是公司里积存已久的陋习，还有与 W 小姐之间永远都不可能取得胜利的政治斗争；但如果他另谋高就，以自己的资历学识，不愁找不到好工作，而且还可照顾家中幼女。想到此，他便产生了去意。

F 先生从刚入职时的踌躇满志到离职时的失望落魄，正是经历了感知到被 X 先生信任到不被他信任的过程。那么是哪些因素让 F 先生感知到被信任，又是哪些因素让他感知到不被信任呢？

从上面的分析可以得出，F 先生感知到被 X 先生信任是源于后者对自己才能的赏识。只经过几次交谈，F 先生就被空降到高管的位置上，这让他感觉自己很受重用，这种被信任感激发了他的工作热情。但以下三点原因却让 F 先生感知到被信任的水平骤然下降。第一，F 先生没有得到与职责相匹配的资源。F 先生认为，X 先生让自己负责全面管理，但又没有给予相应的支持，令自己的职务有名无实，并不是信任自己之举。第二，F 先生没有得到公平对待。在换人一事上，X 先生明显帮亲不帮理，F 先生大失所望，更断定自己并没有得到信任。而 F 先生也因感知到被信任的水平较低而失去了为 LD 公司奋斗的欲望，离职便是对 X 先生不信任自己的控诉。第三，X 先生对 F 先生的态度忽冷忽热。刚开始，X 先生将 F 先生捧到很高的位置，但后来却不理不睬，使得 F 先生心里产生落差，并怀疑 X 先生是不信任自己的。

可见，上级的赏识有利于提高下级的被信任感知水平，而与职责相匹配的资源和公平对待的缺失，以及上级对下级态度的前后不一致，则不利于信任激励行为的产生。

总经理 W 小姐与财务经理 F 先生：谋算信任

W 小姐一直与突然空降到 LD 公司的 F 先生话不投机，再加上拥有丰富管理经验的 F 先生总是指出 W 小姐的不当做法，一向自我感觉良好的 W 小姐对 F 先生越看越不顺眼。在换人一事上，虽然 W 小姐知道自己护着 L 小姐是理亏的，但她更清楚，如果不能护着自己的下属，那么一旦让 F 先生得逞，自己在下属面前就会威信扫地。因此，在这件事上她的立场非常坚定，而且事后还不忘去 X 先生处告状，从而使 F 先生陷入困境。

与 W 小姐恰恰相反，刚开始，F 先生并没有对 W 小姐怀有戒心，他只是单纯地想协助 W 小姐共同做好 LD 公司的工作。而且，他认为上下级间应该真诚相对、互相帮助。因此，在讨论工作时，他只是直率地说出自己的想法，并没有刻意刁难 W 小姐之意。但随着了解的加深，F 先生慢慢感觉到了 W 小姐对自己的敌意，而这种感觉更在换人一事上得到证实。通过这件事，F先生觉得，W小姐根本不信任自己，根本不想和自己共事，长此下去，只会令大家痛苦，倒不如自己离开这个是非之地。

从一开始，W小姐就没有对F先生建立起足够的信任，她之所以愿意与后者共事，完全是出于对对方角色的考虑。而F先生后来也慢慢从W小姐的以下领导行为觉察到了这一点。

第一，W小姐没有虚心听取F先生的正确意见。F先生认为，自己将意见和建议反映给W小姐，是为了公司的利益着想，但她却不听劝告、一意孤行，分明是对自己的不信任。第二，W小姐没有给予F先生应有的尊重。从交往过程中，F先生发现W小姐经常敷衍自己，并没有真诚相待，对自己极不尊重。尊重与理解他人是信任一个人的表现。W小姐的行为说明，她根本不相信自己。第三，W小姐对人不对事。F先生认为，W小姐在处理事情的时候总是针对自己。例如换人一事，明明大家都知道这是对公司有利的事，但偏偏W小姐死咬着自己不放，这不是摆明了对自己不信任吗？"道不同不相为谋"，既然W小姐不信任自己，自己只好离职了。

由此可见，上级虚心听取下级的意见、给予下级应有的尊重和对事不对人的处事方式有利于让下级感受到被信任，进而有利于促进下级的正面行为。

财务经理F先生与会计Y小姐：全面信任

F先生亲自招聘了Y小姐到LD公司担任会计，F先生招聘Y小姐时就对她产生了良好的印象，觉得她会是个得力的助手。Y小姐进入公司后，由于与F先生专业背景相同，沟通几乎没有障碍，工作起来默契十足；加上两人都有很强的责任心，又是差不多在同一时间进入公司，自然会有更多共同话题。F先生认为，Y小姐是公司里最了解自己的人，跟她相处最融洽。因此，他很信任Y小姐，也很乐意将自己的心里话与她分享。F先生与Y小姐之间建立了良好的信任关系，上下级之间的关系非常和谐，使得财务部的工作效率有所提高，公司也因此获益。

作为被F先生亲自招进公司的员工，Y小姐自然对他非常感激。他们在工作过程中建立了良好的信任关系，而且在整顿财务部的过程中，两人同甘共苦，更加深了彼此的情谊。及至F先生离职后，Y小姐仍为前者被董事长误解而打抱不平。而且F先生的离开对Y小姐也是个沉重的打击，因为她知道没有了F先生，自己在公司中的路将会更加难走。更让Y小姐觉得心寒的是，董事长连F先生所做的一切都否定了。既然那么呕心沥血为公司利益着想的人都得不到老板的信任，更何况自己呢？她觉得留在这样一个是非不分的公司没有前途，于是也选择了离职。

主要有以下几个因素让Y小姐感知到被信任。第一，Y小姐受到F先生的认同。被F先生从众多应聘者中选出，让Y小姐觉得自己的能力和素质得到了前者的认可和信任。第二，F先生喜欢与Y小姐谈心。Y小姐认为，F先生作为上级，愿意向自己倾诉心里话，是非常信任自己的表现。第三，F先生愿意陪自己一起奋斗。F先生身为领导，但事必躬亲，不但为Y小姐的工作提供最大的帮助和支持，甚至陪同她完成任务。这让Y小姐觉得自己与F先生之间的上下级距离缩小了，F先生信任自己。

可见，上级对下级的认可、上级愿意让下级了解自己和公司、上级愿意与下分担责任，都有助于下级被信任感知水平的提高，从而对下级产生激励。

4.理论归纳与经验总结：信任激励及其管理应用

信任有两个维度，即认知维度和情感维度。这两个维度的不同组合，可产生出不同的信任类型。例如，高情感型信任与低认知型信任相结合的结果是盲目信任；高认知型信任和低情感型信任相结合的结果是理性信任。本文将上述组合进行扩展和修改，得出如表2-1的四种信任类型。

表2-1　信任类型

	低情感型信任	高情感型信任
低认知型信任	谋算信任	盲目信任
高认知型信任	理性信任	全面信任

本案例中的四种上下级信任关系各有特点。上级对下级不同的信任水平产生不同的管理行为，从而导致下级不同的被信任感知水平，最后导致不同的激励效果。我们将其总结为表2-2中的四种下向信任类型及其信任激励策略。

表2-2　下向信任类型及其信任激励策略

上下级关系	下向信任类型	下级被信任感	下级的行为结果	信任激励策略
X先生与W小姐	盲目信任：无论外界如何施压，仍然支持下级	高：虽然屡受挫折，但仍然愿意为上级服务	义气：投桃报李；赴汤蹈火，在所不辞	●帮助和提携 ●权力下放 ●关键事件支持
X先生与F先生	理性信任：信任下级的学识能力，但因交往尚浅而缺少情感信任，态度忽冷忽热	中：对上级的反复无常感到无所适从，时而感到被信任，时而感到不被信任	隔阂：缺乏情感而离职	●赏识 ●资源与职责匹配 ●态度前后一致 ●一视同仁
W小姐与F先生	谋算信任：对下级的能力和人品都有所怀疑，不愿信任下级	低：认为上级针对自己，完全感受不到被信任	敌对：出现冲突、交恶，因对上级不满而离职	●虚心听取意见 ●尊重下级 ●对事不对人
F先生与Y小姐	全面信任：对下级的认知信任和情感信任程度都很高，非常欣赏下级	高：感觉上级非常关心自己、信任自己，与上级关系非常和谐	忠诚：愿随上级一起离职	●认可 ●让下级了解自己和公司 ●与下级分担责任

在管理实践中，管理者在运用以上信任激励策略时需要注意：在同一上级和下级之间，可能几种信任同时存在，交叉在一起，只是在不同情景下或不同事情上，某种信任表现得更为显著而已。因此，管理者需要区分不同的情境，综合运用以上信任激励策略。此外，上下级之间的信任过程也是动态发展的。有的上下级开始很信任，后来慢慢不太信任了；有的开始不太信任，通过一些事情和难忘的经历后，

上下级之间增强了信任感。因此，信任激励策略不能一成不变，需要根据上下级之间的关系变化随时调整信任激励策略。

案例 4

好马为何不恋槽——从业务骨干离职现象透视职业生涯管理①

康华公司背景

康华公司是一家全球性制药公司，在全球拥有超过 100 000 名员工，业务遍及 140 多个国家和地区。康华公司主要为患者和社区提供医药保健解决方案，以满足患者的多样化需求。康华公司专注于医药保健的增长领域，拥有创新药品、成本节约型非专利药品、预防性疫苗和诊断试剂，以及消费者保健产品等多元化的业务组合。该公司大力投入研发，已成为全球新药研发创新典范。2007 年，集团业务实现净销售收入 381 亿美元，净利润 65 亿美元。

进入 2000 年后，人才短缺已经成为康华公司高速发展的最大挑战。康华公司 2005 年收购德国赫素公司成为全球最大的非专利药生产商，同年通过并购进入疫苗及诊断试剂市场，成为全球第五大疫苗供应商，整体业务处于高速发展时期。为了在市场中应变自如，康华公司必须制定明确的战略来发展自己的人才队伍，大力培养内部人才，只有这样，企业的长期战略及商业目标才能得以实现。

"识别与发展人才是我们最重要的优先任务之一，好的员工产生好的结果，这种理念和相应的行动必须根植于我们的组织。"康华制药的董事会主席及 CEO 在不同的场合不断强调人才对康华制药的重要性。

基于员工发展的 OTR 系统

组织与人才评估（organization & talent review, OTR）系统是康华制药培养内部人才的重要途径。OTR 系统通过鼓励创造一个持续提升绩效和不断促进个人发展的环境，致力于给所有的员工一个成长和认识他们的潜力的机会，在绩效管理过程中重点强调持续的辅导和反馈是支持每个员工发展的关键机制。OTR 系统向康华提供了在全球共同发现人才的途径和方法，2002 年这套系统在康华全球范围内的管理层中得到了推广。

全球人才管理框架下的 OTR 战略提供了培养内部人才的重要途径。OTR 系统是康华关键的业务工具之一，能帮助康华达成促进人才发展的目标，并在公司内部充分释放员工的个人潜力。OTR 系统是康华公司内部在全球范围内通用的人才识别与发展工具。它整合了绩效评估和员工潜力评估的结果，通过制订和实施可评估的行动计划来增加关键岗位的继任者，并依靠加速现有和未来领导者的发展来支持康华

① 本案例由邓靖松、黄勇军撰写。本案例研究得到了国家自然科学基金项目（71772189）的资助。

的经营战略。

在实践中，组织与人才评估是一项每年都会持续进行的工作，每年2月开始，直线经理同高一级的管理人员讨论评估其下属，通过系统的绩效考核和能力评估，将具有发展潜力的员工纳入公司的人才开发体系。

OTR系统的实施从人才招聘阶段就已开始。在招聘与选拔过程中，康华公司会依据不同职位所设定的能力模型来考察候选人。能力模型主要包括核心价值观和具体岗位的专业能力要求两部分。随着康华公司在中国的快速发展，其在人才的招聘上开始关注员工队伍的多样性建设。但是，康华公司有自己坚持的原则，非常看重员工能否在价值观与原则方面与公司达成共识。比如，该公司强调员工需要有非常强烈的团队精神，康华公司不是一个一味强调员工队伍中只有"雄鹰"式人物的企业。

OTR系统的实施主要包括以下五个步骤：（1）人才开发计划。直线经理与员工代表就员工的职业发展期望及能力发展目标进行充分沟通和讨论，达成一致后给予反馈，在此基础上员工完成发展计划书，并明晰与自己相关的能力发展目标。（2）人才讨论会议。更高一级的经理邀请直线经理讨论空缺的岗位、OTR后备人才、继任方案及组织行动计划等。（3）潜力评估与发展计划。包括讨论并决定OTR的潜力评估过程（基于胜任力模型的评估程序）、发展行动计划及继任计划。（4）反馈。根据OTR成员潜力评估报告，直线经理公平准确地对员工在期望及发展行动上给予反馈。（5）执行。人才开发方案和继任计划将在整个年度内得到执行，在出现职位空缺时对OTR后备人才进行晋升和培养。

事件回放：OTR成员的离职

马良，男，2004年初加入康华公司深圳办事处，曾在该公司珠三角区域任职高级医药代表，业绩表现好，且在市场分析及客户管理方面显示出超出一般代表的水准，2004年第三季度代表深圳团队在季度会上做经验分享，发言广获好评。因有上佳的业绩表现，2005年初他被平调至广州负责公司最有发展前途的产品线。这个调动在其他同事眼里被认为是一个强烈的晋升信号，如果他继续表现出众，那么基本上只要以后有合适的岗位，第一人选非他莫属。马良本人也十分认可并接受这次调整，在调整后坦承压力很大，但机会也很大。他在工作中表现出极大的热忱和上进心，在市场分析和客户管理方面亦保持了上乘表现，特别是刚刚接手新市场后，面对错综复杂的工作局面善于快速把握关键因素，主动应对市场变化。

鉴于该区域在广东乃至全国的重要性，该区域对市场份额的权重影响特别大，成为各大跨国制药企业的必争之地。为获取竞争优势，各个公司无论是在人力配备还是资源投入上均是铆足了劲。当然，资源任何时候都是相对有限的，可能因为外部市场竞争压力较大，内部资源又相对有限，马良在团队内部资源分配上有时不肯让步，这让其他同事有时会觉得他比较自私，只顾自己发展。

2005年初，其主管经理在给他做全年绩效目标设定及职业和能力规划时找他谈话，他表示自己对销售管理的职位很有兴趣，如果有机会，他愿意接受挑战。鉴于他上一年的绩效评估为3.2分，马良被列入2005年3月OTR人才发展评估会上的重点讨论对象（所有上年度绩效评估在3.2分及以上的员工均会重点讨论）。在人才发展评估会上，根据康华公司的价值观及行为标准，结合地区经理的胜任力模型，关于马良的讨论结果是：绩效执行方面，在强化客户及高效执行上有较强的优势，在对辖区内客户的管理和内部项目、市场活动的执行上灵活高效；不足的地方是没有在行为上体现驱动和帮助他人共同达成目标（这一点在康华的销售管理中很重要，通常重点考察），而作为一个资深高级代表这一指标很关键。因此在管理潜力定级上定为1～1.5年可提升。能力提升方面：（1）有全局观，不仅达成了自己的目标，而且还为促进整个区域目标的达成做出了努力；（2）不仅能够在产品知识、销售技巧、区域及市场管理方面树立专业榜样，而且能够灵活运用这些知识与技能辅导其他同事。

马良的主管经理就潜力评估及提升方案对他做了详细的反馈，他自己也认可这种反馈，表示是竞争压力太大，无暇顾及这方面发展所致，在今后会注意这方面的发展。其主管经理考虑到他目前承担着业务发展的重担，就鼓励他说没有问题，只要业绩能达成目标，一切都好说，同时也承诺会给他提供一些资源和平台，帮助他在这两方面提升。听到这句话，马良似乎心里有了底，在倡导业绩/结果导向文化的康华公司，也许业绩能决定很多东西。很快，他又投入紧张而繁忙的工作中。

在后面的几个月里，主管经理也委派了一些区域的市场活动让马良负责，同时康华公司在3月份开始了针对实习生的扬帆计划，马良是实习生导师之一，负责实习生的带教，主管经理也安排了他领导组内的内部学习。所有这些安排他都完成了，只是似乎没有超出期望的东西出现，主动性显得不够。在这一年里，他负责的区域因市场竞争环境发生了一些变化，竞争对手动作频频，对市场发动疯狂冲击，使得他将更多的精力倾注在市场上。阻击起到了一定的效果，但竞争对手不管是增长率还是市场份额都有较明显的优势，他的绩效受到了一定的影响，他似乎更加无暇顾及其他，从而对自己的业绩也感到了某种担忧。

2005年底的人才发展评估会上，由于他在能力提升方面仍然没有表现出明显的进步，因此对他的定级仍然是1～1.5年可提升。结果反馈给他时，他有点儿无奈，但是向领导表态2006年将继续努力，争取赶超对手，做好自己。但2006年初的一项人事任免让他的心理天平发生了倾斜。事件始于广州区域一个管理职位的空缺，原来他被视为最有竞争力的候选人，但是结果出现了变化，被晋升的是他原来在深圳的同组同事，两人2004年的绩效评估均为高绩效员工，但在2005年他的同事在深圳原来的团队取得了令人满意的成绩，不仅自己出色地超额完成了业绩目标，而且在工作中对其他同事也尽可能施以援手，导致竞争对手在深圳的业绩急剧下滑。因此在人才发展评估会上，该同事被认为展现了更大的领导潜力。

得知这一消息，马良的心情很复杂。当初被调往广州时被寄予了厚望并在同事中引起了较大的反响，但现在的局面让他略显尴尬，他回办公室的次数似乎比以前少了一些。主管领导也注意到了这一点，跟他剖析了后续的机会，鼓励他继续努力提升，并承诺会争取机会向公司推荐。尽管其间也出现了几次晋升的机会，但每次均因表现不如其他候选人，没实现最后的晋升。看到许多后入选 OTR 系统的同事都获得了相应的提升，对自身发展有一定期许的他，内心并不觉得彼此之间有多大的差距，相反，可能是觉得这不过是公司的一种策略或偏见，或者是自己运气不太好，负责了一个难啃又充满挑战的市场，他仿佛突然不知道自己在康华公司的方向在哪里，希望在何处。这种状态持续到了 2006 年底，当时某猎头公司向他发出了邀请，尽管其主管领导一再挽留，他还是选择了离开，去迎接另一个挑战。

问题与思考

对公司来说，留住员工特别是高绩效员工是战略重点之一。OTR 系统中的成员不仅是高绩效员工，而且具有一定的发展潜力，可以说是公司今后发展的中坚力量，也是公司的重点培养对象。因此，OTR 成员的离职不仅对公司是巨大的损失，而且会对其他员工的心理造成一定的冲击。减少甚至杜绝他们的离职，确保 OTR 成员的留任，是保证业务持续发展的重中之重。为什么一个纳入重点培养对象的业务骨干竟然也黯然辞职了？实施 OTR 系统错了吗？或者是实施的方法不对？问题出在什么地方？应该怎样通过加强职业生涯管理留住骨干人才？

案例教学参考

1. 教学目的

通过深入分析康华公司组织与人才评估（OTR）系统实际过程中出现的 OTR 成员离职的案例，透视 OTR 系统在实施时需要注意、提升及加强的地方，尽量减少因实施导致的遗憾与失败。

2. 适用范围

本案例适用于人才开发、职业生涯管理、后备人才继任计划等主题。

3. 案例分析思路

对 OTR 成员离职事件原因的剖析如下：

如何评估 OTR 实施的效果？我们可以从实施后是否能有效地达成 OTR 的目的来评价。康华公司自实施 OTR 系统以来，一方面，OTR 系统在人才培养和后备人才储备方面发挥了重要作用，OTR 在流程设计及整体体系上均显示出人才评估与培养的科学性及实用性，同时使整个过程在一种相对公平、公正、公开的环境下执行，体现了系统设计的初衷，内部员工的晋升比例也得到了明显的提高。因此，不能因为个别人的离职就否认 OTR 系统的作用。另一方面，OTR 成员的离职，不论是对于公司还是对于员工个人都是一大损失，无论哪一方都应该认真反思，特别是直线经理和 HR 部门。站在管理者的角度，我们不难发现，在运用 OTR 发展员工时公司还有许多有待提升和完善的地方。

（1）缺乏能力提升方案和培训跟进措施。

此案例发生在 2006 年底，可以发现，当时康华中国刚采用 OTR 系统不久，缺乏实施的经验，管理者在实施 OTR 时，将重点放在人才选拔和潜力评估上，实施的活动也都集中在绩效评估和潜力评估上，但是对能力如何提升、如何制订和实施有针对性的 OTR 员工培训方案、如何跟进员工的发展等问题，基本上都是靠员工与直线经理之间的互动，缺乏明确的反馈制度及执行跟进方案。

（2）未考虑到绩效导向对潜力评估的隐性影响。

在现代企业中，绩效导向毫无疑问相当重要。随着竞争环境的日趋激烈，能否在竞争中存活和发展，绩效是至关重要的因素之一，这也是很多现代企业树立绩效 / 结果导向的内部文化的原因。同样，每个员工的绩效表现亦与公司的发展及员工的个人发展建立了一定的正向联动关系。OTR 旨在通过人才评估体系培养有上升潜力的员工，通过员工个人成长及组织行为能力提升的相互促进，达到创造和保持出色业绩的目的。但在 OTR 的实施中，还是存在绩效导向与员工潜力开发的两难困境。比如本案例中的马良，接受了一个挑战更大的区域，但激烈的市场竞争导致其绩效不如以前，那我们如何来界定他的潜力级别？客观来讲，如果绩效达到预期目标，我们就会更多地总结他的优点和优势，但是如果没有达成预期，则很可能会导致更多地从他的不足去追究原因，这也是绩效导向对管理潜力评估的隐性影响。

（3）忽略对员工期望的理解和管理。

由于不同人对某一目标的效价和期望值不尽相同，因此效价和期望值之间就可能有各种不同的组合形式，并由此产生不同的激励力量。根据激励的期望理论，效价和期望值都很高时，才会有较大的激励力量；只要效价和期望值有一项不高，目标的激励力量就不大。期望理论对 OTR 成员的晋升管理具有启迪作用，它明确地指出员工的激励水平与企业设置的效价及可实现的概率有关，这对企业采取措施调动员工的积极性具有现实的意义。

首先，企业应重视 OTR 的晋升结果对员工的激励作用，既充分考虑晋升岗位的人员、能力匹配等要求的合理性，增强大多数员工对实现目标的信心，又设立适当的晋升通道，使 OTR 对员工有真正的吸引力。其次，应重视效价与个人需要的联系，将满足能力发展需要（如提升阶段能力、提高工作的挑战性）与满足职业发展需要（如晋升等）结合运用；同时，要通过宣传教育引导员工认识晋升与其自身能力发展的一致性，提高员工对 OTR 的认识水平。最后，企业应通过各种方式为员工提高个人能力创造条件，提高员工对目标的期望值。在本案例中，在 OTR 的效价被放大的情况下，马良的期望值因短期内的可实现概率下降而降低，导致激励力量急剧下降。因此，鉴于 OTR 具有选拔功能的特征，既然是选拔，就一定会有落选者，而落选者许多时候并非对结果不认同，而是忽略了对期望和情绪的管理，因此加强对这部分员工期望的关注，适当采取关怀措施，在留住关键人才方面尤为重要。

（4）缺乏引导员工在职业生涯规划中的角色定位。

毫无疑问，无论公司搭建了什么样的职业发展阶梯，为员工提供了怎样的机会，最重要的是员工本人首先要有发展和成功的意愿，要积极地思考自己的职业发展方向。员工作为个人职业生涯规划中的主角，应该对自己的发展负责，要有发展和成功的意愿，了解自己能力的大小，明确自己的优势和劣势，明确自己的角色定位并端正态度，这样才能把握机会。当然在制订员工职业生涯规划特别是员工发展计划时，需要真心实意地帮助员工实现个人发展，而不是被动地执行制度。在本案例中，公司管理者和马良也都是因在此处失分而导致短期内无法实现晋升。

4. OTR 执行策略的改进方向

（1）确保员工认识潜力发展的重要性。

绩效表现反映的是员工在一定时期所取得的有形成果，潜力发展是对未来能承担更重要的任务而可能具有的能力的假设。潜力发展全面关注员工的行为及成长的能力，看重长期发展的能力与潜力，以未来可能承担的工作职责与角色来定义发展机会，因此 OTR 系统致力于潜力的评估及发展对于员工的重要性。

（2）加强执行方案的反馈与后续措施的跟进。

任何项目、方案设计得再好，如果得不到执行与反馈，也起不到任何效果，OTR 实施的成功与否取决于跟进方案是否明确和能否得到及时反馈。在 OTR 成员的工作项目执行过程中，需要上级经理针对 OTR 成员重点需要提升的领域予以特别关注，及时采取培训措施加以跟进，给予适当的支持和鼓励，促进员工相关能力的提升。

（3）加强员工的期望管理。

在实施 OTR 过程中，一方面要充分发挥 OTR 的激励功能，确保员工积极挑战现状，追求卓越绩效；另一方面要对员工的期望进行合理管理，以便能让员工长时间保持高效激励状态，要帮助员工维持稳定的心态，客观看待自己的能力及出现的机会，增强其工作的稳定性，避免离职。

（4）强化员工在个人职业发展中的主导地位。

与员工面对面地讨论职业发展规划、确定提升方案及反馈跟进时，要充分发挥员工的主动性在个人职业发展中的作用。

第三章　群体心理与行为

要点

√ 群体的定义与类型

√ 群体发展的过程

√ 群体结构

√ 群体行为特征

√ 群体冲突与管理

第一部分　知识点

一、群体概述

（一）群体的定义

群体是为了实现某个特定的目标，两个或两个以上相互作用、相互依赖的个体的组合。

（二）群体的类型

1. 正式群体和非正式群体

正式群体和非正式群体的关键区别在于是否存在有意识的协调活动或力量的一个体系，以及这个体系的清晰程度。

在正式群体中，组织的协作体系通常是通过权责体系和命令链条、规则等非人格化的因素来体现的。

2. 初级群体和次级群体

初级群体是指由面对面互动所形成的、具有亲密的人际关系和浓厚的感情色彩的社会群体。初级群体反映着人们最原始、初级的社会关系，如家庭、邻里和朋友关系。

次级群体又叫次属群体或间接群体，指的是其成员为了某种特定的目标集合在一起，通过明确的规章制度结成正规关系的社会群体。

（三）群体本位的文化

西方的人本主义强调以个人为本，但是中国的以人为本，讲的不是以个人为本，而是以群体为本，群体是高于个人的。

群体本位要求作为社会的一个细胞和单位个体的"人"，必须遵守群体规范，自觉考虑群体的反应。也因为以群体为本位，所以中国人重视人与人之间的伦理关系和维护这种伦理关系的道德规范。

中华民族的许多优良传统和文化精华，如爱国主义的传统、集体主义的传统、注重人际关系和谐的传统、浓厚的亲情意识、家国一体的观念等，都与群体本位文化的作用息息相关。

二、群体发展的过程

（一）群体形成的基础

群体的核心特征是成员之间相互依赖、相互影响。群体成员之间的依赖感通常来源于两个基础：完成任务和共同命运。

很多群体存在的理由是有共同的目标或任务。为了完成任务，群体需要通过某种协作，克服各种限制因素。

有些情况下，群体的目标并不是很清晰、具体，而是以共同命运，即俗话说的"同舟共济"表现出来的。

（二）群体发展的阶段

塔克曼把群体的发展过程划分为五个阶段，分别是形成阶段、震荡阶段、规范化阶段、执行任务阶段、中止阶段。

（三）群体凝聚力

群体凝聚力是群体在追求其目标的过程中团结一致，并保持一体性的一种状态。

凝聚力的来源主要包括三个方面：

（1）积极的人际关系。

（2）相互依赖的程度。

（3）成员认为自己都属于"某一类"人。

三、群体结构

（一）类别和关系

群体中人际关系的来源主要有以下三个方面：

（1）先天继承下来的。这样的关系和个人的后天努力基本无关。

（2）群体规定的关系。在正式组织中，这样的关系是组织有意识地设计出来的。在非正式群体中，这样的关系往往通过某种群体规范表现出来。

（3）自发形成的关系。包括社会吸引和人际吸引。

（二）群体中的角色

角色是指人们对在某个群体中占有一个位置的人所期望的一系列的行为模式。

1. 角色行为

角色行为是指一个人反复发生的行为。这些行为和其他人的稳定的、重复的行为相互依赖，目的是产生可以预料的结果。

2. 角色认知

影响角色认知的主要因素有如下三个方面：

（1）角色期望因素。角色期望是指别人认为角色承担者在一个特定的情境中应该做出什么样的行为反应。

（2）一些客观的、非人格化的因素。角色承担者会感到在某种情形下，他只要在这个角色上，就不得不或必须表现出某种行为。

（3）和角色承担者自己相关的因素。这种因素主要是指内部性的激励来源。

3. 角色认同

角色认同主要源自两个方面：

（1）从社会关系那里得到的关于自我的反馈。

（2）自我的看法。

4. 角色冲突

角色冲突可以分成角色内冲突和角色间冲突。角色内冲突是指针对相同的角色出现了两个或更多的不同期待。角色间冲突是指两个或更多的角色期望同时出现，使得满足一个角色期望的同时，会让满足另一个角色期望变得困难。

（三）群体中的地位

地位就是群体层级结构中的相对位置。

地位有两种来源：先赋地位和自致地位。先赋地位指一个人与生俱来的，不经后天努力就获得的地位。自致地位指不是先天具有的，而是通过后天努力获得的地位。

在群体内部，阶层之间应该存在一定的流动性，以保持群体的活力，避免积累矛盾。

（四）群体规范

群体规范是群体对其中的成员应该（或不应该）表现出的行为的界定。规范是约束成员的行为准则，也是群体成员相互期待的基础。

群体规范对不同成员的影响程度可能是不一样的。高地位的成员可能比低地位的成员更大程度地偏离规范，表现出和群体约束相对抗的一种独特性。

规范是带有普遍性的行为期待。在群体层面上，规范起到了如下的作用：

（1）协调群体成员的活动。

（2）维持或增强群体认同。

（五）群体规模和构成

群体规模是指群体中成员的数量。小型的群体适合从社会网络的角度去理解，大型的群体需要用自我分类理论或正式的组织理论来理解。

当一个组织中分工和协作越来越由制度和流程来规定时，这个组织也就变得越来越正式化。正式化有利于一个组织扩大规模，但正式化带来的威胁是有变得过于机械化的倾向。

群体可以按照成员所具有的技术、知识、人口背景的特点分成异质性群体和同质性群体。异质性群体是指群体成员的技术、知识、人口背景不同，而同质性群体则相反。

四、群体行为特征

（一）去个性化

去个性化是指个人在群体压力或群体意识影响下，发生自我调节功能的削弱或责任感的丧失，从而表现出一些个人单独活动时不会出现的行为。

去个性化的原因有二：一是个体感到融于群体中，导致了约束力的降低，认为即使做了不好的事情，别人也不知道是谁做的。二是责任的模糊性和分散性。即使出了问题，个体也不必为群体承担受谴责的压力。

（二）社会助长效应（社会促进效应）

社会助长效应（社会促进效应）反映了个体对他人的意识做出的反应，包括他人在场或与他人一起活动时所带来的效率或绩效的提高。

关于社会助长效应的原因，罗伯特·扎琼克的解释是他人在场或与他人一起活动唤起了人们的竞争和被评价意识，增强了人们行为的内驱力。

（三）社会惰化效应

社会惰化效应是指当单独的个体对群体活动的贡献不能或不被衡量时，人们往往会比单独工作时更不卖力。

社会惰化效应的影响因素有二：一是个体认为个人的努力对群体的成功有多重要或必要；二是个体有多重视群体成功带来的可能结果。当个体觉得没有人知道他做得好不好，觉得不需要为自己的行为负责任时，就会在群体中松懈下来。因此，群体规模越大时，社会懈怠倾向越高。

（四）从众

从众是指改变自己的信念或者行为，以符合其他人行为的倾向。

从众现象是一种相当稳定的，在各种文化中几乎普遍存在的现象。

（五）群体决策

1. 决策群体

参与决策的人称为决策群体。群体成员制定决策的整个过程就称为群体决策。

2. 冒险转移

研究发现，如果一开始群体成员的观点倾向于冒险，那么经过群体讨论以后决策会更冒险。相反，如果一开始成员的观点保守，群体讨论的结果则使决策更倾向于保守。

3. 群体思维偏差的主要特征

（1）成员认为决策群体无懈可击并过分乐观。

（2）群体不容成员表达怀疑就做出决策。

（3）即使有很多未能充分表达的相反意见存在，但有全数通过决策的错觉。

五、群体冲突与管理

（一）社会范畴化和社会身份认同

范畴化过程的重要功能之一，就是增强不同群体之间的特异性，模糊其他群体中成员之间的差别。也就是说，外群中的成员被认为更加同质化，而内群中的成员个体之间被认为更有差异性。

人们并不仅仅对他人进行分类，同时也将自己定位于某些群体而非另一些群体。这种定位的过程是一个自我分类的过程，或者说是一个自我范畴化的过程。把自己划归于某些群体，就意味着对这些群体产生了社会身份认同。

（二）刻板印象

刻板印象是伴随社会范畴化的过程必然出现的一种现象。当我们需要去理解某一情境或事件时，我们会在头脑中调动相关的范畴化规则和经验，并根据它们去获得理解。

刻板印象会造成群体间的偏见。刻板印象往往作为一种试探性的假设先行存在的，人们偏爱证实自己的假设，而不是推翻它。

（三）群体冲突

群体冲突的产生很大程度上和群体利益有关系。

挫折－攻击理论认为，一个群体对另一个群体存在敌意看法，是因为该群体遇到了某种挫折，或者是感受到了"令人厌恶的事件"，从而将愤怒和不快宣泄在另一个群体身上，尤其是那些之前和内群有相关冲突或者不被内群喜爱的外群。

相对剥夺理论认为，人们不满是因为感到当前状态比应该拥有的状态更糟。当人们感到他们当前享受的生活水准低于他们认为应该享受的生活水准时，就开始变得不满和具有反抗精神，甚至引发抗议和骚乱。

（四）群体冲突解决与管理

首先，需要判断群体冲突是否属于制度性的冲突。如果是，那么需要建立和完善群体间的谈判和协商机制。

对于其他的群体冲突，有四种常见的策略：

（1）引入共同目标。共同目标是指两个群体都追求，但是仅凭一个群体的努力却不能实现的目标。

（2）鼓励群体间的相互接触。

（3）交叉群体资格。让人们属于不同的群体，而这些群体类别之间存在交叉也是一种减少群体间偏见的途径。

（4）改变群体认同的显著性。这种策略认为群体之间的不一致和冲突是始终存在的，因此管理的焦点应该是根据需要突出不同群体认同的显著性，而不是试图消除这种不一致。

第二部分　习题集

一、填空题

1. 群体是指_____以某种方式结合，遵守共同的行为规范，在情感上互相依赖，在思想上互相影响，为着共同的目标奋斗的_____。群体存在的关键因素是具有"_____"。

2. 美国学者乔治·霍曼斯认为群体存在三个相互联系的要素：_____、_____、_____。

3. 群体活动具有_____、_____、_____、暗示和模仿等规律。

4. 群体动力是指群体活动的动向，包括_____、_____、_____、_____等。

5. 员工士气的高低，通常可用如下指标衡量：_____、_____、_____。

6. 群体心理是指群体成员在群体活动之中形成的_____心理。

7. 人们为了满足自己的安全需要、地位需要、权力需要、_____、实现目标需要等加入群体。

8. 决定群体地位的因素有权力、能力和_____。

9. _____是使群体成员保持在群体内的合力，是群体对成员的吸引力，是一种使其成员对某些人比对另一些人感到更亲近的情感。

二、单项选择题

1. 群体在长期的依惯性运行的存在过程中，会有一个短暂的变革时期，这一时期的到来，主要是由群体成员意识到他们完成任务的时间期限和由此产生的紧迫感引发的。这是（　　）。

    A. 间断 - 平衡模型　　　　　　　　B. 权变模型

    C. 激励模型　　　　　　　　　　　D. 胜任力模型

2. 在群体发展的五阶段模型中，群体结构已经充分发挥作用，并已被群体成员完全接受的阶段是（　　）。

    A. 形成阶段　　　　B. 震荡阶段　　　　C. 规范化阶段　　　　D. 执行任务阶段

3. 人们自觉、不自觉地以多数人的意见为准则，做出判断、形成印象的心理变化过程。每个人在群体中都不可能我行我素，只有当行为符合群体目标时，才会感受到来自群体的支持。这是（　　）。

    A. 逆反效应　　　　　　　　　　　B. 从众效应

C. 海格力斯效应   D. 南风效应

4. 最早提出"群体动力"的是（   ）。

  A. 美国心理学家谢里夫   B. 美国心理学家所罗门·阿希

  C. 德国心理学家勒温   D. 法国社会心理学家 J.G. 塔尔德

5. 表明成员被群体吸引并愿意留在群体之内，能使群体成员情感共鸣、行为一致的是（   ）。

  A. 群体极化   B. 群体规范   C. 群体榜样   D. 群体凝聚力

6. 在一个高凝聚力的群体内决策时，由于人们过分追求群体的一致而导致群体对问题的解决方案不能做出客观评价。这种现象叫作（   ）。

  A. 责任扩散   B. 群体思维   C. 社会助长   D. 社会懈怠

7. 群体决策相较于个体决策，其优点为（   ）。

  A. 速度快   B. 无干扰   C. 完整的信息   D. 责任清晰

8. 下列属于正式群体的是（   ）。

  A. 命令型群体   B. 利益型群体

  C. 友谊型群体   D. 工会

9. 以下不是群体规范的作用的是（   ）。

  A. 维系群体的作用   B. 认知的标准化作用

  C. 惰性作用   D. 从众作用

10. 在影响从众的群体成员因素中，易迅速降低从众发生率的是（   ）。

  A. 群体的规模   B. 群体的吸引力

  C. 群体成员的相似性   D. 群体成员的反从众

11. 群体心理与行为研究的目的不包括（   ）。

  A. 正确处理人际关系

  B. 提高人际管理和沟通水平

  C. 为实现组织目标服务

  D. 激发下属的工作积极性

12. 正式群体不包括（   ）。

  A. 命令群体   B. 兴趣群体   C. 任务群体   D. 工作群体

13. 群体决策技术包括（   ）。

  A. 运筹学法   B. 效用最大化法

  C. 德尔菲技术   D. 最优方法

三、多项选择题

1. 非正式群体的特征是（   ）。

  A. 单一、稳定的结构

  B. 重叠、不稳定的结构

  C. 需求导向，自发形成，排他性

  D. 目标导向，计划形成

E. 不存在上下级关系，成员交往中自然形成领导，且不一定为主管

2. 影响被暗示者心理的重要因素有（　　　）。

A. 权威　　　　　　　　　　　　　B. 暗示者的个人魅力

C. 群体　　　　　　　　　　　　　D. 暗示者的人格

E. 暗示者的背景

3. 群体决策技术包括（　　　）。

A. 头脑风暴　　　　　　　　　　　B. 效用最大化法

C. 德尔菲技术　　　　　　　　　　D. 最优方法

E. 运筹学法

4. 群体结构的维度包括（　　　）。

A. 地位　　　　　B. 参与　　　　　C. 角色　　　　　D. 规范

E. 凝聚力

四、简答题

1. 简述群体产生与发展的五个阶段。

2. 简述正式群体与非正式群体的区别。

3. 简述群体压力产生的原因。

4. 影响群体规范的因素有哪些？

五、论述题

1. 论述从众现象产生的原因。

2. 论述影响群体行为和工作绩效的因素。

3. 论述群体心理和行为的特点。

参考答案

一、填空题

1. 两人或两人以上　集合体　群体意识

2. 群体的活动（也称群体的任务）　群体成员间的相互作用（即成员间的相互交往和沟通）　群体成员间的感情或态度

3. 从众效应　逆反效应　社会惰化

4. 群体规范　群体压力　群体凝聚力　群体士气

5. 实际工作指标　个人态度指标　人际关系指标

6. 共同

7. 自尊需要 / 情感需要

8. 魅力

9. 群体凝聚力

二、单项选择题

1. A　2. D　3. B　4. C　5. D　6. B　7. C　8. A　9. D　10. D　11. D　12. B　13. C

三、多项选择题

1. BCE　2. AC　3. AC　4. ACDE

四、简答题

1.（1）第一阶段：形成阶段，群体的目的、结构、领导都不确定。群体成员各自摸索群体可以接受的行为规范。

（2）第二阶段：震荡阶段，即群体内部发生冲突的阶段。群体成员接受了群体的存在，但对于群体给予他们的约束仍然予以抵制。同时，对于谁可以控制这个群体，成员们存在争执。

（3）第三阶段：规范化阶段，群体成员开始形成亲密的关系。成员不仅接受了群体，并且发展出解决冲突、制定决策以及完成任务的规范。

（4）第四阶段：执行任务阶段，群体结构已经充分发挥作用，并已被群体成员完全接受。群体已经有了明确的结构、目的、角色，并对完成任务做好了准备。成员的注意力已经从试图相互认识和理解转移到完成手头的任务上，在解决问题与制定决策的过程中注重结果。

（5）第五阶段：中止阶段，对于长期性的工作群体而言，执行任务阶段是最后一个发展阶段，但对暂时性的委员会、团队、任务小组等工作群体而言，由于此类群体要完成的任务是有限的，因此还有一个中止阶段。在这个阶段，高绩效不再是压倒一切的首要任务，群体开始准备解散，注意力放到了群体的收尾工作上。

2.（1）正式群体：按照正式的程序组成，以正式结构为基础，从而产生心理认同。特征：单一、稳定的结构；目标导向，计划形成；存在上下级关系，领导一般有主管身份。

（2）非正式群体：按人员的自然交往形成，以心理认同为基础，从而产生无形的结构。特征：重叠、不稳定的结构；需求导向，自发形成，排他性；不存在上下级关系，成员交往中自然形成领导，且不一定为主管。

3.（1）人天生就有一种对社会孤立的恐惧感，趋向于一定的群体是人的一种生存方式，当个人被他所在的群体排斥时，通常会体验到莫大的痛苦，群体对它所属的成员具有一种力量。对群体的偏离会面临强大的群体压力甚至受到严厉的制裁，这种恐惧感使得群体中的人产生合群的倾向，只有与群体保持一致才能消除个体的不安全感。

（2）群体为人们的个体行为提供了参照，人们倾向于相信多数，认为他们是信息的可靠来源而怀疑自己的判断，因为人们觉得，多数人正确的机会多。在模棱两可的情况下，尤其如此。

（3）群体给予个体的归属感和自我同一性使得个体产生维护群体形象的心理，因此，个体的行为表现常与心目中的归属群体的标准保持一致。所以，"实际的群体压力可以导致从众，想象中假设的群体优势倾向，也会对人的行为造成压力，使人选择与设想的多数人倾向一致的行为"。

4. 群体规范是由群体成员建立的行为准则，或指群体对其成员适当行为的共同期望。影响群体规范的因素有个体的性格、群体构成、群体的任务、物理环境、组织的规范、群体的绩效、心理因素。

五、论述题

1. 从众现象的产生源于多种心理和行为上的原因，大致有以下几个方面：

（1）信任度。对自己的判断缺乏自信，对群体越信任，就越觉得群体意见是一个可靠的信息来源。

（2）风险意识。在情况不明而又不愿冒险做出决定时从众，因为按照群体的标准进行判断总会有效地保护自己的利益。

（3）对偏离的恐惧。明知自己正确，却在一番权衡后从众，或因不愿树敌，不愿违背多数人的意见而遭受群体的严厉惩罚，或怕自己受到伤害，习惯性模仿与服从。

（4）性别差异。研究表明，在女性项目（如家务、服装等）中男性遵从较多，在男性项目（如政治活动、体育活动等）中女性遵从较多，而在其他项目里两性的遵从量几乎相等。

2.（1）社会助长作用与社会抑制作用。有别人在场观察或与别人一起工作，不同情况下的工作效率很不相同。在一些场合，有别人在场或与别人一起工作，工作效率会明显提高。这种现象被称为"社会助长作用"。在另一些场合，有别人在场或与别人一起工作，工作效率不仅不会提高，反而会大大降低，这种现象被称为"社会抑制作用"。

（2）群体规模。小群体比大群体凝聚力强；群体规模增大，成员满意度降低；大群体比小群体决策速度慢。

（3）群体结构。群体结构的同质性与异质性将影响整个群体的绩效。

（4）群体中的角色。不同的角色表现会对群体绩效带来不同的影响。

（5）群体规范。群体规范对群体成员行为有着强大的影响。

（6）群体压力。在管理中应该重视群体压力和从众现象。

（7）群体凝聚力。在管理中，要促进群体形成健康而积极的群体气氛，增强凝聚力。

3. 两个或两个以上的人组成群体后，群体会对个人心理和行为产生影响，表现出一系列效应，具体来讲，有从众效应、服从效应、社会助长效应、社会惰化效应、群体极化效应等。这是社会心理学家关注最多，积累资料最多的群体影响问题。由于受到这些效应的影响，群体心理和行为会表现出以下特点：

（1）能力扩大化。受到社会助长效应的影响，个体加入群体后往往会感觉到群体的支持，进而认为自己能力突然变大了，会自觉更有力量，因此更敢冒险和挑战。

（2）轻信化和忠诚化。受到从众、服从等效应的影响，成员往往轻信本群体行为都是合理的，道德规范都是正确的，因此对群体的目标、规范、决策等毫不怀疑，表现出忠诚化倾向，而且一旦有人不忠诚，就会受到来自群体的压力。

（3）排他化和保护化。受到群体极化效应的影响，成员往往把反对本群体的人都看作是坏蛋、蠢人或弱者，不太愿意与群体以外的人交往。成员会自觉地保护群体的利益不受侵害，一旦他人或不利群体的信息侵入，成员会群起而攻之。

（4）趋同化。受到从众、服从和群体极化等效应的影响，群体要求其成员的行为保持一致。一旦某些成员在某个问题上保持沉默，就会被认为是默许；一旦成员的观点与群体背离，就会无意识地进行自我调整，以求与群体观点趋同。

第三部分　案例集

一、课堂讨论案例

案例 1

非正式群体规范的影响

小张毕业于某重点大学行政管理专业，在校期间品学兼优，多次获得奖学金并被评为三好学生，还光荣地加入中国共产党。大学毕业后，小张参加了某市公务员考试，顺利通过，被该市政府法制办公室录用。

进入了公务员系统，小张认为从此有了稳定的收入，而且自己的所学又能派上用场，因此感到很高兴，并且暗自下定决心，要好好干出一番事业。于是，小张每天早早地来到办公室，扫地打水，上班期间更是积极主动地承担各种工作任务，回家还钻研业务。

法制办公室是一个有五个人的科室，包括主任甲，副主任乙，三位年纪较长的办事员 A、B、C。几位同事听说办公室要来一个年轻人，顾虑重重，他们认为现在的大学生个性较强，不一定好相处，业务又不熟，还需要他们手把手地教。令他们没有想到的是，这个年轻人热情开朗、为人谦虚，很容易相处。更重要的是，小张有行政管理的专业背景，再加上聪明好学，很快就熟悉了业务，成为法制办公室的一个业务能手。而且小张很勤快，承担了办公室大量的工作，让其他同事一下子减轻了许多压力。几位同事渐渐喜欢上了这个年轻人，主任、副主任也经常在办公室会议上表扬小张。

可是聪明的小张发现，随着领导表扬自己的次数增多，几位同事对自己越来越冷淡，有一次，小张忙着赶材料，B 居然冷冷地对他说："就你积极！"小张一时间丈二和尚摸不着头脑。

一年时间很快就过去了，小张顺利转正。

市政府办公室年终考核的时候认为，法制办公室按量优质提前完成工作，将其评为"优秀科室"，并且在制订下一年度计划时，增加了法制办公室的工作量。法制办公室的几位同事本来因为小张的到来轻松了许多，这下子又忙起来了。而且他们发现，虽然忙碌依旧，但是每次得到表扬的总是小张，于是小张更加被排斥了。后来小张被评为法制办公室第一季度先进个人，A、B、C对小张的反感达到了顶点，他们不再邀请小张参加任何集体活动，还在背后称小张是"工作狂"。话传到小张耳朵里，他很伤心，"我这么拼命干不也是为办公室吗？要不是我，去年办公室能评上先进科室吗？"小张百思不得其解。

问题与思考

是什么原因导致了小张的困境呢？

二、课后分析案例

 案例2

让人发愁的薪酬 [1]

公司背景

N 广告公司成立于 2005 年，现拥有员工 100 余人，除了 30 余名行政、财务、策划、设计、客服岗位人员，其他均为广告业务人员。

N 广告公司成立之初年广告收入约 1 亿元，主要来自政府公告、社会公告及大型企业的形象广告等，以上门广告为主。为了实现市场化运营和管理，该公司大胆引入了市场化的用人机制，除了广告部总经理及两位副总经理，全部员工都与公司签订劳动合同。员工的薪酬包括工资收入和奖金收入两部分。具体来讲，即工资收入＝基本固定工资（占 70%）＋浮动考评工资（占 30%），员工最终拿到的浮动工资比例以考核小组结果为准（考评结果与浮动工资比例：一等为 30%，二等为 25%，三等为 20%，四等为 15%，劣等为 0）。奖金的最终发放以公司业绩为准，根据岗位差异确定奖励系数，实际上最终大家拿到的奖金差异不大，相当于一种平均化的福利。因为公司成立初期市场环境好，而且人员较少，所以大家都能拿到可观的奖金，因此当时公司的氛围是：员工关系非常融洽，工作上大家也能很好地合作。

随着公司的发展壮大，公司面临的竞争也日益激烈，总经理日益感觉到，人力资源政策若仍维持在原来的单一水平，将难以激励各类员工——最突出的是奖金发放的问题，以前只要发一点儿年底奖金，大家就都很满足；但现在，无论怎么发、发多少都不能令大家满意。

薪酬改革

2013 年，新任总经理张总上任后，为了提升公司业绩，在薪酬激励方面进行了

① 本案例由邓靖松、王昊撰写。本案例研究得到了国家自然科学基金项目（71772189）的资助。

全面改革。在薪酬方面，张总认为原来的薪酬系统缺乏效率，对业务人员没有激励性，从而为 N 公司设计了一套颇为细致的方案，把公司广告业务人员的薪酬制度改为"底薪＋提成＋年终奖"的形式，普通业务员按照经验和能力分为 A、B、C 三级，最低起薪每月 1 600 元，每升一级加 600 元。业务骨干给予部门主任头衔，月基本工资为 5 000 元，负责各个行业的一些大客户。

提成方面，业务提成设计为按广告实收款的 6%～15% 计，与行业、折扣和客户性质挂钩，房地产、电信运营商作为重点行业，提成高于其他行业；全价广告的提成最高，低于 8 折的广告提成最低；新客户提成高于老客户提成。各业务员按照不同的行业划分客户，多劳多得。

另外，张总还提出将业务员收入的 20% 作为风险金统一暂扣，待年底所在部门完成全年度任务后统一发放。公司完成全年任务则再给大家发放一笔年终奖，为了调动大家的积极性，年终奖的发放也与员工的个人绩效挂钩。

薪酬改革带来的变化

由于奖金和提成与绩效指标明确挂钩，各部门的目标非常清晰，大家对于能够拿多少钱都心里有底，而且对于需要付出多少努力也心中有数，因此这一制度实施后迅速激发了业务部门的积极性，公司连续三年以 10% 的增速发展，顺利完成了集团下达的广告任务，业务员也能在年终领到一笔丰厚的年终奖。但是，到该制度实施的第三年时，问题出现了。

（1）各个部门之间提成差异过大，提成拿得少的部门的员工对提成问题私下颇有微词。因为地产和汽车业务加起来每年都超过了公司广告收入的 70%，而且这些部门的客户基本上是成熟的大客户，不需要付出多少努力就能维持稳定的广告业务，所以这些部门的提成也就顺理成章地占了整个公司业绩提成的 70%。食品、旅游业务部门的员工抱怨地产、汽车业务部门的员工提成高、营销成本低、拿到大客户的还可以坐等业务上门，而自己负责的行业广告投放少，企业要求折扣高，工作辛苦但收入比其他部门低得多，因此纷纷要求转到"热门"部门，对工作漫不经心。

（2）地产和汽车部门的员工也有与其他部门员工类似的怨言：大客户都被部门主任掌握着，自己只能跑些中小企业，同部门员工之间每年的收入差距最大达 20 多万元。虽然所在行业广告量大，但客户的"胃口"也大，提成收入有一半都花在平时跟客户联络感情上，实际收入也不高。

（3）由于绩效提成的导向作用，业务人员只关心会影响自己薪酬提成的业绩指标，对公司重视的其他工作毫无兴趣。例如，作为业务骨干的部门主任只顾服务大客户，无心开拓新市场，对管理也不负责，从而导致公司的市场占有率日益下降，管理氛围也大不如前。

（4）业务人员之间的冲突增加，以前那种亲如家人的员工关系不见了。一是由于收入差距的扩大带来了员工关系的微妙变化；二是员工之间为了自己的利益而明争暗斗，相互之间的合作减少了，甚至出现了抢客户的现象。

（5）部分员工感到压力大，无心继续留在公司工作，在离职时要求公司发放前几个月扣发的风险金时又出现了问题。他们认为这是个人所得，而公司方面则认为这部分钱只能在年底时统一发放，中间退出则视为放弃。因此一些员工在离职时与公司产生了纠纷，这也令其他在职员工感到心寒。

上述问题不断累积，导致公司的各种矛盾在2017年集中爆发：

（1）广告收入相比上年下滑。业务骨干日趋懒惰、阳奉阴违、无心发展新客户，导致公司业绩遇到了瓶颈。

（2）员工离职率上升。很多员工对公司的现状感到不满，对薪酬制度产生了强烈的不公平感，很多人都在等待外面的机会，大部分离职的业务人员则选择拿到风险金后离职。上级领导也听到了种种对公司薪酬制度的反映和抱怨，只好将张总等人调离。

管理层的困惑：效率与公平的困境

经历了这个过程，上级领导对N广告公司的薪酬改革进行了认真的反思，认为当初制定业绩提成薪酬方案的初衷是加大激励的力度、提高公司的绩效，而且在当时的市场环境下该方案也发挥了它的作用，连续三年促进了公司绩效的提高，然而也由于公司过于重视业绩薪酬，让员工产生了严重的不公平感，并无形中造成了员工之间的不正当竞争，降低了薪酬系统的激励性。如果坚持这种业绩提成薪酬方案，势必延续当前的问题，尤其是不能消除员工心态上的不公平感、压力感和不安全感。如果废除当前的业绩提成薪酬方案，则公司可能又会回到三年前的效率低下的状态，并且还会让员工觉得朝令夕改、政策不稳定。怎样改变目前的状态呢？真让人发愁。

问题与思考

你如何评价N广告公司的薪酬改革？该公司的激励措施存在哪些缺陷？薪酬制度设计存在哪些问题和不足之处？如果你是该公司的人力资源部经理，针对目前出现的问题，如何制定新的薪酬制度？

案例教学参考

1. 教学目的

在激励理论的基础上，分析N广告公司薪酬制度中激励措施的缺陷以及薪酬制度设计的问题和不足之处，进一步指出企业在薪酬激励制度中应该重视的激励原则和激励方法，并通过分析N广告公司的具体问题，指出绩效薪酬制度设计中应该注重理论和实践的结合，即薪酬的激励性、公平性和制度的全面性等理论基础与组织特征、岗位特征以及员工的心理和需求等现实特征的结合。

2. 适用范围

本案例适用于薪酬制度、薪酬激励、激励理论等主题。

3. 案例分析思路

N广告公司原有的薪酬分配制度对薪酬制度的基本原则和要求考虑得不够全面周到，薪酬是企业对员工所做出贡献的回报，是为了吸引、留住和激励企业所需的人力资源而做出的收入安排，而 N 广告公司只考虑了激励。薪酬包括工资、奖金、福利、保险、津贴等方面，而 N 广告公司只考虑了工资和奖金。就 N 广告公司暴露出的人才流失问题而言，福利的留人效果更好。

（1）理论基础。

本案例涉及的有关薪酬分配的基本原则如下：

1）公平性原则——这是设计薪酬体系和进行薪酬管理的首要原则。

● 内部公平——同一个企业中不同岗位所获薪酬正比于各自的贡献，该比值一致才会被认为是公平的。

● 自我公平——员工获得的薪酬回报应该与他们的付出一致，即正比于各自的绩效水平。

● 外部公平——不同企业同类岗位所获薪酬应根据员工的个人因素诸如业绩和学历等来定，对完成类似工作的员工支付大致相同的薪酬。

2）激励性原则——体现按劳按贡献分配的基本原则。薪酬以增强工资的激励性为导向，通过动态工资和奖金等激励性工资单元的设计激发员工的工作积极性。另外，应设计和开放不同的薪酬回报方式，使不同岗位的员工能够获得同等的培训机会、晋升机会。

（2）薪酬制度诊断。

薪酬制度的优劣直接决定着一个企业能否留住优秀员工。薪酬制度可以激励员工积极主动地提高工作绩效。薪酬制度应该遵循公平性和激励性等原则。但是 N 广告公司新的薪酬制度实施三年后却没有做到这些。差距过大的提成比例、员工之间的恶性竞争以及单一的绩效评价制度，使很多员工只关注个人的业务量，缺乏对公司整体发展的关注，公司内部员工冲突加剧，工作氛围压抑。于是很多员工在工作期间感到压力过大，并且对薪酬制度产生了强烈的不公平感，造成业务骨干日趋懒惰、阳奉阴违、无心发展新客户，员工离职率上升的状况，阻碍了公司的正常发展。N 广告公司应该认真听取员工对薪酬制度的意见，在尽量体现公平的同时激励员工，将公司文化推回正轨。

不难发现，该公司原有的薪酬制度在公平性和激励性上存在欠缺。

1）无论是冷门部门抱怨热门部门收入过高，还是普通员工抱怨与主任收入差距过大，都是薪酬制度没有注意到小组公平问题。不同任务小组间绩效水平的差异既可能源于业务人员的个人因素，也可能是源于外部因素如经济环境、客户需求的差异。对于非人为因素造成的客观差异，薪酬设计应给予周密考虑，而不应"一刀切"。

2）普通员工抱怨与主任收入差距过大涉及内部公平问题。主任级别的骨干员工拥有最好的客户资源，比其他员工收入高很多，因此被视为不合理。

3）骨干员工进取心不强，问题出在激励上。薪酬制度的激励性不强，骨干员工的工作态度就会受到消极影响。当初制订业绩提成薪酬方案的初衷是为了加大激励的力度、提高公司的绩效，而且这一方案在当时的市场环境下也发挥了它的作用，连续三年促进了公司业绩大幅增长。然而，也正是由于这一方案过于重视业绩薪酬，让员工产生了严重的不公平感，并在无形中造成了员工之间的不正当竞争，从而削弱了薪酬系统的激励性。

4）风险金的设置本意是降低离职率、留住优秀员工，但是这样会在公司内部形成一种不信任以及约束的氛围。以这种类似惩罚的制度留住员工，而不是让员工因真心对公司产生归属感和忠诚而自愿留下，会让员工感到不适。在该项薪酬制度实施后，N广告公司已经留不住员工，很多人在等待外面的机会，一些员工在离职时因为风险金与公司产生了纠纷。大部分离职的业务人员选择了拿到风险金后离职。在这种情况下，等待离职的员工不可能努力提高工作绩效，必然会造成公司运营效率低下，影响经营成果。

风险金制度不被员工接受，也是因为其没有做到有效激励。根据双因素理论，薪酬在很大程度上被员工视为一种保健因素，这种因素处理不好容易导致员工产生严重的不满。在本案例中，由于风险金是从员工提成中扣除的，因此很容易被理解为克扣和惩罚，降低了保健因素的作用，严重影响了员工的工作积极性。

（3）问题解决思路。

只有制定符合企业长期发展战略的薪酬制度，企业才能更加具有效率和竞争力。N广告公司期望在市场中保持竞争地位，但该项薪酬制度改革严重制约了该公司发展。实施三年后，广告收入下滑，公司发展遇到了瓶颈，因此这项改革虽短期适用但在长期反而阻碍了公司的发展。N广告公司在制定人力资源规划时应该充分考虑战略、战术和作业层面，制定最合适的薪酬制度。

针对该公司现有的问题，设计新的薪酬制度应遵循"薪酬调查—确定薪酬原则和策略—职位分析—职位评价—工资结构设计—工资分级与定薪—执行"的过程进行。本案例应特别注意确定薪酬原则、职位分析、职位评价、工资结构设计、工资分级与定薪这几个部分。

本书给出如下制度建议：

业务部门的薪酬原则上既要遵循按劳分配、多劳多得的刚性原则，也要有一定的柔性，如考虑到不同部门、经验、业绩、层级等因素。对开拓新市场、业绩提升快、提出重大可行建议并实际操作的业务人员应给予更高奖励。

职位分析与评价方面，要结合企业经营目标，在业务分析和人员分析的基础上，明确部门职能和职位的关系，尽量消除不公平感。如部门主任应主要承担管理、协调、策划等工作，不与员工"抢饭碗"；应注重员工的业务开拓能力和实效，给予更多奖金；将大客户的提成奖金比例调低，要求业务骨干承担更多的市场开拓工作，提升业务骨干的积极性。

工资结构设计方面，现有的"底薪＋提成＋年终奖"方案适合营销业务部门的特点，应予以保留，但风险金制度应当取消，将业务人员的提成奖金及时全额地分配给业务人员。

工资分级与定薪方面，按照经验和能力分为A、B、C三级的做法可适当保留，为了激励员工，也应考虑设计和开放不同的薪酬通道，如设置策划奖金、岗位标兵奖等各种日常奖励先进的办法。

4. 建议改革措施

（1）平衡各部门的薪酬。根据设计薪酬制度的公平性原则，员工的薪酬应该与其为公司做出的贡献成正比。为缩小各部门之间提成工资的差距，可以适当地降低汽车、地产等营销成本低、员工提成高的部门的提成比例，或者适当提高其他原本提成低的部门的提成比例，使得月终时，不同部门员工的整体提成工资相近，也使各部门员工感到被公平对待。

（2）制订复合法的激励计划。对部门主任实行部门整体业绩与个人绩效相结合的综合评估。同时，取消其提成工资，改成以部门的整体绩效和个人绩效分别作为评估依据的月终奖金和年终奖金。这样的评估标准可以使部门主管更加专注于促进部门和员工的整体成长，有利于公司的长期发展。

（3）奖励制度多元化。员工的业绩提成应该区分个体绩效的提成和部门绩效的提成，提高个体绩效的提成比例，使员工的薪酬与个体的努力紧密挂钩，从而更加公平。除了按业绩提成，员工对公司的其他贡献（如创新思维、新市场开拓）也应该计入评估范围，再以奖金的形式给予回报。多样化的评估标准会激发员工对公司内不同工作的重视程度和参与积极性。公司也可以实行收益－分享计划，当公司目标达成时，员工可以分享公司的收益，提高员工的参与度。

（4）在各部门内建立工作小组。各部门从 A、B、C 三级员工中按人数比例各选出 1～2 名员工组成工作小组，最后按百分比提成小组的平均业绩，作为小组每个成员的提成工资。采用团队激励计划可加强员工之间的合作，减少员工之间的不良竞争和猜忌，也有助于工作小组内不同级别员工之间的经验分享和交流。另外，公司内部要进行企业文化的调整，举办更多工作外的活动（如部门联谊、出游、茶聚），扩大内部交流沟通，提升员工忠诚度。

（5）取消风险金，改以正面激励的方式让员工留在公司。风险金是一种防范员工离职的手段，使员工感到公司对他们不信任，会降低的员工忠诚度。因此，应该取消风险金，用年终花红或年终福利激励员工长期留在公司。良好的企业文化也能让员工有归属感，因此，公司更应该着重于建立企业文化，而不是用各种奖罚方法留住员工。

公司的发展不能只依靠业绩的提高，还需要各方面工作的配合。公司应该把全面发展的理念落实到每个员工的工作中，用多样化的绩效评估标准引导员工做出更多对公司各方面有贡献的事情。此外，公司还应对员工给予更多的关注与关怀，照顾员工心理和生活上的基本需求，提高员工忠诚度，降低离职率。

不管企业如何调整，都不会有一个完美的让所有人都满意的薪酬制度，但通过分析可以看出，企业管理层与员工之间要进行不断的沟通、反馈，只有深入地调查和评估员工的满意度，根据沟通和调查的结果来调整薪酬制度，才能找到相对合理的薪酬制度。

案例3

员工封杀令 [①]

2006 年 8 月 28 日，对于赖女士来说，是一个不平凡的日子。当天，各大游戏媒体皆在显著位置刊登了《游戏米果关于公司若干员工竞业禁止的严正声明》（以下简称《声明》）。8 月 30 日，该公司又在《电脑商情报》上刊登了这一声明。《声明》称，游戏米果网络科技（上海）有限公司（以下简称米果公司）已于 2006 年 7 月 4 日、8 月 16 日分别解除了与其原游戏开发团队赖女士等六名员工的劳动合同关系，并随声明附上了六名员工的姓名、身份证号码（台胞证号码）及照片。

《声明》强调，赖女士的竞业禁止期自 2006 年 7 月 5 日开始，至 2007 年 7 月 4 日止。米果公司法律顾问、上海某律师事务所已于 2006 年 7 月 11 日先后向业界发出了 50 多封律师公函，提醒业界同仁在竞业禁止期内不得以任何形式雇用赖女士等人，否则米果公司将根据有关法律、劳动合同对赖女士等人违反竞业禁止约定的行为提起法律诉讼，并同时对雇用、聘请赖女士等人或与其合作的单位提起连带诉讼。

《声明》还表示，公司将对赖女士提起劳动仲裁，请求裁定赖女士按照《员工服务期协议》，支付 21 个月薪资总额的违约金。另外，还将对赖女士等六人，根据《刑法》第 217 条关于侵犯著作权行为、第 219 条关于侵犯公司商业秘密的规定，提请国家机关追究刑事责任。

因为话题的敏感性和做法的独特性，此次事件随后被某些媒体称为中国首例"员工封杀令"，并被业界评为 2007 年中国十大劳动争议案件。

突如其来的解聘

赖女士是一位台胞，从事游戏开发工作多年。2004 年 4 月，赖女士进入米果公司工作，担任开发部游戏制作人。2006 年 7 月 4 日，米果公司以破坏公司团结、违反劳动纪律为由，开除了赖女士并解除了与赖女士的劳动合同关系。令赖女士始料不及的是，一个多月后，米果公司在《电脑商情报》上用半个版面刊登了一则严正声明，其中有赖女士及其他五位离职员工的照片和身份证号码（台胞证号码）。

童某、赵某等五人都曾是米果公司的网游核心开发人员，离职前，他们正在开发、完善两款网络游戏。2006 年七八月份，游戏开发团队的领军人物赖女士突然被公司开除，引发争议，童某等人随后提出辞职。米果公司 2006 年底在卢湾区法院诉称，童某等五人提出离职后，未经公司许可，便拒绝到公司上班，也不肯向公司指定的工作人员交接工作，导致米果公司与一家马来西亚公司签约的升级游戏项目被迫中断，前期投入的开发费用也付诸东流，因此，向每个被告索赔提前离职造成的经济损失 200 万元，并请求判令五人履行交接手续。

米果开发团队的回应

不久，位居"封杀黑名单"第二位、米果公司已离职的主企划赵某在网络上透

---

① 方平潮 . 中国首例员工封杀令 . 管理 @ 人，2006（11）：68-69.

露了该事件的内幕，对米果公司的严正声明进行了批驳，表示赖女士曾因开发某游戏而被记大功三次，是全公司最高奖获得者，而米果公司称其"破坏公司团结、违反劳动纪律"的说法非常令人不解，他还提到公司对游戏开发进行了粗暴干涉。

随后，当事人赖女士也接受了某游戏网站的采访，叙述了整个事件的来龙去脉。她表示，自己也对被米果公司开除感到莫名其妙，而且自己也没有拿到离职补偿金。她还指出，米果公司的劳动合同中的竞业禁止条款有11条之多，这在游戏行业内也很少见。

当事人赖女士叙述如下：

日期：2006年7月4日（制作人被开除）

事件：米果公司以破坏公司团结、违反劳动纪律为由，在没有告知与沟通的情况下，突然单方面开除开发部游戏制作人赖女士。由于公司提出的理由无法令人信服，故此事引起了多名开发人员的不满。

日期：2006年7月10日（米果公司发函威胁）

事件：米果公司对内部以及外部发信要求赖女士赔偿经济损失70万元人民币，并声称是按劳动合同的约定。米果公司请律师向全国近50家网络游戏公司发出律师函，告知不得以任何形式雇用游戏制作人赖女士。此举对其他开发人员造成了相当大的负面影响，因为他们的合同与赖女士是非常类似的，如果被开除了还要赔偿几十万元，那么这样的合同是否符合《劳动法》？是不是公司可以毫无根据地开除员工并滥用《劳动法》来达到威胁恐吓的目的？是不是意味着进入米果公司以后就不能离开了？

日期：2006年7月10日（米果公司的新动作）

事件：米果公司将开发部人员集中起来开会，由公司总经理张某主持会议，除了数落赖女士的不是，还用威胁的口吻说：要继续与原主管保持联系的就待在开发部办公室里，想跟公司开发新游戏的就搬到新的办公室去。开发团队中有十余人继续留在开发部办公室里，其余人员则搬去了新的办公室。

随后米果公司将开发部办公室原有办公用品，如投影机、打印机、电话、参考书籍、冰箱等搬走，导致此后开发部剩下的员工的正常工作受到影响。

日期：2006年7月17日（核心人员递交辞呈）

事件：因对米果公司前一阶段的所作所为非常不满，包括主程序员、主企划、主美术师在内的六位开发团队核心人员按《劳动法》的规定向公司递交辞呈，将于一个月后离职。

日期：2006年7月20日

事件：米果公司内部发信公告：禁止开发部所有人员请事假与年假。

日期：2006年7月24日

事件：米果公司内部发信公告，威胁开发团队核心人员，并单方面宣告将要求他们提供经济赔偿总计超过100万元人民币。

日期：2006年7月25日

事件：开发部办公室与外界的网络连接被切断。

日期：2006 年 8 月 4 日

事件：米果公司保安主任以及市场部门十余人在上班时间带领两名陌生男子进入开发部办公室，两名陌生男子一言不发，径直走到某位开发人员背后，在没有示警的情况下对其进行殴打，最后在警察和其他开发人员的协助下，一名打手被抓住并扭送公安机关。殴打过程中，保安主任以及其带领的十余人非但没有报警处理，反而出手阻止其他想要上前协助被殴打者的开发人员。

由于在工作场所人身安全得不到保障，其余开发人员在打人事件发生后暂时停止上班，并委托律师处理此事。

日期：2006 年 8 月 9 日

事件：早晨八点钟左右，赖女士在家中被两名警官传讯，因为米果公司向公安局报案说赖女士偷窃公司财物（一部数码相机和一个移动硬盘）。当天警方问话后就排除了赖女士偷窃的可能性。

日期：2006 年 8 月 11 日

事件：米果公司以旷工为理由开除了七名开发人员（非开发团队核心人员，由于感觉安全没有保证，自打人事件后请假在家），并且以手机短信的方式通知了他们。最后还不忘附上米果公司保留法律追诉的权利的声明。

日期：2006 年 8 月 17 日

事件：米果公司请律师向全国近 50 家网络游戏公司发出律师函，告知不得以任何形式雇用其已离职的开发人员。

日期：2006 年 8 月 18 日

事件：米果公司四处打听离职人员的家庭住址，并在 8 月 18 日派保安主任前往数名离职员工的住处，大声敲门找人并声称公司需要确认家庭住址，其嚣张的态度对相关人员的家属与邻居造成了恶劣的影响。

公司再次严正声明

米果公司先是向一些游戏网站发出了公司内部员工的联名信，这封联名信中有米果公司全国各地各部门 40 多位员工对公司及总经理张某的高度评价以及对赖女士等六名离职员工的批评。

2006 年 9 月 1 日，米果公司又向各大媒体发出公开声明："阐明事件的另一个版本，并呼唤职业经理人的良知与社会道德。"

米果公司表示，之所以在媒体刊登严正声明，是因为赖女士等六名离职员工中有三人提供假地址或拒绝提供真实地址，无法以邮件方式通知该六名员工有关竞业禁止之权利与义务，以及领取其竞业限制补偿金，因此公司咨询法律顾问后被迫以媒体公告的方式来公开告知及善意提醒当事人和业界同仁相关事项，并表明公司愿依照法律以公开、公正、公平的方式处理相关事宜。

《声明》甚至还表示，如果赖女士或任何人可以证明赖女士提供给公司的《工作申请表》上的地址及提供给上海市公安局出入境管理局的《临时住宿登记表》上的地址确实存在，并非其刻意编造，公司愿无条件赔偿其人民币 10 万元。

《声明》还列举了赖女士等六名离职员工"聚众滋事及妨害公事""非法进入并窃取公物""集体旷工、旷职、怠工""删除文档并拒绝交接"等几大违法违纪事项。

孰是孰非

赖女士诉称，米果公司和某律师事务所以类似"通缉令"的形式，发表所谓的严正声明，大肆诋毁她的人格，还将她的照片与台胞证号码全部予以刊登，严重损害了其名誉权和人格尊严权，剥夺了她的劳动就业权，并且各家网站对此竞相转载，在全国造成了极其恶劣的影响，故起诉要求米果公司、某律师事务所及电脑商情报社以同样篇幅发表声明，撤销8月30日的声明，向她赔礼道歉，并要求三被告共同支付精神损害抚慰金两万元。

米果公司则辩称，其在《电脑商情报》上发表声明，目的是维护自己的权益，具有合法理由，而且《声明》中所列事项均为事实，不存在所谓的"捏造事实，罗织莫须有的理由"，公司开除赖女士的理由充分，公司将赖女士的照片和台胞证号码刊登出来也没有侵犯她的任何权利，这是公司在赖女士给公司造成巨大损失的"困境下"，所能采取的挽救公司生存的唯一"有效措施"，公司没有侵犯赖女士的名誉权。

米果公司法律顾问、上海某律师事务所则认为，作为米果公司的常年法律顾问单位，在《声明》中的署名是公司对于法律顾问信息的正常披露，该事务所并没有实施发表《声明》的行为，不应承担法律责任。

电脑商情报社则辩称，其依据与米果公司签署的广告合同而发布声明，该《声明》的内容是真实的，旨在向公众告知事实与相关事项，本身并无盈利之目的，故不构成侵犯赖女士的名誉权和人格尊严权。

社会反响

这件事情在游戏界引起了巨大的反响，在各大游戏媒体刊登米果公司声明的第二天，一些游戏研发人员以"游戏圈草根组织"的名义发表联合声明，声援七八月间离职的米果公司原主创人员赖女士等人。

针对此次游戏界的大事，某游戏网站进行了一个互动调查。在参与调查的5 000多名网友中，近70%的网友认为米果公司做法过激，严重侵犯人权；仅11%的网友认为是因为员工给企业造成的损失太大才迫使企业采取此行动；只有19.6%的被调查者觉得"说不清谁是谁非，应该交司法机关处理"。

问题与思考

对于"员工封杀令"，你如何看待？了解该事件的最终结果，与你的判断相似吗？

案例教学参考[①]

1.案例分析思路

从整个事件发展的过程及案例陈述的米果公司所采取的手段来看，要想对该事

---

① 本案例教学参考由邓靖松撰写。

件给出一个深入、中肯的评论，必须认真研究两份重要的文件，即米果公司（下称公司）与原游戏开发团队员工赖女士等人（下称诉争员工）所签订的《员工劳动合同》及该公司的《员工手册》，其中的条款和细节对判断诉争员工与公司之间的是非十分重要。跳槽、离职在任何行业都是普通的行为，业内主创人员离职甚至带着团队集体离职的事情也屡见不鲜，尽管干系重大，但像米果公司这样对离职人员发出"业界封杀令"并动用法律手段追究责任的却不多。用人单位积极寻求合法的手段维护自己的合法权益，是值得肯定的，但任何维权行为均应符合法律的规定，并应有合法有效的证据，同时，亦应注意尺度问题。

就通用的法律来讲，公司限制原来掌握核心技术或从事核心业务的雇员离职后从事与公司现有业务具备竞争关系的行业或工作，是有法律依据的。这一点《劳动法》规定得并不是非常具体，但《劳动合同法》中有明确规定，它代表了司法界的一种断定思路，即用人单位与劳动者可以在劳动合同中约定保守用人单位的商业秘密和与知识产权相关的保密事项。对负有保密义务的劳动者，用人单位可以在劳动合同或者保密协议中与劳动者约定竞业限制条款。在解除或者终止劳动合同后，前款规定的人员到与本单位生产或者经营同类产品、从事同类业务的有竞争关系的其他用人单位，或者自己开业生产或者经营同类产品、从事同类业务的竞业限制期限，不得超过两年。竞业限制的范围、地域、期限由用人单位与劳动者约定。按照《劳动合同法》的规定，用人单位和劳动者签订保密协议、约定竞业限制条款的，应该约定在解除或者终止劳动合同后，在竞业限制期限内按月给予劳动者经济补偿。竞业限制协议应该是在双方自愿的情况下签署的，同时需要双方共同遵守。用人单位若没有给劳动者竞业限制补偿金，就不能要求劳动者履行竞业限制义务。另外，员工在离职时未做工作交接的，公司可以要求其承担赔偿责任，但前提是公司必须有证据证明自己的经济损失。

米果公司对诉争员工提出赔偿，也是有法律依据的，只要这些员工的行为实际上违反了与公司签订的竞业限制协议的约定。根据相关法律规定，劳动者违反竞业限制约定的，应当按照约定向用人单位支付违约金。

米果公司在公众媒体上公布诉争员工的姓名、身份证（台胞证）号码及照片，暴露了员工的隐私，应当受到商业伦理的谴责。但是这一行为是否违法，当时对于肖像权并没有法律在概念上予以明确。在审判实践中，如果行为人使用了肖像人的肖像，人民法院通常仅通过考察行为人是否经肖像人同意以及是否以盈利为目的这两个方面来判断是否侵犯肖像权。我们要结合该公司的劳动合同及《员工手册》内容，找出公司有权在公众场合使用员工肖像、姓名等人事资料的依据。不能排除的可能性是，有些娱乐公司、公众服务公司或网络游戏公司，为了客户服务的方便，要求员工入职时在有关约定中认可公司有权使用自己重要人事资料的权利。

因此，在公司掌握核心技术或从事核心业务的人士，入职前要想好自己的职业规划、公司提供的收益（薪酬福利与职业前景等）、公司的竞业限制所产生的机会成本，权衡利弊之后再签订合同；辞职前要对与原公司签订的有关合同、协议、人事文件有充分的了解，找出合法的依据，维护自己的权益。

另外，虽然米果公司的做法有些过分，但是在中国当时不规范的职业经理人市场中，很多职业经理人忠诚度不高，职业道德存在问题，心态浮躁。这方面应给予规范和强化。

米果公司高调地处理跳槽、违约员工的事件，其初衷可能源于三个方面：一是维护自身的利益，防止公司的核心技术泄密；二是报复诉争员工，在业界败坏他们的口碑；三是对现有的在职员工起到威慑作用。但是对于后两者，公司的这一做法未必能达到其目的。对于第二个方面，业界可能更看重这些员工是否有核心能力为新雇主创造价值，同时在法律顾问的指引下有条件地使用。在当时的条件下，有些雇主并不介意雇用这些人。相反，米果公司的行为却反衬出公司认为这些诉争员工很重要，公司很在意他们。对于第三方面，根据人的心理常态，在职员工觉得现在的"东家"太过分、太不讲人情，或者会对公司失去信任、黯然离去。本来核心员工集体离职，就很容易让人联想到他们在原公司的期望和抱负无法达成，因此，公司要反省现有的体制，用心留人而不是单凭纸上的"笼头"留人，这样才能提高现有员工的忠诚度，增强公司凝聚力。

2. 可供了解的事件结果

被公司开除一个月后，赖女士将自己的老东家米果公司及其法律顾问上海某律师事务所和发布《严正声明》的电脑商情报社告上了法庭。

上海市浦东新区人民法院受理此案并做出一审判决，被告米果公司、电脑商情报社应于判决生效之日起10日内在《电脑商情报》发表声明，向原告赖女士赔礼道歉、消除影响；米果公司赔偿赖女士精神损害抚慰金8 000元，电脑商情报社赔偿2 000元。

上海浦东新区人民法院经审理后认为，米果公司在《电脑商情报》上刊登的《声明》，难免使社会公众产生原告赖女士已经实施了"盗窃、侵犯著作权、侵犯商业秘密"等违法行为的印象，对赖女士的名誉有极大影响。米果公司不可凭自己单方面的判断，散布未经确认的事实。认定赖女士是否构成"盗窃、侵犯著作权、侵犯商业秘密"应由法定机关通过法定程序做出。现该《严正声明》严重失实，米果公司对此存在主观过错，构成了对原告名誉权的侵害，给原告造成了一定的精神损害，理应承担侵权的民事责任。

此外，法院认为，上海某律师事务所系米果网络公司的法律顾问单位，对发表《严正声明》主观上没有过错，不承担法律责任。但法院同时指出，律师事务所作为专门从事法律工作的单位，应当建议并帮助米果公司规范其民事行为，及时督促其采取补救措施或自行澄清有关事实，但律师事务所迄今并未有任何行动，对此予以批评。

至于电脑商情报社，法院认为，其在编稿时应当预料到该份《严正声明》的发表会对原告赖女士的名誉带来侵害，但报社未做认真审查和修改即予以发表，在社会上扩大了不良影响，侵害了原告的名誉权，也应承担侵权的民事责任。

综上所述，法院根据赖女士名誉受损程度、被告的过错程度、侵权方式和范围等酌情做出了上述判决。

案例4

新老员工内讧之争 [①]

事件背景

张小姐是毕业于北京大学的国际MBA，作为连业集团与北大合作培养人才项目的当事人之一，于2001年加入连业集团开始了职业经理人的生涯。张小姐开始时被安排在集团下属的番禺及菲律宾工厂担任项目经理，主要了解生产流程、业务运作模式，了解连业集团的管理文化。张小姐专业的操守、低调务实的作风、优秀的英语水平、对人际关系恰当的处理，让周围的同事很是折服，因此她很快得到了集团高层的肯定。2003年，张小姐很快被任命为集团下属位于深圳的核心工厂造寸制衣有限公司的常务副总经理，取代了在连业集团工作了数十年的老臣。

公司原来的老员工多数是在20多岁便加入公司，从车位工一步步升迁起来的厂长、经理人员。他们虽然对公司忠诚，任劳任怨，但是面对21世纪多变的经营环境，复杂的劳动关系，制衣业面临的成本压力，客户针对产品提出的短（交货期）、平（价钱）、快（款式变化）的业务合作战略，深感力不从心，尤其是面对美国客户以及集团高层从海外聘请来的总裁时，无法用英语与他们交流，也不太了解国际文化环境和海外的营商规则。他们的传统做法就是天天守在工厂里，用加班加点、多返工的方法完成老板交代的任务。

连业集团老板汪先生是一个颇具现代管理思维、眼光超前的企业家，是从美国哈佛大学毕业的MBA，对世界制造业前沿新兴的工艺流程与新技术抱有无比的热忱。比如，他改变了传统制衣的方法，引入了流程再造的TCT方法，引入了日本丰田公司的精益生产方法，带领制衣业界开创了新的篇章。他决意推动管理层的新老交替，用现代职业经理人取代传统的"管家婆"。

张小姐就是在这样的背景下被任命为副总经理的。然而她上面还有一个年近70岁的总经理陈先生。陈先生其时在集团公司已经工作了20年，他是老板的一个亲戚，早在20世纪80年代初被老板从内地一家国有企业厂长的职位上请过来，到香港总部从事管理工作。陈先生劳苦功高，连业集团在内地的所有业务的开拓、工厂的设立都有他的参与。陈先生擅长处理各种复杂的关系，喜欢任用自己的亲戚、老乡参与工厂的管理，因为他认为这样方便管理。

客观地讲，陈先生当初大量招用亲戚、老乡，在公司创立初期拓展业务、设立工厂方面是起到了积极作用的，因为这种做法提供了快捷的人力，同事之间以亲情、

---

① 本案例由邓靖松、张吉撰写。

乡情来维持管理关系，在一定程度上降低了监管的成本，用家族之间的伦理纲常来推动公司的运作也比较有效率。很多私营企业在创业初期都采用这种模式。但是，随着公司业务运作的复杂程度加大，对知识、技能、经验的要求越来越高，对人才的需求面就会越来越广。所以，公司希望引进新的职业经理人对相应的管理机制进行改变。而张小姐就在这样的背景下走马上任了，她志在建立公平合理、积极向上的竞争氛围；希望组织能够按照一定的规则与制度运行，而不能随意地被个人的意志左右。

矛盾激化

张小姐上任后，任人唯才，鼓励年轻人敢说敢为、敢于出头，倡导公平、公正、合理，实施了奖惩分明、严格控制成本、建全管理机制的改革措施。她的基本理念是以机制和流程、德才品行来治理公司，而不靠年资、关系治理公司。

陈先生按照多年的习惯，对待自己家乡来的员工，特别讲人情，在加薪、任职、犯错处理、离职补偿、财务权限等方面给予有别于其他员工的优惠待遇，这样就破坏了组织的公平公正性。陈先生的这些亲戚和老乡，只要在造寸工作的，本来都应该向张小姐报告工作，但他们经常越级上报，陈先生也不阻拦，这样又破坏了组织的层级结构和命令链。现举两个例子说明。

按照工厂的劳动合同、人事制度以及当地的有关劳动法规，职工在合同期未满或者合同期满后主动提出离职的，工厂无须给予离职者补偿金或者遣散费。张小姐交代人事部要严格执行这一规定，否则，工厂的人力成本会不断地提高，人心也会涣散，因为当工人认为离职有钱拿时就很容易提出离职。张小姐本人也是这样执行的：任何人提出离职时，若找她，她坚决不会答应签发补偿金。但是一些在工厂年资较长的陈先生的老乡，因为个人原因或者认为张小姐上台后大刀阔斧的改革会让他们的既得利益受损，所以提出了离职，并向工厂提出申请，说自己在工厂服务多年，没有功劳也有苦劳，要求给予相当于服务一年给一个月工资的补偿金。他们在张小姐那里被拒绝后，就找到了陈先生。陈先生的心态，一是对老乡念旧情，表现出长者的慈悲；二是想让张小姐难做，自己做好人让张小姐做恶人；三是自己就要退休了，对工厂的长期发展并不负责。因此，他就给老乡签发了补偿金；而对于来自其他地区的员工，就推给张小姐处理。这样，在工厂造成了明显的歧视，对员工的士气是一个很大的打击。有些员工想着要离开，等着拿补偿金；有些员工感到工厂不公平，没有前途，而且认为张小姐不一定能斗过陈先生，因而黯然离去。

在所有的公开场合，陈先生与张小姐表现得关系非常好。陈先生经常公开夸张小姐有能力、有气魄，处事公正，说自己像对待女儿一样对张小姐，并且以后会将权力交给张小姐；但私下里却处处给张小姐出难题，认为张小姐不是一个听话的接班人。张小姐也认为陈先生道貌岸然，说一套做一套，确实是公司发展的绊脚石，但是因为陈先生在集团德高望重，权力基础深厚，而且亲信众多，所以张小姐敢怒不敢言，有时候只是向集团总裁反映一下自己的困境。总而言之，张小姐与陈先生合作初期的冲突是隐性的、含蓄的、迂回曲折的，主要源于对公司管理方法的看法不一致。

但是随着时间的推移，另一件事情导致了张小姐和陈先生的矛盾冲突公开化。造寸制衣有限公司（即总厂）在广东清远有一间分厂，主要为总厂加工一些订单，以缓解总厂在生产旺季订单繁重及员工短缺造成的双重压力。因为清远厂不受欧美客户相关标准限制，可以说是总厂的一个急救仓库，可以多加班，可以更加灵活地安排生产与用工，再加上在清远开厂的成本相对较低，可看作集团公司的一个战略桥头堡。但是，就这样一个厂，陈先生却安排自己的老乡去管理，而整个总厂的运营绩效和最终财务表现却要张小姐负责。在陈先生的影响下，清远厂从总厂拿过去加工的订单都是大订单或制作工艺简单的订单，并且在运输、人力、技术、设备等资源上，陈先生还大力支持。但即便是如此好的条件，由于分厂厂长的管理无能，导致产品品质低下、交货期推迟、人员不稳定。例如有一个大单，10 000多件，是此客户第一次与造寸做生意，也是2005年此客户在美国市场上试水的一个新款式，如果质量和交货期达不到要求，客户就将蒙受巨大的损失。而根据合同，造寸也要承担20多万元的赔偿。这款衣服单价高，工人上手以后效率提升会很快，张小姐本来要安排在造寸总厂制作，以方便管理，但是清远厂的厂长黄小姐找到陈先生这层关系，要求张小姐将单子交给清远厂去做。

经过一个多月的生产，这批货的品质越来越糟，客户的品控人员提出了严重抗议，并责问造寸为什么将如此重要的任务交给小厂来做。就在交货的前五天，还有3 000多件衣服要返工，这样张小姐就到清远厂当着众人的面与黄小姐大吵起来。起初张小姐是对黄小姐提出批评，但黄小姐依仗陈先生的势力，对自己的错误根本不以为意。张小姐感到十分委屈，又觉得事态实在特别严重，她也知道黄小姐的背景，于是就越过陈先生，向集团主席汪先生做了直接报告。汪先生亲自到清远厂考察了产品的实际情况，了解了事情的真相，并对张小姐的责任感及品质意识给予了充分的肯定。张小姐对该事件的处理严重激怒了陈先生，他亲自将张小姐召到香港总部，认为品质事故是平常的事，批评她不应该小题大做，搞得大家如此尴尬。张小姐当面顶撞了陈先生。至此，张、陈二人的矛盾公开化。陈先生认为张小姐已经不是自己合适的接班人，张小姐的存在只会让自己在集团的利益和地位受到冲击。

为了让张小姐在冲突中更加处于劣势并迫其就范，陈先生接着打出了两记重拳：一是请了另外一名以前在著名美资公司任职、同样拥有MBA学历的朱先生当副总经理，负责人事行政工作，对朱先生相当信任并充分授权。除了行政工作，还让朱先生插手生产运作工作。与对张小姐的不授权、指责相比较，明眼人都认为他将取代张小姐成为陈先生的接班人。二是利用中层干部孤立张小姐，并让他的基层老乡在厂里以非正式的渠道传播流言蜚语，说张小姐要辞职了。这些中层干部有人事经理、生产厂长、业务经理等，他们都是陈先生的老乡或曾经的下属。这些人有意从感情和关系方面疏远张小姐，比如张小姐请他们吃饭，他们都以各种借口回绝，工作上阳奉阴违，背地里打小报告给陈先生。需要说明的是，陈先生由于年龄的关系，每个月只有很少的时间在工厂，而张小姐实际主持着工厂的日常运营工作，因此下属的不配合对张小姐工作造成的阻力相当大。但是，因为张小姐的才华和胆识很得集团其他总裁的肯定，所以陈先生又不好明目张胆地将张小姐炒掉。

管理层的困境

面对张小姐和陈先生之间的矛盾，公司老板汪先生也感到比较为难。一方面，引进张小姐就是为了增强公司的创新力与活力，因此如果不支持张小姐，张小姐肯定会在组织中寸步难行，那么结果极可能是张小姐辞职走人，而这势必会打击新人的士气，让工作氛围变得死气沉沉，让刚刚形成的新局面遭遇破坏。而且这种负面影响将损害公司大政方针的实施效果，这是汪老板不希望看到的。

另一方面，让陈先生早日退休，可以让公司早日走出老人政治、家族亲属、裙带关系治理的被动局面。但是，陈先生退休后他早年一手提拔起来的主管、经理们可能会认为要遭遇到张小姐的报复，从而离开公司，在外面另起炉灶或者前往其他公司任职。这在一定程度上又会削弱组织的人力资源，因为在短时间内，让张小姐培养出众多的能独当一面的中坚人才，不是一件容易的事。

如果对陈先生的处理过于苛刻，那么也可能会让老员工感到不公平，因为毕竟陈先生是公司的元老，在公司的创业初期也是有功之臣，公司能够发展到现在的状态，与这些老员工的贡献是分不开的。万一陈先生对公司的处理不满，很可能会抱怨公司，让老员工感到心寒，也会让公司的现有员工觉得公司没有人情味，无心留恋。

还有部分职业经理人虽然不是陈先生的圈内人，例如被陈先生请来的朱先生，但是因为也具有职业经理人的心态，无心在张、陈之间的冲突中充当"夹心饼干"，不想当这种不健康的企业文化的牺牲品，所以也很可能会辞职另谋高就。这部分人有很多是公司着力培养的核心人才，如果发生大的人事动荡，失去了这部分员工，对公司来说损失就更大了。

问题与思考

眼看张小姐和陈先生的明争暗斗越来越激烈，甚至就要威胁到公司正常的运作了，经过再三权衡，汪先生觉得是做决定的时候了。但是导致这次新老员工产生矛盾的根源是什么？当事人的立场和心理各是什么样的？到底应该采取什么样的措施？比较张小姐和陈先生的行为方式，谁代表了公司的使命和发展方向？应该分别给张小姐和陈先生一个什么样的交代？应该如何照顾新老员工的情绪？如何确保公司稳定有序地发展？如果你是老板汪先生，你如何破解当前的困境？如果你处在张小姐的位置，你将如何处理与陈先生的关系？

案例教学参考

1. 教学目的

以新老员工明争暗斗的权力斗争为例，引导学生分析组织政治及其产生的原因，启发学生提出促进组织变革中新旧更替的措施，并帮助学生掌握管理沟通的技巧，理论联系实际，掌握职权关系管理与冲突管理的理论与方法。

2.适用范围

本案例适用于组织政治、冲突管理、职权关系、组织变革、员工关系管理等主题。

3.案例分析思路

张小姐的心态及管理理念是，亲戚关系已经严重地阻碍了公司的运作，工厂内部都是陈总经理的线人、耳目，这些人拿钱很多，干活很少，造成了人浮于事，人们重视关系的发展，而不重视能力的提升。张小姐的心理期望是，如果不制止这种态势，那么自己就会像以前的那些老同事一样碌碌无为，很快被那些有关系的人同化，无法实现自己作为职业经理人的抱负。张小姐希望培养一帮能为自己所用、务实、以专业知识和良好职业操守为取向的年轻人，让骨干人员摆脱陈先生的影响。实际上，老板的心思也是让张小姐用新的管理思维来重构造寸公司的管理体系。

我们用麦克利兰的理论来剖析张小姐的心理需求特征。麦克利兰认为，亲和需要与权力需要和管理的成功密切相关。麦克利兰发现，最优秀的管理者往往是权力需要很高而亲和需要很低的人。张小姐急切需要的是支持公司运作的权力，实现自己的管理理念。为了达到这个目的，她宁可得罪陈先生以及陈先生的拥护者，所以有相当一段时间，张小姐在公司里与同事的关系很紧张，同事对她私下的评价是"不讲人情，一心只想朝上爬"。张小姐的进取心、铁面无私的态度与陈先生收买人心的"亲和力"形成了鲜明的对比，从而不仅加剧了两人之间的冲突，而且诱发了他们两边不同支持者之间的冲突。

但是陈先生的心态及管理理念是，对这位年轻的职业经理人不放心，从心理上想继续对这家公司施加影响，对权威及影响力特别眷念，不愿放权，总是认为传统的经验比所谓现代的东西好，对亲戚以外的人不放心。除此之外，他可以从这家公司拿到更多的利益。所以，他在人事、财务、进出口等核心要害部门安插自己的亲信，这些人可以越过张小姐直接给他打小报告。在陈先生看来，人们跟他卖力干活是人际关系在起作用，是领导的威严或者亲情在起影响或监督作用，制度和规程只是第二位的。

由上述分析可以看出，张小姐与陈先生在公司治理理念上差异很大，以至于到了格格不入的地步。但处于冲突中的当事人都很清楚各自的处境，这种冲突对公司发展的影响非常大。张小姐加入连业集团才几年的时间，人事关系不熟、影响力不大，做人的经验不够老道（毕竟才刚过30岁），而且对造寸周边的政府环境也不熟，所以从这些角度来讲，她确实需要陈先生这样的长者提携她、引导他。陈先生对工厂的运作及工厂的内外环境比较熟悉，在集团的威信很高，但是，他毕竟年老，不可能具体参与工厂的运作管理。他们两人如果取长补短，相互信任、体谅，那么将是一对很好的工作搭档：既有年轻人的锐气，又有老年人的稳重，从而形成一个进取、团结而又稳固的管理核心。这也是集团公司董事会组建这一管理团队的初衷。

作为冲突当事人之一，张小姐心理上是非常矛盾的：由于陈先生在生活上对她非常关照，比如为了照顾她与远在北京的丈夫团聚，陈先生在住房、出差上都做了特别的、精心的安排；在张小姐刚进公司不久，陈先生在工作上给予宽容和引导。所以张小姐在心理上对陈先生是有感激之情的，不想与陈先生产生冲突。另外，张小姐在集团的根基不深，而陈先生却恰恰相反。如果在冲突中张小姐处于劣势或失败的一方，她面临的将是无法继续开展工作，或者由此断送了自己在连业的职业前景。总而言之，从个人情感和个人私利来讲，张小姐是不愿意与陈先生有冲突的。换言之，如果真要面对与陈先生的冲突，那将是对她这位职业经理人的严峻考验和挑战。

我们再回头考察一下陈先生的心境：陈先生很清楚他是一个即将退休的人，公司董事会安排张小姐做他的副手这一决定不依他个人的喜好而改变。如果他与张小姐亲密配合，则董事会对他有正面的肯定或者让他多留任几年，因为前面已经说过，他毕竟是老板的一个远房亲戚。但是陈先生对张小姐的心理预期是让张成为自己忠实的、听话的管理代言人，而不应有太多自己的想法和理念。这一方面可以巩固他的个人威信，另一方面又可以方便自己干一些谋取私人利益的事情，比如动用公司的一些人力及设备资源到外面开设与连业集团业务有竞争冲突的工厂，比如安排一些重要岗位给自己的死党或亲信。所以，从根本上讲，陈先生本身也不希望与张小姐产生冲突，如果有冲突，则董事会就会对他的管理策略进行深入监测，从而给自己带来诸多不利。

我们从上面的分析与描述中不难看出，张小姐关于冲突的立场更多的是一种公心，即为了公司的利益及出于专业的职业经理人的责任心，是与组织的使命一致的；而陈先生在冲突中的出发点和立场更多的是一种私心，即个人私利及狭隘的心理偏好，与组织的目标与使命相背离。

4. 可供对照了解的现实情况

由于坚韧和无私以及真心为工厂奉献的工作态度，严格控制成本所产生的效益，张小姐得到了越来越多的基层员工（当然不是陈先生的老乡、亲戚）的支持，也得到了集团总裁的信任。

随着二人矛盾的日益激化，集团公司董事会也意识到解决问题的时机已经成熟。因为在这一系列的冲突中，董事会成员，主要是负责工厂运作的高级副总裁潘先生、吴先生，日渐清楚地了解到张小姐的心态是有利于公司发展的，相反，陈先生的阻力和私心暴露得更加明显；在冲突中，张小姐经受了多重复杂的情境，恰恰磨炼了她知难而上、处理复杂问题的能力；在冲突中，董事会也明确知道了人心的向背及造寸人事管理中存在的问题，找到了解决这些问题的初步答案。公司董事会认为，张、陈之间的冲突在初期是有益的，有利于揭露矛盾及培育新人，但如果对这一冲突放任不管，而导致冲突的一方（张小姐）处于绝对的劣势，退出冲突，则与公司的大政方针相背。

董事会要借机清除有违正常人力资源管理规律的裙带关系，同时要弘扬公平、公正、公开的职业精神，以起到正本清源的作用。因此，董事会决定给陈先生一个体面的台阶下，即安排他高调地退休，对他以前的功绩给予正面的肯定，同时仅保留顾问的闲职，不再拥有实质权力。

应当说，冲突以张小姐胜利而告终，这说明冲突的结果取决于当事人双方的心态是否与组织的战略相匹配，是否代表了组织前进的方向，是否符合众人的心态取向。这种传统管理者与职业经理人在外资私人企业里的表现，也反映出管理观念、经营环境、组织发展的不同，分阶段的冲突的表现形式、发展方向、最终结果也有所不同。这进一步证明，冲突是在人与人之间产生的，又是以人与企业环境为背景的，企业文化具有一定的影响力，而企业的战略和宗旨起决定作用。

此后，集团总部成立了专门的 ICAC 专员，以防止亲属关系、腐败、不公正所引起的管理误区，让集团的文化在健康的轨道上前进。公司明确地意识到，这种冲突不利于组织建设，不利于人的潜能发挥，必须消除冲突产生的基因。公司对所有的裙带关系进行了大普查，并做了行为守则的承诺，要求以主流的企业文化去引领前进的方向，防止非正式的文化影响组织的效率。

连业集团通过对张小姐与陈先生之间冲突的妥善解决，实现了分公司新老核心管理层的平稳过渡，引导企业的管理思维从家族亲属式管理进入拥有现代公司治理理念的职业经理人管理阶段。自此以后，集团对各分公司副总经理级别以上的管理人员的任命摆脱了"任人唯亲"的陋习。

对于处于这次事件背后的广大造寸员工来说，陈先生离开后，他们明显感受了公司在人事管理上公平、公正、公开的氛围，员工与上级管理层之间的沟通呈现良好的势头。造寸人事部组织的调查表明，陈先生离开半年后，工厂的员工满意度由原来的60%上升75%，职工离职率（流失率）由原来11%下降到5%，生产力由原来的65%上升到85%。受过系统的组织行为学及人力资源管理教育的张小姐，深深知道这些参数的变化对工厂的意义，那就是一个有活力、更规范、员工归属感日益增强、企业凝聚力日渐稳固的现代企业正在形成。

应当说，冲突以张小姐胜利而告终，这种新老员工的更替，反映出各种冲突在不同管理观念、经营环境、组织发展阶段中有不同的表现形式，但是处理冲突的关键是要符合企业的使命和战略。

第四章　　团　队

要点

> √ 团队与一般群体的区别及作用
> √ 团队的形成阶段
> √ 团队的类型
> √ 团队过程管理
> √ 团队效能与评价

第一部分　知识点

一、团队的特征

（一）团队与一般群体的区别

团队与一般群体的区别见表 4-1。

表4-1　团队与一般群体的区别

团队	一般群体
成员具有共同的目标	目标是不明确或个人化的
团队有共同责任，成员为共同责任负责	责任分散或者没有责任
团队任务是组织目标的一部分	任务不明确，与组织目标没有必然联系
有明显的文化特征和成员身份，有较明显的边界特征	没有明显的共同特征，边界不清
每个人都能公开表达自己的感受	人们封闭个人的感受，回避或激化矛盾
人们相互信任，相互支持	人们缺少足够的信任，各自为政
日常化的团队训练	缺少合作和团队的训练
面向团队整体的领导	个人化领导
分享领导	个人权威
技术的互补性	技术的随机性

（二）团队的作用

1.激励员工

对社会性促进现象的研究表明，个体在他人面前较独处时表现得更好。

2.提高生产率

团队的组织形式促进了工作协同。

3. 提高员工满意度

员工在团队气氛中能够相互帮助，更加热爱在所属的团队中从事的工作。

4. 促进对共同目标的承诺

团队鼓励员工把个人目标融入和升华为集体的目标。团队的压力也促使团队成员用承诺达成他们的共同目标。

5. 增进团队沟通

团队的工作形式使其成员在工作中要相互配合才能很好地完成工作，也使得他们在工作中有更多的沟通。

6. 促使员工多才多艺

工作扩大化的训练培养了员工的技术能力、决策能力和人际技能。

7. 增强组织灵活性

团队给予员工的工作训练、团队成员的强烈动机和团队的文化氛围使组织能更好地应对外部环境的压力和变化，从而提高组织的生存能力。团队成员的多技能化使团队在必要时能快速地调整工作形式，团队文化使团队成员自觉地接受组织的变革和重组。

（三）团队的规模和技能组合

（1）团队应该尽可能地小，以便提高其运作效率和效果。

（2）在团队成员必备的技能方面，进行适当的培训。

（3）给予团队足够的时间去解决打算解决的问题。

（4）给予团队解决问题和采取正确行动的权力。

（5）给每个团队指定一个"冠军"，帮助解决团队工作中的问题。

（四）团队的形成阶段

团队会经历成立、震荡、规范化、高绩效四个形成阶段。

二、团队的类型

（一）根据任务类型划分的团队

1. 生产团队

生产有形产品的员工组成的相互协作和共同工作的小组。如日本的质量小组。

2. 服务团队

团队成员与顾客进行重复的交流互动，借助特定的产品对服务质量和员工满意度负责，例如产品销售团队和快餐店的员工团队。

3. 项目团队

团队成员为完成具体任务组合到一起，项目任务完成后，团队可以解散，也可以继续完成后续的项目任务。

4. 管理团队

由担负管理任务的人员组成，可以是高层管理团队，也可以是中层和基层管理团队。

（二）嵌入组织的团队类型

嵌入职能组织结构的团队分为三个层次：处于战略层的高管团队、处于战术层的职能管理团队和处于操作层的任务团队。

嵌入流程组织结构的团队服从流程管理的基本原理，团队的组织和运作面向客户服务，贯穿流程的价值链。

（三）团队的多元化与网络化

团队的多元化（team diversity）是指团队成员在个体属性上的差异。近年来较具影响力的分类是将团队多元化分为分离型多元化（diversity as separation）、多样型多元化（diversity as variety）和不平等型多元化（diversity as disparity）。

团队的网络化是指以自主经营的团队作为网络组织的节点，实现团队间的联系。团队网络化运营的基本原理有两个方面：一是团队间的网络连接，包括组织内团队间的联系和组织内团队与组织外团队间的联系；二是以团队为基本经营单元构成的网络组织形成一个资源整合平台，为各团队提供资源、信息、机制和文化等支持，促进战略协同与整合。

三、团队过程管理

（一）团队运行

1. 团队目标的形成

罗宾斯认为，团队是为了实现某一目标而由相互协作的个体组成的正式群体。该观点突出了目标性、群体性和协作性等特征。

团队目标的形成过程包括团队成员对情境因素（包括事件）的感知和加工，形成对团队特定氛围（目标偏好）的知觉，通过调节过程（注意力分配、目标调整和定位），最终达成共同知觉。

2. 团队成员的选拔

团队成员的选拔要考虑团队成员的价值体系，团队成员的价值体系与团队的价值体系要有一致性，因为价值观直接决定思维方式。

团队成员的选拔也要考虑成员的个性与团队工作性质的配合。

3. 团队角色互补

在团队中，每个成员都具有双重角色：职能角色（functional role）和团队角色（team role）。

团队中共有九种团队角色，即协调者、创新者、塑造者、协作者、完善者、执行者、资源调查者、监督员和专家。

只有通过不同团队角色的优势互补，才能组成有力的团队。

团队成员正确认识和发展自己的团队角色，能促进团队的有效发展。

（二）团队沟通与团队文化

1. 团队沟通

团队沟通是组织沟通的重要组成部分，也是决定团队有效性的关键因素。它是团队成员间实现心理"对接"和"互联"的基本通道和方式。

团队沟通包括团队内部沟通和团队外部沟通。

2. 团队冲突处理

冲突被定义为感知到观点上的分歧或者人与人之间的不相容。冲突可以分为任务冲突和关系冲突。

3. 团队文化与团队规范

团队文化是团队成员在长期互相协作、完成任务的过程中形成的共同价值观、工作方式、行为准则的一种集合体。

团队规范是团队文化的重要表现。针对研发团队的研究表明，团队知识共享规范会对研发人员的个人绩效产生积极的影响。

（三）团队领导和决策

1. 团队领导的方式

共享领导理论认为，领导是一个团队层面的概念，可以由团队成员共同执行。近期研究明确提出，领导权可以在团队领导和团队成员之间共享，团队成员在某一方面拥有关键知识、技术和能力时，就可以在该方面进行领导。这种工作模式可以促进领导者与下属成员组成的管理团队共同承担责任，并激发下属成员的主动性。

团队领导的职能理论说明了团队领导要做哪些领导工作。团队领导需要监控团队的环境，为团队创造以下五个方面的条件：清晰的团队行动方向；有效的团队结构；支持性的环境；获得专家辅导；足够的物质资源。团队的职能可以分为内部事务和外部事务，这些事务是任务性的或社会性的。围绕团队的事务，团队领导的职能是计划、组织、监控和行动。

2. 团队决策模式

头脑风暴法通过无限制的自由联想和讨论，可以调动团队成员积极参与，产生尽可能多的观点。其基本要求包括：（1）指定专人负责记录团队每个成员的发言；（2）给团队成员1～2分钟思考会议主题；（3）限定每人发言的时间；（4）不要评论他人提出的任何观点；（5）不能用声音对他人提出的观点做出反应。

四、团队效能与评价

（一）团队效能

1. 团队效能的概念

团队效能考虑的是团队的协同和构成组织整体绩效的团队价值的创造。研究者把团队效能划分为三个维度：以团队产出的产品数量和质量、客户满意度等进行度量的团队业绩；员工态度；行为结果。

团队业绩指标包括生产效率、生产力、反应时间、产品和服务的质量、客户满意度和创新。

员工态度指标包括团队成员满意度、成员承诺和团队认同、管理信任等。

行为结果指标包括缺勤、离职和安全等。

2. 团队效能的理论框架

团队效能的框架模型来源于"投入—过程—产出"模型。在此框架中，团队效能是环境因素、团队设计因素、团队过程和团队心理特质的函数。

（二）团队效能评价的关键点

团队效能评价能为团队成功提供整合的信息基础，为激励团队和提升团队效能建立基础。个体业绩评价反映了个体的价值创造，但是不能反映团队协作的成果。团队效能是组织绩效的基础，团队效能的评价兼顾了团队协同的要求和价值评价的要求。

1. 团队效能评价的关键点及其确定方法

确定团队层面的绩效维度是团队效能评价的关键点。对团队绩效的测评维度的确定通常可以采用以下四种方法：

（1）利用客户关系图确定团队绩效测评维度。

（2）利用组织绩效目标确定团队绩效测评维度。

（3）利用业绩金字塔确定团队绩效测评维度。

（4）利用工作流程图确定团队绩效测评维度。

2. 团队效能评价的激励作用

一方面，团队效能比组织绩效更容易将产出与员工的努力联系起来，员工能直接影响和控制团队效能（而非组织绩效）；另一方面，团队效能评价及基于团队效能的薪酬对员工有更强的激励作用，有利于团队主动提升效能。团队的效能评价不仅有利于提升绩效，还有利于促进组织协调与团队合作。

对于团队效能评价，需要注意以下几个方面：

首先是绩效指标的依据。团队效能主要根据团队的产出指标进行评价，而科层组织主要根据个体的工作投入进行评价。

其次是绩效导向。团队要对明确的市场绩效负责，而科层组织主要以任务为导向评价绩效。

最后是绩效衡量。团队主要通过市场确认绩效，更容易观察与衡量，而科层组织主要通过管理者评价绩效，不能准确反映实际贡献。

3. 团队效能与团队执行力的关系

团队效能与团队执行力密切相关。团队执行力是指团队成员能够按照团队目标要求有效率地完成任务。团队执行力的关键是团队中所有成员都能感觉到个人目标与团队目标的联系，能够发自内心地为团队的目标奋斗。

第二部分　习题集

一、填空题

1. 团队是指通过成员的共同努力，能够产生积极、协同作用的_____。团队成员努力的结果使团队的绩效水平远大于个体成员绩效的总和。

2. 有用的团队角色数量有限，团队的成功要依赖于它们的_____以及它们履行职责的情况。

3. 智者型团队领袖适合_____团队。

4. 团队中最具创造力的角色是_____和资源调查者。

5. 团队效能受环境、构成、_____和团队过程的影响。

6. 在使团队的工作具有连续性方面，董事长和_____所起的作用正好具有互补性。

7. 高绩效团队具有以下特点：高效率；高绩效；规模较小；_____；_____。

二、单项选择题

1. 拥有获得所需资源和决策的权利，对工作结构承担全部责任的团队属于（　　）。

　　A. 解决问题型　　　B. 自我管理型　　　C. 多功能型　　　D. 虚拟

2. 与团队相比，工作团队（　　）。

　　A. 共同承担领导职责　　　　　　B. 相互负责并对个人负责

　　C. 有一个工作重点突出的领导　　D. 有自己制定的特定目标

3. 工作团队如此普及的原因不包括（　　）。

　　A. 团队工作将管理者从日常运作中解脱出来，以利于管理者有精力制定全局性和战略性的决策

　　B. 团队工作有助于发挥员工的积极性，提高员工士气，从而提高生产率

　　C. 团队工作增加组织的灵活性

　　D. 新手或低绩效员工的拖累会影响士气

4. 董事长型团队领袖适合（　　）。

　　A. 开拓型团队　　B. 高智商型团队　　C. 变革型团队　　D. 稳定型团队

5. 根据贝尔宾团队角色理论，成功的董事长型领袖（协调者）的性格特征不包括（　　）。

　　A. 天生信任他人　　　　　　B. 强烈的支配欲望

　　C. 认同有成就的人　　　　　D. 自我

三、多项选择题

1. 下列选项中，属于团队的特点的是（　　）。

A. 信息共享　　　　B. 个性化　　　　C. 技能互补　　　　D. 集体绩效

E. 积极配合

2. 高绩效团队的特点有（　　　）。

A. 高效率　　　　B. 高绩效　　　　C. 规模较小　　　　D. 成员技能互补

E. 善于变化

3. 团队的目标具有的显著特点是（　　　）。

A. 团队成员参与目标的制定

B. 目标的制定十分迅速

C. 目标与团队成员的个体目标高度相关

D. 目标比较固定

E. 多功能型

四、简答题

1. 工作团队的建设过程一般要经过哪些步骤？

2. 简述团队建设的基本任务。

3. 简述团队和群体的差别。

五、论述题

1. 论述高绩效团队具有的特质。

2. 论述团队建设的意义。

3. 从构成高绩效团队的四类因素入手，论述如何塑造高绩效团队。

参考答案

一、填空题

1. 群体

2. 组合模式

3. 高智商型

4. 创新者

5. 工作设计

6. 塑造者

7. 成员技能互补　善于变化

二、单项选择题

1. B　2. C　3. D　4. D　5. D

三、多项选择题

1. CDE　2. ABCDE　3. AC

四、简答题

1. 工作团队是由少数为达到共同目标具有互补技能和整套工作指标及方法并共同承担责任的人组成的人群集合。

工作团队建设一般要经过以下步骤：（1）准备工作阶段；（2）创造条件阶段；（3）形成团队阶段；（4）提供继续支持阶段。

2. 团队建设是一个长期的过程，凡是能够提高团队的效率的事情都与团队建设有关。因此，团队建设涉及团队工作的许多方面。

（1）创建团队。就是把一些人员组合在一个群体中，为团队奠定队伍基础，这是团队建设的起点。人员的组合并不是简单地把一些人安置在一个群体中，而是必须经过一个心理融合的过程，这也是成员间相互了解、相互信任和增强凝聚力的过程。

（2）养成团队品质。团队建设的核心任务是养成团队品质，把群体建设成为一个真正的团队。具体内容包括培养团队精神、提高团队工作能力、制定团队规范、打造团队信任气氛，使其最终成为一个品质优秀的团队。在建设成为一个真正意义上的团队后，团队内部环境也随之发生变化，主要表现在团队成员相互信任，彼此了解，开始分享团队共同的目标和核心价值观，能够共同面对团队的任务和困难，形成了一定的凝聚力。

（3）保持和增强团队优秀品质。一个群体成为团队后，建设团队的工作开始转入新的阶段。这个新阶段的任务是不断根据内外部环境变化进行调整，继续保持团队的品质和优势。这与第二项任务相似，是养成团队品质以后团队建设过程的继续。

3. 团队与群体既有联系又有区别。团队是一个群体，但是团队又不同于一般的群体。有时虽然名称还是团队，但是达不到标准的团队有可能已变成了一个一般群体。一个一般的群体通过建设，可以变为一个团队，甚至变为一个高绩效的团队。

（1）从目标来区别。任何群体都有目标。而团队的目标有两个显著特点：团队成员参与目标的制定；团队的目标与团队成员的个体目标高度相关。

（2）从成员技能来区别。群体成员的技能往往是随机的，群体成员有时拥有相似的技能，有时拥有完全不同的技能。而团队成员的技能往往是互补的，即每个人的技能都有差异，但是为了完成目标，每个人的技能都是必需的。

（3）从人际关系来区别。群体成员之间的人际关系有时较好，有时较差。而团队成员之间的人际关系一直处在较融洽的水平。团队成员相互之间能充分信任，较充分地分享信息。

（4）从承担的责任来区别。群体中往往领导者的责任最大，一般成员的责任较小，甚至完全不承担责任。而团队中，人人都承担责任，队长的责任可能较大。但是在某种场合，很可能一位成员的责任比队长更大。因此，在团队中，队长有可能不是固定的。

（5）从结果来区别。群体的结果比较随机。有可能整体的绩效大于个体绩效之和，即 1+1>2；但也可能整体的绩效等于个体绩效之和，即 1+1=2；还可能整体的绩效小于个体绩效之和，即 1+1<2。而团队的结果一定是 1+1>2。

（6）从成员的素质来区别。一般来说，群体成员的素质较低，而团队成员的素质较高。因此，从这一点考虑，要把群体建设成团队，首要任务是提高成员的素质。

五、论述题

1.（1）目标一致。懂得规划的方法，共同预定目标，对目标有共识，过程中也许有不一样的声音，但最后能够朝着共同的目标前进。

（2）授权使之发挥潜力。每一个人都充满活力，愿意为目标全力以赴，觉得工作非常有意义，可以学习成长，可以不断进步。

（3）良好的工作沟通。好的团队来自好的关系，彼此信任，充分沟通协调，虽有不同看法，但会互相尊重，达成共识。

（4）弹性。团队领导者对于团队任务的达成与人员情感的凝聚保持高度的弹性，能在不同的情境中做出适当的领导行为。

（5）最高的绩效。善用团队的各种资源，能够利用有限的资源，创造出最佳的绩效，即团队能够做出最佳决策。

（6）肯定与赞赏。成员能够真诚地赞赏彼此，使对方了解自己的感受或他对小组的帮助，这是帮助团队成长向前的动力。

（7）高昂的士气。成员以身为团队的一分子为荣，受到鼓舞并拥有自信、自尊；成员以自己的工作为荣，并有成就感与满足感；团队有强烈的向心力和团队精神。

2.（1）对组织工作的价值。团队精神和团队协调的工作方式能够提高工作效能。

（2）对群体人际关系的价值。团队的气氛使成员之间的人际关系更加融洽。

（3）对个人心理健康的价值。团队的合作气氛使团队成员有较高的心理满意度，有利于人的心理健康。

3.高绩效团队是指一种能自动变革、高效率朝着目标运转的团队。高绩效团队具有高效率、高绩效，规模较小，成员技能互补，善于变化等特点。要构建高绩效团队，可以从团队树立激动人心的目标、拥有良好的制度保障优秀的人去完成激动人心的目标、创造和建立促进相互协作的科学制度与流程、注重核心团队文化建设、提高团队凝聚力和执行力等方面入手。

第三部分　案例集

一、课堂讨论案例

案例 1

招聘风波和"阿比勒尼悖论"

徐总是一家从事软件开发的私营公司的老板。近年来，由于业务发展很好，公司吸引了许多名牌大学的优秀毕业生。公司有一套严格的招聘制度和程序以保证业务部门能够招聘到合格的人才。按照公司人力资源委员会的规划，今年只招聘软件工程和市场营销两个方向的人才，管理类的应届毕业生暂时不招聘。在一个偶然的场合，徐总的大学同学向他推荐了一位管理专业的应届大学毕业生。徐总虽然觉得不能违背公司制定的进人规划，但希望由人力资源委员会的成员来做出具体的决策，便将被推荐人的资料转给了人力资源委员会。

人力资源委员会的五位成员开会讨论这位被推荐人的申请。起初大家都不发表意见。过了一会儿，其中一位委员说："这位申请人知识面很宽，尽管对于管理实践不太熟悉，但她应当很有潜力。"其他人纷纷赞成，最终决定录用她。

这位被录用的大学生来公司上班后到徐总办公室道谢。徐总很惊诧，为什么人力资源委员会违背刚刚制定的进人政策，将一个素质平平且公司并不需要的人招进来？人力资源委员会的几位成员开始指责那位首先发言的委员，而这位委员则说："我看你们在会上都不发言，而我还要去主持另外一个会，而且既然开会就要形成共识、做出决策，所以我才率先说出那样的话。如果我的想法不对，你们怎么没有一个人站出来提出不同意见呢？"

生活中类似的事件并不罕见。20 世纪 60 年代，美国人哈维根据自己生活中的一次经历描述了"阿比勒尼悖论"：他和太太以及岳父、岳母在 40℃ 的高温下坐在位于得克萨斯州科勒曼城的家中的门廊里。科勒曼距离得克萨斯州的另一个城市阿比勒尼大约 53 英里。四个人在酷暑中尽可能地减少活动，喝柠檬水，看着风扇懒洋洋地转，偶尔玩玩多米诺骨牌。过了一会儿，岳父建议开车去阿比勒尼，去那儿的一家餐厅吃饭。哈维作为女婿觉得这个主意很疯狂，但看不出有任何反对的必要，因此附和了该提议，太太和岳母也附和了该提议。

四个人上了没有空调的别克轿车，驱车去阿比勒尼。他们在那里的餐厅吃了一顿乏味的午餐，然后回到了科勒曼，筋疲力尽，并且燥热难当。大家对这次经历普遍不满意。直到他们到家后，才发现原来没有一个人真的想去阿比勒尼———他们只是附和，因为他们认为其他人会盼着去。哈维将此命名为"阿比勒尼悖论"，并认为群体讨论时也会出现类似的荒唐现象，即群体采取的行动往往与真正的意图相悖，不能达到理想的结果。怎样才能打破这种群体思维呢？

二、课后分析案例

🔑 案例 2

DT 创业团队的三次股东变更 ①

引言

经过五年风风雨雨的磨炼，在总经理郑女士的精心呵护下，DT 装饰有限公司

———————————
① 本案例由邓靖松、郑芳撰写。

（以下简称 DT 公司）已经在东莞的装饰界崭露头角。2006 年底，郑女士报考了中山大学的 EMBA，感觉是时候去充充电了，同时也感觉可以放心把公司交给合伙人黄先生打理。郑女士心想，一拿到入学通知，就约黄先生谈股权变更，计划把大部分股权转让给黄先生。

DT 企业背景

DT 公司是东莞市 AB 集团有限公司（以下简称 AB 集团）旗下的子公司。AB 集团由东莞市某建筑工程公司改制后组建，是国家房屋建筑工程施工承包一级企业、市政工程总承包一级企业、东莞 50 强民营企业之一，是一家以房地产开发、高速公路和环保产业为主要业务领域的建筑企业。

2001 年，AB 集团收购了一家国有装修施工企业，承继了其经营资质，但当时 AB 集团的主营业务在房地产和市政工程方面，装修业务在其整体业务中的比重很小，AB 集团就对其实施了租赁经营的管理策略，即 AB 集团收取一定的管理费和保障金，把 DT 公司的经营权移交给其管理人员之一郑女士进行管理，AB 集团负责经营资质的维护和管理，不参与具体的经营。

作为 AB 集团旗下的一个分支机构，DT 公司名义上是其一部分，但在实际经营过程中，AB 集团只以施工资质的管理方身份出现，并未对 DT 公司进行任何投入，只向 DT 公司收取管理费，以及要求它达到一定的业绩指标。

第一次股东合作：强强联手，英雄难觅用武之地

在 2000 年前后，建筑装修业在东莞是一个高速增长而且毛利率很高的行业。在经济高速发展大势的带动下，东莞对第三产业的需求十分迫切，这使得酒店和休闲娱乐设施类建筑工程如雨后春笋般遍布城市的每个角落。建筑业的兴旺自然带动了装修装饰设计的需求。由于在装修设计和施工过程中存在着严重的信息不对称，业内的毛利率一直保持在 30% 以上。AB 集团内负责市场开拓和内部管理工作的郑女士，在市场上打拼多年，市场嗅觉灵敏。她在收到 AB 集团将对其装修装饰业务采取租赁经营的消息后不久，就迅速把握住了这个机会，争取到了 AB 集团装修装饰业务的经营资质，希望趁着经济发展的大潮，在装修装饰行业中大显身手。

于是，郑女士开始寻找合伙人，很快，AB 集团某项工程的设计师李先生进入了她的视野。李先生原是香港的设计师，有 20 年的行业经验。在内地经济腾飞的大形势下，他的很多业务都放在珠三角，因此，他希望把今后的发展重心转移到内地。相对于香港的成熟市场，当时的内地装修业还不是很成熟，处于刚起步的阶段，业务发展前景十分诱人，李先生决定加入 DT 公司。就这样，两人于 2001 年 3 月成立了 DT 公司，并招聘了六位行政和业务人员，正式开张营业。

这次合作可谓强强联手，两位股东在各自的领域都有丰富的经验和雄厚的资源。作为前管理人员之一，郑女士和 AB 集团具有良好的信任关系，这让 AB 集团能够放心地将其装饰装修业务资质交由郑女士所组建的团队使用，并将其内部装修业务交给 DT 公司承接。而且郑女士在市场开拓和内部管理上的经验，使她对外部市场，能快速反应，市场嗅觉灵敏；对公司内部，能管理得当。此外，李先生原本就有丰富

的装修设计行业经验，其源自香港的设计理念和精细化的执行能力使得 DT 公司在东莞装修业内具有很强的竞争优势，而他为 AB 集团的工程项目所做的设计，更使他在东莞业内树立了良好的专业口碑。两位股东擅长的领域不同，各司其职，形成了优势互补。

就这样，两位股东按照各自擅长的领域分配职权，郑女士负责内部行政管理以及对外的公共关系和市场开拓，李先生负责项目的设计和运营以及与客户的沟通。在股权分配上，郑女士占 30%，李先生占 70%。在资金方面，由于创业初期，公司以李先生的设计为主，流动资金占用不大，由双方各自按股比投入运营资金。设计后的施工则转包给施工队或其他公司。

公司成立之初，由于李先生之前为 AB 集团的工程项目进行的设计非常成功，因此很多客户慕名而来，营业额达 200 多万元。但是由于当时东莞本地的客户对设计价值的认知水平处于早期阶段，很多客户认为一个工程装修要付出几十万元的设计费，简直是狮子开大口。由于设计要价高，有些客户对李先生的设计业务能力不再像以前那样信任。例如，在一次洽谈中，客户提出先让李先生设计一个大厅的一部分，看看其效果，然后再决定是否让他设计整栋楼的各个功能区。但是李先生认为一个设计作品不论其面积是大是小，从形成设计理念到完成作品，其工作量没有大的差异，换句话说，设计大厅一个部分的工作量和设计整栋楼的工作量没有大的差异。而且这种试探性的做法显然是在质疑李先生的设计业务能力，出于对自身能力的自信，李先生自然心生抵触。这样的矛盾在东莞地区的客户中比较普遍，因此当时公司的业务除了集团内部的自营楼盘，有相当一部分是在外地，如珠海、重庆等。

由于主要业务不在东莞，再加上本地客户并不接受其设计理念，不承认其价值，李先生觉得英雄难觅用武之地，这样还不如到深圳发展，那里的客户对设计师价值的认同感要高于东莞的客户，在深圳也可以接外地客户的业务，而且深圳的设计师人才也比较多。由于李先生平时作风公正透明，例如，当时很多业务都是直接收现金，只需开具不规范的收据，他会把每一笔业务收入都交回公司，郑女士对他既信赖又尊重。当李先生向郑女士提出去深圳发展的意向时，郑女士也非常尊重他的意见。这样，在 DT 公司成立五个月后，李先生离开了公司，而第一次股东合作也由此结束。

第二次股东合作：道不同，不相为谋

在与李先生的合作结束之后，郑女士对 DT 公司的资产和人员进行了清算。为重整旗鼓，再次组建公司，郑女士积极寻找合作伙伴，起初她想到了相识的孙先生。孙先生之前是一个装修施工队的包工头，具有十多年的施工经验。在第一次股东合作期间，DT 公司和他有过业务上的合作：一方面，孙先生承包 DT 公司的施工项目；另一方面，他自己单独接的业务有些也挂在 DT 公司名下进行。他本人对 DT 公司的经营资质资源和 AB 集团内部的业务量非常看好，因此愿意成为 DT 公司的股东。

此次合作，由于拥有装修施工经验的孙先生的加入，DT 公司的业务重点由侧重设计、施工外包转变为侧重施工、设计外包。施工工程需要占用一定量的流动资金，

而郑女士和孙先生短期内都难以筹集到这笔资金。这使得DT公司就像一辆性能出众却因为没有汽油而启动不了的汽车。为了解决资金的问题，使这辆汽车能开动并向前疾驰，郑女士找到了林先生。林先生虽然没有在装修行业打拼过，但具有资金运作经验，他同意投入资金但不参与经营。最后，三人协商决定，股比结构为林先生占40%，郑女士和孙先生各占30%。

新股东团队成立后，郑女士提供经营资质和客户资源（AB集团内部装修业务），同时也负责市场开拓。孙先生由于做过十多年的包工头，自然负责技术方面的施工。林先生则提供施工过程中的运营资金，而为了监督资金的使用，管理公司的资金收支，他也有权决定DT公司的出纳人员人选。由于此时DT公司的业务以施工为主（或者说设计和施工一体化），DT公司新设立了工程部；在设计方面，DT公司只承担简单的设计，对较复杂的设计则进行外包。当时的装修行业处于起步阶段，具有较高的毛利率，在合作的两年时间里，DT公司的业务规模达到每年1 000万元，每个股东都获得了丰厚的回报。

然而好景不长，这次基于优势互补的合作，跟第一次一样，很快出现了裂痕。与第一次不同的是，这一次的裂痕不是出现在公司和市场之间，而是出现在三位股东之间。

一是林先生出资义务的履行不够顺畅。他以自己的利益为出发点来运作DT公司的资金，只有在公司出现资金缺口时才逐步把自己的资金转到DT公司账户，而一旦资金没被使用，他就把它转回到自己的生意中去。

二是在孙先生方面。他由于掌管装修施工方面的工作，因此会涉及装修物料的批量采购事宜。然而，孙先生做事不够透明。他觉得预算很难控制，占用其精力，所以在做预算工作时总是草草了事，结果导致预算和实际差别很大。例如，孙先生接过一个装修业务，起初他给出的预算不高，客户也接受其报价，而郑女士和林先生都觉得这个业务有可能亏损。但是到最后，可能是由于面积测算方面存在问题，实际成本只是预算的一半，还为公司赚到了钱。孙先生不透明的工作作风，让另外两位股东觉得利润率有被他操控的风险，因而多次要求他做好预算工作。但是孙先生不听劝告，一意孤行，认为即使做出预算，另外两位股东也看不懂。终于，在2004年，林先生提出终止本次合作，另外两位股东表示同意，遂对公司进行清算。事后，郑女士坦言，这次股东合作的失败主要是由于不存在控股股东，大家都不能说服对方。

第三次股东合作：退一步，海阔天空

虽然前两次的股东合作都不成功，但郑女士并没有放弃，个性坚忍执着的她打算再次重建DT公司，誓要在这个男性主导的建筑装修行业闯出属于自己的一片天地。2004年初，在第二次合作失败后不久，她又找到了东莞一家装修设计公司的设计总监黄先生。

黄先生以往也跟DT公司有过合作的经历。在DT公司的一个大型项目中，由于客户需要提供比较详细和合理的工程报价，当时孙先生没有能力完成该项业务，于

是把该项目的工程预算业务外包给了黄先生所在的公司。黄先生性格温和，脾气好，凡事能忍让。他学习美术出身，有十几年的行业经验。郑女士之所以选择他作为合作伙伴，一方面是看重了他在设计和施工预算方面良好的专业背景，另一方面是在之前的合作过程中，了解到其对现在公司的某些管理方式不是很满意，比如抱怨设计总监也要考勤。

黄先生以专业技术入股DT公司，负责公司的设计和施工业务。他占30%的股权，而这部分入股资金在以后的分红中扣除。郑女士占股70%，主要负责公司的内部管理。这一次，她吸取了以前的合作经验，比较重视公司内部的制度和流程建设，她在各个业务的关键环节都建立了流程化的制度。在新DT公司的吸引下，最初的一些设计师也回到了公司。DT公司重新焕发了生机。

郑女士由于掌握控股权，并且对装修行业也有丰富的经验，因此在这次合作的过程中显得比较强势。郑女士比较重视合同管理流程。在一次对外合作中，DT公司和转包方的真实合同金额与提交给客户的金额出现了不一致。在与转包方的合同没有落实的情况下，黄先生就进行了项目投标，后来发生了关于定金数额的纠纷。由于没有合同作为依据，DT公司面临风险。最后，郑女士通过努力签下了与转包方的合同，为公司避免了风险。而这一次的事件，也使黄先生认同了郑女士对制度和流程的观点。

但是，郑女士在一些方面也对黄先生做出了让步。在公司承接项目的过程中，有些环节需要按行规给付定金，而不一定有合同，这时郑女士也不再坚持一定要看到合同才支出现金。而且，虽然郑女士知道黄先生自己私下做了一些项目并且所得收入没有算到公司的账户里，但只要公司的业务不受到大的影响，她也睁一只眼闭一只眼。除此之外，郑女士也很注意保护黄先生的权益。比如，郑女士很注重股东之间的信息沟通，每个月的财务报表都会给黄先生看，尽管他没有提出过异议，也没有提出过要求。

在合作期间，两位股东由于在制度和流程方面的观点不同而产生过冲突。比如，郑女士对项目利润率和物料领用等都建立了标准化的流程，并坚持以一定的标准来规范业务的进行。但黄先生对此不太赞同，认为有时候应该以业务为先，应该先把事情做出来再进行流程化。由于公司经营业绩一直处于上升态势，双方保持了一定的信任和克制，日常的冲突并未导致股东合作关系的结束。而且，黄先生性格温和，郑女士则相对强势，一柔一刚，具有很强的互补性。郑女士依赖黄先生的专业技术和丰富经验以承接各种装修工程，而黄先生则需要郑女士的客户资源、内部管理经验和经营资质。因此，这一合作关系从2004年以来一直维持着。

由于金融危机的影响，DT公司的业绩有所下滑。郑女士认为DT公司已进入成熟期，进一步发展的潜力不大。就外部环境而言，装修行业的高增长时期已经过去，目前的竞争很激烈，毛利率不断下降。郑女士由于负责市场开拓和客户关系维护方面的工作，具有很敏锐的商业投资嗅觉，因此希望投资其他行业。此外，DT公司的运作模式已经相对流程化和制度化，郑女士遂逐渐退出了公司的运营管理，转而重点维护重要客户关系，配合 AB 集团对经营资质进行管理，以及在发生重大事项和危机时参与实际决策。在实际的运营管理中，黄先生逐步全面负责项目运作，其对公司的运营管理也有了更强的控制力，对行业和市场的把握能力也更强。

此时，郑女士希望把一部分股权转让给黄先生，一方面是想把精力放到其他项目的投资上，另一方面是想让黄先生具有实际控制权，激励其全身心地挑起 DT 公司的担子。郑女士心想，股权结构变为自己占 20%，黄先生占 80%，黄先生应该会接受自己的好意吧？

问题与思考

第一次合作创业时，为什么强强联手却在市场上失利？创业成功的要素有哪些？第二次合作创业时，为什么创业团队会产生裂痕？创业团队管理的关键要素是什么？第三次合作创业时，股权设计怎样体现了对控制权分配的思考，起到了什么作用？

案例教学参考

1. 三次股东合作中面临的难题与对策

在第一次股东合作中，DT 公司最大的问题是李先生不愿意改变自己去适应市场环境。当时，DT 公司的主要业务是工程设计，而李先生作为该业务的负责人，其一举手一投足都关系到公司的发展前景。尽管李先生具有出众的项目设计和运营能力，并在东莞已经有了一定的知名度，但当时东莞本地的客户对设计价值的认知水平还不高，因而不太赞同李先生的设计理念和价值。这时李先生面临着一个两难的抉择：要么保持个人风格而放弃市场，要么适应市场而改变自己。最后，他选择了前者。而郑女士在面对这一困境时，选择了迁就李先生的意愿，这一方面是因为李先生为人公正，具有良好的职业道德，郑女士对他相当尊重；另一方面是因为李先生握有 70% 的控股权，对 DT 公司的生死存亡更具操控实力，这使郑女士在面对他的决定时保持了相当的克制，即使明知这样会使 DT 公司无法经营下去。

其实，李先生为了坚持自身设计理念而拓展深圳市场，不必把退股作为唯一的选择，但他确实需要让步。李先生直接抛下 DT 公司，毫无顾虑，只身前往深圳发展，这对他而言自然是最轻松的。但若要维持 DT 公司的运营，他就不得不做出让步。李先生适应不了东莞的市场，他可以聘请熟悉这方面的人才，必要时允许其入股；而他则可以专注于外地市场，尤其是深圳方面。至于市场开拓，这向来是郑女士的工作，所以需要她的协助。

在第二次股东合作中，三位股东分别控制企业的部分关键资源：郑女士控制装修业务资质和市场资源，孙先生控制工程运营，林先生控制企业资金。再加上三位股东股权比例相近（郑女士和孙先生分别占 30%，林先生占 40%），这使得他们谁也说服不了谁。在这种情况下，每个人都应该做出让步，找到折中的办法。

对于林先生随意挪用 DT 公司资金的问题，他本人自然要有所收敛，而郑女士和孙先生也应该对资金保留监督权。较好的办法是，三个人达成协议，一方面，允许林先生对公司资金有最终动用的权力，但每次动用的金额大小和时间长短都应有相应的规定；另一方面，允许郑女士和孙先生派出监督和审计方面的人员监督出纳人员的工作。

对于预算工作疏忽的问题，孙先生应该尽快改正。另外两位股东对他的不满主要在于他有意隐瞒项目预算的信息，不顾另两位股东的利益。大家一起合作做生意，应该讲求信任，各尽其责。孙先生以耗费精力和股东看不懂为由，疏于做预算工作，显然是不负责的表现。如果孙先生确实觉得这耗费精力，他可以聘请助理，减少自己的工作量。

在第三次股东合作中，郑女士负责内部管理和市场开拓，黄先生则负责设计和施工。虽然他们在各自领域中都有优势，但这次因为郑女士占股70%，掌握控股权，所以显得比较强势。这一次的合作能持续下去，有赖于两人在遇到冲突时都能做出让步。在合同管理上，黄先生做出让步，接受郑女士管理制度化、流程化的做法；另一方面，郑女士也变通地接受了黄先生先给定金、再签合同的做法。

第三次股东合作具有以下特点：一是控制权分配比较清晰，郑女士处于控制地位。二是信息沟通机制明确，双方在经营信息和财务信息上沟通顺畅。三是冲突协调机制有效，当黄先生和郑女士意见不一致时，双方都有一定的让步，让合作关系得以持续。四是建立了有效的相互信任机制，如郑女士对黄先生的业务处理即使有不认同的地方，也还是信任和尊重黄先生的做法。

2. 分析影响创业股东合作关系的因素

（1）单一控制权。对处于创业阶段的中小企业而言，控制权常常和所有权相伴而行。在DT公司的案例中，除了承担出资责任的林先生，其余股东都参与实际的运营管理。通常来说，股东对企业控制权的大小与其所占股份成正比，换句话说，占的股份越多，说话就越有分量。但是，企业控制权除了与股份相关，还跟股东所掌握资源的重要性有关。在DT公司的案例中，最初的股东之一李先生拥有70%的股份，具有绝对的控制权。但是在DT公司成立初期，郑女士在客户资源和经营资质维护方面具有很强的控制力，所以实际上两位股东的控制权差别不大。至于第二次合作，股权结构更加分散（郑女士和孙先生分别占30%，林先生占40%），且差别不大。再加上另外两位股东分别控制着重要资源——郑女士控制装修业务资质和市场资源，孙先生控制工程运营，所以在三位股东中，没有一位有足够的控制权来说服其他人。到了第三次股东合作，郑女士拥有70%的股权，而且负责企业内部管理和维护客户关系，掌握名义和实际上的控制权。结果是，这种合作模式比前两次股东合作更加稳定。因此，在这一案例中，单一控制权的存在使创业企业的股东合作更加有效而且稳定。

（2）优势互补。纵观DT公司的三次股东合作，每一次都是基于优势互补。DT公司成立之初，李先生具有资深的装修设计经验，以及在装修设计行业内的良好声誉和口碑，而郑女士则具有工程装饰经营资质和稳定的客户资源（AB集团内部装修业务）。第二次合作是技术资源、资金和市场资源的结合，而第三次合作则是技术资源和市场资源的结合。

但是，资源互补的优势并不是无条件的，资源首先应该能满足市场的需求。在第一次合作中，由于李先生的设计理念不能适应东莞市场的需求，最终不能实现其价值。相反，在后来的两次合作中，DT 公司无论在设计还是施工方面都紧贴东莞市场，所以连年获利丰厚。

（3）共同目标。当两个有共同利益的人走在一起，合作就会产生。在 DT 公司的案例中，三次合作都是在共同利益目标的吸引下促成的。

在 21 世纪的头十年，建筑装修业在东莞是一个高速增长而且毛利率很高的行业。DT 公司的股东们，包括郑女士、李先生、孙先生和黄先生，有着多年从业经验，对行业的光明前景自然看得通透。在高利润的吸引下，他们先后合作经营 DT 公司，希望在这发展的大潮中分一杯羹。

如果当初他们是在利益的驱使下进行合作，一旦发现现实并不如愿，自然就会各自飞散。在第一次合作中，当李先生发现东莞市场并不认可自己的设计，因而业务发展受阻时，他毅然结束与郑女士的合作关系。在第二次合作中，当林先生怀疑孙先生操纵利润，觉得自己的利益受到威胁时，他也选择结束合作关系。而第三次合作能够一直维持，一方面是因为 DT 公司还在快速成长，两位股东均有利可图，另一方面是因为黄先生和郑女士都没有对对方利益有实质性的侵害。

（4）相互信任。当企业有两个或两个以上握有实权的股东时，股东间的信任关系对企业的稳定有很大影响。在 DT 公司中，比较稳定的第一次和第三次合作，都是只有两名股东，这两次合作的信任度要高于第二次合作。在装修工程中，存在大量的材料采购、工程外包等环节，不是专门领域内的行家很难从表面看出工程质量的差异，因而存在严重的信息不对称。如果股东之间不信任，就会聘请专门人员，设立专门流程以监督对方，这势必产生很高的成本；而且，一旦使监督表面化，就会加大彼此间的不信任感，进而导致股东之间的合作破裂。DT 公司第二次股东合作终止，就是因为孙先生不愿意做出能够让另外两名股东理解的工程预算，致使他们怀疑他的用心。

3. 在合伙创业时，股东合作成功的关键要素

以 DT 公司的三次股东合作为例，对于创业型的中小企业，在构建股东合作机制时，本书提出如下管理建议供参考。

（1）机制先行。在中小企业成立之初，股东即管理层，但是对于多个股东而言，仍然存在委托代理问题，企业的控制权和管理权处于分离状态。在股东合作之初建立有效的合作机制，对于创业企业而言，能够避免今后股东之间的利益纷争。在控制权分配、信息沟通机制、信任机制等方面事先约定好基本的原则，有利于降低股东之间合作的风险，避免之后因重大问题产生分歧，影响企业的发展。

（2）动态调整。股东之间的合作机制是一个弹性系统，需要不断沟通和协调。一种机制的建立需要长期的适应过程，一方面要适应不同的环境，另一方面股东自身也需要有适应能力。因此，股东合作机制的动态调整是保障股东合作机制持续高效的必要手段。这种动态调整是对股东合作内外部环境的一种适应。在合作机制建

立之初，股东之间遵循约定的合作机制，在调整中持续改进，才能确保创业企业可持续发展。

（3）终极追求。在 DT 公司的案例中，创业股东的目标追求都是经济利益，他们并没有把 DT 公司的发展当作终生的事业和价值理念追求，只是把它作为一个赚钱的工具，具有很强的工具性目的。在这种以股东经济利益为先的理念下，当创业企业出现短期风险的时候，在很多情况下，股东为了维护自己的利益，会选择退出；或者当公司的业务利润率下降的时候，选择投资更加有前景的项目，而没有一种终极的价值追求，把创业企业当作百年老店来经营。这种股东合作氛围是非常短视的，创业企业的生命周期很短，自我更新能力受到极大制约。

4. 后续背景：DT 快速成长（可供参考的实际情况）

半年后，郑女士和黄先生再一次协商了股权比例，黄先生坚持之前的分红比例，即郑女士占 70%，他占 30%。DT 公司的后续发展非常快速，在营业额方面，已发展到年收入达 2 000 万元的规模。

DT 公司在郑女士和黄先生的经营管理下，进入了稳定的发展期，人员队伍比较稳定，客户资源随着经营年限的增长越来越多，在行业内有一定的影响力，是具有一级施工设计资质的单位，业务规模虽然受到东莞当地经济发展速度放缓和金融危机冲击的影响，但始终保持在比较稳定的水平。

在今后的发展中，由于 DT 公司具有承接集团内部装修业务的基础，在外部客户开发方面具有成熟的经验，业务范围已经由东莞本地拓展到了珠三角其他城市和地区。展望未来，郑女士和黄先生信心十足。

案例 3

青涩的创业冲动：大学生创业团队的信任管理[①]

第一乐章：序曲

2008 年暑假，中山大学管理学院 A 同学的心中充满创业的兴奋和冲动，在 5 月份的创业计划大赛中，以他为主的"一网情深"团队设计的电子商务项目，凭着计划的周密性和可操作性获得了评委老师的称赞。他筹划着将该计划付诸实施，并向一起参赛的队友 B 和 C 提了自己的想法，B 和 C 都不约而同地强烈支持，并一起详细地探讨了项目的实施细节。一放暑假，他们就着手筹集资金、联系商家和组建团队等事宜。前期的准备都很顺利，暑假还没结束，A 就已经踌躇满志地坐在返校的列车上。

"一网情深"立项时的创业项目是，建立一个电子商务网站，该网站的商业模式为，通过网站平台吸引客户，收集客户需求信息，从而以团购的形式去与商家进

---

① 本案例由邓靖松、马壮宏撰写。

行议价，在客户购买规模较大的情况下，通过量的优势获得更为优惠的单价。而创业团队再适当负责一些物流方面的相关工作，通过收取一定费用以及从差价中获得一定比例的收入来实现经营利润。创业团队在立项之初，首先是以广州大学城各大高校的大学生作为目标市场，先从创业团队所在学校开始，再慢慢拓展到其他高校。一开始，创业团队选择大学生需求量较大的自行车、洗衣机、电脑等用品作为网站的主营项目。

第二乐章：狂欢节

2008 年 8 月底，团队核心成员陆续提前返校，并开始在周围的同学之中"招兵买马"，组建创业团队。发起该项目的三位同学尤其是 A 同学的综合素质得到了比较多的同学的认可，而且项目本身也已经形成了一定的思路，并在创业计划大赛中取得成功，因此得到了不少同学的响应。三位核心成员通过对报名者进行适当的考察后，最终挑选了 12 位来自不同学院的创业伙伴，并迅速建立了相应的创业团队（下面简称 Q 团队）。

Q 团队由作为发起人之一的 A 同学任总负责人，即团队 CEO，B 同学来自传媒与设计学院，组织和策划过一些大型的学生会活动，在该项目中任市场总监，C 同学来自信息科学学院，擅长网络技术和信息管理，在该项目中任技术总监。其他同学分任各个子项目的项目经理，包括自行车项目、洗衣机项目、轮滑项目等。Q 团队创立之初，在团队分工上较为清晰。A 同学全面负责团队工作，B 同学负责协调项目经理开拓市场，C 同学负责电子商务网站的整体设计和建设，并负责一些宣传上的技术工作，各项目经理具体负责各自项目的落实。而按原先的安排，在具体工作开展过程中，人手不够需要帮忙时可以调动其他同学。

Q 团队虽然有明确的架构，但成员之间并没有明显的上下级关系，只是存在分工上的区别。一方面由于团队成员之间同学关系良好，另一方面由于在选择成员的过程中，三个核心成员 A、B、C 根据报名者平时的在校表现进行了考量，选出的成员都是既有较强的综合素质又具备创业意愿、性格上也容易相处的同学，因此 Q 团队一开始的状态可以说是氛围融洽、信心满满。A 对自己发起的这个项目尤其有信心，毕竟这个想法在大学城市场中还没有先例，他要率先采取行动。其他成员也对项目的成功深信不疑。Q 团队一成立，大家都是激情澎湃，准备大展拳脚。

9 月初，Q 团队在完成前期团队构建工作后正式进行项目的运营。最先上马的团购项目是自行车，A 的同班同学 D 担任项目经理。此时适逢新生入学，依照 Q 团队原先的创业方案以及团队成员的相关讨论，他们认为，大学城高校的布局使得学生上课路程较远，学生对自行车的需求非常大，存在较大的商机。Q 团队采取低价策略，相比大学城其他的自行车销售商有较大的降幅，并通过网络以及传单等渠道进行了宣传。Q 团队的成员在宣传时表示，他们所卖产品的价格，将会是大学城中最低的。而 B 同学设计的海报十分精美并且相当专业，让人眼前一亮，宣传海报迅速占领了大学城的宿舍区和校园网络。一炮打响的效果让 Q 团队增强了信心。

在宣传推广环节上，B、C 的技术能力最为团队成员称道，项目经理 D 也趁势而上，完全扑在项目的实际操作中，利用QQ和Q团队的电子商务平台大量接受订单，连续一个星期加班到凌晨1点。在此期间，其他尚未开展项目的项目经理也与负责自行车项目的同学通力合作，一有空余时间就主动帮忙宣传扫楼（即到学生宿舍楼发传单），利用自己在学校的人际圈子招揽客户，团队成员都认为彼此之间的合作较为融洽。D在这个过程中感觉到的第一点就是大家非常积极，每一个人都在为他人的工作创造便利，大家通力合作，整个团队都在朝着同一个目标前进。随着自行车销量的增加，团队成员越发对团队项目有信心。两个星期内，Q团队销售的自行车就已经突破600辆，虽然让利较多，但是凭借着销量优势，也获得了可观的利润。团队成员似乎看到更多的财富在向他们招手。

第三乐章：失落园

但是良好的感觉持续了不到一个月，在从自行车项目到洗衣机项目转换的过程中，Q团队的运作慢慢发生了一些微妙的变化。自行车项目结束后，Q团队的成员一起聚餐以庆祝项目取得的成绩，并对项目中的成功与不足进行了总结。而后，A提出暂不分配自行车项目的利润，而是继续投入后续项目的运作中。然而，这一决定并非通过集体决策做出的。某些团队成员心里顿时有了些许不满，但或许是碍于同学情面等因素，也没有直接在团队中表达出来，而是渐渐表现出了一定程度的工作倦怠。事实上，大部分成员原先都想着，团队会阶段性地将一些收益分配给大家，就算要用于其他用途，也应该征得大家的同意，毕竟这是大家的团队。A的理由是当时团队的资金仍然比较紧张，把利润继续投入其他项目有利于团队取得更大的成功，希望大家支持。但是团队其他成员并不这样认为，B和D就在私下里有嘀咕，毕竟他们为这个项目付出了许多。他们并不抱怨A的为人，但是做出这样的决定，似乎并没有考虑他们的想法。

到了9月下旬，第二个项目（即洗衣机团购项目）在第一个项目结束后上马了。Q团队仍然执行之前的低价团购策略。而事实上，从第一个项目到第二个项目，Q团队已经渐渐背离了原先做电子商务，即通过网络平台经营的初衷，他们主要还是通过成员在学生中发传单等较为直接的方式去继续拉拢客户。这让团队成员对团队最初提出的愿景也产生了一定的疑惑。当然，大部分团队成员心里也明白，似乎很难把客户吸引到他们的网站平台，而通过更传统的发传单与扫楼的方式会有更好的宣传效果，原先的设想还是得屈从于现实。包括A在内的三个核心成员也坦承，Q团队占据不了主流网站的宣传渠道，这是他们慢慢背离原先的设想的重要原因。可是对于作为技术总监的C来说，心情却比较复杂，基本上可以说，网站是他一手打造的，此时团队却弃之不用，心酸之余，当初团队项目前景带给他的激情也慢慢消退了，在网站被冷落之后，C也不想再去做相关的维护了。D、E等人也感觉到了大家工作态度的变化，并且认为，A的执行力并没有他们当初想象的那么好。

洗衣机项目开始后，凭着在自行车项目中的良好表现，项目经理D同学再次负起了该项目的主要运营责任。然而，因为课业加重，或者对前期项目利润分配问题不满，部分项目经理的积极性下降较快，相比第一个项目，此时他们很少帮助D同学做宣传、议价方面的工作，要么借口有事，要么干脆说都不说，也不参加团队的工作了。这让 D 同学在项目开展过程中承受了较大的压力，他认为其实部分同学因为有其他重要的事短期内不能来也没有太大的事，在提高效率的情况下还可以坚持，但是一部分同学对他的态度发生了转变，这让投入了较多精力的他有种很不舒服的感觉，他也没有意愿和动力去为其他人考虑什么了。同时，那些将精力转于其他事情而积极性渐渐消退的同学也慢慢淡出了团队的视野。

A 与 D 等继续在为团队出力的成员认为，部分成员对于整个团队的工作明显没有了之前的热情，这部分同学不会为团队去做出什么新的努力了，但由于大家还是同学，也不好说什么，只能顺其自然了。另外，团队发起者 A、B、C 对洗衣机项目的关注也没有自行车项目那么多，D 所得到的支持急剧下降。这让 D 对团队成员，甚至对整个团队都多少有些失望，与部分项目经理对他的支持减少所带来的负面感觉相比，Q 团队核心成员支持的减少带来的冲击更大，因为在 D 心中，核心成员代表的是团队整体，他们支持的减少让 D 觉得是团队对这个项目没有了积极性，他的热情大大受挫，也就没有了第一个项目时强烈的工作意愿。

10 月底，洗衣机项目宣告结束，通过结算，Q 团队在这个项目中的盈利几乎为零。项目经理 D 认为，该项目的失败，固然是由于定价上的策略存在一定的失误，但团队中的信赖感、凝聚力、执行力的不足才是 Q 团队渐渐走向失败的最终原因。此外，团队最初提出的诱人的电子商务方案最终演变成与普通商家卖商品无异，这也让成员感觉项目前景渺茫。而且没有人在项目停滞时提出对团队项目做适当调整，使得项目也迟迟没有出现转机。

与此同时，与洗衣机项目同步开展的笔记本电脑项目，由于该项目负责人 E 迟迟创造不出应有的业绩，B 和 C 等核心成员开始质疑其工作能力，再加上项目经理之间本来就沟通很少，其他项目经理并不了解该项目的具体开展情况，更谈不上对 E 的支持了。据其中的几个同学反映，在 E 做这个项目的过程中，可能是 E 在沟通等方面能力不足，一直没有拉到订单，在跟商家议价方面也没有取得进展。对比前两个项目的负责人，E 的能力受到了大部分成员的质疑。A 作为团队负责人，此时对 E 的感觉是失望，他并不怀疑 E 的动力，但是 E 实际表现出来的能力与原先的感觉相去甚远，A 也渐渐疏远了 E，基本上也没有再给 E 提供什么大的支持了。因此 E 的感觉是：孤立无援、心力憔悴。

尾声

进入 11 月，洗衣机项目和笔记本电脑项目都已结束，临近学期末，大家的课程压力逐渐加大，Q 团队原来计划的几个项目都被暂时搁置了。不过真正的原因是，专注于团队工作的成员已经越来越少，热情下降，对团队项目淡漠了许多。Q 团队发展到这个阶段，似乎已经维持不下去了。

问题与思考

就在洗衣机项目和笔记本电脑项目结束后，Q 团队成员之间不再有正式的工作安排，甚至很多成员不再有联系，成员也已经默认团队解散了。转眼到了 11 月下旬，一场秋雨给广州带来了些许寒意，A同学若有所思地坐在电脑前，屏幕上一个窗口是Q团队的电子商务网站，另一个窗口是本学期选修课"创业管理"的课件，这门课马上就要期末考试了，他能够交出令人满意的答卷吗？

案例教学参考

1.教学目的

从团队信任出发，总结大学生创业团队信任破坏的影响因素及其作用机制，并通过对Q团队的案例分析来说明信任因素对团队合作的影响，以及团队信任的发展变化过程。在此基础上，对大学生创业团队如何做好信任管理、防范信任破坏提出建议。

2.适用范围

本案例适用于创业管理、团队管理、信任管理等主题。

3.案例分析思路

信任是一种相信并依赖的意愿与信念，这种意愿与信念建立在一方对另一方将履行某种对己方而言非常重要的行为的预期上，既包括对另一方能力的预期，也包括对其意愿的预期。Q团队的创业经历在大学生创业团队中具有一定的代表性。在Q团队建立初期，团队成员在能力、意愿等方面都已建立起一定程度的信任，但是一段时间的共事后，信任下降甚至破裂了，这就让我们深感大学生创业团队信任管理的重要性。

在Q团队中，能力对信任的影响十分明显。仔细观察其中几位成员在团队成立初期的表现，他们对团队项目的前景、对团队成员的能力充满信心，他们在那个时候所想的也都是准备大显身手。而且团队成员都愿意为团队项目的开展努力，几乎没有想过后期如果有些什么负面情况出现团队要怎么处理。因此Q团队在组建之初，成员间合作的意愿、成员对团队工作努力的意愿等都比较强烈。

从认知信任和情感信任的角度分析，由于彼此间是同学关系并且相互熟悉，Q团队建立初期有较好的认知信任和情感信任，这对于初期项目的开展起到了积极的作用。以D为例，自行车项目运行后，其他成员对项目经理D的积极协助所体现出来的善意强化了他们之间的信任关系。在项目开始之前，D对其中几位项目经理就有了初步的信任，而在项目开始后的一段时间内，这几位成员将大量的时间都用来帮助D开展相关工作，这加深了D对这几位成员的心理预期——他们采取某种特定的且对己方而言非常重要的行为，无疑加深了对这几位成员的意愿和信念的认知，也加深了他们之间基于信任的情感。

然而，我们也发现就在团队信任的各个构面不同程度建立起来后，团队运作过程中发生的一些事情触发了某些因素，从而从不同构面破坏了团队信任。下面对Q团队的信任构面、信任破坏的影响因素及作用机制进行探讨。

（1）Q团队成员之间的信任构面。

能力对成员彼此之间的认知信任的破坏是比较明显的。项目经理E在其负责的项目上体现的能力不足使得其他人对其的认知信任有所下降。从A对E的想法的转变来看，A 原先对 E 有初步的信任，然而随着团队项目的开展，E 体现出能力不足的特征，不能取得他的岗位上应有的绩效，此时 A 对 E 的能力认知发生了变化。A 对 E 的支持意愿也在下降，这是其信任程度下降的直接体现，也就是说，A 和 E 间的信任被破坏了。团队核心成员中，C 的能力体现在了网站以及宣传品的设计上，其技术能力得到其他成员的信任。但 A 与 B 对团队项目的总体掌控能力与其他成员预想中的有差距，这就破坏了其他成员对其建立起来的初步认知信任。随着项目的开展，Q 团队中成员的互动增加，从而使得成员对于彼此能力的认知重新调整，当对能力的认知较之前调低时，认知信任随之受到破坏。

在一些成员中发生的支持意愿的下降也影响了团队成员间的信任，尤其是情感信任。在洗衣机项目当中，D 觉得其他人的积极性和对自己的支持远不如之前自行车项目，原先几乎所有成员有空时都会去协助他工作，有较高程度的支持意愿，而到第二个项目时，由于之前的利润分配等问题使得有些成员从合作中得不到应有的利益，团队成员在工作中的积极性逐渐下降。从 D 的角度来讲，其他成员不帮忙会使得 D 认为他们的可依赖性在下降，这表明 D 对这部分人的善意的感知在下降。之后这部分同学对他的态度也发生了转变，这让投入了较多精力的 D 心里更不舒服，D 和这些成员的情感信任被破坏了。

（2）Q 团队成员对团队的信任构面。

收益分配问题对成员对团队的信任起着最主要的破坏作用。Q 团队前期由于各自都没有经验，没办法预测相关项目的盈利情况，没有意识到也没能力去设计好相关的利润分配方案，这为后期埋下了隐患。在自行车项目结束后，团队获得了一定的盈利，但是没有关于分配的行动，没有正式地谈及如何处理首个项目的利润，只是一起聚餐庆祝胜利。而团队成员加入团队时，已经形成一种心理契约和共识，即认为大家都是同学，一起创业，一起奋斗，彼此不会存在私心，团队会公平地对待每一个人。然而，A 宣布将利润继续用于投资之后，成员对团队的制度与规则产生了强烈的怀疑。部分同学很快对团队工作产生了倦怠，此时团队成员的积极性、合作的意愿、努力的动机都已受挫。B 和 D 的想法就是代表，他们这种想法也不是针对哪一位成员，而是针对团队。这件事不仅影响了成员对团队的制度信任，而且使团队成员产生的不愉快的情感经历影响了成员对团队的情感信任。我们从案例中可以发现，团队发展是在这个时候开始出现转折的。

成员对项目成果的预期没有实现是团队信任破坏的另一原因。Q 团队原先的项目计划是开办一个电子商务平台，以平台来收集客户需求，等到对某商品的需求量达到一定的数量时便进行团购，从而使单一客户获得单价上的优惠，而网站自己又能赚到一定的差价以及费用。在项目运行过程中，电子商务平台虽然建立起来了，但是一直没有发挥作用，被 Q 团队搁置一边。大部分团队成员心里也明白，很难把客户吸引到他们的网站平台上，而通过传统的发传单与扫楼方式会有更好的宣传效果，原先的设想还是得屈从于现实，但是这多少还是使得团队成员对团队项目本身的可行性以及对团队实现预期结果的能力产生了质疑。另外，后期项目的运作产生的利润越来越少，这更加深了成员对项目前景的质疑。

组织支持不足导致的对团队情感信任的破坏在 D 与 E 的身上得到了明显的体现。组织支持不足在洗衣机和笔记本项目中的表现非常明显。项目后期，D 与 E 已得不到团队核心成员的支持，也缺乏其他成员的支持，这些带来的影响不只是他们对于某一队友的信任的下降，同时也是对团队整体信任的下降。由案例可知，在 D 心中，核心成员支持的减少让他觉得整个团队对这个项目已没有了积极性，D 对团队的信任也就下降了。而 E 的感觉更强烈，他甚至觉得像被整个团队放弃。这种情况下，D 与 E 的负面情感体验非常强，对团队的认同感慢慢被磨蚀，当他们不再认为团队能帮他们实现某些预期时，他们对团队的信任就破坏了。

（3）大学生创业团队信任破坏的影响因素分析。

大学生创业团队的团队信任破坏通常发生在创业项目投入运作后。在团队创建初期，通过对团队成员的筛选，事实上已经经过了预设信任阶段，也就是说，创业项目正式运行后，大学生创业团队的信任更多的是认知信任与情感信任的综合。大学生创业团队中团队成员彼此间有较好的情感基础，有较高的对他人的认同度。

1）能力。在创业团队尤其是大学生创业团队中，能力这个因素对成员间信任的影响尤为明显。在前文我们讨论过，大学生创业团队在挑选成员时能力是最重要的考量因素之一，但对任一成员的能力的认知是基于其在校的表现，由于没有职场的经验，大学生创业团队成员的能力是有待检验的。能力是导致创业团队分裂的重要原因，在大学生创业团队的运作过程中，某一成员的能力与团队项目的要求不匹配，同时又不能通过适当的学习提高的话，另一成员对其能力的信任就会大打折扣。能力不足使得某一成员对另一成员的认知信任遭到破坏。

在大学生创业团队中，一般难以在早期就形成较好的绩效考核制度，团队主要以其创造的成果作为其能力的判断依据。正如本案例中大学生创业团队成员之间的信任，早期团队对某一成员能力的评定一般是基于对成员过往在校时各方面表现的综合评估，但这种评估结果在创业团队的背景下缺乏信度与效度。随着创业项目的进一步开展，各个成员的能力得到了真实的检验，当某个成员的能力不足以克服相关困难从而创造出一定的团队绩效的时候，原本团队基于其印象中的能力形成的认知信任便会遭到破坏。虽然能力的发挥可能受到一些不可控因素的影响，但团队成员尤其是团队领导往往是根据结果做判断的。

2）利益分配。许多大学生创业团队在企业发展初期，或者是没有考虑到，或者是碍于面子，没有明确提出未来项目成功后的具体的利润分配方案，等到团队规模扩大的时候就开始为利润怎么分配发生争执。当然，大学生创业团队要制订合理的利润分配制度或者方案本身就存在困难，因为关于如何对各自的贡献进行衡量存在技术上的难题。

而从另外一个角度来讲，大学生创业团队的成员在加入团队时都会对团队的项目有良好的愿景，即使在团队初期并没有设立相关制度尤其是收益分配制度，他们也相信团队会秉承公平性，在项目产生利润之后给成员公平、合理的回报，从而形成一种心理契约和隐性契约。

大学生创业项目产生一定利润后，利润分配制度不公平会直接导致团队成员对团队的制度信任的破坏，同时还会使得成员对关于收益分配有决策权的成员的情感信任遭到破坏。

3）对成功的期望得不到满足以及创业意图的转变。另外一个影响大学生创业团队成员对团队的信任的因素是对团队项目成果的期望。Richard et al.（2000）提出，导致不信任与犬儒主义行为的共同的根本原因在于不断提升的期望未得到满足进而引发人的挫折感，并产生恶性循环。大学生创业项目面临的风险是非常大的，即使在团队具有高信任度的情况下，往往也会由于外部因素使得团队项目无法获得预期的成果。在这种情况下，团队成员的期望与团队项目的实际运行结果不匹配，期望得不到满足，容易引发团队成员对团队整体能力的信任危机。

意图的转变是破坏大学生创业团队成员间信任的另外一个主要因素。创业对于大学生来讲是风险较大的就业途径，在创业团队的运作过程中，成员极有可能会经常遇到一些相对来讲较为吸引人的就业机会，从而动摇自己原先的创业意向或者意图。这种意图的转变通常表现为，对创业项目的参与没有以前积极、投入的时间精力变少等。此时，团队对此成员的认知信任以及情感信任都会受到冲击。另外，尚未完成的课业也有可能会使得某成员迫于压力，意图发生转变，将时间和精力偏重于课业方面。

4）创业团队成员的支持。团队支持对于团队成员对团队的信任有重要影响。大学生创业项目运行过程中，分工的进一步细化会使得各成员的时间和精力更多地投入自己的工作部分，负责具体某一模块的成员很可能会因为遇到某些难题而使得工作进展困难，相比于项目初期所能得到的团队支持尤其是团队智力支持可能会减少。如果缺少有效的协调机制，将使得遇到困难的团队成员产生挫败感，致使其对整支团队的信任下降。

总的来讲，能力不足会破坏大学生创业团队对某一成员的认知信任，成员的意图和态度的转变会破坏团队对其的情感信任。大学生创业团队的收益分配不公主要破坏成员对团队的制度信任，对团队项目成果的期望没有实现会导致成员对团队整体能力的认知信任遭到破坏，而团队支持的缺乏会导致成员对团队的情感信任的下降。

4. 改善大学生创业团队信任的建议

信任管理是大学生创业过程中团队管理非常重要的一个环节，创业活动面临着高度不确定的风险，需要高度的团队信任。基于以上分析，为了尽可能地减少信任破坏的发生，我们提出以下建议：

（1）能力培养。从大学生创业团队的角度来讲，要积极利用学校提供的资源和服务，提高自身在应对创业过程中遇到的种种困难的能力。大学生创业团队的所有成员都应该认识到，每个成员的能力都不是一开始就完全具备的，需要在接受相关培训以及创业的过程中慢慢积累。及时地提高能力，有助于降低能力不足的因素对大学生创业团队的信任的破坏作用，更好地应对创业项目遇到的困难。

（2）沟通机制。建立良好的沟通机制，是减少大学生创业团队成员之间的猜忌、提高团队合作水平、增强各成员对团队目标的认同感的良好途径，同时它还能保证信任与知识的共享。良好的沟通机制有助于团队成员表达在感知他人善意、正直方面存在的不足，消除一些因为误会而引起的负面情感体验，从而避免对不同构面的信任的破坏。良好的沟通机制，还可以使得某一个或多个成员能够表达自己的困境，及时获得团队支持，从而避免成员对团队产生不信任感，并且能够使团队成员对团队预先设想中的一些转变有所理解。

（3）利润分配机制以及其他团队制度。尽管在创业过程中因为种种因素可能没办法对各团队成员的贡献做出很好的衡量，从而很难在团队成员间绝对公平地分配利润，但是只要分配制度在前期是基于团队共识而建立的，就能在后来的实际分配过程中尽可能少地破坏某些成员的心理契约，从而尽可能地防范成员因分配问题产生对团队的不信任。团队在创业过程中注意完善相关的团队制度，可以使得团队维持较好的制度信任，有利于团队的长远发展。

（4）团队调整与发展。事实上，大学生创业团队很难保证团队成员一开始就真正符合创业项目开展的要求，有些团队往往碍于情面，不愿做出调整，结果某些成员或者能力不适应团队发展，或者渐渐表现出与团队其他人不和的特征，或者因为学业方面的压力而出现意图上的转变，无意中加剧了对团队信任的破坏。当然，调整包括调离成员，也包括招募新的成员。适当的调整有利于激活团队潜力，增强团队凝聚力，增加对团队的信任。

第五章　　领　导

要点

> √ 经典领导理论的主要内容及其逻辑关系
> √ 几种新型的领导理论
> √ 中国情境下的领导实践

第一部分　知识点

一、经典领导理论

（一）与领导相关的概念

领导者是指在组织中担任领导职务、履行领导职能、行使领导权力、肩负领导责任的个人或集体。

追随者也称被领导者，指在领导活动中执行领导决策、完成领导分配的任务、实现组织目标的人员。

领导目标是领导活动所要达到的预期结果，可用组织绩效或领导有效性来界定。

领导环境是指影响领导活动开展的各类自然要素和社会要素的总和。

（二）领导特质理论

领导特质理论也称为"伟人理论"（great man theory）。该理论认为，不管在什么样的情境下，领导者都具有相同的个人品质和特征。该理论主要盛行于20世纪初期至40年代。

领导特质理论从领导者单一视角来考察影响组织绩效的前因变量，该理论的基本假设建立在追随者、领导环境、领导目标等变量完全恒定的基础上，这在现实中几乎不存在，因此领导特质理论的解释力极为有限。

（三）行为理论

行为理论主要流行于20世纪40年代至70年代早期，它发端于勒温提出的领导风格理论，俄亥俄州立大学和密歇根州立大学的两个研究小组独立地按照不同视角将其进一步细化。行为理论与领导特质理论的主要区别在于，它对领导者和被领导者的可变性给予了相当的关注，并试图对其进行分类。很显然，行为理论依然试图用机械的理论体系去诠释灵活的领导活动，其为新的理论体系取代只是时间问题。

1. 勒温的领导风格理论

勒温以权力定位为基本变量，通过各种实验，把领导者在领导过程中表现出来的领导风格分为专制、民主和放任自流三种基本类型。

专制型领导风格（autocratic style）是指靠权力和强制命令让人服从的领导风格，它把权力定位于领导者个人。

民主型领导风格（democratic style）是指以理服人、以身作则的领导风格，它把权力定位于群体。

放任自流型领导风格（laissez-faire style）是指工作上事先无布置，事后无检查，权力定位于组织中的每一个成员，一切悉听尊便的领导风格，实行的是无为而治式的管理。

民主型领导风格同时强调领导者和追随者的意愿和实际行为的可能性，在诸多场景下颇受好评。

2. 俄亥俄州立大学的结构 – 关怀理论

20 世纪 40—50 年代，俄亥俄州立大学教授斯托格蒂尔等人试图确定领导行为的独立维度，他们从最初收集的 1 000 多个维度中，总结提炼出领导行为的两个基本维度：结构维度和关怀维度。

结构维度（initiating structure）意指领导者为了实现组织目标，对自己与下属的角色、工作内容、工作关系和工作目标进行界定和建构的程度。

关怀维度（consideration structure）意指领导者尊重和关心下属的观点和情感、建立相互信任的工作关系的程度。

3. 密歇根州立大学的员工 – 生产两维理论

密歇根州立大学的研究小组从领导有效性角度将领导行为划分为员工导向和生产导向两个维度。

员工导向（employee-oriented）维度重视人际关系，考虑下属的个人兴趣，承认个体差异。

生产导向（production-oriented）维度强调工作的技术或任务的完成情况，将员工视为达到目标的手段。

密歇根州立大学的研究者认为员工导向的领导者比生产导向的领导者更高效，其下属的生产率和工作满意度更高。

4. 管理方格理论

在俄亥俄州立大学和密歇根州立大学的研究的基础上，得克萨斯州立大学的学者从领导有效性角度，将领导者按绩效导向行为（称为"关心生产"）和关系导向行为（称为"关心人"）进行评估，给出等级分值，然后把分值标注在两个维度的坐标平面上，并划分成九个等级，从而生成 81 种不同的领导类型。这就是著名的管理方格理论。

（四）权变理论

1. 费德勒的权变模型

费德勒的权变模型（contingency model）认为，领导有效性取决于领导风格和领导者所处情境的合理匹配。他将领导风格分为关系导向型和任务导向型。

费德勒将领导情境界定为领导者 – 被领导者关系的疏密度、任务结构的清晰度以及职位权力的强弱度，并将这三个环境变量组合成八种典型的领导情境，每种领导情境对应不同的有效领导方式。

2. 豪斯的路径－目标模型

由罗伯特·豪斯改进的路径－目标模型（path-goal model）认为，有效的领导者要澄清下属的工作期望并用他们所期望的东西去激励他们，使下属的工作期望与组织目标保持动态的一致性。与之对应，豪斯提出了四种领导类型：

（1）指示型领导。该类领导者明确下属的角色、任务及绩效期望并给予具体指导。

（2）支持型领导。该类领导者关注下属的需求、想法和建议并给予实质性支持。

（3）参与型领导。该类领导者在决策前征求下属的意见和建议，鼓励下属积极参与决策。

（4）成就导向型领导。该类领导者为下属设定有挑战性的目标，信任下属，并期望下属发挥最佳水平。

3. 格里奥的领导－成员交换理论

领导－成员交换理论（leader-member exchange theory）认为，领导者和下属之间存在两种不同的关系：领导者与下属中少部分人建立特殊关系，这少部分人称为圈内人士（in-group），他们彼此信任，拥有特权。其他成员被称为圈外人士（out-group），他们与领导者的关系建立在正式的组织结构之上，几无特权，很少受到关照。

领导－成员交换理论为领导权变理论提供了支持，尤其是在领导者对待下属方面——领导者对待下属的方式是有差异的，而且这种差异绝不是随机的。另外，圈内人士和圈外人士的不同地位影响着下属的绩效和满意度。

4. 赫塞和布兰查德的情境领导理论

情境领导理论（situational leadership theory）认为，下属的成熟度越高，领导者的监控就越少，这好似家长与逐渐长大的孩子的动态关系一样，因而该理论也称为领导生命周期理论（life cycle theory of leadership）。

赫塞和布兰查德将下属成熟度划分为四个等级，不同等级对应不同的有效领导方式。

（1）无能力、无意愿的不成熟型（M1），适宜高任务－低关系的命令型领导方式（S1）。

（2）无能力、有意愿的初步成熟型（M2），适宜高任务－高关系的说服型领导方式（S2）。

（3）有能力、无意愿的比较成熟型（M3），适宜低任务－高关系的参与型领导方式（S3）。

（4）有能力、有意愿的成熟型（M4），适宜低任务－低关系的授权型领导方式（S4）。

二、新型领导理论

（一）变革型领导

伯恩斯将变革型领导（transformational leadership）定义为领导者通过让下属意识到所承担任务的重要意义和责任，激发下属的高层次需要或扩展下属的需要和愿望，使下属超越个人利益，为了团队、组织等更宏大的目标而努力工作。变革型领导可以概括为四个方面：

（1）理想化影响力。

（2）鼓舞性激励。

（3）智力刺激。

（4）个性化关怀。

（二）仆从型领导

在强调客户就是上帝的商业社会，领导者的内部客户就是下属，一个领导者只有全心全意地为追随者服务，才能更好地为客户和股东服务。因此，强调每一个人都需要服务和引导的仆从理论应运而生。

仆从型领导（servant leadership）于1970年由麻省理工学院的格林利夫教授提出，他认为仆从型领导是一种超越领导者个人利益的领导行为或领导方式，这种领导类型的领导者尊重追随者个体的尊严和价值，并把服务他人作为第一要务，以满足追随者的生理、心理和情感需要。

（三）道德型领导

道德型领导（ethical leadership）是一种积极的领导方式，是指领导者通过自身行为和人际互动，向下属表明在组织中什么是规范和恰当的行为，并通过双向沟通、强化和制定决策的方式激发下属表现出这类行为。

道德型领导在管理员工时，除了采用偏向于交易型领导方式的手段，还会带有变革型特征。因此，道德型领导同时具有交易和变革两种性质，它们能同时激发员工的促进型和规避型道德调节焦点。

（四）本真型领导

本真型领导（authentic leadership）类型的领导者知道自己是谁，知道自己的信念和价值观，能够坦率地按照自己的信念和价值观行事，他们的下属会认为他们是有道德的人。本真型领导者主要具有以下四个方面的特征：

（1）不伪装自己。

（2）承担领导之责或从事领导活动不是为了金钱、地位或其他形式的个人回报和荣誉，而是出于一种信念。

（3）原创者，而非拷贝者。

（4）其行为是以自己的价值观和信念为基础的。

（五）其他新型领导

（1）共享型领导是在责任共担、目标统一的基础上，团队成员主动参与并坦诚分享专长，因而领导权因时因事在不同团队成员之间分享的一种领导模式。

（2）魅力型领导指领导者支配性，有强烈感染力，充满自信，具有强烈的个人道德观。

（3）破坏型领导指领导者反复表现出侵犯组织合法权益的系统化行为，这些行为破坏了组织的目标和任务，损毁了组织资源，侵蚀了下属的福祉、工作动机、工作效果和工作满意度。

三、中国情境下的领导实践

（一）中国情境下的本土领导构念

（1）家长式领导是指组织领导者用类似父亲对待孩子的方式来治理和控制组织的规则或系统。郑伯埙等人在家长式领导理论建构与传播上影响很大。

家长式领导的文化根基是以"家"为核心的中华文化，所以，家长式领导源于我国是情理之中的事。

家长式领导不只存在于华人社会，有证据表明，在一些具有集体主义和高权力距离文化特征的非西方国家和地区也存在家长式领导。

（2）差序格局是存在于儒家深层文化中的一种社会结构，最早由费孝通先生提出，核心观点是每个人以自我或家庭为中心，以血缘或地缘为纽带，形成了一定的关系圈。关系圈大小取决于中心人物的影响力和地位，越靠近中心，关系越紧密，形成了以"中心"为原点的亲疏有别的差序格局。

（3）中国人的传统性由杨国枢等人提出，指员工对依据儒家五伦思想所定义的等级角色关系的认可程度，往往表现为"遵从权威、孝亲敬祖、安分守成、宿命自保、男性优势"五个维度的传统社会所普遍强调的"上尊下卑"的角色关系与义务。

（二）西方领导理论的中国情境检验

当前中国领导学研究中，西方领导理论的中国情境检验依然是主流，相关研究成果或思辨，或实证，或二者兼而有之，已有大量文献，如下两种备受关注：

一是变革型领导的中国情境检验。相关研究主要涉及变革型领导与心理授权、员工信任、组织承诺等变量之间的关系。

二是领导－成员交换的中国情境检验。相关研究主要涉及领导－成员交换与组织公民行为、亲组织非伦理行为、员工沉默、反生产行为、谏言行为、员工创造力等。

第二部分　习题集

一、填空题

1. 领导是通过对_____，以实现_____的过程。

2. 领导特质理论主要认为领导者的成功是由其独特的_____或者_____来决定的。

3. 对于领导行为理论的研究，比较著名的有_____的研究、_____的研究、_____。这些理论都是从领导行为的维度来解释领导现象，但忽略了情境因素的影响。

4. 由于领导特质理论与行为理论的局限性，权变理论引入了_____变量。权变理论主要包括_____、_____、路径－目标模型、领导者－成员交换理论。

5. 尽管有许多领导理论，但在选择合适的领导方式时，需要充分考虑_____、_____、_____和_____等影响因素。

6. 费德勒的权变模型认为，在团队情况极有利和极不利的情况下，效果较好的领导类型是_____。

7. 关系（支持性行为）低、任务（指导性行为）高时，适用的领导方式是_____。

8. 对意愿低、能力高的员工，要用荣誉、情感和_____激励。

9. 以任务为中心的领导方式多是_____的。

10. 管理方格理论认为有效的领导行为是_____式。

11. 领导工作有效所需的三个要素是领导者、被领导者和_____。

12. 领导生命周期理论的第_____等级认为有些人有能力，却不愿意从事领导者希望他们做的工作。

13. _____认为不存在一种普遍适用的领导方式或领导风格，领导工作强烈地受到领导者所处的客观环境的影响。

14. 相对于具有高度结构化和安排完好的任务来说，当任务不明或压力过大时，_____领导产生更高的满意度。

15. 授权型领导方式的特征为_____任务_____关系。

16. 领导影响力由_____和非权力性影响力构成。

二、单项选择题

1. 领导者利用其自身的影响力鼓励追随者并做出重大组织变革的领导理论是（　　　　）。
   A. 民主型领导理论　　　　　　　　B. 交易型领导理论
   C. 变革型领导理论　　　　　　　　D. 魅力型领导理论

2. 根据费德勒的权变模型，在最不利和最有利的两种情况下，应采取的领导方式是（　　　　）。
   A. 以任务为中心　　　　　　　　　B. 以人为中心
   C. 以组织为中心　　　　　　　　　D. 以环境为中心

3. 1937 年勒温提出的领导风格理论中，把领导风格划分为三种类型，它们是（　　　　）。
   A. 专制民主型、仁慈集权型和民主放任型领导风格
   B. 命令型、说服型和参与型领导风格
   C. 专制型、民主型和放任自流型领导风格
   D. 高度控制、中度控制和低度控制型领导风格

4. 按照领导生命周期理论，下属成熟度不同，领导方式也各异。低任务－高关系是（　　　　）。
   A. 命令型领导方式　　　　　　　　B. 说服型领导方式
   C. 参与型领导方式　　　　　　　　D. 授权型领导方式

5. 由下属自行确定工作目标并解决问题，领导者完全凭下属的自觉性完成工作的领导方式是（　　　　）。
   A. 专制型　　　　　B. 放任型　　　　　C. 民主型　　　　　D. 授权型

6. 领导与权力的差异表现为（　　　　）。

    A. 目标的不相容　　　　　　　　　　B. 影响的方向

    C. 影响的来源　　　　　　　　　　　D. 影响的程度

7. 领导的作用不包括（　　　　）。

    A. 指挥作用　　　　B. 协调作用　　　　C. 控制作用　　　　D. 激励作用

8. 现代领导特质理论认为（　　　　）。

    A. 领导的品质是天生的

    B. 领导的品质与实践无关

    C. 领导的品质是在后天的实践中培养出来的

    D. 领导的品质是相似的

9. 当下属执行结构化任务时，会带来员工高绩效和高满意度的领导类型是（　　　　）。

    A. 指示型　　　　　　B. 支持型　　　　　C. 成就导向型　　　D. 变革型

10. 高任务－低关系的领导方式是（　　　　）。

    A. 命令型　　　　　　B. 说服型　　　　　C. 参与型　　　　　D. 授权型

11. 下列权力基础主要来源于个人的是（　　　　）。

    A. 强制性权力　　　　　　　　　　　B. 奖赏性权力

    C. 参照性权力　　　　　　　　　　　D. 法定性权力

12. 赋予领导者正式职位和权力的是（　　　　）。

    A. 群体　　　　　　　B. 组织　　　　　　C. 社会　　　　　　D. 法律

13. 影响领导者实现有效领导的关键因素是领导者的（　　　　）。

    A. 影响力　　　　　　B. 能力　　　　　　C. 经历　　　　　　D. 资历

14. 与管理者相比，领导者（　　　　）。

    A. 正确地做事　　　　B. 做正确的事　　　C. 强调效率　　　　D. 注重系统

15. 根据有关领导理论，在一些特定的情况下，如新建的组织、变革的组织、成员工作成熟度很低的组织中，往往采用的有效的领导方式是（　　　　）。

    A. 民主型　　　　　　B. 放任型　　　　　C. 命令型　　　　　D. 参与型

16. 按照费德勒的权变模型，任务导向型领导能更好地实现领导有效性的情境是（　　　　）。

    A. 上下级关系好、任务结构低、职位权力弱

    B. 上下级关系差、任务结构高、职位权力强

    C. 上下级关系差、任务结构高、职位权力弱

    D. 上下级关系好、任务结构高、职位权力强

17. 路径－目标属于权变情景领导理论，与路径－目标模型有共同观点的理论是（　　　　）。

    A. 期望理论　　　　B. 双因素理论　　　C. 强化理论　　　D. 需要层次理论

18. 传统领导权力观认为，有效领导的唯一因素是（　　　　）。

    A. 职权　　　　　　　B. 影响力　　　　　C. 法定权　　　　D. 专长权利

19. 俄亥俄州立大学的研究认为，可以描述领导行为的维度是（　　　　）。

　　A. 关怀　　　　　　B. 结构　　　　　　C. 关怀和结构　　　D. 信任

20. 你的部门因预算的限制要进行整编。你请了本部门中一位经验丰富的人负责这项工作，他在你的部门的每个领域都工作过，你感到他有能力完成这一任务，可他似乎对这项任务的重要性反应漠然。此时，你应当采取的领导方式是（　　　）。

　　A. 高任务 – 高关系　　　　　　　　B. 高任务 – 低关系

　　C. 低任务 – 高关系　　　　　　　　D. 低任务 – 低关系

21. 某公司总裁个性强，在工作中注重强化规章制度和完善组织结构，尽管有些技术人员反映其做法有些生硬，但几年下来公司还是得到了很大的发展。根据管理方格理论，该总裁的工作作风最接近于（　　　）。

　　A. 1.1 型　　　　　B. 1.9 型　　　　　C. 9.1 型　　　　　　D. 9.9 型

22. 领导生命周期理论认为，当下属（或群体）的工作成熟度发展到高水平时，领导者应采取的领导方式是（　　　）。

　　A. 命令型（或指令型）　　　　　　　B. 说服型

　　C. 参与型　　　　　　　　　　　　　D. 授权型

三、多项选择题

1. 费德勒分离出影响领导有效性的环境因素是（　　　）。

　　A. 领导者 – 被领导者关系　　　　　　B. 工作经验

　　C. 职位权力　　　　　　　　　　　　D. 任务结构

　　E. 道德制约

2. 属于管理方格理论的领导行为是（　　　）。

　　A. 贫乏型　　　　　B. 俱乐部型　　　　C. 中间型　　　　　　D. 任务型

　　E. 团队型

3. 赫塞和布兰查德定义的成熟度的含义是：个体能够并且愿意完成某项具体任务的程度。他们把下属的成熟度分为（　　　）。

　　A. 不成熟型　　　　B. 初步成熟型　　　C. 比较成熟型　　　 D. 成熟型

　　E. 非常成熟型

4. 费德勒强调领导者对情景的适应能力，提出决定领导效果好坏的条件有（　　　）。

　　A. 情景的好坏程度　　　　　　　　　B. 职位权力的强弱度

　　C. 领导者与被领导者之间的关系　　　D. 任务结构的清晰度

　　E. 理想化影响力

5. 领导理论一般包括（　　　）。

　　A. 领导特质理论　　　　　　　　　　B. 领导绩效理论

　　C. 领导需要理论　　　　　　　　　　D. 领导行为理论

　　E. 领导权变理论

四、简答题

1. 领导者应该掌握哪些技能？

2. 领导特质理论有什么局限性?

3. 交易型领导和变革型领导各有什么特点?

4. 简述领导生命周期理论。

5. 领导的威信的作用是什么?

6. 怎样做才能提高领导工作的有效性?

7. 简述正式领导者与非正式领导者的关系。

五、论述题

1. 试述领导与管理的区别。

2. 试述领导理论的发展线索。

3. 如何评价经典领导理论?

4. 论述费德勒权变模型中影响领导工作的三个因素之间的关系。

参考答案

一、填空题

1. 个人或群体施加影响　共同目标

2. 个人特质　技能

3. 俄亥俄州立大学　密歇根州立大学　管理方格理论

4. 情境　权变模型　情境领导理论

5. 领导者个人因素　下属成熟度　工作性质　组织环境

6. 任务导向型

7. 命令型

8. 目标

9. 集权型

10. 团队

11. 环境

12. 三

13. 费德勒的权变模型／权变模型

14. 指示型

15. 低　低

16. 权力性影响力

二、单项选择题

1. D　2. A　3. C　4. C　5. B　6. B　7. C　8. C　9. B　10. A　11. C　12. B　13. A

14. B　15. C　16. D　17. A　18. A　19. C　20. C　21. C　22. D

三、多项选择题

1. ACD　2. ABCDE　3. ABCD　4. BCD　5. ADE

四、简答题

1. 技术能力、概念技能、人际交往技能、情绪智力、社会智力和学习能力。

2. 大量的研究都试图归纳出领导者身上所具有的共同特质，但这些研究共列出了至少上百种的领导特质，学者们没有找到一些特质使得领导者与下属总是能够区分开来。

有关特质理论的研究大多是相关研究，因此无法证明到底是先有领导才有特质，还是先有特质才有领导，无法区分二者的因果关系。

领导特质理论忽视了下属变量以及情境变量。

领导特质理论没有指出各种特质之间的相对重要性。

3.（1）交易型领导者。

1）权变奖励：努力与奖励相互交换原则，良好的绩效是奖励的前提，承认成就。

2）通过例外管理（主动）：监督、发现不符合规范与标准的行为，把它们改正为正确行为。

3）通过例外管理（被动）：只有在没达到标准时才进行干预。

4）自由放任：放弃责任，回避决策。

（2）变革型领导者。

1）理想化影响力：提供远见和使命感，逐步灌输荣誉感，赢得尊重与信任。

2）鼓舞性激励：传达高期望，使用各种方式强调努力，以简单明了的方式表达重要意图。

3）智力刺激：激励智力、理性和周到细致的问题解决方案。

4）个性化关怀：关注每一个人，针对每个人的不同情况给予培训、指导和建议。

4. 领导生命周期理论，又称情境领导理论。领导生命周期理论包含以下内容：

（1）成熟度。成熟度理论是一个重视下属的权变理论。成熟度指个体完成某一具体任务的能力和意愿的程度。根据是否具有完成工作的能力以及是否具有意愿完成工作，可以将下属划分为四种成熟程度：M1——无能力，无意愿；M2——无能力，有意愿；M3——有能力，无意愿；M4——有能力，有意愿。

（2）领导方式类型。命令型（高任务－低关系）——领导者定义角色，告诉下属干什么、怎么干以及在何时何地干，强调命令指导行为；说服型（高任务－高关系）——领导者同时提供指导性行为与支持性行为；参与型（低任务－高关系）——领导者与下属共同决策，领导者的主要角色是提供便利条件与沟通；授权型（低任务－低关系）——领导者提供极少的指导或支持，放手让下属自己做决定处理事务。

（3）领导类型与员工成熟度相匹配。领导生命周期理论认为，领导者应该根据下属的成熟度相应地采用恰当的领导方式，这样就能实现有效的领导。命令型领导主要适合不成熟型的员工（M1）；说服型领导适合初步成熟型的员工（M2）；参与型领导主要适合比较成熟型的员工（M3）；授权型领导主要适合成熟型的员工（M4）。

5. 威信是领导者在被领导者心目中的威望和信誉，他表现为被领导者对领导者的尊重、信赖、钦佩、崇敬和心甘情愿地服从、追随、仿效的精神感召力。具体而言，领导威信的作用主要有：

（1）决定领导者影响力的强弱。

（2）提高领导效能的重要条件。

（3）有利于推进组织变革。

（4）有助于领导者与被领导者建立融洽的关系。

（5）有利于吸引人才。

6.（1）明确组织对领导工作的要求。

（2）提高领导者自身素质。

（3）领导者选聘。

（4）领导班子结构的合理化。

（5）提高领导艺术。

7. 正式领导者不是靠组织赋予的职权，而是靠其自身的特长而产生的实际影响力进行领导活动。

具体来讲，二者的关系表现在以下几个方面：

（1）正式领导者一般是工作领袖，非正式领导者往往是情绪领袖。

（2）正式领导者和非正式领导者可以集于一身，也可以分离。

（3）一个真正有作为的领导者，必须同时将工作领袖与情绪领袖两种角色集于一身。

总之，二者既有联系也有区别。

五、论述题

1. 领导与管理的区别具体见表 5-1。

表5-1　领导与管理的区别

类型	产生方式	所处理的问题	主要行为	影响下属的方式	思维特点	目标
领导	正式任命，或从群众中自发产生	变化、变革的问题	开发愿景、说服、激励和鼓舞、制定目标和规范、用人	正式权威或非正式权威	直觉、移情、冒险、独处、创造	变革，建构结构、程序或目标，制定战略
管理	正式任命	复杂、日常的问题	计划、监督、员工雇用、评价、物资分配、制度实施	正式权威	理性、规范、合作、安全、程序	稳定组织秩序，维持组织高效运转

领导的功能一般是推进变革，而管理的功能是维持秩序。但在组织的实际工作当中，领导与管理并非泾渭分明，而是相互联系的，二者缺一不可，否则容易导致各种问题的产生。例如，过分管理而领导不足可能导致过分强调短期行为，侧重回避风险，而很少注意长期性的战略；过分领导而管理不足则可能鼓动那些不愿意根据制度、程序办事的人聚集在一起，最终导致情况失控。

2. 领导特质理论出现得最早。从 20 世纪初期开始到 40 年代，学者们通过对大家公认的领导者进行研究，试图找出这些领导者身上独特的个人特质。斯多基乐、切斯利、本尼斯等人对特质理论的发展做出了较大贡献。

但是，该理论用于预测领导效果以及选拔领导者并不是很准确。由于领导特质理论的局限性，从 20 世纪 40 年代末开始到 60 年代中期，学者们转向研究领导者的行为方式，这就是行为理论，其主要代表人物有勒温、利克特、坦南鲍姆、布莱克和莫顿等人。

但是研究者们也意识到，并不是在任何情况、任何环境下都存在一种合适的领导行为。因此，从 20 世纪 60 年代末开始，研究进一步转向了权变理论。权变理论综合考虑被领导者和环境对领导过程的影响，认为领导者只有根据不同的环境和被领导者的情况而采取不同的领导行为才能取得好的领导效果。费德勒、赫塞和布兰查德、豪斯、弗罗姆和耶顿等学者提出了不同的权变模型，使得权变理论得到了极大的发展。

近年来，在领导理论方面有些学者从不同侧面提出了一些新的观点，如领导归因理论、魅力领导理论等，关于领导理论的研究更加完善了。

3. 领导特质理论研究的主要是领导者应具备的素质。20 世纪 30 年代以前，研究者都是沿着这个方向来研究领导问题的。这一理论的出发点是领导效率的高低或领导有效性的高低主要取决于领导者的品质（特质），那些成功的领导者一定有某些共同的品质。这些共同点或品质也是好的领导者与差的领导者的区别所在。研究者进一步认为，只要找出成功领导者应具备的品质特点，再考察某个组织中的领导者是否具备这些品质特点，就能断定他是不是一个优秀的领导者或能不能成为一个优秀的领导者。

领导特质理论研究的是领导者应该是什么样，说明的是一个人成为领导的可能性和基本条件，问题是，当我们依照这些基本条件选出领导者后，他们中的许多人没有成为有效的领导者。换句话说，领导特质理论无法预测成功的领导行为。于是，研究的重点，从发现领导过程中重要的素质是什么，转向研究领导者的行为与风格，也就是，在领导过程中，领导者实际上做了什么和怎么做的。

领导行为与风格理论的研究方向基本上是相同的，即从不同的角度来研究领导者在领导过程中所采用的领导方法，探讨不同方法对被领导者的不同影响，所以在实际情境中，专制风格与以工作为中心的领导行为，民主风格与以人为中心的领导行为，往往会同时反映在一个领导者身上，二者存在一定的相关性。行为与风格理论研究，由静态地观察领导者的品质到动态地观察领导者的行为，向前跨进了一步；把许多繁杂的、琐碎的、复杂的行为概括为对人的关心、对生产的关心，以及不同的领导作风和风格，有利于进行比较清晰、明了的分析，化繁为简，利于确定工作的方向和内容。无论是领导行为理论，还是领导风格理论，都有贬低"强势行为和风格"的倾向，即都暗示民主型是最佳的领导风格，高任务－高关系是最佳的领导方式，而不论条件。对此不少人提出了异议，并且用相关实验调查和事实来证明了他们的观点。比如有人以战争中的实例、救火中的实例证明高任务－低关系的领导方式、专制型领导风格效果最佳，有人用研究院的实例来证明低任务－低关系的领导方式很有成效，等等。总之，究竟哪一种领导行为和风格最有效，研究并没有得出明确的结论。实质上，领导是一个动态的过程，领导的成效取决于领导者、被领导者和环境的相互作用，而行为和风格理论都脱离了被领导者的特征，忽视了情境的特性，孤立地研究领导者的个人行为，把领导过程看作领导者个人的活动，必然无法得到全面的、符合实际的结论。有关领导行为和风格理论的不足为以后权变理论的研究留下了空间。

权变理论研究的也是领导者应该怎么做的问题，但是这种理论关注的是领导者和被领导者的行为和环境的相互影响。这种理论认为，一种具体的领导行为、方式、风格不会到处都适用，有效的领导行为应随着被领导者的特点和环境的变化而变化。与领导特质、行为理论相比，权变理论认为，领导是一种动态过程，领导的有效性随着被领导者的特点和环境的变化而变化。很显然，权变理论的重点是放在领导者、被领导者以及环境的相互关系、相互作用上，而不是仅仅放在领导者身上。权变理论认为难以提出一个可以适用于任何情况的领导模式，只能运用适当的理论和模式，帮助领导者探索在某种具体情况下可能采取的相应领导行为，实施适应性的领导。这种思想和判断是符合客观实际的，对管理者有启发作用。

4. 费德勒提出对一个领导者的工作最有影响的三个基本方面是职位权力、任务结构、领导者与被领导者之间的关系。

（1）职位权力指的是与领导者职位相关联的正式职权，以及领导者从上级和整个组织各方面所取得的支持程度。这一职位权力是由领导者对下属的实有权力所决定的。正如费德勒指出的，有了明确和相当大的职位权力的领导者，才能比没有此种权力的领导者更易博得他人真诚的追随。

（2）任务结构是指任务的明确程度和人们对这些任务的负责程度。当任务明确，每个人都能对任务负责时，领导者对工作质量更易于控制；与任务不明确的情况相比，群体成员也能够更明确地担负起他们的工作职责。

（3）费德勒认为，上下级关系对领导者来说是最重要的，因为职位权力与任务结构大多置于组织的控制之下，而上下级关系可影响下级对领导者信任和爱戴的程度，以及是否愿意追随其共同工作。

第三部分　案例集

一、课堂讨论案例

 案例1

领导风格的差异

某市建筑工程公司是一家大型施工企业，下设一个工程设计研究所、三个建筑施工队。

研究所由 50 名高、中级职称的专业人员组成。施工队有 400 名正式员工，除了少数领导骨干，多数员工文化程度不高，没受过专业训练。在施工旺季，公司还要从各地招收 400 名左右的农民工补充劳动力的不足。

张总经理把研究所的工作交给唐副总经理直接领导、全权负责。唐副总经理是一位高级工程师，知识渊博，作风民主，在工作中总是认真听取不同意见，从不自作主张、硬性规定。公司下达的施工设计任务和研究所的科研课题都是在全所人员共同讨论、出谋献策取得共识的基础上，做出具体安排的。他注意发挥每个人的专长，尊重个人兴趣、爱好，鼓励大家取长补短、相互协作、克服困难。在他的领导下，科技人员的积极性很高，聪明才智得到了充分发挥，年年超额完成创收计划，在科研方面也取得显著成绩。

公司的施工任务由张总经理亲自负责。张总经理是工程兵出身的复员转业军人，作风强硬，对工作要求严格认真，工作计划严密、有部署、有检查，要求下级必须绝对服从，不允许自作主张、走样变形。不符合工程质量要求的，要坚决返工、罚款；不按期完成任务的扣发奖金；对在工作中相互打闹、损坏工具、浪费工料、出工不出力、偷懒耍滑等破坏劳动纪律的都要严厉批评、处罚。一些人对张总经理的这种不讲情面、近似独裁的领导方式很不满意。张总经理深深懂得，若不迅速改变员工素质低、自由散漫的习气，企业将难以长期发展下去，于是他亲自抓员工文化水平和专业技能的提高。在张总经理的严格管教下，这支自由散漫的施工队逐步走上了正轨，劳动效率和工程质量迅速提高，第三年还创造了全市优质样板工程，受到市政府的嘉奖。

问题与思考

1. 你认为这两种领导方式谁优谁劣？

2. 为什么他们都能在工作中取得好成绩？

3. 如果你是领导者，你会采用什么样的领导方式？

二、课后分析案例

案例 2

从放任自流到放手自由：领导变更前后 [①]

公司背景

广州景丰国际旅行社有限公司（化名，以下简称景丰公司）是隶属于中国对外贸易中心的专业商旅公司，是出入境旅游组团社，并已成为中国旅游协会（CTA）理

① 本案例由邓靖松、霍炬撰写。本案例研究得到了国家自然科学基金项目（71772189）的资助。

事单位和国际航空运输协会（IATA）的正式会员，为广东国际旅游文化节七家接待社之一。2007年初被广东省旅游局授予"诚信旅行社"称号，行业排名第12。该公司自1985年成立以来，受广交会的委托，为广大参展商和采购商提供专业的商旅、会展和VIP接待一条龙服务。该公司2003年开始股权分置改革，改制为中国对外贸易中心持股30%、员工持股70%的股份制公司。

景丰公司历来以大型展会召开期间的来宾接待为主营业务，在行业内几十年来一直拥有相当大的优势：拥有广州第一批日产豪华大客车、出租车和商务面包车等；自行管理若干家豪华型酒店和经济型酒店；与各地政府驻广州办事处、各国驻广州领事馆商务参赞的关系密切；是广州外语外贸大学历届毕业生就业的首选之地；等等。在当时的市场环境下，景丰公司可谓如鱼得水，游刃有余，这样的条件在同行中实为佼佼者，让人艳羡。20世纪90年代末，该公司接待的旅游团一批接一批，高峰季节更是客如轮转，忙不过来；接待规格也高，有当时经贸部部级领导和美国州长等，其在旅游业中的地位仅次于中旅、国旅、青旅三大专业旅行社。然而，经营者F缺乏敏锐的洞察力和高瞻远瞩的眼光，丝毫没有危机感，结果惨遭淘汰。从F的以下行为表现可以看出端倪。

前任领导放任自流

公司前董事长F是军人出身，20世纪90年代初期转业做行政，担任公司的一把手，属于"空降兵"。他对旅游行业并不熟悉，但他凭着自身的威慑力和口才很快坐稳了位置，且一坐就是十年，正好是市场经济飞速发展期间改革旧体制的呼声日益强烈之时。但他并未顺应形势的需要及时调整策略，导致公司业务每况愈下。

平时F关注上层领导关系，对员工的工作和生活却不闻不问，不少员工也对F不满。在F领导期间，由他提拔起来的中层领导后来都对他投反对票，由他亲自招来的公司总经理助理，也是不堪重任，早早走人。他很少与同行交流，甚至轻视小旅行社的民营企业家，行业的旅游盛会也不派举足轻重的人去，甚至闹过这样的笑话：1997年香港回归后，由他亲自指派的香港游部门负责人走马上任去香港"踩线"，却一去不回、另谋高就了。姑且不论错失了发展新业务的良机，仅就其用人失察而言，也说明他对下属的发展漠不关心，可谓放任自流。

F在职期间，由于成本预算方面的原因，要削减宾馆员工的福利，遭到工会抵制，纠纷闹到集团（上级主管单位），结果宾馆独立经营，不再划归景丰公司管理；由于车场大巴年限续约的问题没处理好，景丰公司也不再拥有专业的车队和庞大的停车场，当时据他的分析是自己养车比外包车队费用更高，盈利更低，然而一大批司机的安置问题却成了莫大的包袱，况且司机多数是公司的元老和党员，"失信于民"的名声就这样不胫而走。

F因管理策略而与下属的中层领导产生了积怨，在员工中的威信更是一落千丈。本来集团上层会议、展览大大小小的接待和出行任务都交由景丰公司打理，可逐渐地，集团一把手越来越不信任景丰公司的经营能力，另找有实力的同行。人缘差的F给全公司造成了极大的负面影响，公司逐渐失去了往日的辉煌，员工以往的自豪感和优越感也消失了，员工和中层管理者都怨声载道，士气极为低落。

F将人才当作一种没有情感的资源加以利用，常常缺乏最起码的人文和物质关怀。北大一毕业生被招来后郁郁不得志，集体住宿条件差，F从来不知他缺温暖还是缺挑战，后来这位员工跳槽到南方某杂志社。一届一届新来的大学毕业生，都得不到重用，纷纷无奈离职，取而代之的是旅游职高的毕业生，接待质量日趋下降，接团数量也日渐减少。一个曾经辉煌的大旅行社逐渐走向衰落。

董事长F黯然离职

"水可载舟，亦可覆舟。"此话可以说是对公司前董事长F的被迫离职最好的诠释。原来高高在上的领导，执掌公司达十年之久，转眼间被公司的董事会选举出局，这在整个旅游界实属罕见，就连F自己恐怕也始料不及。国企股份制改革刚开始时，人们对新生事物还不了解，因此对《公司法》及改制、股份等新名词不甚了解，只感到饭碗被打破了，故而改制没多长时间，一个月内许多对新体制下的公司没信心的员工纷纷退股。而股东具有优先购买权，F已自持20%的股份，没有再认购，其他小股东也都不敢贸然认购，只有总经理W一人悉数认购，持股比例由8%变更为18%。如此一来，高层的持股比例彻底改变，而F却懵懂不察。三年董事会改选期到了，众多小股东一起以超过半数的投票通过了撤换董事长的决议，F一时不能接受这样的结果，愤而退股，永别景丰。

总经理W临危受命

F离职后，董事长由总经理W经选举后兼任。W在基层工作过多年，颇有亲和力，非常认同员工基础的重要性，群众关系比较扎实，他在团结员工、激励团队的同时，深知还必须拿出过硬的本领才能服众，才能调动员工的积极性。

W上任伊始立刻着手转变员工的管理思想和观念，带领大家认清形势，准确定位，在旅游行业重新洗牌和网络旅游迅猛发展的背景下，做精国际旅游，做实国内旅游。他向全体员工描绘了一个明朗的愿景：立足服务展览的主业，提升服务的规格和档次，引入国际知名的餐饮咖啡和物流包车服务，学习和探索国际先进的展览发展模式。

经过W的沟通和教育，并通过经常性的例会对全体员工进行动员和补课，以上理念被宣传得深入人心。公司上下也振奋起来，目标一致，明晰了各自的分工，渐渐摆脱了不良情绪，不再怨天尤人，重拾了信心：原来公司还有希望，原来领导也看好公司可以做大做强，分红多一点儿，这尤其鼓舞了公司员工的士气。

对公司原有制度的一些不合理之处，W也采取了相应措施。公司原来很多规定都违背市场规律，硬性执行只会带来不良后果。例如，禁止导游带团时私拿回扣和小费，这引发许多员工的不满情绪并影响了带团质量。W认为这一行业潜规则要合理利用，他将其变为正大光明的服务奖金，从而产生了意料之外的效果，极大地鼓舞了出团的积极性与服务热情。

又如，原来针对交易团代表的订票业务一直收取高于正常水平的服务费，产生了较大的负面影响。W上任后立刻顺应潮流，薄利多销，本着从大局出发、为大众服务的精神，免费甚至亏本为参展的代表服务。这一决策着眼于长远利益，虽然短期效益锐减，但赢得了口碑，提升了公司的美誉度。当然，这种磨合的痛楚只是短暂的，它使得见利忘义、杀鸡取卵的惯性思维得以矫正，顾客高兴了，员工的工作也好做了。另外，公车私用也受到了严格管制。随着油价上涨，公司多台商务车都由办公室统一调配，专门管理。其他资产也实行节约管理，严禁损公肥私。

此外，为了增强灵活应对市场的能力，W果断减少中间管理层级，使组织结构更趋扁平化，不仅缩短了沟通渠道，而且更为有效地促进了信息上传下达，从而对市场动向做出快速反应。在旅游服务行业竞争激烈的情况下，这显然是至关重要的改进。然而仅有制度和程序显然还不能使企业按部就班地前进，因为制度化管理是有限的管理，只有解决内部激励问题，才能激发员工维护和发展生产力的工作动机。

W非常关注员工的发展和福利。走马上任后，他努力为员工提供形式多样的技能培训、丰富的晋升机会，改善食堂伙食，增购娱乐设备，为员工办理健身俱乐部会员金卡，提高住房公积金缴存比例，等等。每年除了各种奖励奖金、分红，还增设了总经理红包，每个员工不论职位高低、入职先后，都可以按实际贡献拿到。这些举措带给员工的满足感远远超过固定的薪酬激励。他还将F所退股份按认购比例分配给各小股东，小股东莫不欢欣鼓舞。对比刚改制时不敢多要股，只能按职务来分配，现在大家看好公司的发展前景，竞相认购。这种策略比直接分红更能体现公正的原则，利虽小，却实在。

不仅如此，W以人为本的理念还促使公司将原来的员工旅游升级成员工携伴旅游，让家庭的和睦气氛给工作带来愉悦，增进员工的情感交流。因为在工作中了解一个员工是远远不够的，熟悉他的成长环境、待人处世的风格才能更了解他的品德。更为人性化的一点是，W向每位员工派发生日红包及亲笔签名的生日贺卡，员工无不受到鼓舞，对公司领导好评如潮。

新任领导放手自由

新董事长W进入旅游行业时间不长，不是资深专业人士，但他有出访过多国的外联经历，具备敏锐的洞察力以及对社会生活和市场的深刻感悟，他虚心向同行前辈和专业人士取经，在迅速提高自身能力的同时也为公司确立了发展战略和指导思想。总体而言，景丰公司的旅游客户主要来自展览，即商务旅游，而商务旅游的重复概率要小得多，所以当务之急是跳出圈子，走一条非同寻常的路——在短时间内让同行认可、让社会认知，快速完成企业形象的重塑。W的思路是，通过信任和充分授权、尊重和依赖专业人才发展旅游业务，彻底摆脱旅游公司不旅游的虚名。

W求贤若渴，大刀阔斧地招兵买马，把一些知名国旅的干将引进来做国际部负责人，并放手让他们按照自己的思路去拓展业务。他们发现，国外公私事务界限分明，度假就专门度假，商务就专注考察。在国际部的专业人士带领下，公司完全把握了这些市场特点并设计了相应的服务项目。不出所料，国际部很快成绩斐然，公司成了省旅游局批准的首批国际旅游节接待社。

　　W平时利用空余时间而不是刻意开会来强调工作纪律。他崇尚和传递的管理理念是健康的工作心态比赚钱更重要，强调通过引导员工形成健康的工作心态实现自我管理。比如早晨上班，准时到岗或提前到岗时心情一定很轻松、淡定，而迟到、早退时心里就会产生内疚感，所以员工自然愿选择有利于健康的方式，因而公司不设打卡机，靠的是自觉，而且充分相信员工。

　　在开拓业务的同时，W不断提升员工队伍的素质，虚心向同行学习，每年派员工参加旅游培训，不错过每一次行业旅游宣传机会，员工也都非常珍惜这些培训和实践的机会，并在实践中努力维护和提升公司的形象。例如在新西兰召开的第31届世界遗产大会上，开平碉楼与村落申请世界文化遗产项目顺利通过表决，被正式载入《世界遗产名录》，成为我国第35处世界遗产、广东省第一处世界文化遗产。广东省旅游局特地举办庆祝活动，W抓住机会，大张旗鼓，发动了全公司的力量，开展人气攻势，高唱《团结就是力量》。当时天气比较热，全公司的员工都身穿蓝衣，举着蓝白相间的旗子，在一片沸腾的人海中显得尤其清凉，加上精挑细选的礼仪向导给来宾发放蓝色包装的矿泉水，公司内外显得完全融入了整个活动中。

　　在开平碉楼入选世界文化遗产庆典上，当受邀请的游客从车上走下来时，受到市领导和周围游客的关注，被记者的镜头、麦克风和闪光灯围绕。作为普通游客，能够得到这样的贵宾般的礼遇，他们心中升起了强烈的受尊重的满足感，从而坚信景丰公司是一家真正有实力的旅行社。这样就在游客心目中树立了权威形象，培养了游客的忠诚度。在2007年旅游市场全面下滑的背景下，景丰公司的旅游人数却增加了一万多人次。公司上下无不佩服领导的谋略。公司的名气大了，员工也都更有干劲，数据显示，该年员工离职率创下了历史最低纪录。

　　在管理风格上，W通过充分授权和尊重员工，大大提高了员工的积极性和主动性。他主动深入群众，与员工坦诚相见，实行了很多人性化的民主管理措施。例如，他开设民主讲台，找员工谈心，了解员工的心声。吩咐行政部设置了一个意见箱，员工工作中有不满意的意见直接往里投。他还订阅各种主流报纸杂志，从业务、生活和心理等方面普遍提高员工的认知水平和精神愉悦感，丰富员工的精神文化生活。员工也自发投入公司的文化建设。例如，公司的长廊悬挂着员工游历各地所拍的照片，全公司掀起了"酷爱旅游、带你旅游"的摄影比赛热潮，如此一来也吸引了许多爱好旅游的顾客，提高了他们的旅游热情和兴趣。

　　W深知企业文化的重要性，但他没有生搬硬套，处事风格轻松独到，让人相信他有自己的一套，有个性，但又不专断，讲求民主。企业文化是集体的文化和价值观，每个企业都是由人组成的，企业文化也必须由员工来维持和传播。因此，要培育良好的企业文化，就必须关心人、尊重人、发展人。平时公司有纠纷，他都会心平气和地解决，礼让三分，让员工感受到信任和尊重。

　　W上任后碰到了一起棘手的人事问题。一位员工连续三个月不到公司上班，全公司员工对此意见纷纷，她的去留一时闹得沸沸扬扬。W从容地展开调查，原来该员工因炒股遇到熊市，损失惨重，忧虑成疾，得了抑郁症，晚晚失眠。医生建议她休息，而她则难以启齿，仅仅发了短信跟人事主管请假，偏巧主管没留意到，一直算她旷工，最后通过电信公司查找了证据。针对这件事，W没有草率了事，而是专门开会研究，多数员工均表态，鉴于她原先的表现一直不俗，希望再给她一次机会；而少数强硬派觉得要维护公司纪律，惩前毖后。W查清事件的来龙去脉后，决定不解雇她，但是给予了严肃的批评和处罚，并在全公司进行了投资理财培训，让大家逐步了解金融知识，如此一来借机给员工上课。这种处理方式令全体员工佩服。

W认为培育良好的企业文化的秘诀是强化信任和感情投入，创造融洽和谐的气氛。要保持健康的企业文化，可以采取五个行之有效的策略：一是直接沟通，善于沟通；二是营造信任氛围，建立员工高度参与的工作模式；三是鼓励员工在工作场所展现个性；四是帮助员工规划职业发展，做到人尽其才，才尽其用；五是培养团队精神。W推行的正是这种"以人为本、以和为贵"的宽松文化策略。

信任激励卓显成效

2008年公司做了一项满意度调查，数据显示，W接手领导岗位后提升了员工满意度，他的信任管理发挥了极大的激励作用。调查显示，W对员工的意见足够重视，发现问题及时处理，对员工非常了解，并琢磨员工关心的真正利益需求所在，尤其是让员工感受到了真正的信任和尊重。例如，调查显示，员工更注重培训与创新，表明员工的满意度并非仅仅停留在物质需要满足阶段，可见信任管理激发了员工深层次的自我实现和自我发展的需求，也提升了员工对公司的忠诚度和满意度。

2008年以后，整个旅游业的利润下滑，大环境日趋严峻，然而是什么使得景丰公司在薪酬福利没有大幅度提高的前提下，员工的满意度明显提升了呢？这跟人际关系、工作环境、职业发展机会等信任激励紧密相关。公司的财务数据也显示，公司的经营业绩蒸蒸日上，逐渐找回了昔日的辉煌。

问题与思考

对比放任型领导和民主型领导，你觉得领导风格及其领导效果存在哪些差异？你能从中归纳出信任激励的哪些方法？信任激励应该遵循什么原则，从而激发员工士气、提高工作绩效？

案例教学参考

1. 教学目的

本案例从领导信任的角度分析信任激励的作用与实施。通过放任型领导和民主型领导的对比，总结领导风格及领导效果的差异，从中归纳出信任激励的相应方法。从授权、关怀、尊重和文化塑造等多角度着手，遵循"谦""容""情"的原则采取信任激励措施，从而达到提高员工工作士气和工作绩效的目的。

2. 适用范围

本案例适用于领导行为、信任领导、信任激励等主题。

3. 案例分析思路

本案例企业的管理模式和制度在领导更换前后并没有很大区别，薪酬体系也一直未有很大变化，沿用的许多约定俗成的国企相关规定均符合政策，人员也没什么特别的更替，各部门仍是按部就班、各负其责。不同的是新领导上任后整合了一些"软件"，重视调动真实、积极、正面的东西，把"以人为本"的理念加以贯彻落实，加大了各方面的培训力度，强化了信任激励、积极情感，从而使员工的工作状态从"放任自流"转换到了"放手自由"。

在管理学家勒温的领导风格理论中，民主型的领导风格胜过放任型的领导风格。民主型的领导者注重对组织成员的工作加以鼓励和协助，关心并满足员工的需要，营造一种民主与平等的氛围。在民主型的领导风格下，组织成员自己决定工作的方式和进度，感觉自然轻松、彼此信任，因而工作效率也比较高。放任型的领导者满足于任务的布置，对组织成员的具体执行情况既不主动协助，也不进行主动监督和控制，听任组织成员各行其是，对工作成果不做任何评价和奖惩。在这种组织中，非生产性的活动很多，违纪现象也较多，工作的进展不稳定，效率不高，人际关系疏远。

对比 F 与 W 的领导风格可以发现，F 是典型的放任型，对下属的工作和生活不闻不问，漠不关心，只在出了问题时对员工严厉要求，毫不顾及员工的感受和利益；而 W 是典型的民主型，注重团队精神、顾客导向、善待员工、主动创新等民主管理的理念，并通过深入群众，了解员工的心声，满足员工的各种需求，关心员工的发展和利益，从而让员工得到充分的尊重和信任，员工的主动性和积极性也得到了极大的发挥。

如何带好队伍和激励员工，最关键的核心当属"人和"。事在人为，商场竞争如战场，软实力扮演着非常重要的角色。W 在工作中充分尊重员工，授权管理，并且在授权中对责、权、利分配得很公正，让员工既能放手去干，又时刻关注公司的利益和形象，这种领导艺术也从侧面反映了他高明的信任激励。因此，好领导能够建立起员工对他的信任，并通过信任帮助员工到达大家期望到达的地方，引导员工发挥主观能动性和创造性，并将注意力集中在为集体服务上，最大限度地运用员工的智慧、知识和经验实现共同的目标。

就这个案例而言，可以认为信任是与领导力有关的最关键的因素。如果领导信任下属，则对下属来说是莫大的鼓舞。案例中受到信任的员工充分发挥了自己的积极性和创造性，为公司的发展献计献策，为公司的前途身体力行。而若下属信任领导，他们就愿意服从并追随领导，从而表现出忠诚并提高了绩效，这些在案例中也得到了深刻的体现。

4. 领导信任激励之道

综合以上案例分析，领导的信任激励之道首先在于"谦"字。高管的人格魅力比什么都重要，如若不然，就算才高八斗，一旦脱离群众，也很难有所作为，正所谓"众人拾柴火焰高"。自身优秀，严于律己，是带领团队获得成功的必要保证，而善于运用信任激励来提高团队效率，以人为本，融合让利之道，更能使团队充满生机和竞争力。

首先，从 W 的作风来看，领导者在带领团队实现目标的过程中，"谦"是很重要的。一个谦虚的领导者除了拥有宽广的胸襟和坚定的品格，还能凭借意志、情感、经验和知识艺术化地处理和协调各种关系。他的信任对团队具有榜样作用，不仅在各成员之间起协调、整合作用，而且担负着激发、营造成员信任氛围的责任。他应该是团队成员完成任务的便利提供者，能让信任起到润滑剂的作用，使整个团队运行得顺畅和谐。

其次，领导的信任管理之道在于一个"容"字。善待下属就像善待手足一样，这是赢取人心的关键。F 之所以得不到团队的信赖，跟他不会善待和信任下属有关。处理员工过度严厉让其他员工心寒，这样对员工工作积极性和团队效率挫伤很大。反观 W，张弛有道，善于转危为机，明智而畅快，例如他对误工员工的处理，就让员工在获得信任激励的同时，对其豁达的气度佩服不已。

最后，领导的信任管理之道在于一个"情"字。情就是感情、情绪。人生的美好是人情的美好，人生的丰富是人际关系的丰富。要知道，员工是活生生的人，他们有情感的需要，让员工在工作和生活中感受到领导的关爱，对下属而言是莫大的信任激励，他们也会以感激之心来回报领导，体现在行为上就是对企业忠心耿耿。因此对领导来说，寻找下属情感中的兴奋点和关键点至关重要，选择符合大多数员工的情感特点和需求的管理方式，就是最好的激励方式。

案例3

B 公司的集体离职事件[①]

B 公司是一家中型 IT 企业，主要针对特定政府机关所需的软硬件提供解决方案，公司处于快速成长阶段，在北京、广州、成都等地拥有五家全资子公司，在全国各地有 30 多家专业代理服务机构。该公司拥有信息系统集成一级、安全技术防范一级、涉密信息系统集成与开发、CMMI3 等资质认证十多项，专利及软件著作权等百余项。该公司先后承接了多项国家火炬计划和创新基金项目，并多次获评广东省重点新产品、自主创新产品和高新技术产品等。B 公司共有员工 198 人，专业技术人才占员工总数的 90% 以上，其中国家级认证项目经理 25 人，高级项目经理 16 人，高级工程师 10 人，网络认证工程师 57 人，具备了强大的行业应用研发能力、软件系统开发能力、智能硬件设备整体设计与生产能力。

B 公司主要由研发中心、创新中心、市场营销部、采购部、行政后勤部、人力资源部、资质项目部、财务部、系统集成部、软件工程部、客服中心共 11 个部门组成。

---

① 本案例由邓靖松、郑思慧撰写。本案例研究得到了国家自然科学基金项目（71772189）的资助。

B 公司组织架构见图 5-1。

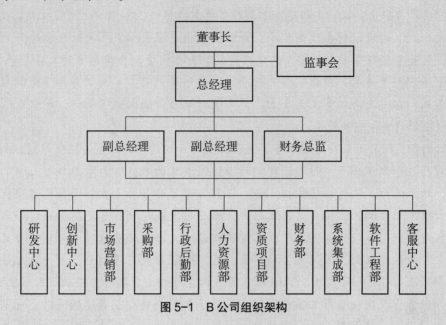

图 5-1　B 公司组织架构

2004 年，张先生从一家央企辞职创业，从零起步创办了 B 公司，自己担任董事长。刘先生是张先生在央企工作时的老下属，2005 年初加入公司，因有上佳的业绩表现，长期担任公司总经理职务，在 B 公司内部职权仅位于董事长之下。董事长主管公司内部管理，总经理主管对外业务。在张董、刘总 10 年的长期合作中，两人内外互补，关系还是相当和谐的。在 B 公司两次关键业务转型中，两人携手突破难关，使公司得以顺利成长。经过近 10 年的努力，B 公司已发展成为一家集智能安防、软件开发、系统集成于一体的高新技术软件企业。

然而，随着公司逐步发展壮大，管理问题和利益分配问题逐渐凸显：（1）随着 B 公司逐步成长，张董希望公司管理更加规范，制定了很多规章制度，同时也推行绩效考核。对于公司管理上的严苛，公司员工普遍不能适应。而且一旦出现工作失误，马上就会被张董叫去办公室批评教育，很多员工逆反心理较为严重。（2）为激励员工的工作积极性，分享公司成长的价值，B 公司推出了分红型股权激励计划，但由于需要员工自掏腰包，以及员工对公司的信任不足等问题，股权激励计划也没起到应有的效果。（3）在公司股权结构上，董事长一股独大，占 80% 左右，总经理为公司业务做出了诸多贡献，也仅占 20% 左右。

B 公司发展到 2011 年左右，在人才招聘、留任上遇到了困难，具体表现为招聘困难，有时 10 个新员工入职后，最终只能留下 2～3 人，而一些较高层次的人才也在慢慢流失。为了扭转员工的工作心态，保留核心骨干员工，在 2011—2012 年时，B 公司面向管理层和核心员工尝试推行股权激励计划。具体实施时采用的是分红权股权激励的方法，即开展分红权股权认购，价格为 0.8 元 / 股，然而经过一段时间的验证，效果并不理想。经分析，原因可能如下：（1）由于长时间以来，B 公司给员工的是一种只罚不奖的印象，因此员工对此项激励计划的信任度有限。（2）此次股权激励计划需要员工出资，在一定程度上也削弱了员工的积极性。（3）此次股权激励属分红权激励，且激励股份所占比例较小，分红期望值有限。（4）此次股权激励计划不够完善，导致激励效果很小。员工感觉只是需要自己出资，且其与平时工作是否努力、业绩好不好并无关系，因此从推行此项计划的结果来看，对员工并无多大的激励作用。后来，在一次全体员工大会上，董事长对此项计划做出了批评，承认此项分红权股权激励计划彻底失败了。

近两年，B公司正在筹划上市，关于目前的股权结构和张董的股改计划，刘总明显感到利益分配不公平，但与张董就此事协商多次无果。作为掌握公司业务的关键人物，刘总认为，在利益分配上，80%与20%的差距实在太大，而自己只要能将公司核心技术人才和产品带走，自立门户，新公司发展起来后肯定能够获得令自己满意的收益；核心部门的负责人及核心员工则认为，公司的管理过于苛刻，并且也没有什么好的激励机制，不适宜长期发展，还不如跟着总经理创业，拿一点儿技术股份，期待未来有更大的发展。2015年3月，刘总带领公司副总（企业法人代表）、各核心部门负责人及核心员工集体离职，注册了新的公司。在离职的同时，他们带走了B公司的核心技术及产品，还对B公司部分产品进行了破坏和删除，给B公司造成了无法估量的损失。

张董：我养了一群白眼狼

听说刘总带着下属集体离职了，张董暴跳如雷，这是一次彻头彻尾的背叛！"公司辛苦栽培他们那么多年，却养了一群白眼狼！尤其是刘总，这些年来，我对他那么信任，业务、客户都放手给他去做，他竟敢干出这样的事！公司发展得这么好，股份也给他了，在他看来，还是不满足，这么多年真没看出来他是这样的人。"

在创立B公司之前，张董是一家大型央企的副总经理，工作作风硬朗，是这个行业的著名人物，主管市场工作，经营的企业每年有上百亿元的产值。他没想到创业那么难，企业小的时候人找钱难，企业做大的时候钱找人难，企业快速发展时又常常碰到制度的瓶颈。而且以前在国企时常常是客户求自己，而创业后却常常为一点点小事四处求人找关系，总之感觉焦头烂额。

而当年刘总还是一个小年轻，刚刚大学毕业进入张董所在的这家央企，只是一个普通的技术员。当时市场部新成立了一个新产品推广处，需要抽调懂技术的人员加入。张董发现技术部小刘人机灵，做事也踏实，于是把他抽调过来。小刘也很争气，在市场部工作两年期间成绩可圈可点，于是张董提拔他做了新产品推广处的副处长，一年后又升为处长。张董辞职创业后，大小事情都要亲力亲为，总感觉力不从心，这时想起来小刘是个人才，而且他这么多年也积累了不少市场资源，于是张董邀请小刘来B公司一起干，甚至还给了他总经理的职位，可以说把他当自己的左右手，给了他充分的授权和信任，这些年他在B公司里也发展得很好。

在张董眼中，跟随刘总集体离职的其他员工也是"道德沦丧"的，公司并没有半点儿责任。公司对那些离职员工也给予了分红权股权激励，这两年公司就要上市了，这些人还有什么不满意的！这些人不仅集体离职，还带走了公司的产品和技术，给公司造成的损失难以估量，实在是太过分了！冷静下来后，张董认为，还是要加强管理，否则底下的员工会越来越放肆、胡作非为，就更管不了了，长期下来公司的效益肯定会受影响。

B公司成立以来，经历了多次成功的业务转型，从最开始的计算机硬件设备销售到系统集成，再到拥有自主研发的软件产品、硬件设备的提供商，每一次业务转型，得益于创始人的眼光和魄力，也得益于高管团队的团结和努力，都把握住了机遇，成功地踏上了新的台阶。B公司发展到2012年，产值就超过了1亿元。为了在市场中保持持续的竞争力，B公司陆续投入1 000万元，组建团队，开始了智能设备的研发。到2014年，智能设备研发初见成效，公司研发出十几款先进的创新型产品，并成功投入市场，预计2015年可为公司创造1亿元以上的产值。

似乎一切都朝着很好的方向发展，然而，2015年3月，B公司却爆发了创业以来最严重的集体离职事件，B公司也因此承受了巨大的经济损失。

刘总：其实你不懂我的心

刘总（当时还是一位职场新人，此处沿用本案中的叫法）1998年毕业后进入一家大型央企，进入单位后很快就受到了上级领导赏识，从技术部被调到了市场部，获得了很多学习与参与项目的机会，他本人也非常努力地工作，取得了很好的工作成绩，个人成长得很快。

2004年，上级领导离开原单位自主创业，成立了新的企业并自任董事长，第一时间邀请他加入新企业任总经理。2005年初刘总辞职加盟上级领导的企业任总经理。

企业组建后，开始正常运营，但不久矛盾就显现了。首先，张董（刘总上家单位的上级领导）是做市场出身的，他对市场有很敏锐的洞察力，但对企业管理基本一窍不通。近20年来在行业中颇负盛名又让他非常自负，从不认为自己不对。他名为董事长，实际上公司的事情他什么都管，可是除了市场他又什么都管不太明白。他非常强势，说是要加强规范化管理，实际上他自己总是强化个人意志，结果财务、人事、行政、项目实施等部门负责人都怨声载道可又敢怒不敢言，刘总这个总经理也形同虚设。张董还把国有企业的管理方法带到了公司，有时候人为地在各个负责人之间制造矛盾，让所有人都只听命于他。

此外，张董的管理风格比较粗暴，不尊重下属，无法跟下属平等沟通。

关于集体离职这件事刘总认为迟早是要发生的，一是因为张董的管理风格员工很难接受，二是股权结构的问题。刘总认为如果公司管理方面不做改变，员工大规模离职是迟早的事。

离职追随者：伤心总是难免的

追随刘总集体离职的管理层和核心员工，可以说想法各异，每个人都有自己的考虑，但都觉得B公司是自己的伤心之地。离职员工反馈的情况，主要集中在公司管理、公司文化等方面。另外，绩效考核和分红权股权激励的问题，也被多位员工吐槽。

比如公司副总苏某，是刘总的大学同学，在公司也干了很多年，与刘总的关系一向很好。虽然苏总的业绩很好，对公司贡献很大，工资福利待遇都是按照副总级别发放的，但是由于张董不同意，苏总一直没有分到股份，而且虽担任副总，但在公司一些重要的决策上却总是说不上话。这次刘总离职创业，首先拉走的就是苏总。

还有研发团队的副经理李某。李经理受研发团队赵经理管辖多年，总被压着，活都是李经理干，功劳却总是由赵经理领。李经理由于工作方面的问题被张董当着众人的面臭骂了几顿，却总是看到张董对赵经理笑脸相待，心里总是觉得不平衡。之前是由于对公司发展有信心，而且公司研发的方向也是自己感兴趣的方向，因此李经理虽然干得有些不高兴，但还是忍着了。这次刘总创业，绕开了和张董关系好的赵经理，不仅许诺跟着出来创业有股份，还许诺由李经理来带团队做研发，这正合李经理的心意。

人力资源部的方经理是 B 公司扩张过程中从外企跳槽过来的，当时看中的是 B 公司的薪酬待遇和发展潜力。进入 B 公司后，方经理发现这家公司的管理相当混乱，制度建设基本上没有，自己从零起步逐渐给 B 公司建立了一整套人力资源管理制度，而张董居然还常常抱怨人力资源工作没做到位。公司在高速成长中经常发生人手不够的情况，这对一家新成立的公司来说应该是很正常的事。而张董的管理方式简单粗暴，一次自己为研发部几个员工不满绩效考核的事找张董反映情况，反而还被张董以工作不力为由开了罚单，从当月的工资里罚了 1 000 元。"当年我是刘总招聘进来的并想着一起干一番事业，现在刘总要走了，我感觉留在 B 公司也没什么前途了，不如跟着刘总一起走。"

其他留任员工的看法

作为一家成立了多年的公司，B 公司董事长非常注重规章制度的建设，并且严格执行。公司的规章制度不仅涉及公司日常管理的方方面面，而且具体规定也相当细致。公司要求员工严格遵守各项管理制度，从报销流程到周报提交，从饭堂用餐到空调温度等，如不执行或执行得不好，就有与之相对应的罚则。如此严格的管理制度，在 IT 企业中相当少见。例如，当大多数的 IT 企业实行弹性工作制时，B 公司执行严格的上下班考勤制度，并要求每天在特定时间段内打卡 3 次，超出特定时间（如晚上超过 19：00）属于无效打卡。又如，某行政人员因工作忙碌，空调温度超过公司规定 1℃而未能及时关闭，被董事长当场责骂并开具罚单。

研发团队赵经理认为，张董的管理是严了点儿，对细节要求很高，有时是会骂人，但只要工作做好，他也是论功行赏的，在员工激励方面，应该说在同行业中算中上水平。而且公司在成长期需要建立规章制度来规范员工行为，这样公司才能慢慢发展壮大，才能不断提高效率，尤其是绩效考核的实施，更是为了公司和个人绩效能够提高起来，所以张董重视严格的制度管理是合理的。员工肯定是不愿受规章制度约束的，这只能作为他们集体叛逃的借口。他认为主要还是激励机制的问题，包括利益分配不均衡，有时奖金发放过于主观，根本不能体现员工的绩效。

公司老员工小伦（化名），在公司干了七八年，完全是张董一手栽培起来的，从一个中专生逐步成长为技术骨干。他觉得，集体离职的员工非常复杂，不是三句两句可以说得清的，公司管理确实存在问题，管理太严苛，不够人性化，而且经常感觉不受尊重，有意见也不能提出来，常感觉被压抑，工作氛围死气沉沉。但集体离职也有员工的私心，大家各打五十大板吧。当谈及自己为何不离职时，小伦觉得，张董培养他对他有恩，不能轻易背叛，而且离开这里去别的公司求职，对一个中专生来说也很难。

问题与思考

从领导与激励的角度，你怎么看待 B 公司的集体离职事件？为了避免类似事件的发生，针对吸引人才、培养人才、激励人才和留住人才等方面你有哪些建议？

案例教学参考

1. 教学目的

本案例从领导与激励的角度分析领导行为的有效性。本案例通过深入分析专制型领导风格的具体表现，帮助学生理解专制型领导风格的集权特征，并从中找出其领导行为中存在的问题，归纳出领导激励的相应方法，达到提高员工工作满意度和忠诚度的目的。

2. 适用范围

本案例适用于领导行为、员工激励、文化建设等主题。

3. 案例分析思路

（1）B 公司核心人员集体离职事件的原因分析。

B 公司核心人员的集体离职，不论是对于 B 公司还是对于员工个人，都是一大损失，无论哪一方都应该认真反思，特别是 B 公司最高管理者及人力资源部门。究竟是什么原因导致了这么严重的事件发生？站在管理者的立场上，回顾 B 公司管理的细节，有很多地方值得我们思考。对 B 公司人才流失原因的分析，主要从以下三个维度展开：

1）环境因素。B 公司的人才流失，受到包括经济环境、政策环境和行业环境等外界环境因素的共同影响，其中主要是政策环境因素。由于外部良好的创业环境和发展机会，B 公司的核心人才选择了集体离职，重新创业。

2）企业因素。B 公司的人才流失问题更多的是受企业因素的影响，主要包括集权领导、绩效与激励机制不健全以及企业文化的相关问题。

第一，采用专制型领导模式，领导者高度集权，在管理过程中授权不充分，对员工缺乏信任。作为一个成立将近 20 年的民营企业，B 公司由一个几个人的小公司发展到今天的 200 多人的规模，这期间，经历过困难与挑战，依靠公司几位领导者的适时决断，确实在很多关键的时刻做出了正确的选择，带领公司一步步克服困难走到今天。

然而，B 公司的管理集权性也降低了领导的有效性。具体体现在两个方面：一是管理层对员工的集权。公司里大小事项都由管理层决定，无论在公司层面还是在部门层面，都是一言堂，对员工缺乏信任，很少听取员工的意见和建议。二是管理层内部的集权。80%以上的股份掌握在董事长手中，因此基本上所有公司层面的决策都由董事长一人决定。管理的集权或许给B公司带来过一些好处，如提高决策的效率、避免过度的内部消耗等，然而从企业的长期发展来看，却有很大的坏处，长此以往，员工的主观能动性必然受到压制，很难再为公司提供创造性的价值。在IT企业里，人才除了追求薪资福利，也很重视自身价值的实现，集权式的管理明显斩断了这种可能性。

第二，绩效考评、激励机制不健全。B公司的绩效考核制度轻激励而重约束，轻奖励而重惩罚。B公司在2012年开始推行绩效考核制度，目的是通过绩效考核激励员工提高工作效率，鼓励员工创新，最大限度地发挥员工的主观能动性，形成有效的目标管理。然而，由于绩效考核制度轻激励重约束，在施行之后并不能有效激励员工，反而在大范围内产生了副作用。在这样的情况下，B公司实行绩效考核制度，姑且不论有没有达到最终目的，但明显是牺牲了员工的利益。

同时，B公司的激励机制并不健全，虽实行了股权激励，但以失败告终。从公司注资及股东占比的角度看，公司长期由两位股东所有，分别为董事长与总经理，股份占比在20年内有变化，最终占比大约为4:1，由董事长占据主要地位。

第三，企业文化和氛围比较压抑。B公司内部管理严格，没有弹性。可见公司管理层希望在内部管理的各个环节上都有章可循、有理可依。然而，仔细阅读案例之后，最直观的感觉是苛刻。苛刻的管理方式，导致本应充满活力的IT公司处处死气沉沉。

3）个体因素。B公司人才流失也受个体因素影响，主要体现在以下两个方面：一是员工的自我实现受阻；二是工作压力太大。

作为IT企业员工，B公司的人才具有较高层次的需求，比如受到尊重及自我实现的需要。然而，由于管理的集权性、管理层授权的不充分、对员工缺乏信任等问题的存在，B公司人才的能力和价值难以得到发挥。比如，员工只能按照管理层的要求做一些执行性的工作任务，这些工作无法发挥公司员工的主观能动性和创造性，难以激发公司员工对工作的积极性，使得员工容易感到自我实现的需求得不到满足。

而B公司管理的严格性以及轻奖励重惩罚的绩效考核制度，给员工带来了很大的工作压力。这种工作压力并非实际工作的难度造成的，也并非员工能力不足导致的，而是管理和制度造成的员工在工作情绪上的压力，生怕做多错多，生怕做得不好反而受到惩罚。这种压抑的情绪外化后，导致员工工作效率降低，甚至导致员工的不作为。长期的工作压力和情绪压力，也是B公司人才流失的重要影响因素。

（2）解决思路。

1）领导行为方面。

一是适当放权。通过放权推动团队的自我管理，鼓励员工自组团队承接工作任务或项目。企业向团队提供整体报酬，由团队自己分配报酬。如可以将公司承接的研发项目，交由公司员工自组的团队或来自公司外部的外包团队。公司与承接团队约定项目总金额与每月付给团队员工的工资数目，剩余的款项在项目完结后再结算给团队成员。在这种情况下，只要团队合作得好，效率提高，多接几个项目，收入就会比原来提高不少。在这种激励机制之下，团队成员具有更强的合作意愿，并且能更加主动地提高团队的工作效率，以便获得更高的薪资水平。

二是改变企业集权式管理的做法，提高员工的参与感。无论是开会还是日常工作，要经常鼓励员工主动参与企业的经营，改变管理者一言堂的局面。这样，不仅可以使员工的工作积极性得到激发，而且可以让员工感觉到自己对企业的价值。

2）激励方面。

一是薪酬激励。B公司在设计和实施股权激励时，应重点结合企业内部的特性，选择适合企业自身发展的股权激励模式，在细节上更多地考虑企业和员工自身的因素，有针对性地实施股权激励，才能起到应有的激励作用。同时，IT企业在实施股权激励的时候，应避免采用一次性的股权激励计划，可以考虑采用循环激励的形式，分步授予股权的同时进行分步行权。

二是培训发展激励。IT行业人才具有很强的不断学习和提高的需要，因此，企业应为员工的发展提供足够的学习和成长的机会，将培训、教育与职业生涯发展规划贯穿于IT人才的整个职业生涯。威廉·大内的Z理论认为，企业应当激励员工参与企业的管理工作；应给员工提供全面的培训机会；提供发展空间，进行长期、全面考察和稳步提拔，采用含蓄而正规的考核手段等；同时应采用更为人性化的管理思想。从需要层次理论来看，B公司员工对高层次的需要比较迫切，他们对个人成长和自我发展非常关注。因此，B公司应把眼光放在员工的未来发展上，注重增加人力资源方面的投资，重视在企业内部建立健全继续教育和培训机制。企业的培训计划应兼顾员工的特长和企业的需要这两个方面，完善企业的培训制度。

能否提供全面的培训是企业留人的关键，但培训不应该局限在技术方面。结合IT企业员工需要不断学习和创新的特性，B公司应给员工提供专业技术的学历教育、出国深造的机会、科技前沿的课题研究等方面的机会。另外，企业对于提高知识型员工专业水平和技能水平的专业培训计划要具备发展的持续性，企业可以定期并持续提供社会热点问题、经济管理、行业科技前沿等方面的讲座，拓宽员工的眼界，提高员工的能力，使之能够更好地为企业工作。

三是职业发展激励。IT行业人才也有追求更广阔的职业发展空间的事业心。B公司领导者应站在员工的角度帮助员工设计自身的职业发展规划，这样不但有助于员工全面地认识自己目前所处的位置和未来的发展路径，减少对工作和发展目标产生的迷茫，而且也有助于激发员工的潜力。企业亦可以编制自己的职业生涯发展文档，详细地描述员工从进入公司的第一天起往前迈进的所有职位以及不同职位所要求具备的能力和经验，这样才能使员工对其在企业中的发展心中有数。设计好职业生涯的路径与目标之后，企业还需要推动员工不断通过学习、工作来提高自己、丰富自己，以实现自己的职业生涯目标。

3）文化建设方面。

一是营造轻松和谐的工作氛围，鼓励创新、宽容失败。轻松和谐的工作氛围，可以让IT人才放松心情，提高工作效率。而IT行业的工作，大多具有很强的创新性，创新有可能成功，也有可能失败。作为IT企业，B公司应该鼓励创新、宽容失败，要给予专业技术人才足够的宽容与理解，不应该建立过于严格的管理文化，不要给员工过大的压力。

二是尊重人才，建立分享知识的学习型组织。IT行业的人才，在基本物质需求得到满足后，会更加注重精神方面的满足，如个人价值的实现、希望得到他人的尊重等。B公司可以尝试建立分享知识的学习型组织，这样可以使IT人才的学识和经验得以传承。IT人才在分享知识的同时可以感受到自我的价值，分享知识帮助他人时可以获得成就感与满足感，这样的分享型企业文化能使IT人才在精神上得到满足，获得精神上的激励，从而提升其工作满意度和对组织的忠诚度。

第六章　沟　通

![要点图标] **要点**

> √ 沟通的定义与过程
> √ 沟通的种类
> √ 组织沟通的障碍与克服途径
> √ 跨文化沟通的内涵、意义及策略

第一部分 知识点

一、沟通的基本原理

（一）沟通的定义

管理学家罗宾斯认为，沟通就是意义的传递和理解。

从一般意义上讲，沟通就是为了设定的目标，人们在互动过程中，发送者通过一定的媒介或通道，以语言、文字、符号等表现形式为载体，与接收者进行信息（包括知识和情报）、思想和情感等交流、传递和交换，并寻求反馈以达到相互理解的过程。

（二）沟通的过程

（1）发送者（source）。发送者是拥有信息并试图进行沟通的人。

（2）接收者（receiver）。接收者是指发送者发出的信息的接收人。

（3）编码和解码（encoding & decoding）。编码是发送者把自己的思想、观点与情感等信息根据一定的语言、语义规则翻译成可以传递的符号形式的过程；解码是信息接收者的思维过程，是信息接收者根据自己已有的经验和参考框架把所接收的符号进行翻译、解释的过程。

（4）目标（goal）。目标是指沟通想寻求的结果是什么，分析整个沟通过程所要解决的最终问题。

（5）背景或环境（setting）。背景或环境是指沟通发生的情境。

（6）信息（message）。信息是指沟通主体（发送者和接收者）要分享的思想感情。

（7）渠道或媒介（channel）。渠道或媒介是指沟通信息所采用的方式。

（8）反馈（feedback）。反馈就是接收者对于发送者传来的信息所做出的反应。

（9）噪声（noise）。噪声是指信息传递渠道中那些所要传递的信息之外的任何干扰，即影响接收和准确理解信息的任何障碍因素。噪声作为一种干扰源，其本质也是一种信息。

二、组织沟通的种类

（一）沟通网络类型

管理心理学家莱维特对组织中的正式沟通进行了深入研究，他认为在组织的正式沟通中，有五种典型的沟通网络：链式、Y式、环式、轮式和全通道式。这五种沟通网络各有特点，适用于不同的情境。在组织沟通中，管理者需要选择不同的沟通网络，扬长避短，做到有效沟通。

（二）沟通渠道类型

正式沟通是指在组织内，根据组织的明确规定进行信息的传递和反馈，包括正式会议，定期汇报，书面沟通，如公函、文件等。正式沟通的优点是沟通效果好，有较强的约束力；缺点是沟通速度慢。

非正式沟通指的是正式沟通渠道以外的信息交流和传达方式。

以下五个因素是小道消息传播的重要原因：

（1）人们缺少有关某一事态的信息。

（2）人们感到在某一事态中不安全。

（3）人们同某件事有利害关系。

（4）人们得到的是最新信息，而不是旧闻旧事。

（5）一些正式信息不便于在正式渠道中传递。

（三）信息流向类型

正式沟通根据信息传递的流向可细分为下行沟通、上行沟通、平行沟通、斜向沟通等几种形式。

三、组织沟通的障碍与克服

（一）组织沟通的障碍

1. 来源于组织结构因素的沟通障碍

职位差别（造成心理隔阂、导致信息过滤现象）、信息传递链（容易出现放大和缩小效应）、团体规模（人员的增加对沟通数量的增长具有乘数效应）。

2. 来源于个人特征因素的沟通障碍

能力因素障碍（目的不明确、表达能力不佳、忽略非语言因素的运用）、沟通者的知觉偏差（先入为主、刻板印象、晕轮效应、选择性知觉）、心理因素障碍（沟通恐惧、自我中心、拒绝倾听、不信任、情绪因素）。

3. 信息传递中的沟通障碍

媒介障碍、时机不当。

（二）克服组织沟通障碍的有效途径

（1）健全组织的沟通渠道，提高沟通效率。
（2）塑造有利于沟通的组织文化。
（3）掌握沟通技巧。

四、跨文化沟通

（一）跨文化沟通的内涵及意义

1. 跨文化沟通的内涵

跨文化沟通（cross-cultural communication），是指在一种文化中编码的信息，包括语言、手势和表情等，在某一特定文化单元中有特定的含义，传递到另一文化单元中，要经过解码和破译，才能被对方感知和理解。当信息的发送者和接收者不属于同一个文化单元时，就存在跨文化的沟通。

2. 跨文化沟通的意义

（1）对于跨文化企业来说，有效沟通是跨文化企业管理的出发点。
（2）对于国际企业或跨国公司的管理者来说，跨文化的沟通技巧更是决定其事业成败的关键因素。

（二）跨文化沟通的策略

（1）改善认知，消除文化成见。
（2）识别文化差异，发展文化认同。
（3）区分高情境文化和低情境文化。
（4）发展双向沟通。
（5）进行跨文化沟通培训，提高跨文化沟通能力。
（6）建立共同经营观，建设企业"合金"文化。

第二部分　习题集

一、填空题

1. 沟通是信息凭借一定的_____，在个人或群体间从_____到_____进行传递并获取理解的过程。
2. 沟通的要素包括以下三个方面：_____、_____和_____。
3. 沟通渠道可以分为_____和_____两种。
4. 影响沟通的因素包括_____、_____和_____。

5.按照管理沟通内容的性质、大小和重要程度，管理沟通可以分为三个方面的内容：_____、_____和_____。

6.当听到别人不同的见解和看法时，设法了解别人产生这些见解和看法背后的根据/事实/信息，然后再将这些信息与自己原有的信息结合起来，以做出全面理性的判断，这种做法称为_____。

7.根据信息沟通时的反馈信息多少，在组织中可以把沟通分为两种：_____和_____。

8.最普通的非正式沟通形式是_____。

二、单项选择题

1.某企业两个部门的领导，在私人聚会中商议两部门协商合作的事宜。这种沟通方式是（ ）。

　　A.向上沟通　　　　B.向下沟通　　　　C.平行沟通　　　　D.垂直沟通

2.在下列不同类型的沟通网络中，传播速度慢，适应工作变化较快的是（ ）。

　　A.轮式网络　　　　B.环式网络　　　　C.Y式网络　　　　D.链式网络

3.关于单向沟通和双向沟通的比较，说法正确的是（ ）。

　　A.单向沟通比双向沟通的噪声多

　　B.双向沟通比单向沟通更准确

　　C.双向沟通条理清晰、秩序性强

　　D.双向沟通计划性更强

4.在沟通的过程中，把发送者的想法、意图转换成媒体易于传送的信息是（ ）。

　　A.通道　　　　　　B.解码　　　　　　C.反馈　　　　　　D.编码

5.具有快速传递，即时反馈，有亲切感，双向沟通，灵活等特点的沟通形式是（ ）。

　　A.口头沟通　　　　B.书面沟通　　　　C.动作沟通　　　　D.表情沟通

6.组织中最为重要和强大的沟通流程是（ ）。

　　A.下行沟通　　　　B.上行沟通　　　　C.平行沟通　　　　D.斜向沟通

7.下列选项中不属于上行沟通内容的是（ ）。

　　A.工作汇报　　　　B.申诉　　　　　　C.意见　　　　　　D.口头汇报

8.当需要完成的工作大多属于例行工作时，比较适合采用的沟通方式是（ ）。

　　A.单向沟通　　　　B.双向沟通　　　　C.言语沟通　　　　D.非言语沟通

9.平行沟通的目的是（ ）。

　　A.加快信息的传递　　　　　　　　B.增强信息的保密性

　　C.增强合作、减少摩擦　　　　　　D.调动成员的参与性

10.美国的组织行为学家戴尔通过实验比较研究，认为效果最好的沟通方式是（ ）。

　　A.口头与书面沟通的混合方式　　　B.口头沟通的方式

　　C.书面沟通的方式　　　　　　　　D.书面直接沟通的方式

11. 下级对某个上级领导有好感，这位领导的指示、要求就很容易为下属接受和执行；反之，如果下级对某个上级领导有反感，上级领导的指示、要求、建议等，往往会打折扣。这种沟通障碍是（　　　）。

A. 心理因素引起的障碍　　　　　　　B. 知觉的选择性障碍

C. 语义上的障碍　　　　　　　　　　D. 知识经验水平的限制

12. 在下列沟通渠道中，渠道丰富性得分最高的是（　　　）。

A. 电话　　　　　　　　　　　　　　B. 备忘录

C. 面对面的交谈　　　　　　　　　　D. 广告、公告

13. 沟通的主要功能不包括（　　　）。

A. 控制　　　　　B. 组织　　　　　C. 激励　　　　　D. 情绪表达

14. 正式沟通和非正式沟通的分类依据是（　　　）。

A. 沟通的渠道　　　　　　　　　　　B. 沟通的网络

C. 沟通的方式　　　　　　　　　　　D. 沟通的媒介

三、多项选择题

1. 下列属于内部沟通途径的是（　　　）。

A. 发布指示　　　　B. 召开会议　　　　C. 谈判　　　　D. 个别交谈

E. 请示汇报

2. 下列属于按信息流向分类的沟通形式是（　　　）。

A. 下行沟通　　　　B. 上行沟通　　　　C. 越级沟通　　　　D. 单向沟通

E. 双向沟通

3. 沟通的过程包括（　　　）。

A. 信息发送者　　　B. 信息传递渠道　　C. 信息接收者　　　D. 反馈

E. 信息载体

4. 非正式沟通网络的基本形式有（　　　）。

A. 链式　　　　　　B. 集束式　　　　　C. 偶然式　　　　　D. 流言式

E. 单线式

5. 沟通步骤包括（　　　）。

A. 编码　　　　　　B. 感知　　　　　　C. 传递　　　　　　D. 登记

E. 接收

四、简答题

1. 简答沟通的功能。

2. 简答正式沟通网络的五种沟通类型。

3. 简答沟通的过程。

五、论述题

1. 如何有效地进行管理沟通？

2. 试述非正式沟通渠道的利弊，并提出减少小道消息消极影响的建议。

3. 如何改善人际沟通？

4. 论述促进沟通的一般途径。

参考答案

一、填空题

1. 符号载体　发送者　接收者

2. 沟通主体　沟通内容　沟通方式

3. 正式沟通渠道　非正式沟通渠道

4. 个人因素　人际因素　结构因素

5. 情感沟通　信息沟通　责任、权利、利益沟通

6. 换位思考

7. 双向沟通　单向沟通

8. 集束式（或集束式传播）

二、单项选择题

1. C　2. B　3. B　4. D　5. A　6. A　7. D　8. A　9. C　10. A　11. A　12. C　13. B　14. A

三、多项选择题

1. ABDE　2. ABC　3. ABCD　4. BCDE　5. ACE

四、简答题

1. 控制功能、激励功能、情绪表达功能和提供信息功能。

2. 链式、Y式、环式、轮式、全通道式。

3. 沟通的过程可概括为五个部分：信息发送者、信息传递渠道、信息接收者、反馈和噪声。

信息发送者在传递信息时，把将要传输的信息进行编码，通过信息传递渠道将信息传递给接收者。接收者根据自己的知识和经验对信息进行解码，形成其所能理解的现实。接收者对信息解码后会采取某种行为或产生某种反应，将新的信息返回给发送者，形成反馈。噪声是可能发生在任何一个环节的对沟通的干扰因素，包括造成信息失真的任何因素。

五、论述题

1. 有效的管理沟通包括三个方面：准确性、实时性和效率。为了克服来自内外各种因素的干扰，管理人员必须采用一些策略和方法，努力解决沟通中出现的各种问题。

（1）沟通者策略。管理沟通具有很强的目的性和针对性，沟通者应该在沟通前明确沟通的目的，并结合自身的可信度，选择相应的沟通渠道。我们应该关注以下几个方面：沟通的目的、应选择的沟通形式、沟通者的可信度。

（2）听众分析策略。听众分析策略是指根据听众的需求和喜好调整沟通方式的有关技巧。这是沟通过程中最重要的环节。听众分析策略要解决三个问题：听众是谁；听众了解什么；听众感觉如何。

（3）信息策略。在信息沟通发生之前，我们首先要思考如何完善沟通信息的组织结构。因此，信息策略主要在于两个方面：怎样强调信息？如何组织信息？

（4）沟通渠道选择策略。渠道就是指信息传递的途径和方式。信息除了可以通过面对面的方式直接进行传递，还可以借助媒介进行传递，例如书面媒介、电话、电视、网络等。

（5）沟通中的文化策略。文化影响管理沟通的六个维度，分别是民族性、地域、性别、地位、职业和组织。当我们和来自不同文化的人进行沟通时，有四个原则是必须把握的：在没有证实相似性之前，先假设有差异；重视描述而不是解释或评价；移情；把你的解释作为工作假说。

2. 非正式沟通具有双重的作用：积极的一面是，它可以弥补正式沟通的不足，反映潜在的问题，容易被员工接受，满足员工的心理需求，同时能有效防止正式沟通中的信息"过滤"现象。消极的一面是，它可能摧毁正式沟通系统，信息的真实性和可靠性欠缺，影响组织的凝聚力和人心的稳定。

对于如何减少小道消息的消极影响，有以下建议：

（1）公布进行重大决策的时间安排。

（2）公开解释那些看起来不一致或隐秘的决策和行为。

（3）对目前的决策和未来的计划，在强调其积极一面的同时，也指出其不利的一面。

（4）公开讨论事情可能的最差结局，减少因猜测引起的焦虑。

3. 对于信息发送者来说，可以按以下步骤改善沟通效果：

（1）把自己置于信息接收者的位置。作为信息发送者，要想使沟通达到效果，就必须熟悉信息接收者。例如，与文化程度低的人沟通，沟通方式要与文化程度高的人不同；当信息接收者情绪激动时，信息发送者的沟通方式也要与他平静时有所不同。总之，当传递信息的用词、态度和时机不恰当时，沟通的效果会大大减弱。

（2）选择最佳的信息沟通媒介。书面沟通和口头沟通各有优缺点，可根据不同场合、不同情况区别使用。当然，也可以把各种媒介综合起来使用。另外，还要注意使用非言语媒介。

（3）发送信息要准确、及时。无论是向下沟通，如控制、指导、命令等，还是向上沟通，如意见、建议、申诉等，都要注意编码准确无误和传递信息及时、适时。同时，注意减少传递环节，缩短传递渠道，避免信息在传递过程中大量丢失。

（4）成为信息接收者，倾听反馈。信息发送者发出信息后，应该改变角色，成为反馈信息接收者，通过反馈来确定信息是否被接收和理解。这种反馈可能是口头和书面形式的，也可能是行为表现。如果反馈结果表明信息接收有误，信息发送者就得重新进行沟通过程。

如果遵循这四个步骤，并结合对沟通目的、媒介、方向和障碍的了解，信息发送者一定会改善沟通效果。总之，信息发送者必须保证传递的信息为信息接收者理解，并注意反馈。

以上是针对信息发送者的建议。对于信息接收者来说，要想准确无误地理解信息，必须做到以下三点：

（1）对信息发送者传来的信息足够重视。要积极倾听，尽量听懂全部意思，即不只是信息的内容，还有信息发送者的感受，特别是非语言媒介所传递的含义。这样才能充分理解信息发送者的观点。

（2）对不熟悉的言词要弄清楚本义，不可自作主张地臆断。

（3）摆脱心理障碍。尤其是领导者不能只听顺耳话而听不得逆耳话，否则将得不到真实的信息。

4.促进沟通的一般途径主要包括：

（1）进行开放的沟通。从封闭的沟通到开放的沟通是一个连续体。开放沟通，双方是坦诚的，沟通的信息是明晰的，沟通的意图是显而易见的。

（2）建设性反馈。通过反馈，人们之间共享思想与感受。反馈应当是建设性的，即有助于沟通的持续进行。

（3）适当自我暴露。自我暴露是指个体把有关自己的信息分享给别人。

（4）主动倾听。主动倾听对于增加建设性反馈和开放的沟通都是必不可少的。倾听是一个综合运用身体、情绪、智力寻求意义和理解的过程。

第三部分　案例集

一、课堂讨论案例

 案例1

陈经理和朱迪[①]

在下面的案例练习中，一个人扮演陈经理的角色，另一个人扮演朱迪的角色。要逼真地表演，不要只是读各自的角色描述，而是要举办一次陈经理和朱迪的会谈。第三个人扮演观察员的角色，并完成观察员反馈表。

---

① 大卫·惠顿，金·卡梅伦. 管理技能开发：第8版. 张文松，等译. 北京：机械工业出版社，2012.

陈经理（部门领导）

你是陈经理，一家大型银行运营部即"后台部门"的领导。这是你工作的第二年，你在银行的晋升相当快。你很喜欢在这家银行工作，它是这个地区最好的银行。原因之一是银行提供了很多公费的管理发展和外训的机会。另外，每名员工每个月都有机会进行个人管理面谈，而且这些会谈通常是很实用、发展式的。

这个部门的一个成员朱迪，已经在这里工作19年了，而且有15年都是做相同的工作。她工作非常出色，完成任务总是准时和高效率的。她通常比大部分员工早到办公室，是为了阅读工作资料和做好工作安排。你几乎能根据朱迪每天去休息室并在每天下午给她女儿打电话的时间来校准自己的手表。

你对朱迪的感觉是，尽管她是一个好员工，但是她缺少想象力和创造力。过去5年的工作表明，她缺乏改进动力，事实上她已经做同一项工作15年。她满足于分配给她的那些工作，而不希望更多。运营部的上一任经理给过朱迪暗示可以晋升，而且朱迪也向你提过不止一次，因为她在该工作岗位上工作了如此长的时间，她的工资已经达到顶点，如果不晋升，她就不会得到高于基本生活费用的工资调整。

朱迪所做的超出她的基本工作要求的一项，就是帮助培训刚来到部门的年轻人。她对他们很有耐心，也很有方法，她好像对能帮助他人熟悉业务而感到自豪。她毫不犹豫地告诉你她做的这个贡献。遗憾的是，仅凭这个条件并不满足朱迪晋升的要求，而且她也不可能调到培训开发部门。你曾经建议她到当地的学校里进修一些课程，费用由银行承担，但是她却平淡地说自己年龄太大而不能再去上学，你推测她可能由于自己没有大学学位而感到自卑。

尽管你想提升朱迪，但是似乎没有什么办法可以问心无愧地做到这一点。你曾经试着增加她负责的工作内容，但她的工作效率却下降了。工作还需要做，而扩展她的工作角色却不得不一拖再拖。

即将到来的这次会谈或许是时候来告诉朱迪关于她的表现和潜力了，你当然不想失去她这个员工，但除非她明显地提升她的绩效，否则她的工作任务在很长时间里都不会有变化。

朱迪（部门成员）

你是银行运营部的成员。现在你已经为银行工作了19年，其中有15年做相同的工作。因为友好的氛围和它在当地享有的声望，你喜欢为这家银行工作，身为这家银行的员工是值得骄傲的事情。然而，你越来越不满意，因为你意识到一个接一个人来到银行并在你之前得到晋升。你的老板陈经理，比你年轻2岁。另一位与你同时进入公司的女同事，现在已经是高级副总经理了。你不能理解为什么你被忽视。你的工作是高效率的和准确的，你的出勤记录是近乎完美的，并且你自认为是一个好员工。很多时候你都不怕麻烦特意去帮助培训和指导刚进入银行的年轻人。他们中的许多人后来都写信告诉你在他们晋升过程中你的帮助是多么重要。你真的做了很多好事。

你能想到的唯一障碍是因为你没有大学文凭。然而，有些没有文凭的人也获得了晋升。你没有享受过任何银行付款的进修学院课程的好处，不过在工作了一天之后，你也不想再去上3小时的课程。此外，你只有在晚上才能看到你的家人，你不想再占用这些时间。无论如何，你的工作不是去得到一个大学文凭。

你与陈经理一个月一次的个人管理面谈就快到了，你已经下了决心这次要得到答复。一些事情需要解释。不仅是你没有得到提升，还有你在5年内都没有得到一次加薪。你为新员工做的额外贡献，以及你稳重踏实的工作作风，都没有得到过任何褒奖。人们能因为你对此觉得痛苦而责备你吗？

观察员反馈表

作为观察员，要评定角色扮演者有效采取以下行为的程度。使用下面的量表评估每个人的得分。确定每个人能够做到哪些具体事情来改善其表现。（1.非常不同意；2.不同意；3.没意见；4.同意；5.非常同意）

沟通态度

1. 和谐的沟通

2. 采用问题导向沟通

3. 采用有效沟通

4. 采用具体的和适宜的沟通

5. 认同的陈述和采用第一人称

6. 注意倾听

7. 使用各种适宜的反应

二、课后分析案例

案例2

连业公司有史以来最严重的劳动纠纷公司背景[①]

连业制衣有限公司是在香港上市的连业集团于广东番禺开办的一家成衣制造工厂，主要帮助日本、欧洲、澳大利亚的客户进行贴牌加工（OEM），日本客户的订单占了工厂营业额的85%以上。2002年时，公司拥有员工2 100人，年产值2亿港元，年生产休闲类服装200万件。2002年以前，由于日本市场业务量较大，其对公司投放的订单十分充足，加工费较高，所以公司依靠传统的管理方法，如多加班、多雇用技术熟练的工人、与从日本派来的品质监管人员搞好关系，就可以保持较高的出货率和营业利润。在工人管理上，利用罚款、开除之类的"大棒政策"，就可以使他们言听计从，不敢反抗。工厂对工艺流程的优化不予重视，即不管采用什么办法

---

① 本案例由邓靖松、张吉撰写。

· 163 ·

（人海战术、通宵作业），只要将货赶出来就可以。工厂在与工人利益最相关的薪资制度方面存在很大的分权倾向，工人作业的工序单价基本上由基层的工长、领班确定，主管核准，厂长只是对工资总额进行"宏观调控"。基层领班为了在本部门下属面前树立威信，习惯于一味地提升单价，从而形成了恶性膨胀：每换一个领班，单价就会上涨一截，导致全厂工人的平均工资达 1 200 多元，远远地超过了当时的社会平均工资 928 元和同行业的平均水平。主管或厂长的"宏观调控"作用，也仅表现在当工人工资过高时调低单价，但当工人工资过低时却不采取任何措施。

在 2002 年以前，工人在管理层眼中显得十分"听话"，很少计较得失，较小的摩擦全部由工长自己解决。由于总体收入比别的制衣厂高，加班时间长点儿工人也无所谓。总而言之，工人的满意度不算太低（当然，工厂管理层并没有主动调查过，只是凭感觉判断），工厂没有发生过任何严重的劳动纠纷。

自 2002 年开始，日本市场日渐萎缩，客户支付的加工费越来越少，而交货期却越来越短。有时候工人连续加班几个通宵还是赶不上交货期，公司的货物不得不通过空运的方式运往日本。由于客户支付的加工费下降了，因此厂长要求某些生产车间降低员工的操作工序单价，比如牛仔裤开一个口袋由原来的 0.1 元 / 件降低到 0.06 元 / 件。这种方式过于明显，很快遭到工人反对，再加上很多部门的领班和主管实质上也不愿意自己的工人工资下降，因此只将厂长的意思传达给工人，遇到口头反对时就如实上报给厂长，厂长也没有充足的理由降低工人的工资，结果不了了之。市场需求的压力与工人的不肯让步，使工厂的经营业绩每况愈下。2002 年 6 月份以后，工厂每月皆有亏损，集团公司对这间分厂日益不满；而工人方面也表现出对加班时间过长的抗议，有些工人因为长期加班至凌晨患了胃病，越来越多的熟练技工离职。

变革势在必行

在这种形势下，集团与工厂的管理层都意识到，一场变革势在必行。这场变革的主要目的是提高生产效率、缩短交货期、降低工资成本。工厂从总公司的其他分厂请来了工艺分析人员，重点测算工人生产服装的每一道工序所要花费的时间，分析在当时情况下工人的操作有哪些动作是可以改良的，哪些动作是多余的；同时用一些辅助工具减少工人拿取裁片、在设备间走动所产生的浮余时间（idle time）。工艺分析人员将源自英国的 GSD（General Sewing Data）系统所规定的每道工序应花费的标准时间与工人当时的操作时间相比照，开发出了具有自身特色的 GTM（Garment Time Measurement）系统。按照这一系统，当时许多工人的效率都有提升的空间，他们单位时间的产量都未达到 GTM 标准；换言之，按工人当时的产量，他们根本不可能拿那么高的工资。GTM 系统的核心就是用时间来度量工人的有效工作量，比如，GTM 系统规定上一个袖子的标准时间是 3 分钟，工厂就会按照 3 分钟给工人工资补偿，而如果某一个工人上一个袖子用了 6 分钟时间，那么他只能得到对应于有效的 3 分钟的工资数额。

GTM 系统当然是很好的，厂长欣喜若狂，命令各车间的主管及领班开始推行。

工业工程部（IE 部）派了许多工艺分析员拿着秒表到各车间计量工人完成每道工序所用的时间。工人们不知道这些拿着秒表的人在干什么，只是觉得好奇。但是当这些工艺分析人员月末将每个工人当月所创造的有效生产时间输入电脑系统之中，然后再折算成计件工资的时候，许多工人都发现自己的工资比以前少了一大截，工人们发出了质疑与抗议：有的停下来坐在衣车旁边不做事；有的找领班理论，说 GTM 系统规定的工序时间不合理；有的当天就辞职不干了；有的找部门主管申请调离与车缝直接相关的部门，到辅助部门做计时工作。其中，最为激烈的冲突、最有代表性的抗议发生在专机车间。

问题浮现

专机车间的主要工作是用一些特殊的机器完成开凤眼等工序。2002 年 6 月发完工资的当天，该车间的 68 名工人一个也没有来上班，正式开始罢工。这一集体行动很快在全厂传播开来，其他车间的工人也跃跃欲试。时任后整部（管专机车间的生产三部）主管的陈先生安排保安及专机车间的领班将这些工人召集到会议室里开会，一进门就冲这些工人吼道："你们真有本事呀！竟然敢集体罢工？"并拍着桌子说："有本事的就马上写辞职书，我到外面可以请到大把的工人！你们下午必须回来上班，否则我一定炒你们鱿鱼！"陈主管在工人及厂长心目中一直是一个严厉和有魄力的人，他一向对工人采取高压政策，这次在他主管的车间发生罢工，让他很没有面子，所以大发雷霆。

陈主管以为他这么严厉的训斥可以令工人回车间上班。可是到了下午，只有 5 个人回厂上班。在同一时间，总公司分管连业工厂的副总裁和当地劳动局都收到了一份 2 000 余字的投诉信，信中举报连业工厂长期超时加班，没有给足加班费，一个月下来没有一天休息，没有购买社会保险，等等，要求工厂提高单价，给足加班费，否则他们将起诉公司，并且发动更多的工人罢工。在信中，工人们依据在公共传媒中读到的劳动纠纷案例，运用自身所熟知的劳动法律知识，有理有据地阐明了他们的诉求和理由。

总公司意识到了问题的严重性，并且考虑到该厂的厂长以前没有处理过如此棘手的劳动纠纷问题，专门责成人事经理（时任区域人事经理）张先生来处理这件事。

人事经理首先找了厂长、后整部主管、IE 部经理、财务部经理开会，分析这次劳资冲突的原因，最后会议提出并通过了五项措施：

（1）找所有的专机工人开会，与工人面对面对话，由人事经理了解他们心里的想法及诉求。鉴于他们对陈主管比较反感，开会时陈主管不出面。

（2）找到这些工人在本厂的亲戚、老乡、介绍人，劝说他们为了工厂的大局，先回厂上班，给工厂一个解决问题的缓冲期。

（3）让财务部做好数据测算，找出在实施 GTM 系统后工资收入比原来提高了的员工作为"参照对象"，以阐明 GTM 系统的优越性。

（4）找 IE 部的工艺分析员与人事经理一起直接面向基层工人解释 GTM 系统的原理、好处。

（5）为预防少数顽固分子持续闹事，请教外界的法律顾问，准备与工人代表谈判。

通过与工人开会交流，人事经理肯定了工人的辛苦，告诉大家公司业务减少，面临着市场疲软的形势，承认了陈主管脾气不好等事实，希望工人能够体谅公司正处于变革期；请会计部主管将 15% 的工人的工资在使用 GTM 系统后不降反升的事实用数据展示出来；要求 IE 部的工艺分析员下一次到专机车间里测量工人的操作时间时主动与作业工人讨论，并现场帮助他们改进动作。

长达 3 个小时的讨论后，罢工的第二天，有 21 人来上班，人事经理到工作现场看望了他们，下班后还到他们的宿舍进一步讨论了有关工作改进方面的问题，使得工人的心态逐渐趋于平和。

剩余的 42 名工人，无论如何都不愿回到公司上班，他们联名向劳动部门写了举报投诉信，要求与公司打官司。面对这一情况，人事经理再次召集相关部门管理者开会，通过讨论，大家一致认为，这 42 名工人坚持上诉，虽然公司方面不一定会败诉，但是会牵扯管理层大量的时间和精力，而且打官司也会给公司的社会形象造成一定的负面影响，甚至有可能造成矛盾进一步激化，这样就会给已经复工的工人带来心理上的压力，因为这 42 名工人在公司里还有很多亲朋好友，打官司会影响他们的情绪和工作意愿。考虑到公司的实际情况，又不能完全答应这些工人的要求，面对这种困境，人事经理陷入了沉思。

问题与思考

这是发生在一家劳动密集型制造业企业中的劳动纠纷，导致这次劳动纠纷的根源在哪里？工人罢工的原因是什么？会议上提出的五项措施为什么不能完全解决罢工的问题？不愿复工的 42 名工人究竟是怎么想的，他们的要求是什么？如果你是人事经理，如何平息这 42 名工人的不满，破解当前的困境？

案例教学参考

1. 教学目的

以劳动密集型制造业企业中的劳动纠纷为例，分析冲突产生的根源和冲突的表现形式，学习解决冲突的沟通技巧，掌握管理冲突的方法。

2. 适用范围

本案例适用于冲突管理、管理沟通、劳动谈判等主题。

3. 案例分析思路

（1）案例解析。

可以从冲突的成因分析连业公司的劳动纠纷产生的根源，针对问题的症结找出相应的措施，从而突破当前面临的困境。

首先，组织内冲突的形成是由企业内外经营环境变化引起的。连业公司所面临的业务量减少、日本市场萎缩，是劳动纠纷的重要原因。如果市场订单像 2002 年以前一样充足，那么工厂可能因为生意很好而看不到劳工成本偏高、工艺流程效率不高这样深层次的矛盾，自然不会变革。此外，政府法制环境的变化、劳工法规的宣传和落实使得工人的维权意识越来越强，不愿受制于管理人员，而是采取更自由、更主动的行动。

其次，变革引起的对组织成员既得利益的触动，是形成冲突的直接原因。新的GTM系统的引入、工艺流程的改良，使工人的工资收入减少，自然会激起正面的冲突。

再次，沟通和培训的缺乏、管理手段不到位，为冲突的产生提供了温床。工厂新的技术改革方案，在出台之前一定要与基层的主管、领班在思想上达成一致，让他们理解和支持这项变革，并且对基层的工人进行充分的培训、教育，使他们在心理上能够认识变革给自己带来的好处，清楚自己应如何适应这种变革。否则，他们就会形成强大的抵制力量，首先是来自思想上、情感上的抵触，再后来必然会演变成行动上的反抗和斗争。连业公司的中层主管没有有效地将GTM系统的优越性宣介给工人，没有向工人阐明眼前利益与长期利益的关系，没有很好地引用好的典型来说服大多数工人，这为冲突的形成埋下了伏笔。

（2）可供参考的解决思路。

第一，选择好组织变革、解决冲突的人员。组织变革、解决冲突可利用三个方面的力量：外部咨询机构、直线经理、参谋幕僚经理。在连业公司的变革冲突中，由于直线经理本身都不是很支持GTM系统，认为自己的威信在变革中会受到威胁，因此不适用于组织这种变革。而外部咨询机构，由于对公司的背景不太了解，对工人的心态把握不准，面对这种突发情况，很难发挥作用。而在连业公司的案例中，由于人事经理熟悉工人关系、劳动法规，是这方面的专家，又具有良好的沟通技巧、谈判技巧，因此最适合主持解决这场冲突。

第二，要着重分析、评估冲突的当事人及其所处的情景，"对症下药"，"因地、因时制宜"地找出解决问题的办法。对冲突双（多）方的动因、需求、弱点、性格特征都要做周密分析。连业公司专机车间的冲突发端于工资降低，激化于后整部主管的不礼貌言语，升级于对簿公堂。工人一方，长期以来处在"大棒"压抑的环境之下，有压迫就有反抗；后整部的主管向来就以怒吼工人为专长。经过与工人对话，人事经理了解到，实际上工人们心理上有一种"要求尊重"的渴求，而人事经理能够对他们以诚相待，约他们去吃饭，平等地接待他们，从心灵深处感动了他们。

一方面，人事经理了解到工人有许多朋友、老乡仍然在工厂工作，大家都不愿意打官司，不愿背上"刁民"的名声，因此发动工人的老乡做一些旁敲侧击的说服工作，从而争取更多人退出冲突。另一方面，连业公司所处的情景是要进行技术更新、重新确定工资制度这样与工厂战略密切相关的变革，所以一定要有力度和强度，不能因为部分工人罢工就让步，因此，人事经理对一定要打官司的工人的态度是坚定的，采取了"主动回应、积极准备"的策略。公司赢了官司，就能为下一步的改革提供有力的政策支持。

第三，适当的妥协可以安抚冲突的双方，形成"共赢"的局面。在连业公司的冲突中，虽然劳动仲裁部门判定公司胜诉，但不代表公司取得了解决冲突的真正胜利，因为工人对公司怀有仇恨的心理，可能会想办法进一步报复管理人员。这样公司需要摆出高姿态，采取适当妥协"让步"的办法，让坚持到最后的工人有一个台阶下，从而避免留下后患，比如他们离开公司后传播公司的负面消息。

第四，充分的、细致入微的沟通是解决冲突的"润滑油"。由于信息的不对称，工人对政策不理解，只想到自己的利益，不注意公司的发展；相反，主管人员在推行新措施的过程中，没有考虑工人的心声和感受。这些都不利于冲突的解决。人事经理采用的双向的、互动的沟通方式，以及工作之余的非正式拜访，充满了人情味，对最终解决冲突起到了不可忽视的作用。

4. 可供对照了解的现实情况

人事经理觉得应该正面接触组织这次罢工的工人代表，要求劳动仲裁部门的官员安排工人代表与人事经理在劳动局面谈。在劳动仲裁部门的谈判会议室里，人事经理对工人指责的"工厂违反"劳动法的行为——进行了反驳，明确表示，如果真的要打官司，那么工人们不一定能够胜诉，这样动摇了部分工人代表的信心。暗地里，人事经理又委托那些工人的介绍人（在厂里工作）去说服他们，"工人与工厂一家亲，如果打官司，就伤了和气，好事不出门，坏事传千里，如果工人官司输了，名声坏了，以后再到别的单位找工作就很难了"。此外，人事经理邀请这些组织罢工的工人代表晚上出去吃夜宵，拉近彼此的心理距离，并表示，只要工人愿意回厂上班，这几天罢工的工资损失全部由工厂负责，并保证上班后不受任何处罚。

经过上述一系列工作，罢工一个星期后，只有10名工人没来上班，其他工人都已陆续复工。

对最后坚持要到劳动仲裁法庭的10名专机工人，一方面，人事经理采取的是"积极准备，正面应诉"的策略。他收集了各种资料及政府文件，证明公司并不存在恶意剥削工人、本厂工资比同行业市场工资高的实情，并诚意邀请劳动局的官员到企业了解实际情况，指导工作。另一方面，公司在广州请了最有名的律师，全力以赴准备这场官司。公司一定要赢得这场官司，否则，推行GTM系统的改革就会停止，劳工成本偏高的问题将始终无法解决，而且会有更多的观望的工人加入罢工的行列。

经过努力，工厂在劳动仲裁部门的仲裁中取得胜利，10名工人败诉。但冲突并没有结束，败诉的工人当中有的坚持要到法院上诉，认为当地的劳动局多数会偏袒当地的纳税企业；有的要采取暴力、过激的行为，找人将人事经理和工厂后整部主管揍一顿，以发泄失去工作而得不到补偿的怨恨。面对虽然工人数量不多但矛盾和利益冲突更加深化的情形，人事经理还是表现出了工厂的高姿态：亲自登门拜访这些工人，关注他们近期是否找到工作了；如果没有找到工作的话，可以继续回连业上班；如果因为"爱面子"的原因不愿回连业上班，人事经理可以凭借自己的社会关系推荐到其他单位上班；如果他们对这二者都不接受，可以补发每人两个月的工资（每人约20 000元）作为对员工的体恤金，因为这几个月打官司的过程中，工人都没有了收入。这20 000元的体恤金，比工人上法庭告状所诉求的570 000元大大地降低了；更重要的是，表现出了公司在管理上"人性化"的一面。

在与这 10 名坚持到最后的工人协商后，他们都接受了工厂所提供的选择方案，结果没有一个人提出上诉，也没有人对工厂的管理人员采取暴力。相反，他们对工厂的情形表示理解，有人甚至表示，过几个月以后，一定再重新回到工厂的怀抱。

经过这次冲突管理的成功实践，连业公司认识到变革管理及处理冲突的重要性，在如下方面做出了更正和改善：

（1）在推出新项目前，只是在工厂小范围的车间进行试点，引进外部顾问进行专业论证和辅导。比如，目前推出的 TPS（丰田生产模式），就是先在工厂内成立专家实验小组，作为变革的先头部队。

（2）加强与工人多方面的沟通，将矛盾化解在萌芽状态。如公司设置了总经理信箱、人事经理信箱，开展了工人接见日活动，据此可以直接了解工人的动态，将工人诉求的事项在形成冲突之前解决好。

（3）注重劳动关系，关注工人满意度，每季度开展一次工人满意度调查作为识别冲突和不满的重要渠道。这种沟通方式，是减少冲突的润滑剂。

（4）提升幕僚机构的作用，在工厂内部消除只重生产、不重人事的管理及组织行为。比如，将人事经理纳入工厂管理最高委员会（site management team，SMT），在处理员工关系及劳动纠纷时请人事经理来主导。

（5）注重组织文化的建设，舒缓工人的精神压力及心理压力。开展厂长、经理亲自参加的文体活动，增强工人的归属感，缩短管理层与工人之间的距离。由高级副总裁率领自己家属参与的工人旅游活动，增强了公司领导的亲和力和工人的归属感。

 案例 3

合升公司合并过程中遇到的管理冲突 [①]

事件背景

广东欧联制衣有限公司和广东环欧制衣有限公司是合升集团在广东深圳开设的两间服装制造工厂，欧联位于深圳市龙岗区，环欧位于深圳市莲花山，两厂相距 6 千米。2004 年以前，欧联有职工约 2 000 名，主要为日本客户生产牛仔休闲裤之类的服装，工厂管理层主要来自香港特区，中层干部主要是具有本科学历的员工。环欧同期有职工约 5 000 名，主要为欧洲、美国客户生产时装、套装，工厂高层管理人员主要来自我国台湾地区。

2004 年初，由于日本服装市场萎缩，欧联的生存空间越来越小，基本上到了每接一个订单，如果生产环节控制不好，出现返工、加班，就会亏损的局面。相反，

---

① 本案例由邓靖松、张吉撰写。

环欧所面对的美国市场却因为配额即将取消、美国本土制造业外迁等利好消息而规模不断扩大，订单月月爆满。为了缓解环欧的订单生产压力，充分利用欧联现有的完好的设备及熟练的车缝工人，将美国市场的业务量引入欧联，合升集团高层决定将欧联与环欧合并，整合优势资源，实现 1+1>2 的协同效应。

当时主持合并的关键人物是环欧的总经理唐先生。唐先生在美国获得 MBA 学位，曾经在上海的外资企业做过高管。他是一名作风强硬、锐意进取的职业经理人。可惜的是，他 2003 年才加入合升集团，实施整合计划时他在公司工作尚不够一年，对公司各方面情况的了解还不够。

冲突的一方是以欧联原总经理郭先生为代表的欧联旧管理层。郭先生在 35 岁便当上了欧联的总经理，个性要强，锋芒毕露。而且他的进取心很强，除了忙于工厂的日常管理，还自费 23 万余元攻读国内一所重点大学的 EMBA。他最崇拜的人是杰克·韦尔奇，他的奋斗目标就是做一个像韦尔奇那样的职业经理人。

冲突的另一方是以新任命的欧联总经理黄先生为代表的新管理层。黄先生是一个只有初中文化，原来在环欧只管一个生产部门的经理。由于唐先生不熟悉工厂的情况，而黄先生是他的老乡，他认为比较可信，于是将黄先生从环欧调过来当欧联的一把手，而将郭先生安排在其手下做一个只管行政后勤的部门经理。从此，新管理层与旧管理层之间矛盾不断。矛盾进入白热化的标志是黄先生将郭先生的门锁更换了，还通知保安不要让郭先生进入工厂。

两厂的管理模式差异

两家工厂名义上属于同一个集团，但交流甚少，而且都是彼此独立的法人。具体来说，两家工厂的企业文化差别主要表现在以下几个方面：

（1）管理风格的差别。欧联的管理层为人温和，管理以说教为主，处事低调，对下属的关心以感情投入为主。比如，厂长和经理人员很少当众训斥下属，很少罚款；取而代之的是写检讨，不厌其烦地说教。管理层很关心下属的感受及生活状况，比如有员工生病住院了，厂长和经理会亲自到医院或员工家中探望这些员工。管理层在员工心目中树立了一个兄长和良师益友的形象。然而，欧联的员工工资水平较低，远低于环欧的水平。这一方面是因为他们承接的是日本订单，以休闲类的牛仔服为主，加工制造的附加值低；另一方面是因为欧联的管理层认为，高工资并不是留住人才的最好方法，相反更可能是导致人们认为金钱至上的催化剂。欧联管理人员之间的关系比较和睦，不存在山头政治。

环欧的管理风格可以概括为"金钱＋大棒＋政治"。他们的管理人员工资水平相对欧联和深圳同行业的水平来讲都是很高的，对员工的奖励是以发现金为主，高层管理人员对下属的激励和笼络也是以花钱吃吃喝喝为主；此外，环欧对员工的管理非常苛刻，最常用的手法就是扣奖金、罚款、开除。

（2）员工的心态不同。正因为两间工厂的管理风格不同，在各自环境中培育出来的员工心态及个性也不同。欧联的员工民主意识比较强，遇到不公正的情况、不合理的制度、不公平的待遇，敢于投诉，勇于表达，甚至对于工厂管理层的问题也可以给集团公司的老板写信，直抒已见。有一个员工在离职的时候由于厂长不批准给予补偿金，便通过公司内部的 E-mail 系统，给所有的员工写了一封邮件，历数厂长的不是，结果让厂长面子扫地。而环欧的员工，在高压政策之下，在利益集团严格控制和关系网拦截之下，比较听话、顺从，很多事情敢怒不敢言；他们认为投诉、举报是没有用的，比较实际的做法是与管理者搞好关系，找准撑腰的人，在派系争斗中站好队，不要跟错了人。因此，在环欧开除一个员工是很容易的事情，也不会产生有关的劳资纠纷。环欧的员工都感受到一种专制和表面的和谐温馨。管理层对职工的 E-mail 系统进行了严格的限制，一般员工的邮件是不可能传到总公司高层手中的。

（3）业务开放程度不同。环欧作为合升集团生产时装的一个核心工厂，经常派技术人员和工人到合升集团下属的其他工厂工作，比如菲律宾、泰国、越南等地，他们对待业务持较为开放和合作的态度，到一个新工厂也很容易适应。而欧联是一个相对封闭的工厂，很少到其他工厂学习、参观，更谈不上工作了。因此，其接受新管理方式的速度较慢。

（4）薪酬体系及对员工的激励方式不同。除了上面讲到的环欧的工资水平比欧联的高，两家工厂的工资福利体系也有很大的不同，比如加班费的计算、休假的计算、过年过节分红的计算，都有很大差别。

鉴于存在上述差别，环欧以总经理唐先生为代表的管理层没有认真分析，没有从跨文化管理与整合的高度去制定合并的策略，而是以管理层的权力分配为出发点，因此遭到欧联管理层的极大反抗。这种反抗是对环欧进行的文化霸凌措施的抵制。环欧管理层没有事先与欧联的管理层进行充分细致的沟通与协商，而是将总公司的安排当令箭，要求欧联腾出一个车间的地方给环欧使用，并且很草率地将衣车、机器快速地搬过去，也派遣了很多管理人员进驻欧联，给人一种全盘接管的感觉。

环欧的管理层没有认真考虑欧联管理层的人事安排及出路问题，事先也没有与欧联管理层进行小范围的沟通，让他们充分理解合并的原因、意义，以及对公司长期核心竞争力提升的作用。欧联管理层想到的最基本的问题是自己的权力将被剥夺，职位撤销后面临重新找工作的局面，裁员后是否有经济补偿，如何向他们以前提拔起来的下属交代等问题。以总经理郭先生、生产经理、业务经理为代表的人员根本没有心思思考与环欧整合的问题，而是想小点子、找自己的出路。比如，郭先生在听到合并的风声后突击给很多下属加工资，令工厂的工资成本一下子大幅上涨。另外，欧联的厂房很新，人事沟通宣传工作做得较好，管理人员相对精干。环欧没有利用好欧联原有的管理优势。比如，环欧的人员对欧联的设备、后勤设施不熟，刚进驻欧联，就迫不及待地将环欧现成的管理制度、流程强加给欧联的同事，让他们很难接受。再比如，环欧的一个管理人员在与欧联开交流会的时候，不是谈工作如何整合的问题，而是宣称自即日起，所有的报销财务单据不再由欧联签核，转而由他本人签核，这实际上是在夺取财务控制权。

管理冲突的激化

环欧的合并策略与欧联的企业文化发生了重大的矛盾，结果导致了一系列冲突。下面仅列举一些事件来加以说明。

事件一：环欧的行政管理人员为了在合并初期控制欧联的车队、食堂等后勤资源，决定将欧联原有车队及司机与环欧加以整合一并调度。当时，由于两间工厂的管理人员已经存在很大的隔阂、猜疑，环欧的管理人员决定对不听话的欧联的司机，或者说仍然忠于欧联管理层的司机给予严惩，借以杀鸡儆猴。因此，刚刚合并的那一天，环欧的后勤经理因为欧联的司机阿伟没有听从环欧的统一调度，私自开车送欧联的原总经理郭先生出去办事，决定立即开除他，但并不想给阿伟补偿金。殊不知阿伟就住在欧联工厂对面的村子里，第二天，阿伟纠集了许多人堵在欧联工厂门口，要找开除他的环欧的管理人员讨个说法。整个环欧派驻欧联的管理层都不敢走出厂门，后来工厂求助当地公安局出面调解，才在工厂允诺给阿伟补偿金的前提下，使事情没有进一步恶化。但是阿伟的举动对其他对环欧管理层心存不满的欧联同事产生了很强的示范作用，很多人坚定了与环欧管理层斗争到底的决心。

事件二：环欧的管理层对欧联的高层管理人员实行强硬的措施。由于欧联的管理层不愿配合环欧对欧联的合并行动，环欧的管理层就对欧联的主要管理人员采取隔离、孤立的策略，以迫使他们就范。他们不惜将潜在的矛盾公开化，公然将总经理的办公室门锁换掉，并且让保安阻止他进入欧联的厂区。这一举措让两间工厂的冲突升级。郭先生也不示弱，请来了律师准备收集证据状告环欧和合升集团。对于生产经理刘女士，环欧的管理层也采取打击、迫使就范的措施来处理冲突。就在2004年正月初三的晚上，环欧的总经理指派数名保安到刘女士所住的厂内单身宿舍，要求她在30分钟之内搬出去，不得再进入工厂。刘女士这也不甘示弱，立即召集了原来的下属，即欧联的领班及中层干部20余人来到她的房间门口，与强行搬行李的保安形成对峙之势，一方面与保安理论，另一方面阻止保安行动，肢体冲突一触即发。

这是合升集团成立十年来，发生在高层管理人员之间最直接、影响面最广的一次冲突。由于或者被拒之门外，或者被保安在规定时间内督促离厂，欧联管理层群情激动。此外，郭先生、刘女士除了给集团总部发出多封投诉信，还专门聘请了律师，决定对环欧的行为提起诉讼。

事件三：以当时人事部职员张先生为代表的189名样板员工、车缝工看到昔日的领导被剥夺了权力，并受到不公正的对待，便决心用更加激进的方式进行反抗。他们以受到不公正对待为由，认为环欧通过重新安排生产工作，让他们的权利受限，并以工厂少交保险、加班费支付不足等为由，上街示威游行。他们打着标语，喊着口号，一度影响了交通。当时正值深圳两会期间，这一事件引起了当地政府的高度重视，也让合升集团在社会上的形象大为受损。当地镇政府要求工厂领导出面拿出解决方案，否则，造成不良影响的话，将关闭欧联这间工厂。

事件四：就在合并的初期，集团公司主席每天都会收到欧联员工发来的投诉信、邮件，并引发了集团高层之间的纷争。在基层员工心中，隐性的冲突随处可见。比如同住一栋宿舍楼的欧联员工，会偷偷地将环欧员工晒在外面的衣服取下来扔掉；欧联的员工在厕所里，公然书写"保卫家园""打倒环欧侵略者"的口号；在车间里，有的欧联员工竟然私下破坏环欧的成品衣服和工具；在饭堂里，环欧与欧联的工人彼此不说话，敌视状态显而易见。

管理层的反应

环欧与欧联合并产生的冲突，最终惊动了集团主席，也就是该集团的实际所有者和控制人罗先生。罗先生开始重新审视这场冲突的成因、发展及冲突当事人的表现。

罗先生最初请唐先生来主持环欧与欧联的整合，是基于三个原因：一是他对原来的从草根阶层成长起来的厂长经理们不太放心，认为他们没有开拓性思维，没有全球经营的视野，没有管理跨国公司所需具备的知识和经验（例如他们不会英语，没有系统的工商企业管理理论知识），所以从外面聘请了有管理跨国公司经验的职业经理人，旨在向公司注入新的血液。二是环欧与欧联的合并及改革，必然会触动现有员工方方面面的利益，如果用一个旧同事、旧领导来主持这场合并，那么可能会受到既有的裙带关系、人情世故的困扰，而起用一个新人更容易推动整合。三是他喜欢唐先生的性格，直率、进取，办事讲求快速反应，而且又与罗先生一样在美国取得了 MBA 学位。

但是罗先生万万没有想到欧联一班旧同事的抵抗如此强烈，没有想到唐先生在处理人事关系上是如此草率、鲁莽，也没想到唐先生对欧联和环欧的企业文化不熟悉，导致他难以把握员工的真实需求，无法联合支持他的力量。

问题与思考

罗先生陷入了深深的思想斗争之中。作为这一合并战略的最终决策者，作为两间工厂合并工作的幕后推动者，他的决策错了吗？他选择的合并时机错了吗？还是主持实施合并及变革的人选错了呢？抑或是这两家工厂的文化差异太大，根本不适宜合并？

案例教学参考

1. 教学目的

以企业合并过程中的跨文化冲突为例，分析跨文化冲突的特征及其产生的原因，提出解决跨文化冲突的措施，学习处理冲突的沟通技巧，理论联系实际，掌握冲突管理的方法。

2. 适用范围

本案例适用于跨文化冲突、冲突管理、管理沟通等主题。

3. 案例分析思路

实行工厂合并，最重要的是加强两家工厂之间管理文化异同的比较分析，求同存异，扬长避短，寻找整合的最佳突围点和路径。但环欧的管理层没有充分地了解两间工厂企业文化的差别，更重要的是没有摸透欧联员工的心态，没有充分考虑合并时来自欧联的阻力。长期以来，欧联的管理层和环欧的管理层已形成了不同的管理风格。

可以从冲突当事人的心理需求入手，探讨跨文化冲突的处理方法。以阿伟为代表的广大欧联基层员工的想法是，不愿接受环欧专制的领导，不愿更换新的领导，担心自己不适应，害怕以前与同事、上级、下属建立的和谐关系遭受破坏。如果不让他们工作，最起码要给他们补偿金、遣散费，以便他们再找工作。其他工人觉得在环欧的管理下没有什么前途，不如想办法拿到补偿金后离开，所以他们借机闹事，以便让环欧的管理层炒掉他们。而环欧管理层的真实想法是，继续利用这些熟练技术工人，因为当时广东的制造行业已经开始出现用工荒；对于欧联原有的管理层，如果发现不适合继续留用，则应果断放弃。

环欧管理层在对待关键人物方面，没有考虑欧联原管理人员的心理感受，他们对原总经理郭先生及生产经理刘女士的做法都不恰当，让矛盾进一步激化。郭先生35岁便当上欧联这家拥有1 300多人的大厂的总经理，个性要强，锋芒毕露。他还自费23万余元读国内一所重点大学的EMBA，可见其理想和抱负。

相比之下，环欧派来的管理层受教育程度不高，郭先生根本不将他们放在眼中。但是环欧合并欧联的时候，完全没有认真分析郭先生的心理特点和职业抱负，也没有顾及他不服输、不甘居于平庸人士之下的个性。可以想象，郭先生的心理需求应该是，宁做鸡头不做凤尾，要么公司给他一笔补偿金，实现"金降落伞"计划，要么让他到集团下属的其他工厂继续做一个一把手。

刘女士是当时欧联的生产经理，是重要性仅次于郭先生的二号人物。合升集团是一个来料加工型企业，其业务接单部门在香港；位于内地的工厂的重要任务就是完成订单的生产，再通过香港的业务交付海外客户。环欧合并之初意识到刘女士的重要性，决定任命她为欧联的厂长（主管生产与运作）。但由于环欧的管理层当时没有与欧联的各层级的干部员工进行多方位的沟通，没有以诚待人，没有给予兄弟工厂充分的信任与合作的感情投入，导致欧联的员工对环欧的总体合并政策及人事安排都持怀疑态度，认为环欧"入侵了他们的家园"。当时的生产工人实际上处于一种人心涣散的状态，刘女士也很难在短时间里安抚人心，因此出现了部分生产工人罢工的情形。结果环欧管理层认为这是刘女士的失误和管理不力造成的，甚至认为刘女士在操纵这些工人罢工，因此增加了对唯一有利的可以利用人员的怀疑，继而限制她的权力。刘女士本来的心理是借助环欧与欧联合并，可以提升自己的工资及权力，从她自身看，实际的利益对她的吸引力更大。她文化水平不高，在合升集团从事生产管理工作已有14个年头，管理职位上升的空间已经十分有限了；更何况她心里想的就是再打几年工回家可以开个属于自己的小制衣厂，自己创业。

正如事件背景里介绍的那样，环欧的工资水平比欧联高，而合并之后刘女士可以作为一个独当一面的厂长，因此一开始她并没有对合并表示不支持。但在合并进入实质性阶段以后，她发现自己的工资并没有调高，而所谓的厂长，只不过是环欧一个生产分厂的厂长，没有单独的人事权、财务权，因为这些权力都被收归环欧的"小中央"部门。刘女士的期望并没有得到满足，她尽心尽力让合并后的工厂发挥更大生产力的热情和动力就大打折扣了。如果当初环欧的管理层深入了解刘女士的所想所思所需，采用有针对性的有效策略安抚她，安排合适的管理职位给她，她就不会成为环欧与欧联合并中的反抗力量。

上面仅从心理层面分析了欧联管理层的两位代表在合并中成为冲突当事人的原因。实际上，由于管理风格、处事作风的差异，利益处理不当等原因，欧联不同层次的员工与管理层都与环欧的同等职位的工友或管理层产生了摩擦冲突。比如，将环欧搬到欧联生产的货物偷走，不与环欧的工友共住一间宿舍，接二连三地向有关政府部门举报环欧存在超时加班、侵犯人权等现象，等等。员工最大的心态就是，不想与环欧合并，不想承接自己不熟悉的产品订单，不想适应环欧管理人员的高压管理手段，对环欧的任人唯亲、裙带关系表示反感。既然这样，他们心里想不如早点儿与公司终止劳动关系，拿到补偿金，另谋发展。

反过来分析一下罗先生的心境：如果停止合并，那么欧联就如同鸡肋，食之无味，弃之可惜，依旧是一个效率低下、成本高企的工厂，而且无法充分利用环欧的管理资源；如果仍然要执行目前的合并策略，让唐先生主持合并，那么将会遭到更多来自欧联的反抗，同时会让欧联本身一些优秀的人才流失。更为重要的是，公司将会被起诉，面对的可能是巨额的劳动争议赔偿，公司当年的财务目标无法完成，而且如果诉讼失败将损害公司的公众形象。但又似乎不宜撤换唐先生，以平民愤，因为唐先生在管理环欧时还是受到人们认可的，也已经显示出他的才能。

作为一个具有全球眼光的经营者，罗先生必须在公司长期战略与短期利益之间做出权衡，在公司立场与个人偏好之间做出取舍！他应该选择顾全大局与长期利益，应该选择站在公司立场而放弃个人用人方面的偏好！

4. 可供对照了解的现实情况

罗先生在冲突中立场比较坚定，仍然以顾全公司大局、促进公司发展为重，而不是为个人私利打小算盘，于是着手调查事情的真相，为防止冲突的升级，拟订了下列解决冲突的方案。

（1）解除公司合并负责人唐先生的职务，解除与他的雇用合同。任命德高望重的公司董事章先生作为合并后公司的总经理。章先生比较了解工厂员工的心态，与广东各级地方政府有良好的关系。

（2）对原欧联的管理层，章先生单独找他们谈话，或请他们吃饭，了解他们内心深处的诉求；对于他们中对合并后的公司仍有信心的，将给予合理的职务安排；对于确实没有信心的，将给予适当的补偿金，以安抚他们的心理，让他们不要带着怨恨的心情离开工作了多年的公司。同时，章先生代表公司对他们在合并前期所遭遇的委屈表示歉意。

（3）对于广大的基层员工，公司安排原来欧联仍留任的车间主任和人事主管现身说法，进行充分细致的沟通，强调合并对工厂有利，对拓展工人的技能有利，比如以前只会做简单的牛仔装，合并后可以学习做时装；同时出台学习过渡阶段的保底工资，以保证工人在技术转型阶段不因生产新产品的效率不高而降低收入。

（4）对于借故反对合并、经过细致的思想工作之后仍然不愿回来上班，反而找工厂管理上的各种漏洞到劳动部门告状的工人，工厂将郑重聘请律师与他们对簿公堂，晓之以理、论之以法。

（5）立即进行规章制度、生产流程、管理信息系统、物流系统、业务订单处理系统的整合，按照优胜劣汰的原则保留企业文化的精华。在文化整合期，设立员工接待与沟通管理小组，总经理每周定时会晤有意见的员工，以了解基层员工的心声。

上述冲突处理措施落实后，产生了"双赢双动"的局面，即集团管理层达到了整合资源、安抚人心的目的，而广大员工感受到公司对他们的尊重，增强了公司向前发展的信心，增强了对公司的归属感。经历此次冲突后，集团管理层开始行动起来，培育统一的企业文化，树立集团下属各个不同工厂统一的价值观，着手建立集团通用的人事管理系统，以便更容易地在集团下属不同的工厂之间调配人才，借用管理模式，避免整合各分厂时再次发生冲突，减少合并管理成本。此外，在合并冲突事件中，原欧联的员工也认识到，要想在不同文化、不同生产模式的工厂中生存，必须有多方面的技能和适应新管理方式的能力。他们以前只会做休闲服，合并之后，原有的工人开始一门心思地钻研时装等的制作工艺，用实际行动来开发自身的潜力，提高对市场环境的适应性。

有效整合后的环欧与欧联，工人之间不再敌视，而是建立了亲密的关系。公司通过统一厂服、统一交通工具、统一户外拓展等一系列活动，营造出和谐统一的工作氛围。

这次冲突给合升集团管理层最大的启发就是，企业整合的关键是文化的整合，是人心的交融与整合；而文化建设及对人心向背的把握，是一项长期而又细致入微的工作。在为整合企业的战略与使命而采取的冲突处理策略面前，管理者的个人偏好及主观想象应放在次要地位，不能有损大局。

第七章　组织文化

![要点图标] **要点**

> √ 组织文化的概念与结构
> √ 组织文化的功能
> √ 组织文化的测量
> √ 组织文化建设
> √ 中国组织文化建设的实践

第一部分　知识点

一、组织文化概述

（一）组织文化的概念

组织文化是指组织在长期的生存和发展过程中所形成的，为组织多数成员所共同遵循的最高目标、基本信念、价值标准和行为规范。它是理念形态文化、行为制度形态文化和物质形态文化的复合体。

（二）组织文化的结构

组织文化一般分为三个层次：理念层、制度行为层、器物（符号）层。

（三）组织文化的功能

1. 导向功能

组织文化引导着组织整体和每一个组织成员的价值取向及行为取向，使之符合组织所确定的目标。为此，在制定组织愿景时，应该融进组织成员的事业心和成就动机，包含较多的个人目标，同时要高屋建瓴、振奋人心。

2. 凝聚功能

组织文化是组织成员的黏合剂，也是促使组织成员忠于组织的向心力，它把各个方面、各个层次的人都团结在组织目标的旗帜下，并使个人的思想感情和命运与组织的命运紧密联系起来，使组织成员产生深刻的认同感，最终与组织同甘苦、共患难。

3. 激励功能

在满足物质需要的同时，崇高的组织价值观带来的满足感、成就感和荣誉感，使组织成员的精神需要得到满足，从而产生深刻而持久的激励作用。

4. 规范功能

规章制度构成对组织成员的硬约束，而组织精神、组织道德、组织风气则构成对组织成员的软约束。这种软约束，可以减弱硬约束对员工心理的冲击，缓解自治心理与被治现实之间的冲突，削弱由此引起的心理逆反，从而使组织成员的行为趋于和谐、一致，并符合组织目标的需要。

5. 辐射功能

组织通过各种传媒或直接与外界接触，展示组织的文化。人们通过组织的标志、广告、建筑物、产品、服务，以及组织领导者、员工（特别是营销人员、服务人员和公关人员）的行为，了解组织与众不同的特色，以及在其后面深层次的价值观。对社会公众来说，这是对组织的识别过程；对组织来说，这就是文化的辐射过程。这个辐射的结果，就形成了组织的形象。

6. 整合功能

任何组织都拥有许多资源：人力资源、物力资源、财力资源、知识资源、社会资源等。但要形成竞争优势，就必须将这些资源有效地进行整合，形成强大的合力。那么用什么去整合资源呢？用文化。组织用共同的核心价值、经营理念、管理理念去武装组织人力资源，形成从思想到行为的高度一致，在此基础上整合组织的物质资源，往往可以获得最大的综合效果。

二、组织文化的测量

（一）霍夫斯泰德的组织文化测量维度

价值观层的三个维度：对工作的关注、职业安全意识、对权力的需求。

管理行为层的六个维度：过程导向－结果导向、员工导向－工作导向、社区化－专业化、开放系统－封闭系统、控制松散－控制严密、注重实效－注重标准与规范。

制度层的一个维度：发展晋升－解雇机制。

（二）丹尼森的组织文化测量维度

1. 人的特性模块

（1）授权：企业成员进行自主工作的授权状况，它是责任感的源泉。

（2）团队导向：依靠团队的力量来实现共同目标的意识。

（3）能力开发：企业在员工技能成长、素质开发上的投入状况。

2. 基本价值观模块

（1）核心价值观：企业成员共享的、特有的价值观和信念体系。

（2）一致性：企业成员达成一致观念的难易程度，尤其指在遇到冲突时。

（3）和谐：企业不同部门之间为共同目标而相互协作的状况。

3. 环境适应性模块

（1）应变能力：企业针对环境变化能够迅速采取变革措施并顺利实施。

（2）关注顾客：对顾客兴趣的把握以及对顾客需求的迅速反馈。

（3）组织学习：企业从内外部环境中接收、内化、传播知识与经验，并迅速进行创新，创造新知识的能力。

4.企业使命模块

（1）企业愿景：企业所有成员共享的对企业未来发展的看法。它是核心价值观的外化，是企业凝聚人心的重要因素。

（2）战略导向/意图：对如何实现企业愿景所进行的战略规划，包括明确的企业战略以及每个成员为实现目标所需付出的努力。

（3）企业目标：为实现企业愿景、战略而设定的一系列阶段性目标。

（三）奥赖利和查特曼的组织文化测量维度

奥赖利和查特曼提出，组织文化测量维度既要反映组织文化的特性，又要反映组织成员对组织文化的偏好程度。

他们提出了衡量组织文化的八个维度：

（1）创新维度；

（2）稳定性维度；

（3）相互尊重维度；

（4）结果导向维度；

（5）注重细节维度；

（6）团队导向维度；

（7）进取性维度；

（8）决策性维度。

三、组织文化建设

（一）组织文化建设的基本含义

组织文化建设，就是根据组织发展需要和组织文化的内在规律，在对组织现实文化进行分析评价的基础上，设计制定组织文化目标，并有计划、有组织、有步骤地加以实施，进行组织文化要素的维护、强化、变革和更新，不断增强组织文化竞争力的过程。

我们可以从以下四个方面来进一步把握组织文化建设的内涵：

（1）组织文化建设是组织主动实施的组织行为。

（2）组织文化建设是组织发展战略的重要支撑。

（3）组织文化建设的目的是增强组织的核心竞争力。

（4）组织文化建设是一个持续的过程。

（二）组织文化建设的步骤

组织文化建设大体经历三个步骤：

1.组织文化盘点

组织文化盘点，就是对组织现有文化的调查和诊断。

常用的一些调研方法包括访谈法、问卷法、资料分析法、实地考察法等，一般自上而下分层进行。

2. 组织文化设计

组织文化是一个有机的整体，它包括理念层、制度行为层和器物（符号）层。组织文化的设计中最重要的是组织理念体系的设计，它决定了组织文化的整体效果，也是设计的难点所在。

3. 组织文化实施

组织文化的实施阶段，往往是组织的一次变革，通过这种变革，把组织优良的传统发扬光大，同时纠正组织存在的一些问题。

一般来讲，组织文化的变革与实施分为导入阶段、变革阶段、制度化阶段、评估总结阶段。

（三）组织文化建设的实施艺术

（1）软管理的"硬"化。

（2）"虚功"实做。

（3）组织文化的人格化。

（4）领导者的示范艺术。

（5）情境强化的艺术。

（6）"观念—故事—规范"三部曲。

四、中国组织文化建设的实践

（一）党政齐抓共管

中国国有企业具有开展思想政治工作的优良传统和工作优势。我们应充分利用这些优势，使之与企业文化建设紧密结合，党政齐抓共管，探索具有中国特色的企业文化建设模式。

（二）思想工作与文化建设的交融

企业文化与思想政治工作既不是相互包含，又不是完全重合，而是你中有我、我中有你，是一种相互交叉、互为依存的关系。

（三）优良文化与不良文化的冲突与消长

（1）个人本位与集体主义。

（2）等价交换与奉献精神。

（3）感情投入与感情激励。

（四）社会变革过程中观念更新的复杂与艰难

面对经济全球化趋势，我国坚持把改革开放作为一项基本国策，在这个过程中，一定要把握企业理念的正确方向，不要被一些似是而非的西方观点左右。当员工队伍观念冲突，企业文化与个人文化、部门文化不协调时，我们应该保持清醒的头脑，在实事求是和求同存异原则的指导下，积极、稳妥地解决问题。

第二部分 习题集

一、填空题

1. 组织文化的本质是组织成员的_____，它使得组织具有_____，并且区别于其他组织。

2. 组织文化对企业具有_____、_____、_____、_____、_____等功能。

3. 组织文化一般分为三个层次：_____、_____和_____。

4. 组织文化的形成会受到_____、_____、_____和_____等因素的影响。

5. 学者们在对组织文化进行研究的过程中，产生了几种较有影响的理论，其中包括威廉·大内的_____、麦肯锡公司的_____，每种理论都从不同角度对组织文化现象进行了解释。

6. 在创建组织文化时，需要遵循一定的步骤对_____、_____、_____和_____等进行建设，并且运用一些基本方法和辅助手段来塑造企业文化。

7. 组织文化的管理方式是以_____管理为主。

8. _____是组织评判事物和指导行为的基本信念、总体观点和选择方针。

二、单项选择题

1. 组织在长期的生存和发展中所形成的，为本组织所特有的，且为多数成员共同遵循与追求的目标、价值标准、基本信念和行为规范的总和是（   ）。

    A. 组织制度   B. 组织文化   C. 组织形象   D. 组织责任

2. 组织文化中的核心层是（   ）。

    A. 物质文化层   B. 制度文化层   C. 精神文化层   D. 道德文化层

3. 属于组织文化制度层的是（   ）。

    A. 组织经营哲学   B. 组织精神   C. 组织风气   D. 责任制度

4. 组织文化是组织成员共同的价值观念，它感召组织成员，将组织成员的行为引导到组织的目标上去，最终引导成员去实现组织目标。这时，组织文化主要发挥的作用是（   ）。

    A. 行为协调作用   B. 行为激励作用

    C. 行为导向作用   D. 社会辐射作用

5. 关于企业文化特点的描述正确的是（   ）。

A.企业文化具有相对稳定性　　　　B.企业文化具有硬约束性

C.企业文化不具有连续性　　　　D.企业文化具有有形性

6. 下列不是组织文化的隐性内容的是（　　　）。

A.价值观念　　　　B.规章制度　　　　C.道德规范　　　　D.企业哲学

7. 关于组织文化，正确的说法是（　　　）。

A.变化较慢，一旦形成便日趋加强

B.变化较快，随时补充新的内容

C.变化较慢，但每年都会有一些过时的内容

D.变化较快，特别是在企业管理人员变更时

8. 塑造组织文化的首要战略问题是选择正确的（　　　）。

A.组织价值观　　　B.宗旨　　　　C.发展战略　　　　D.发展方向

9. 组织文化的功能不包括（　　　）。

A.把组织整体及组织成员个人的价值和行为取向引导到组织目标上来

B.使整个组织朝多元化的方向发展

C.形成凝聚员工的感情纽带和思想纽带

D.组织创新并激励员工为实现自我价值和组织发展而不断进取

10. 下列关于桑南菲尔德提出的标签理论陈述不正确的是（　　　）。

A.有助于认识组织文化的形成

B.有助于认识个体与文化的合理匹配的重要性

C.有助于认识组织文化之间的差异

D.确认了四种组织文化类型

11. 组织创始人的价值观和组织成员自身经验相互作用的结果是（　　　）。

A.组织文化　　　B.企业环境　　　C.企业目标　　　D.组织创新

12. 关于组织文化的特征，下列说法不正确的是（　　　）。

A.组织文化的中心是以人为本

B.组织文化的管理方式以柔性管理为主

C.组织文化的核心是组织精神（价值观）

D.组织文化的重要任务是增强群体凝聚力

13. 关于组织文化的功能，正确的是（　　　）。

A.组织文化具有某种程度的强制性和改造性

B.组织文化对组织成员具有明文规定的具体硬性要求

C.组织的领导层一旦变动，组织文化一般会受到很大影响，甚至立即消失

D.组织文化无法从根本上改变组织成员旧有的价值观念

14. 由价值观的差异而导致的冲突，其冲突源属于（　　　）。

A.沟通因素　　　　　　　　　B.结构因素

C.领导因素　　　　　　　　　D.个人因素（或个人行为因素）

15. 根据罗克齐对价值观的分类，价值观包含工具价值观和（　　　）。

A.终极价值观　　　　　　　　B.工作价值观

C. 社会价值观　　　　　　　　　　D. 经济价值观

三、多项选择题

1. 组织文化的器物（符号）层包括（　　　）。

A. 工作制度　　　　B. 企业标识　　　　C. 产品包装　　　　D. 技术工艺设备

E. 工作环境

2. 冲突具体表现在以下几个方面（　　　）。

A. 精神文化冲突　　　　　　　　　　B. 制度文化冲突

C. 物质文化冲突　　　　　　　　　　D. 利益冲突

E. 道德冲突

3. 美国学者狄尔和肯尼迪根据企业在经营过程中面临风险的程度和获得信息反馈的速度，把企业文化分为（　　　）。

A. 过程型文化　　　　　　　　　　B. 硬汉型文化

C. 和谐型文化　　　　　　　　　　D. 赌注型文化

E. 努力工作尽情享受型文化

四、简答题

1. 组织跨文化冲突有哪些表现？如何解决？

2. 简述组织文化的概念。

3. 组织文化的功能有哪些？

4. 组织文化建立的指导原则有哪些？

5. 简述组织文化的结构和内容。

五、论述题

1. 结合实际试述塑造和强化组织文化的方法和途径。

2. 试述在企业兼并中如何采用合适的文化整合模式。

3. 试述组织文化与组织绩效的关系。

4. 我们进行跨文化研究，对我国改革开放、建设社会主义市场经济有何重要作用？

参考答案

一、填空题

1. 共同价值观体系　　自己的特色

2. 导向　凝聚　激励　规范　辐射　整合

3. 理念层　制度行为层　器物（符号）层

4. 创始人　行业特征　民族文化　地区文化

5. Z 理论　7S 理论

6. 企业理念　企业精神　企业规范　企业形象

7. 柔性

8. 组织价值

二、单项选择题

1. B　2. C　3. D　4. C　5. A　6. B　7. A　8. A　9. B　10. A　11. A　12. C　13. A　14. D　15. A

三、多项选择题

1. BCDE　2. ABCD　3. ABDE

四、简答题

1.（1）冲突表现：精神文化冲突、制度文化冲突、物质文化冲突、利益冲突。

（2）解决方法：在企业内部建立起跨文化的共同价值观；进行跨文化培训；管理本土化。

2. 组织文化通常是指在组织管理领域这个狭义范围内产生的一种特殊的文化倾向。具体是指一个组织在长期发展过程中，把组织内部全体成员结合在一起的行为方式、价值观念和道德规范。它反映和代表了该组织成员的整体精神、共同的价值标准、合乎时代的道德和追求发展的文化素质。它是增强组织凝聚力、向心力和持久力，保证组织行为的合理性，推动组织成长和发展的意识形态的总和。

3.（1）组织文化的积极作用／功能：导向功能、凝聚功能、激励功能、规范功能、辐射功能、整合功能。

（2）组织文化的消极作用：阻碍组织的变革、削弱个体的优势、组织合并的障碍。

4. 答案一：目标原则、价值原则、卓越原则、激励原则、环境原则、个性原则、相对稳定原则。

答案二：目标原则、价值原则、卓越原则、参与原则、成效原则、亲密原则、正直原则、环境原则。

5.（1）组织文化的结构。组织文化的结构一般分为三个层次：理念层、制度行为层、器物（符号）层。

（2）组织文化的内容。从组织文化的形式看，其内容可以分为显性和隐性两大类。显性内容就是指以精神的物化产品和行为为表现形式的，包括组织的标志、工作环境、规章制度和经营管理行为等；隐性内容是组织文化的根本，主要包括组织哲学、价值观念、道德规范、组织精神等几个方面。

五、论述题

1. 运用一些基本方法和辅助手段来塑造和强化组织文化。

（1）基本方法。

1）领导者对事情的关注。领导者应当持续地关注什么行为能够强有力地传达信息，表明哪些事情重要、哪些事情无关紧要。

2）领导者对危机的反应。领导者处理危机的方式能够显示组织文化的许多方面。解决方式的差异反映了企业的价值观和态度的差异。

3）角色示范和培训。组织文化最关键的传达方法是领导者的身体力行、以身作则。

4）报酬与晋升标准。组织成员能够从报酬制度、考评标准、晋升政策等方面识别出组织的价值、态度和假设。

5）招聘和选拔的标准。组织挑选新成员是内化、渗透价值观最核心、最有效的一个方法。

（2）辅助手段。

1）组织结构的设计。通过组织结构的设计，领导者可以表露自己的价值观和信念。

2）制度和程序。组织的各项制度和程序可以把组织文化固定下来。

3）物质环境。组织的建筑物设计、办公室环境等也能影响组织文化。

4）故事和仪式。领导者通过传播与组织价值观相符的故事，执行各种强化组织文化的仪式、礼仪，以形成与巩固组织文化。

5）正式陈述。塑造和强化组织文化的最后一种方法是把组织倡导的价值观正式写下来，以便进行宣传。

（3）结合实际略。

2. 在企业兼并中，主要有四个因素影响企业的文化整合。

（1）企业兼并战略：是横向兼并，还是纵向兼并，或是多元化兼并。

（2）两个企业原有的文化特征：是强文化还是弱文化，以及文化的优劣性。

（3）企业兼并中面临的风险程度：是高，是低，还是中等。

（4）兼并后企业的集权程度：是高，是低，还是中等。

根据这四个主要因素，企业文化整合模式可分为文化注入式、文化融合式、文化促进式和文化隔离式。

（1）文化注入式。并购企业欲将被并购企业纳入自己的体系时，文化整合常常采用文化注入式，即并购企业在被并购企业中树立、植入自己的企业文化，以并购企业的企业文化取代被并购企业的企业文化。

（2）文化融合式。实力相当的企业合并到一起，一般采取文化融合式，即将双方的企业文化通过相互渗透和不同程度的调整，有机地融合起来，形成一种新文化。

（3）文化促进式。多用在被并购方实力相对较弱，但企业文化相对较强且优秀，能对并购方文化产生良好影响的企业并购中。并购方在其企业文化保持基本价值观稳定的情况下，借鉴和吸收被并购方企业文化的合理方面，使并购方企业文化的功能更齐全、结构更完善。

（4）文化隔离式。这种文化整合主要适用于某些跨国企业间的重组。因为双方文化背景和企业风格迥然不同，甚至相互排斥或对立。在文化整合的难度和代价较大的情况下，如果能保持彼此的文化独立，避免文化冲突，反而更有利于企业的发展。

对于并购企业来说，采用哪一种文化整合模式取决于战略相关性和文化宽容度。对于被并购企业员工来说，他们对自己文化的认同和并购企业文化对其的吸引力也在一定程度上影响整合模式的选择。因此，选择何种文化整合模式，需要综合考虑各个方面的因素，尤其是上面提到的四个影响因素。

3.组织文化具有多种功能，大家最关心的问题是组织文化与组织绩效是否直接相关。彼得斯和沃德曼的观点是，强文化是绩效优异企业具有的重要特征。强文化是指组织成员拥有一套比较一致的价值观。

（1）强文化通常能促进战略与文化的良好匹配，这种匹配非常有利于组织战略的执行。

（2）强文化可能会促进员工对组织目标的认同，即组织成员追求同样的目标。

（3）强文化能够激励员工，使他们献身于组织的发展与成功。

然而，研究表明，强文化不一定总比弱文化好。关键不在于文化的强弱，而是取决于文化的类型和内涵。只有那些能够使企业适应市场经营环境变化并在这一适应过程中领先于其他企业的文化，才会在较长时间内与组织绩效相关。

此外，对衰退企业的研究发现企业衰落的主要原因之一是病态文化。病态文化的基本特征是：管理者自命不凡，夸夸其谈；长期受这种文化影响的管理者，无视员工对公司现在的经营方式提出的抗议，依然如故；由于原先不需要特别突出的领导才能和领导艺术，管理者形成了偏重公司经营稳定的风格。

4.随着全球经济贸易一体化，在如何认识和了解国外的管理经验和理论，如何将它们与我国现代化建设相结合，如何吸引外资和改善投资的"软环境"，以及跨国公司在我国如何成功地从事经营活动等诸多方面，跨文化研究都具有以下几方面的重要作用和意义：

（1）有利于我们有效地吸收管理理论和经验。研究表明，日本与美国的文化传统反差强烈，双方若直接照搬对方的成功经验都难以取得较好的效果。因此，中国的现代化建设只能结合本国文化特点，有选择地吸收和消化国外的管理理论和经验。

（2）有利于促进改革开放，进一步改善投资的"软环境"。不同的价值观会造成人们管理行为上的差异。在国际市场中，为了让外国人理解中国人的行为，同时让中国人理解外国人的行为，就需要对东方文化和西方文化认真研究，找到使组织在开放环境中生存和发展的恰当方式。

（3）有利于消除组织冲突。以美国为例，在美国企业中，大量来自不同国家和地区、具有不同文化传统的移民者在一起工作，他们在语言、传统、习俗上有较大差异，导致人与人之间的态度、行为和价值观上有许多不同，容易造成人们沟通上的误解和偏差。而跨文化研究则有利于解决这一冲突。

（4）有利于跨国公司适应当地的自然与人文环境并获得进一步发展。如大连三洋制冷有限公司把日本先进的管理制度与技术同传统的中国文化相结合，以"创造无止境的改善"为企业理念，树立"务实、创新、追求卓越"的企业精神，奉献绿色产品，开创21世纪新生活"贡献于人类和地球"，并塑造出以人为本的企业文化，使三洋能植根于中国的土壤并得到很好的发展。

第三部分　案例集

一、课堂讨论案例

 案例1

组织诊断练习①

第一步：选择一个你可以诊断的组织作为案例对象进行案例诊断，可以是你自己所在的组织，也可以是你熟悉的组织。如果你还从未在一个组织中工作过，也可以选择你自己的学校作为诊断对象。你的目标是理解组织文化的外在表现并识别组织的优势或问题。

下面是一些问题的范例，当你在诊断一个组织、小组甚至是你自己的家庭的积极方面时，可以提出这些问题。

● 架构：组织的结构和设计是怎样的？你是否喜欢这种组织形式？

● 职业：组织的哪些方面让你喜欢，让你愿意为之每天工作？

● 领导：在组织中，你最敬佩的领导是谁？你为什么敬佩他？他做了什么？是什么领导风格？

● 沟通：你什么时候和你最关注的人进行过非常令人满意、非常有效的交流？

● 团队工作：在这个组织中，你什么时候经历过令人异常高兴的合作和团队工作？

● 文化：在你所处的文化中，非常有趣、鼓舞人心以及令人容光焕发的是什么？什么让你变得兴奋？

● 愿望：你对这个组织抱有的最大愿望是什么？你真正希望的是什么？

● 工作：在这里工作，你看过的最好的成就是什么？所获得的超过所有人预期的成就是什么？

当你想发现问题时，也可以思考下列问题：

● 组织是否在发展中？需要做出什么变革或调整？

● 组织最大的问题和缺陷是什么？

● 在这个组织中，成员面对的最大麻烦是什么？

● 哪些组织做得更好？为什么？

---

① 大卫·惠顿，金·卡梅伦.管理技能开发：第8版.张文松，等译.北京：机械工业出版社，2012.

第二步：现在，为组织编写一个相应的自我描述。阐明关于组织的以下问题：
- 这个组织的优势和独特品质是什么？
- 组织该如何利用和发挥它的优势？
- 当前组织的问题如何解决？
- 推动组织的愿景是什么？
- 你有什么能促进组织进行变革的建议？

二、课后分析案例

案例 2

电装管路公司的罢工事件 [①]

引言

2012 年 6 月，一个周五的下午，电装集团采购部余经理收拾东西正准备下班，主管电装空调管路业务的小刘急急忙忙跑了过来，一脸慌张。余经理的心猛地一沉："不会又出什么问题了吧？"

小刘还没跑到座位前就开始喊起来了："领导，坏消息！广州电装管路公司的营业员刚才打电话来，说他们公司的员工罢工了！"

"他们为什么罢工？已经停止生产了吗？"余经理问。

"听说是因为部分员工今天发工资后发现，实际增加的工资没有公司上个月公布的多，因此煽动其他员工罢工，生产线工人已经全部回家了，只有工会的几个代表正在和公司谈判。"

电装管路公司采用丰田式物流管理，因此基本没有成品在库，很容易就会导致丰田、本田等客户停产。如果整车厂停产，那将是一个非常严重的问题。好在接下来两天是周末，客户没有生产计划，如果在周一之前将问题解决，就不会给客户带来影响。但是余经理担心电装管路公司的日籍总经理不能很好地解决公司与本地员工之间的矛盾和冲突，导致事态进一步恶化，因此向集团领导汇报了冲突事件。集团决定派工会的李主席紧急赶往现场，支援电装管路公司管理层，参与与员工的谈判协调工作。

公司背景

汽车空调管路是构成汽车空调的零部件之一，技术要求不高，因此行业进入门槛相对较低，市场竞争异常激烈。电装集团与 F 集团曾合资组建了以生产大巴汽车空调和汽车空调管路为主的 G 公司，总部设在日本长野。为了扩大汽车空调的产业链规模、整合供应链体系、提高市场竞争优势，电装集团于 2008 年收购了 G 公司的全部股份，

---

① 本案例由邓靖松、于泳撰写。本案例研究得到了国家自然科学基金项目（71772189）的资助。

并在此基础上成立了电装管路公司。电装管路公司在中国设有两家工厂：一家位于天津，主要对应华北地区的汽车市场；另外一家位于广州，主要对应华南的汽车市场。

电装管路公司成立后，电装集团从技术、人力资源上加大支持力度，在政策上采取扶持策略，要求集团内的公司必须优先采用电装管路公司的产品，没有许可不可采用电装管路公司之外的产品。当然，电装集团是上市公司，必须给股东好的业绩回报，因此在战略上加大对空调管路事业的扶持力度的同时，对电装管路公司的收益目标等也提出了较高的要求。

新上任的总经理

为了尽快实现预期的利润目标，交给股东一份优异的成绩单，经过层层筛选，电装集团决定委派坂本先生出任广州电装管路公司总经理，原G公司的日籍人员随之调整岗位，分别担任技术等部门的负责人。

坂本是一个技术派管理者，精通空调管路的制造技术，并拥有丰富的丰田生产方式管理经验。他只到中国出过一两次差，对中国的工作环境不太了解。不过，坂本深知集团对他期待很高，自己暗下决心要尽早达成公司的目标。

上任后，坂本首先从技术专家的角度出发，大刀阔斧地对生产工艺、加工流程等进行改造，大大提高了生产效率，同时强化公司管理，以身作则，从5S管理入手，雷厉风行地推进管理制度改革，将原本散漫的工作氛围变得紧张有序，公司整体的精神面貌有了很大改观。通过一系列的改革，公司在坂本上任的第一年就超额完成了董事会制定的目标，电装管路公司因此受到了表彰。坂本也是春风得意、自信满满地准备进一步推进各种改革，以取得更好的成绩。

但是，在取得这些成绩的同时，坂本的一些做法或者行为也给中日员工的团结埋下了隐患。比较典型的是他偏听偏信，很多时候根本不了解现场情况。例如，坂本上任后，基于精减人员的思路，在没有征求相关人员的意见的情况下，直接将现有的总经理专职翻译派往技术部门任职，翻译工作由人事总务科王科长兼任。坂本对中国的环境不了解，语言也不通，因此无论是工作需要，还是租房搬家、饮食购物等生活琐事都得到了王科长的悉心关照。随着交往的增多，坂本对王科长的信任和依赖逐渐加深，遇到问题常常只听他的建议。

由于撤销了专职翻译，员工对公司的意见基本上都经过王科长向总经理传达。王科长会筛选对人事总务科有利的意见进行反馈，而将对人事总务科不利的意见直接屏蔽，不让总经理知道。员工关于伙食、加班、工作环境等方面的对人事总务科不满的意见无法反馈到总经理处。时间久了，员工认为总经理和人事总务科站在一个立场上，渐渐就不愿意反馈意见了。

冲突的缘由与经过

经过与电装管路公司工会人员面谈，余经理基本捋顺了事情的发生经过。包括中方各级管理者、现场作业员及办公室员工在内的中方员工全部参与了此次罢工，直接原因是不满本年度的调薪结果。公司5月公布的调薪方案为总体工资平均上涨12.4%，其中基本工资平均上涨9.5%，其他升职、评价、各项福利等平均上涨2.9%。

但是，部分老员工反映，工资调整比例大部分在 5% 左右，加上福利等上涨比例约为 8%。少数评价为 C 级的员工工资上涨比例更小。员工当天下午 3 点左右集体罢工，要求全员加薪 30%。

确保产品交付是第一位的，为了确保客户能够正常生产，电装集团紧急抽调了集团其他公司的 70 多名人员到电装管路公司进行暂时的生产支援。

原本中方管理者希望直接参与谈判，但是，由于公司和员工的谈判涉及工资福利等问题，坂本不希望中方管理者参与，因此，只好由电装管路公司的日本高层管理者和员工直接谈判，中方管理者静候结果。

直到晚上 11 点左右，谈判还没有新的进展。为了确保董事会目标顺利达成，坂本坚持拒绝提高现有的工资标准，最终工会和员工代表退出与公司的谈判并离开公司。电装管路公司领导层陷入巨大的恐慌中，越发担心员工不能按期复工从而影响向客户交货。

后来余经理了解到，电装管路公司一般员工的收入在当地已经属于较高水平，同时，和所在工业园区其他公司相比，工作现场安装了空调，工作环境很好。一般而言，企业罢工以现场员工为主，办公室人员以及主管等是不会参与的。但是，电装管路公司此次罢工中，包括办公室人员以及主管在内的所有员工都参与了。

由此余经理判断，调薪比例高低只是矛盾爆发的一个导火索，应该不是员工罢工的最主要因素，肯定有其他问题没有暴露出来。于是，余经理首先找到平时业务交流比较多的电装管路公司营业部郭经理，私下向他了解罢工的真实原因，以及员工对公司具体有哪些不满。同时，郭经理也是此次员工谈判代表的一员，与其交流有助于掌握详细的内部信息。此外，余经理还要求其他同事找一些熟人了解其他员工的想法，争取能够尽早找到此次罢工发生的根本原因。

经过多方面的努力，余经理最终对此次罢工的真正原因有了大致的了解，主要概括为以下几点：

首先，坂本日常工作中不擅长和一线员工沟通，不了解中国员工的需求，对于员工工作和生活上的一些建议，没有给予及时的答复和说明。有些问题还反映在总经理的一些管理细节上。例如，公司员工和总经理打招呼，总经理态度冷淡、没有笑容；公司的一些相关公告或者是关于工资调整等的信息有时以日文发布，员工看不懂；公司的职位调整、轮岗等事宜事前不征求当事人的意见，总经理自己就决定了。诸如此类的事情日积月累，导致员工对总经理非常不满，此次罢工也是在发泄压抑已久的怨气。

其次，公司对此次加薪方案说明不足。现场员工反映，公司承诺加薪 12.4%，但是实际发工资时很多员工特别是有管理职位的老员工，工资增长比例远远低于这个标准，他们认为公司欺骗了员工。个别生产线的管理者甚至直接或间接向现场员工发泄对公司的不满，这种不满情绪为怠工和罢工埋下了伏笔。但是，从公司经营层角度看，总体工资平均上涨 12.4% 是相对于整体支出来讲的，同时要考虑薪资的市场竞争力、降低员工离职率等因素。公司利用此次调薪的机会，对既有的薪资体制进行了部分调整，一些工资低的新员工调薪比例远高于平均数，而一些工资高的老员工调薪比例会远低于平均数。薪资体制调整事前并没有对包括中层管理者在内的员工进行详细说明并取得理解和支持，因此，员工的理解是每个人的工资均上涨12.4%。

再次，此次调薪也没有考虑中层管理者的需求，管理人员调薪幅度过小，不但没有缩小与电装集团其他公司主管的差距，反而进一步拉大了。即使他们明白公司调薪方案的初衷，也不愿意主动向员工做解释说明，反而在背后通过各种方式煽动员工罢工。公司经营层认为这是确保达成董事会目标的最优方案，是董事会的决定，没有必要向员工解释说明；公司的人事部门则认为自己是奉命行事，遵守公司高层的指示即可，也无须向员工进行解释说明，发现员工抱怨时没有及时疏通和报告，存在业务水平不足以及失职行为。

最后，对于员工日常反映的一些问题和需求，公司并没有重视，人事总务科还存在滥用员工的福利基金、以公谋私等情况。总经理袒护人事总务科的领导，处理问题有失公平。

由于以上矛盾的激化，员工报复性地提出加薪30%的要求，以发泄对公司日方管理者的不满。一直以来，公司缺少一个合适的渠道让员工直接反馈意见给日方管理者，因此，日方管理者并没有采取行动了解员工罢工的具体原因，而是摆出一副公事公办的样子，以法律为幌子，不断要求员工不要阻碍生产，尽快复工，宣称如果不尽快复工，将导致客户停产，最终会导致大家都失业，公司也会破产。以上说辞不但没有缓和员工与公司之间的对立，反倒进一步激发了员工的不满情绪。

陈副总临危受命

第二天一早，余经理来到电装管路公司，发现大批员工聚集在楼下，根本没有复工的迹象，政府派来的公安人员以及工会人员在协助维持秩序，局面在恶化。电装管路公司坂本总经理等还在根据员工提出的具体要求进行紧急商讨，不能给出一个明确的答复。

为了尽快解决问题，工会李主席经过和电装管路公司坂本总经理协商后，决定让日方人员退居幕后做具体方案，与员工代表的谈判协调则交由公司中方陈副总进行。陈副总在中方员工中具有较高的威望，比较容易被中方员工信赖和接受，公司管理层希望通过中方高层领导的直接参与来协调化解此次危机。

听了余经理和工会李主席的汇报，陈副总大致摸清了事件的来龙去脉，陷入了沉思。

问题与思考

如果你是陈副总，你应该选择什么样的立场？是站在管理层的立场、中间调节人的立场，还是中方员工的立场？到底应该偏向管理层的利益还是中方员工的利益？这次冲突中，管理层的目标是什么？中方员工的利益诉求是什么？双方存在一致性吗？对于跨文化冲突，应该采取什么样的策略和方法？

案例教学参考

1. 教学目的

通过深入分析电装管路公司的罢工事件，指出企业在面临文化冲突时需要注重的理念和原则，以及在处理文化冲突时的立场和方法，并通过对冲突事件的反思，总结预防文化冲突以及进行冲突管理的相关经验，以帮助跨国公司在跨文化管理中能够有效应对相关的文化冲突问题。案例中的文化冲突管理方法同样还可以延伸到不同文化的沟通和冲突管理情境中。

2. 适用范围

本案例适用于管理学、组织行为学等课程，包括跨文化管理、文化冲突、冲突管理、管理沟通等主题。

3. 案例分析思路

（1）跨文化冲突原因诊断。

本案例的矛盾焦点在于公司经营者不了解中日文化的差异，没有使日本总公司的文化与本地公司的文化进行很好的融合，没有创造出适合本地公司的文化。面对众多的跨文化冲突，如果不正确区分与公司利益的关联性，就不能根据冲突目标的重要程度做出回避、顺从或者融合等合理的对策。本案例中，日方管理者不了解中国的国情和文化，也不了解中国公司员工的真实需求，因此犯了民族主义中心的错误。具体表现如下：

第一，不了解文化差异，无法实现文化融合。坂本总经理在雷厉风行地推进改革时，由于心情比较急切，往往听不得别人的不同意见和建议，一旦别人提出不同意见，总会对之加以斥责或不耐烦地打断。自己的指示没有被很好地执行的时候，他也不分场合地大声斥责，不留情面，无论对方是一般员工还是管理者。现场巡视时，遇到员工打招呼从来不回应，脸上看不到笑容，也不参加公司员工的聚会等，没有入乡随俗、融入本地企业中。

在中国，员工比较敬重那些爱护下属的领导，这种尊敬不仅来自权力，还来自领导者自身的威望和相互的尊重。对中国人来说，面子也非常重要，和这个人所处的地位无关，高地位者也要尊重低地位者的面子，这和日本对上级的绝对服从是不一样的。同时中国人比较重视感情，喜欢通过聚会等形式来增进感情，培养集体精神，而坂本总经理总是拒绝参与这种活动，导致双方的距离进一步拉大。

第二，照搬日本经验，不主动了解中国文化。跨国公司来中国经营，必须了解中国的国情，促进两种文化的有效融合才能有益于企业的发展。但是电装管路公司的经营层并没有充分认识到这一点。他们一直照搬日本总公司的思路和模式经营中国公司，并对日本的文化充满自信，不重视当地文化和中国人的传统思维。例如，公司的工间操不是中国的广播体操，而是日本的广播体操；公司经理签署的文件或者通知只有日文，没有中文，完全忽视了员工的需求；逢年过节，中国员工邀请总经理参加联谊会、恳谈会等往往被拒绝。

第三，先入为主，不了解中国员工的真正需求。如前所述，电装管路公司的一般员工收入在当地已经属于高水平，并且工作现场安装了空调，有很好的工作环境。按照坂本总经理的逻辑，我提供了比别的企业好的待遇，你没理由对我不满，他一直以为中国的员工还处在需求层次的最底端。而实际上从罢工的过程来看，对工资待遇的不满只是事件发生的导火索而已，真正的原因是员工没有获得公司的尊重，或者是个人的价值没有得到体现，这已经是比较高的需求层次了。

第四，忽视中国国情，对中国工会的职能不重视。随着中国经济的飞速发展和人们民主意识的提高，劳动者参与公司经营和保护自身权益的强烈愿望也在逐渐增强，无论国家还是个人都越来越重视企业工会的作用。近年发生的劳动纠纷事件，大多是没有处理好公司和工会之间的关系导致的。电装管路公司存在同样的问题，总经理认为我只要提供比周边企业更高的工资、更好的工作环境就够了，不需要浪费时间去听取工会的建议，也不愿意与工会代表定期沟通交流，导致工会对公司不满。

（2）跨文化冲突的解决策略与经验总结。

1）解决策略。实际上，本案例描述的事件不仅仅在电装管路公司中出现，在其他的跨国企业特别是日资企业中仍在不断上演。这也是近年来中国日资企业往往容易发生企业员工罢工的一个原因。

"制度文化冲突主要体现在跨国企业对待不同国家的文化是采取消融自我的态度还是恪守自我的态度，以及在企业管理和治理过程中是倾向于法治还是人治"。日方在制度上强调严格严谨，在工作中注重遵守制度、完成本职工作、服从命令；而中方在制度上更强调灵活性，注重人性化管理。

中日文化有着深厚的渊源，但是随着近代社会的变革和发展，两国制度文化和管理理念发生了很大的分歧。日本企业重视规章制度，恪守日本的企业文化原本无可厚非，但是在跨国经营中也需适度地接受中国人"以人为本、崇尚和谐、重视感情"的文化特点和需求。特别需要注意的是，对于企业经营没有实质性影响的文化差异可以采取回避、尊重或者理解接受的策略，只有通过虚心学习和接受本土文化，取中日文化之所长，才能实现两种文化的融合，才有利于企业的健康发展。

基于此案例所展现的跨文化冲突，以下几点经验是可以借鉴和参考的：

首先，要积极地分析文化差异，正视和辨别自身企业存在的文化差异，通过合理的手段加强跨文化培训。给企业的经营者以及员工创造机会接受各种跨文化培训，例如，公司高层出国工作前接受赴任地国情分析培训，了解当地习俗等。同样，可以创造机会让公司的中层管理者到海外总公司工作或出差，或者接受长期或短期培训，制定激励制度，鼓励双方员工学习对方的语言，等等。

其次，结合公司战略，部分顺应当地文化，适当地实施本土化战略。跨国企业到他国经营必须把握和了解被投资国的风土人情，学会活用当地人力资源，发挥他们熟悉所在区域的风土人情、懂得当地风俗和熟悉当地的政商关系等优势，最大限度地促进企业发展。

再次，运用文化的支配地位，实施企业文化的渗透。在有利于企业提高效率和促进发展的前提下，如果一方在价值观念、技术或管理水平、市场竞争力等方面拥有较强优势，那么这个强势的组织就拥有企业的控制权，或者是占有支配地位，也就是说这个国家的文化居于主导地位，组织内的决策及行为均会受到这种文化支配。例如，日本企业的质量管理文化以及 JIT 生产理念等，在全球企业里处于优势地位，在其跨国公司中，当地员工也比较容易接受与此相关的理念和文化。

最后，构建企业文化相容策略，通过多元文化互相融合创新生成新的企业文化。企业管理者及员工除了作为社会成员受到国家、民族、文化等社会宏观环境影响，还会受到所在企业内部的微观环境及企业文化的影响。同时，跨文化沟通又是在特定的企业文化环境下进行的。因此，实现多元文化在企业内部的有效融合，有利于避免跨文化冲突，为跨文化沟通创造良好的环境。

2）冲突管理经验。当然，本案例中的冲突事件发生后，电装管路公司开始认真反省和思考存在的诸多问题，并采取了以下预防企业文化冲突的原则和思路。

第一，选派熟知中日文化差异、善于跨文化沟通的人员担任海外公司要职。对于派往海外担任要职的人员，特别是在独资企业任职的人员，要彻底加强跨文化管理方面的培训，最好是选派有中国工作经历的员工或者是在日本总公司工作时间较长、充分了解中日文化差异的中国人出任要职。基于此观点，后任的总经理就是有十几年中国工作经验的日本人，并且精通汉语。

第二，创造机会让本地员工了解日本文化及母公司文化。选派本地公司优秀的管理者去日本母公司培训，使其了解日本文化和日本母公司的企业文化。给基层员工提供免费学习日语的机会，并按照语言水平给予语言津贴，鼓励员工学习日本语言、理解日本文化。

第三，充分发挥本地员工的能力和积极性，创造群策群力的文化氛围。公司新任管理者打破以往一言堂的做法，顺应当地文化，开始实施本土化战略，将表现优秀的本土员工提升到重要岗位，以充分发挥他们的才华和能力。

第四，加强与本地员工的交流，完善与员工直接沟通交流的机制。首先是恢复了总经理专职翻译的岗位，确保总经理可以及时准确地得到公司的相关信息。其次是设立了总经理直接管理的员工意见箱，让员工可以直接给公司提意见。同时，在此基础上，公司还预留了跨部门交流经费，总经理确保每年与每个部门至少有一次共同活动的机会。另外，还通过员工生日恳谈会及新年会等进一步加强与员工的面对面沟通，建立了中日员工双方良好的沟通氛围，增进了双方的了解和信赖，有利于公司的平稳发展。

第五，强化工会职能，加强公司与工会的协作和沟通。公司在市工会的协助下，按照中国的法律法规，重新组建了工会并选举了工会委员，为改变以往工会干事兼职的状态，又设立了专职的工会干事，这样的变革，使得以往只是作为摆设的形式上的工会组织变成了能够真正被员工信赖、能够为员工争取合法权益的工会，成为强化企业与员工之间密切联系的纽带。公司还出资让工会委员去外面学习工会的运作机制、与员工代表的沟通技巧以及与公司交涉的技巧等，促进了工会的成长，提高其专业化水平。总经理也设立了每月一次与工会沟通信息的交流会，主动向工会说明公司近期的运营状况，并听取工会收集反馈的员工意见和建议。

（3）尾声：冲突事件的解决。

陈副总认为，自己应站在中间调节人的立场，这样才能取得员工的信任，使员工相信自己不是代表管理层的利益进行谈判的，并且尽快安抚中层管理者，然后通过他们来劝说员工是事半功倍的方法。

于是，陈副总决定先将所有的中层管理者集中在会议室做思想工作，但是电装管路公司的工会李主席打电话给每个中层管理者时，他们要么不接电话，要么婉拒去会议室，过了近两个小时，管理者还是没有聚集到一起。眼看时间一点点过去，复工底线的时间越来越近了，于是陈副总建议由平时和员工关系相对较好的日方管理人员当面邀请他们来开会，无奈之下，日方管理者放下身段，主动去当面邀请中层管理者开会。果然，此方法起到了立竿见影的效果，碍于领导的面子或者是对客户的尊重，每个中层管理者在被当面邀请后都出现在了会议室。

中层管理者到齐后，陈副总要求所有日方人员退场，由中方领导直接和他们对话，这样少了很多交流的隔阂，大家没有了顾虑，将自己心里的不满情绪或诉求毫无保留地讲了出来。陈副总对每个人的诉求耐心地倾听，认真地记录。所有诉求集中在两个方面：罢免现任总经理和人事总务科长；提高中层管理者和现场员工的工资待遇，满足他们加薪 30% 的要求。

通过因势利导、拉近关系，增强中层管理者对公司管理层的信任，陈副总等人成了他们非常值得信赖的中间人。经过接近两个小时的发泄和疏导，各位中层管理者心情归于平静。对于加薪 30% 的要求也不再坚持，承认是通过提出较高的要求来发泄对公司日方的不满，具体的加薪比例可以再协商。陈副总也答应帮他们和公司进行交涉，在提高中层管理者和现场员工的福利待遇方面支持他们的正当需求，并会努力让公司考虑给中层管理者进行特别的调薪。对于公司的人事罢免，陈副总坦白表示很难直接干涉，但是会通过日方代表向日本总公司反映他们的诉求。

同时，陈副总拜托他们劝说员工中午开始复工，并说明导致客户停产的严重性，讲明大家是利益共同体，公司和员工一荣俱荣、一损俱损，如果不能按时复工，公司利益受到影响，大家的福利待遇也得不到保障。陈副总向他们承诺会坚守到最后一刻，直到员工与公司协议达成一致。有了前期的铺垫和信任的基础，电装管路公司现场的中层管理者也痛快地答应了他的要求。

最终，在现场管理者的劝说和疏导下，午饭后现场员工开始陆续复工，生产逐渐得到恢复，为接下来的双方谈判创造了良好的氛围。

接下来公司和员工的谈判同样是一个艰苦的过程，中间经过几次反复，到最终双方达成协议大约耗时一个月。在这期间，广州电装的陈副总一直以调解人的身份从头到尾参与其中。经过中日双方的几番博弈，最终大家还是达成了一致，员工的诉求得到了最大的满足。

通过以上的努力，广州电装管路公司逐渐实现了两种文化的融合，形成了具有本公司特色的新企业文化。这种新企业文化的形成，不但确保了中日员工能够相互理解和包容，还给双方创造了共同努力积极工作的文化氛围，有利于企业的长远发展，也有利于中日文化差异的理解与融合。

由于此次罢工事件给电装集团的声誉造成了恶劣的影响，客户表示担忧和不满，因此，坂本总经理也受到了总公司董事会的严厉批评，半年后被调任回国，而人事总务科王科长也很快离职。

案例 3

联合研发团队的文化冲突 [①]

背景介绍

近几年，中国的自主品牌汽车产业正处于飞速成长的阶段。在中国政府各项优惠政策的支持下，为满足不断增长的市场需求，各大车企投入大量财力和人力，不断加大自主研发的力度。从近年的销售数据可以看出，自主品牌已经占据了中国汽车市场的半壁江山。但是，中国自主品牌汽车毕竟还处于起步阶段，在市场上大多是依靠性价比、销售量来维持利润。

D 集团作为汽车零部件行业的领先者，特别重视国内自主品牌汽车市场。为了开拓这一潜力巨大的市场，其日本母公司成立了中国市场开拓战略部门，聚集了一批熟悉中国市场、有在中国工作经验的日本人，希望通过制定特殊的技术标准，设计出既能满足中国市场需求又能满足客户成本要求的产品。

2008 年广州汽车工业集团（简称广汽集团）组建了广汽乘用车有限公司（简称广汽乘用车），拉开了广汽集团自主研发乘用车的序幕。由于广州电装有限公司（简称广州电装）是广汽集团零部件公司与 D 集团合资的企业，加上广汽集团虽对自主研发乘用车的质量特别重视，但缺少汽车空调系统开发的经验，因此，广汽乘用车希望 D 集团能够在前期参与新车的开发。同时，D 集团也希望以参与广汽乘用车"传祺"项目的开发为契机，吹响开拓中国自主品牌汽车市场的号角。因此，双方很快就同步开发达成一致。

以往 D 集团的产品研发部门一般设在日本母公司，其中国分公司（即广州电装）是没有研发能力的。为了提高技术沟通的效率，更好地服务客户，同时为了进一步培养本地技术人才，为今后开拓中国自主品牌汽车市场打下良好的基础，D 集团决定以母公司技术部门和广州电装技术部门共同开发的形式来推进此项目。

联合研发团队的组建

基于上述背景，D 集团很快制定了技术共同开发计划书，决定让日本公司与中国分公司分别成立研发团队，首先派中国分公司的技术团队去日本进行短期培训和交

---

① 本案例由邓靖松、于泳撰写。

流，并就共同开发的课题进行初步的技术性讨论，提前制订相关方案。

这是中国分公司第一次参与技术研发，因此中国分公司特别重视，在组织研发团队时也费了很多的心思，特别考虑挑选职位较高、技术经验丰富、能够在技术上与日方技术人员相匹配的员工。中国分公司最终选定四人组建了研发团队，其中包括一名从制造现场借调的翻译人员。中国分公司任命50岁出头的技术部傅科长为研发团队组长，他原本是豪华空调公司的技术部部长，进入广州电装之后担任技术部科长，由于资历老、经验丰富，在技术部很有威望，自己也认为参与此次研发并担任组长是实至名归。其他两名技术人员年龄也都在40岁左右，是公司的老员工。这个团队的成员除了翻译，其他人都没有去过日本，也不会说日语，因此对日本之行充满了期待。

刚开始，双方的工作推进得比较顺利，彼此之间相互配合、体谅和尊重，彼此努力适应对方的工作习惯和工作方式，整体工作也基本能够按照既定计划完成，一切看似在朝好的方向发展。

不欢而散的晚宴

然而，美好的日子总是短暂的。一个月之后，双方的矛盾逐渐显露。主要原因在于彼此对对方的文化和习惯不了解，一些在一个团队看来正常的行为，屡屡被另一个团队误解，中日双方技术团队之间产生了一些小摩擦，不和谐的声音逐渐显现。

为了使此次共同研发工作顺利开展，中方团队提前准备了中国的白酒，希望有机会可以在酒桌上加深与对方的感情。在辛苦工作了一周之后的某一个周末，日方人员主动邀请中方人员一起聚餐，喝杯酒放松一下。傅科长等人不太适应日本的饮食，也正想找个地方换换口味，但之前苦于不熟悉环境，一直没有出去。因此，当日方主动邀请时，他们就高兴地答应了。日方人员说他们已经提前预订了很有特色的日本料理店，中方人员实际上是非常不愿意吃日本料理的，但是碍于日方人员主动邀请他们吃饭，应该是他们出钱请客，因此也不好意思提出异议。地点在一个充满浓郁日本风情的餐厅，吃的也是正宗的日本料理，当然少不了中方人员吃不太习惯的生鱼片。中方也将从国内带来的白酒拿了出来，一番寒暄之后，宴会正式开始。日方人员一边热情地介绍各种日本菜的食材特点，一边招呼中方人员喝酒。一番推杯换盏之后，傅科长发现对方人员自斟自酌起来，很少主动向中方人员敬酒，反倒是中方一直主动向日方人员敬酒。同时，中方人员还保持着在国内的习惯，向日方人员敬酒后，每次都检查日方人员的杯子是不是空了，如果没喝干净就会强烈要求其全部喝掉。毕竟中国的白酒度数高，很快就有几名日方人员不胜酒力，喝得酩酊大醉，甚至有人失去意识没法乘电车回家，只能临时睡在附近的宾馆。而傅科长等人则感觉把日本人灌醉，体现了中国人的热情和独特的酒文化，很有成就感。

但是，日方人员却认为中方人员怎么可以强制别人喝酒呢！按照他们的认知，这种做法是不符合礼节的，是对对方的不尊重。"日本政府有规定，如果因为强行要求对方喝酒而发生意外的话，那么劝酒的一方是要承担相应的法律责任的。按照我们日本人的习惯，这也是不尊重对方意志的表现。所以，当时特别不理解中方人员的劝酒行为，直到来中国工作之后才逐渐了解和适应了这种文化，明白了这是中国人好客的一种表示方式。"原日方技术团队的小林先生说。他现在已经在中国工作两年了，回忆起往事觉得很不好意思，他认为当时双方对彼此的文化习惯太缺乏了解了，原本极小的矛盾被无限放大，最终致使一次宝贵的联合开发的尝试没有达到预期的目的。

聚餐结束前，组织聚会的日方人员首先主动将费用付清，傅科长正想表示感谢的时候，组织者向大家提出了分摊费用的原则，日方科长和中方傅科长每人分别支付 1 万日元，主管级的每人支付 5 000 日元，其他职位低的每人象征性地支付 1 500日元。看到日本人纷纷拿出钱包掏钱，傅科长还是一脸迷茫，后来翻译解释后才知道要 AA 制。他的脸马上红了，因为他的钱包里没有准备那么多现金，并且他认为既然日方人员主动邀请吃饭，那么肯定应该是日方付款，最多今后找机会中方再请他们吃饭就好了，所以也没做付钱的打算，其他几位中方人员也基本上都是这种想法。因此，中方人员甚是尴尬，最终几个人东拼西凑把钱付了。这件事情让傅科长等人甚是恼火，决定从此再也不参加与日方任何形式的聚会了。

傅科长由于没有准备足够的钱，需要当着日方人员的面向别人借钱，对他来讲这是最没有面子的事情。"当时我感觉被日方同事打脸了，真是无地自容，面子尽失呀。"回忆起当时的场景，傅科长还是耿耿于怀。但他也承认："当时去日本参与联合开发项目时，认为中日文化有着深厚的渊源，对于中日存在的文化差异，没有事前学习和了解，因此在处理文化差异问题上有时候有一些意气用事，不够冷静。"

工作中的互不理解

随着合作交流的增加，日方团队的小林科长发现在工作场合存在一些冲突和矛盾。在工作上，日方人员对中方人员充满了各种不满和疑惑。他们发现中方人员经常在办公室大声地讨论问题，根本不顾及周围其他同事的感受；在大家开会的时候，中方人员总是没有耐心听完日方同事的意见，经常中途打断别人讲话；他们还抱怨中方同事不愿意加班，即使当天的工作没做完也是一下班就离开办公室赶回宿舍；而且，作为中方组长的傅科长还喜欢在没有征得别人同意的情况下，私自翻看日方同事办公桌上的技术资料。

除此之外，对于中方人员在工作场合的一些其他习惯日方人员也感到不可理解。比如，中方人员着装比较随便，经常穿休闲牛仔装上班，不像日方人员那样每天西装革履；还有中方人员喜欢在公司楼道并排走路，妨碍其他人通行；在大家闲聊的时候，中方人员喜欢拍对方的肩膀，让人感觉不舒服。

当日方人员将以上感受和不满讲给翻译小杨听的时候，小杨也道出了中方团队的很多委屈和无奈。他们认为日方同事做事没效率，明明几句话就搞定的事情，转弯抹角说了半天也搞不清楚他们想说什么；由于一些技术词语太过专业，中方的翻译人员很难恰当地表述，因此中方技术人员有时理解得不是很透彻，但日方人员也不会给予耐心的解释，使得很多技术要点没有被很好地理解和吸收；中方人员感觉有很多技术资料日方人员藏着不给看，感觉日方人员在提防着中方人员偷技术；还有就是日方人员喜欢利用加班的时间讨论工作，不考虑中方人员的感受，因为毕竟身在异国他乡，中方人员希望尽早下班和家人视频聊天沟通感情。总之，傅科长和小杨他们认为日方人员虽然礼仪多，看似彬彬有礼，但实际上不重视人情，比较冷淡，不容易亲近。

这样持续了一段时间之后，所有的不利因素越积越多，双方之间的隔阂越来越大，很多时候没有办法正常沟通，一个小小的讨论也会引起一番争吵。日方人员索性很多问题不和中方交流，只是将一些技术资料给中方人员，让中方人员自己学习和理解。中方人员也赌气不主动向日方人员请教，自己硬啃资料。

失败的团队合作

除了上述各种问题，还有一个很大的问题，那就是在接近三个月的时间里，双方公司的领导基本没有针对工作状况进行过详细的了解，不清楚双方的交流沟通存在诸多的问题。双方技术人员也没有将各自的问题向所在公司相关部门汇报说明，更没有拜托所在公司给予必要的指导和帮助。虽然面对产生的诸多问题，双方公司也着手调查了解过合作不善的原因，然而接受采访的双方人员还是互相埋怨对方不配合，认为在一些事情上对方表现出来的行为是对自己的不尊重。

交流期很快就要结束了，很多工作没有按照计划完成，虽然没有给客户的整车开发造成很大的影响，但是内部很多技术细节没有沟通清楚，导致产品定型花费了大量的时间，最终生产准备时间非常紧张，给本地公司的制造部门增添了很多的麻烦。面对失败的团队合作，傅科长都不知道怎么回国交差了。

问题与思考

如果你身处跨文化项目团队，你会怎么处理沟通和冲突管理问题？分析、比较和归纳不同类型的跨文化冲突，你认为可以采取哪些跨文化冲突管理策略？

案例教学参考

1. 教学目的

通过深入分析跨文化冲突的案例，在学习既有跨文化冲突相关理论的基础上，通过理论与案例分析相结合的方法，对不同类型的跨文化冲突进行分析、比较和归纳，指出在这种情境中的文化冲突管理策略：尊重文化个性、淡化文化差异、保持双方的尊严、促进日常工作和生活的深入交流。

2. 适用范围

本案例涉及管理学、组织行为学课程，适用于跨文化管理、文化冲突、冲突管理、管理沟通等主题。

3. 案例分析思路

（1）跨文化冲突原因分析。

从这个案例来看，主要矛盾为两个来自不同文化背景的团队在一起工作时，没有注意到彼此的文化差异，也没有试图去理解或者包容对方的文化，致使文化误解不断，最终导致合作项目的失败。这种由于跨文化沟通而导致企业合作或者合资失败的案例不在少数。

以上案例中的中国技术组成员初次来到日本，不可避免地会面临文化冲击。除了饮食、语言、环境等，日方的言语措辞以及对中方的态度或评价都会对他们造成影响。特别是在深度访谈中，傅科长也承认自己由于比较年长，加之中日间的历史问题，因此多少有些个人情绪，在许多判断上先入为主，进一步加深了文化误解。

坦白讲，按照中国人的思维，主动邀请对方吃饭实际上就是请客的意思，如果是请客，那么在中国绝对是不会让客人掏钱的。而在日本，大家下班后或者周末经常会和同事一起出去聚会吃饭，而每次都会按照一定的原则来共同支付费用。日本人的零花钱是比较少的，因此，他们基本上是不会以个人的名义请客吃饭的。此外，当着这么多人的面开始分摊饭钱，对中国人来讲也是比较少见的，特别对方是外籍人员，会让人觉得尴尬，面子上挂不住。

按照中国人的习惯，在宴会上向客人敬酒甚至是劝酒是一种表示尊重或者热烈欢迎的意思。这又和日本的文化习惯不同，日本没有劝酒的习惯，大家喝酒比较随意，只是礼节性地碰杯，能喝多少是随个人意愿的。而中方劝对方喝酒，并使对方喝醉，傅科长等人感觉比较有面子，展示了中方人员的热情，但在日本同事看来恰恰是失礼的表现。

同样，中方人员在新的环境下也极度不适应，认为日方人员倾向于保守技术秘密，不愿意向他们传授技术，对客人不够热情，不体谅他们在异国的困难，不近人情、难以亲近，甚至是骨子里就看不起中方人员；而日方人员则认为中国人工作积极性不高，个人素质不高，没有团体主义精神，和日方人员有很大的差距，两个团队很难相处共事，日方人员认为中国公司很难胜任独立研发的工作。

面对这场彼此间的信任危机，更为重要的是无论公司层面还是团队之间，没有人意识到彼此存在的文化差异，没有人试图正面面对和解决这些差异，也没有人试图让双方讨论一下彼此的异同点，促使彼此统一认识。虽然双方都对研发项目充满热情，都希望项目顺利开展，但整个团队没有机会建立一种适应双方需求和特点的工作模式。

（2）跨文化冲突的应对策略与原则。

不同类型的跨文化问题需要有不同的解决方法。对于这个案例，最有效的解决方法应该是由公司提供一种关于语言和跨文化问题的培训，或者帮助跨文化团队组织相应的会议，帮助他们了解自己与合作伙伴在文化上的相同点和不同点。这些培训和教育可以为团队成员在思考如何实现默契合作时提供有益的视角。还可以提供一些跨文化培训，使团队成员认识到"我这样做并不代表对方一定会像我一样做"。

在不涉及核心利益的情况下，文化妥协和文化回避也是可以考虑的策略。通过妥协和回避，不但能够保证工作的顺利进行，还会给双方进行文化磨合提供一段缓冲时间，最终有利于实现双方在文化上的协作，有利于产生一种双方认可的新文化。当然，这需要建立在双方认识到彼此之间的文化差异的基础上。

其实每个人都带有强烈的文化印记，并且具有一定的民族中心主义倾向。我们每个人都会受到我们所属文化的影响。只有认识到自己具有许多根深蒂固的文化偏见的时候，才能够正确处理文化差异。

要建立跨文化自觉性，需要注意以下几个方面的原则：

首先，我们需要了解自己，正视自己，知道自己的价值观以及自己是如何评判周围的事物和他人的。简单把握自己的文化特性。

其次，我们需要了解合作伙伴对周围的事物和他人的判断标准是怎样的，这里包含很多因素，例如，对待守时的态度，如何看待上下级关系，与别人的沟通方式是直率的还是含蓄的，等等。每个人都有自己的个性，但是总体来讲相同国家的人会在文化和态度上表现出极大的共同性。通过某些要素把握他们的共同点，对跨文化交流是非常重要的。

再次，换位思考。只有了解对方是如何看待自己的，才能够真正把握文化的差异点，特别是对方对自己的负面看法更需要留意。

最后，要在保持自己价值观的前提下调整自己去适应对方的文化，至少要包容对方与你不一样的一些思维和行动，只有认识到文化的差异并不断改变自己的沟通方式，才能够真正实现有效的跨文化团队协作。

（3）行为文化冲突的解决思路。

中日文化虽然都具有集体主义特征，有着深厚的渊源，但是在待人处事上存在诸多差异。中方在行为方式上注重灵活性，而日方则严谨刻板。

行为文化实际上是精神文化和制度文化的外在表现，是跨文化冲突中最直接和最激烈的表现形式，要想从根本上解决这一层面的文化冲突，需要从精神文化和制度文化的理解和包容着手。

首先，双方对文化冲突的存在要有清醒和理性的认知。其次，需要公司通过不同的途径和手段培训相关人员解决冲突的方法和途径，并创造良好的文化沟通氛围。最后，也是比较重要的一点，即通过文化冲突和融合创造出适合本企业的新的企业文化。只有形成新的精神文化和制度文化，才能够从源头上解决行为文化冲突的问题。

需要明确的是，本案例情境中的跨文化冲突的冲突程度较低，比如饮食不适应、礼仪不习惯、举止有差异等引起的跨文化冲突，并且与公司利益关联性较低，总体上不会给企业的相关利益带来直接的影响，也不会给企业发展造成不良的影响，因此只需要采取文化回避或者淡化冲突的策略。此类跨文化冲突的原因是多种多样、较为复杂和个性化的，因此在这种情况下，主要是尊重文化个性，淡化文化差异，保持双方的尊严，不需要花费大量的精力来解决此类矛盾，只要多注意促进日常工作和生活的深入交流即可。具体可以采取以下措施：

一是公司提供与解决跨文化问题相关的培训。

二是工作团队双方成员必须培养自己跨文化自觉性的意识，正视文化差异。

三是根据不同情况，学会灵活运用文化回避、妥协或者协作等策略。

中远海运特运爱国主义与商业文化的融合①

公司背景

中远海运特种运输股份有限公司（简称中远海运特运）的前身是新中国第一家国有远洋运输企业——广州远洋运输公司（以下简称广远）。广远于1961年4月27日成立，是中远集团的子公司。广远的成立，标志着新中国远洋运输事业的开始。从此，广远肩负起特殊历史时期为国家接侨和物资运输等任务。1997年，中远集团决定进行资产重组，广远被定位为特种杂货专业运输公司，集装箱船和散货船被分配给兄弟公司，只剩下相对老旧的杂货船。

1999年12月8日，广远作为主发起人，成立了中远航运股份有限公司。2002年4月18日，中远航运股份有限公司在上海证券交易所挂牌上市，标志着中远集团航运主业首次进入国内资本市场。2011年12月，按照中远集团部署，广远公司与中远航运股份有限公司进行机构整合，实现整体上市。

中远集团和中海集团2016年实施合并重组，成立中国远洋海运集团有限公司。2016年12月7日，中远航运股份有限公司正式更名为中远海运特运。

中远海运特运主营特种船，战略目标是"打造全球领先的特种船公司，实现向'产业链经营者'和'整体解决方案提供者'转变"。拥有规模和综合实力居世界前列的特种运输船队，经营管理半潜船、纸浆船、多用途重吊船、沥青船等各类型船舶，形成了以中国本土为依托，辐射全球的业务经营服务网络，在远东至地中海、欧洲、非洲、南美等航线上，形成了稳定可靠的班轮运输优势。

中远海运特运是中国乃至全球最大的特种船运输企业，被誉为国际航运界的"特"字号旗舰。2008年金融危机爆发以来，国际航运市场深陷寒冬，中远海运特运始终瞄准建设国际一流航运企业的目标，迎难而上，成功实现国有资产保值增值，2008年以来实现连年盈利，被誉为行业奇迹。在为国家创造可观利税的同时，公司出色完成了国家和地方交给的各项建设任务，精神文明建设也取得了累累硕果，荣获广东省直机关文明单位、广东省五一劳动奖状、全国学习型组织先进单位、全国五一劳动奖状、全国文明单位等荣誉称号。

文化建设：培育爱国主义文化

60多年来，为什么中远海运特运的远洋船队能由弱变强？为什么能从老牌航运企业蜕变为特种船运输行业的翘楚？为什么能够在危机面前逆势而上，取得令人瞩目的成绩？

这不仅因为公司拥有较长的远洋历史，拥有丰富的应对危机的经验和高素质的人才队伍，还因为公司建立了以爱国主义为核心的优秀的企业文化，继承了"艰苦

① 本案例研究得到了国家自然科学基金项目（71772189）的资助。案例基于中远海运特种运输股份有限公司的企业文化实践和真实资料开发，只用于教学目的，不对企业的经营管理做出任何评判。

奋斗，图强报国"的优良传统，弘扬了"同舟共济"的企业精神，为中国远洋运输事业做出了历史性的贡献。作为新中国第一家国有远洋运输企业，公司将其第一艘自营远洋船舶命名为"光华"轮，体现了"发展远洋，光我中华"的伟大梦想与使命担当。1961年4月28日，"光华"轮作为第一艘悬挂五星红旗的自营远洋船舶从广州黄埔港区起航，承担起将处于危险之中的印度尼西亚华侨接回祖国的重任。出发前，船员们庄严宣誓：忠于祖国，人在船在，接回难侨，完成首航。中远海运特运的爱国主义文化与公司共发展。以爱国主义为核心的企业文化是公司强大的精神支柱，企业文化建设是企业和员工双方的互动。一方面，中远海运特运高度重视企业文化建设，通过爱国、爱公司和爱员工教育培育爱国主义文化；另一方面，在爱国主义文化的熏陶下，员工高度认可爱国主义文化，将爱国之情化作自觉的行动报效国家。

（1）企业高度重视文化建设。中远海运特运高度重视企业文化建设，为了增强企业文化的传播效果，中远海运特运设立了企业文化部。通过爱国、爱公司和爱员工教育等激发员工的爱国、爱公司精神，引导员工报效祖国、敬业奉献，从而培育了爱国主义文化。

1）爱国教育。中远海运特运的成长与国家航运业的发展紧密地联系在一起。不管在过去还是未来，中远海运特运都执着地投身于不断发展壮大的中国远洋海运事业。公司的所有员工在入职时都会接受企业文化培训，这其中就包含爱国主义教育，船员们在出海前的培训中也会进行爱国主义教育。中远海运特运培育了以爱国主义为核心的文化传统，不断继承与发扬爱国主义，通过持续的爱国主义教育来凝聚人心，激励员工。

2015年7—10月，"永盛"轮14名船员，在祖国需要、中远集团需要时，在气候恶劣多变的北冰洋海域，不畏艰险，义无反顾，奋勇前行，圆满完成了"再航北极，双向通行"的艰巨任务，对拓展"一带一路"倡议内涵，对中国制造和中国装备走出去、扩大欧洲市场份额起到促进作用。作为浮动的国土，许多船只在外出航行时都会举行升旗仪式。在2016年北极之行的纬度最高点，"永盛"轮就举行了庄严的海上升国旗仪式，升旗仪式唤醒了船员们的身份意识和身为中国人的自豪感，坚定其完成任务的必胜信心。"开拓创新，爱岗奉献"的"永盛"轮精神之花，正在中远海运特运的船队绚丽绽放。

2020年，突如其来的新冠疫情打乱了原有的工作和生活节奏，远航回国船舶抵靠国内港口时，家属不能探船，船员不能下地，部分工作到期的船员不能换班，船员的身心健康和船舶的安全稳定受到严重影响。但船员们面对突发状况不退缩、不慌张，继续坚守在船，等待换班的船员也暂缓了接班的脚步，按照疫情防控的要求，静候上船的指令。在船船员坚守岗位、尽职尽责，做好船舶疫情防控的同时，为维护全球产业链的稳定、保证国际贸易往来有序进行做出了巨大贡献，反映了员工们对爱国奋斗理念的认同。

企业文化建设并非一蹴而就，爱国主义教育需要建立有效的舆论机制，通过合适的载体和方式来逐步引导。在网络宣传方面，公司专门创建了网络宣传系统，系统介绍企业文化，帮助员工正确认识其深刻内涵。在报刊宣传方面，公司定期更新企业文化宣传栏，定时发行内部刊物。借助典型的爱国主义事件和模范员工进行宣传教育，力求全方位地向员工传达中远海运特运的文化传统和精神主张。

2）爱公司教育。中远海运特运爱国主义教育的落地方式是爱公司教育。中远海运特运举办丰富多彩的文化活动，让员工受教育，自觉传承公司的优良传统。从公司辉煌的成就中，让员工感到自豪、受到鼓舞，坚定攻坚克难、再创辉煌的自信。举办文化宣传活动，引导员工将爱国之情迁移为爱公司之情，并通过在岗位上敬业奉献报效国家。"永盛"轮把船舶文化建设作为凝聚人心、鼓舞士气、增强市场竞争软实力的一项重要工作来抓，长期坚持一手抓业务技能的突破，一手抓船舶文化的引领。在"战必用我，用我必胜"的核心理念指引下，着力打造船舶生产文化、安全文化、管理文化、服务文化、风险文化等，通过"内化于心""外化于形""固化于制"等措施，将船舶文化引入思想、植入行为、融入管理，进而推动船舶各项工作更上一层楼。这一系列的宣传教育丰富了公司的企业文化载体，拓宽了企业文化教育面，形成了强大的舆论机制，引导员工认可、拥护和热爱公司。

为了进一步加强爱公司教育，中远海运特运提出了船岸互动新思路，即在岸基继续倡导"关爱船员、尊重船员、服务船员"，在船员队伍中则重点树立"关心公司、理解公司、支持公司"的理念。公司与员工相互影响，相互支持。在公司岸基的指导下，"永盛"轮开辟了安全学习园地，摆放有如《劳动安全操作手册》《水上交通事故典型案例分析》《家属安全寄语》等诸多书籍，供大家随时翻阅；在船舶公共场所张贴了集团和公司企业文化、核心价值和安全理念挂图，以及公司"QHSE黄金法则"和《终止作业方针》《酒精毒品管理政策》《个人安全防护矩阵图》等规章制度，还通过局域网，让船员可以方便地进入SETT系统观看学习安全视频，从而认同理解公司及"永盛"轮的安全文化和安全理念，并化为自觉的行动。

3）爱员工教育。中远海运特运将员工视为至关重要的战略资源，在管理制度中贯彻爱员工教育，兼顾公司和员工利益。中远海运特运重视员工个人价值的实现，并引导员工将个人追求与中国的远洋运输事业紧密结合，为员工提供高质量的职业培训，为员工的职业生涯规划提供了充分的自由和发展空间，让员工感受到公司爱员工、尊重员工的理念。

除了重视员工的个人价值和职业规划，公司还对员工的生活给予了无微不至的关怀。无论是在生产经营中进行严格要求和培养，调动资源救治海上病危的船员，还是为船只配置Wi-Fi，使员工在远洋深处也能及时获得信息，拉近与陆地的距离，都体现了中远海运特运以人为本的准则和爱员工的管理理念。面对新冠疫情，公司始终把全体员工的生命安全和健康放在最重要的位置，周密部署落实各项疫情防控措施，克服种种困难把关心关爱船员工作做细做实，确保船员生命安全健康和船队安全运营。正是在这种爱员工教育的感染下，中远海运特运提升了企业文化内涵和精神品质，使员工更加认可企业文化，从而在世界超极限运输领域内，获得了许多令人瞩目的成就。

远洋运输事业关系国家的安全与繁荣，中远海运特运是国家航运业的中坚力量，肩负着伟大而艰巨的历史使命。而最终攻坚克难、完成任务的是中远海运特运的每一位员工。通过爱国主义、爱公司和爱员工教育，中远海运特运引导员工将爱国之情迁移为爱公司之情，激发了员工的忠诚感和敬业奉献精神，打造了高绩效、低流动率的员工队伍，为公司和祖国的远洋运输事业做出了突出的贡献。

（2）员工高度认同爱国主义文化。中远海运特运企业文化建设的重要成效体现在员工高度认可爱国主义文化，员工以中国人为荣，以中远海运人为傲，将集团利益放在第一位。在同行业中，中远海运特运的员工素质和绩效都非常突出，员工流失率也相对较低。员工为公司争创一流业绩而努力拼搏。不仅如此，为了维护国家和公司的利益，员工甚至付出了生命的代价。中远海运特运出版的《艰难历程　光辉业绩》系列书籍记录了企业成长的历史足迹，记载了60年来的爱国事迹。

1960年，为发展新中国远洋运输事业，我国政府以26万英镑买下一艘20世纪30年代建造的旧客货轮，由于船体老旧，许多设施都存在问题，但船员们不畏困难，边修边走，终于把船开抵广州黄埔港。经过10个月的紧张修理，这艘报废旧船终于获得了新生，船舶正式改名为"光华"，取"光我中华"之意。1961年5月3日，"光华"轮经过六天航行，抵达印度尼西亚雅加达，在荷枪实弹、戒备森严的印度尼西亚军警和便衣监视下将577名华侨带回了祖国。从首航到同年10月1日，"光华"轮共五次前往印度尼西亚接回华侨2 649人。此后，"光华"轮继续活跃在撤侨战线上，一次次顺利完成撤侨任务，是名副其实的远洋第一船。"光华"轮退役后，变卖资金用作成立广州海员学校，继续培养航运人才。

1980年，两伊战争爆发，数十条中外货轮被困，受到炮弹的袭击。当时，中远就有四条船被困，仅9月26日这一天，就有上百发炮弹倾泻在"阳春"轮附近。旁边外国货轮的船员纷纷弃船逃命，只有中国船员临危不惧，坚守岗位，在炮火中抢险护船。

1989年4月26日，伊朗阿迈斯港汽油泄漏引发港池火灾，烧毁炸沉大小船只25艘，烧死126人。"安庆江"轮船员奋力自救，没有像外轮船员那样为保命而弃船，更没有像码头工人那样只顾个人安危拼命扒车逃难，而是在党支部的领导下，以惊人的胆略、神奇的速度、高超的技术，在外国国土上战胜了这场特大的火灾，把船从火海中救了出来。

1993年7月，"银河号"在执行由天津、上海至海湾的定期班轮运输任务中，蒙冤受屈，被美国无端指责载有制造化学武器的前体硫二甘醇和亚硫酰氯，致使该轮被迫在公海上中止航运33天之久。38位船员顶住了巨大的精神压力和缺水、缺油、缺粮食等严峻考验，形成了一个坚强的战斗集体，以实际行动表现了中国海员高度的爱国主义精神。船员们纷纷表示，"银河号"的每一寸甲板都是祖国"浮动国土"，我们的一举一动都关系着国家的主权和声誉，祖国和人民是我们的坚强后盾。

2013年8—9月，"永盛"轮肩负国家使命，历经27天7 931海里的航行，圆满完成首航北极东北航道的光荣任务，极大地提升了中国远洋航运业的形象。面对风浪、浮冰、搁浅、暗礁、险滩等无数危险，远少于其他船船员数量的"永盛"轮15名船员同舟共济，攻坚克难。全体船员以振兴国家远洋运输业为己任，在爱国主义精神的激励下，凭借过硬的船艺和严谨细致的工作作风，成功操控船舶穿越航线。他们的英勇表现不仅是中远海运特运的骄傲，也是国家的骄傲。

2014年5月，越南发生了打砸中资企业事件，中资企业和人员生命财产受到威胁，中国政府派出多组专机和船舶接运我国在越人员回国。中远集团克服时间紧、任务重等困难，及时选调五名经验丰富的远洋船长赶赴指派船舶。五位船长临危受命，到达海南后即刻开始工作。他们克服了各种困难，在国家需要的时候毫不犹豫地挺身而出。经过三日两夜的奋战，他们驾驶船舶运载中方人员平安返回祖国。此次任务的圆满完成再一次展示了中远人热爱祖国、报效祖国、无私奉献的崇高品德和爱国主义文化教育的卓越成效。

2020年是世界最大油气项目之一TCO（Tengiz Chevroil，田吉兹雪佛龙）项目的收官之年，但一场突如其来的新冠疫情使整个项目经历了前所未有的挑战。对于TCO项目位于英国的物流总部近300人的项目管理团队来说，仅有8名成员的特运英国项目组是众多分包商队伍中人数最少的一支，但这群"防疫达人"在此次应对疫情中的亮眼表现，以一种最直观的方式生动呈现了中远海运特运"举重若轻的实力，举轻若重的精神"，赢得了客户的信任与肯定和合作伙伴的欣赏与赞誉。基于国内防疫工作取得的宝贵经验和特运公司本部及时有效的指导，特运TCO英国项目组的防疫工作从一开始就不慌不乱，有序推进。项目组充分发挥了解国内外防疫资讯与经验的优势，主动与客户沟通交流，密切协作，互信互助，共克时艰。针对客户提出的担忧以及项目执行中各个环节可能出现的问题，积极进行分析交流，开展风险评估，因地制宜制订项目防疫工作方案。这些解决方案成为整个项目后续其他分包商采取相应防疫措施的重要参考，并获得客户高度肯定。疫情当前，项目组不仅关注己方人员的人身安全，而且主动与TCO项目的其他分包商沟通交流，积极践行TCO项目所倡导的互相关心的IIF（无事故、无伤害）安全文化，努力打破文化壁垒，建立友谊和互信，确保大家都安全。

文化传承：反对说教，以制度引导

很多企业强调效率和经济效益至上的商业文化，然而，中远海运特运却能通过文化传承保持着爱国主义文化的生命力，为企业快速成长和壮大提供保障和精神支柱。中远海运特运企业文化内涵的核心始终如一，那就是爱国主义。员工怀着感恩的心投身于祖国伟大的远洋运输事业中，激励员工敬业奉献，报效祖国。

中远海运特运反对空泛的说教，而是通过将爱国主义文化与公司的管理工作紧密结合，以制度和实际行动引导员工的行为，获得员工的认可，使员工自觉地践行爱国主义精神，使爱国主义文化永葆生命力。

（1）通过文化宣传教育员工——建立案例库，树立榜样。

在全国中远海运特运一系列的企业文化宣传工作中，独具特色的做法是通过建立案例库和树立榜样，对员工言传身教，使其能传承优秀的文化传统。企业文化部积极编写企业内刊以及珍贵的企业文化故事集，收集和传播这些感人的故事。这些故事使员工可以深刻感受到前辈们深深的爱国之情，加深了对公司企业文化的思想认同、情感认同。

中远海运特运的企业文化故事集《筑梦故事》通过介绍感人励志的案例，让员工感受到了前辈们如何在危急存亡时刻精忠报国，如何在企业需要之时坚守岗位、敬业奉献，如何在两难抉择中以集体利益为重……这些案例激发了员工的爱国之情，增强了员工对国家、对公司的责任感和荣誉感。

在树立榜样、典型引路方面，中远海运特运开展"两优一先""钻石团队"评选、创先争优活动，对先进集体和个人进行广泛宣传，推出在争创效益、燃油控制等方面的先进船舶典型，让全体员工以祖国的远洋海运事业为荣、以企业为荣，有追赶的榜样和目标。激励和带动广大员工共筑信念，从而深化企业文化的影响力。

（2）通过实际行动关怀员工——以实际行动赢得员工的认同。

中远海运特运把系统内船员视为战略竞争优势，在公司营造"关爱船员、尊重船员、服务船员""上了特运船就是特运人"的管理理念，为船员解决实际问题，使员工更加支持中远海运特运的文化，实现企业文化的传承。

远洋运输业与其他行业有很大的差异，为了解决船员的后顾之忧，中远海运特运在全国各地船员比较集中的地方建立起近100个船员家属站，帮助船员家庭解决实际困难。2000年以来，公司以家属站为组织形式，大力开展"亲情祝安全"活动。组织家属给船员写安全寄语、给船员讲述家属对安全工作的理解、对船员安全生产的期盼，用亲情唤起船员对安全工作的共鸣。"亲情祝安全"活动已经成为中远海运特运安全文化建设的重要组成部分，也是集团的优秀文化品牌。坚持"支部建在船上"，自有船舶全部建立党支部，并配备了专职政委兼党支部书记，船上党支部建设有着坚实的组织基础和制度保障，为船员提供了战斗的堡垒。

海上条件艰苦，干净的淡水和蔬菜、水果匮乏。公司在船只到岸时及时补充新鲜的蔬果，给每一艘船配上饮水机、健身器材，为船员提供丰富的时事要闻信息，设计科学的晋升机制，提供专业的职业规划咨询服务、心理辅导，听取船员意见和反馈并对口跟进，等等。

公司对员工的关怀在新冠疫情中体现得更为明显。公司对国内航行船舶和靠国内港口作业船舶持续跟踪、督促落实疫情防控工作，搞好船舶伙食，与超期工作船员谈心交心，协调各方资源帮助船员解决实际困难。公司通过驻国内港口办事处、兄弟单位、港口代理等各种渠道，想方设法采购口罩等防疫物资，为船舶有效开展疫情防控工作提供了充足的物资保障。疫情发生后，公司第一时间对湖北籍在家休假及在船工作共计184名船员家庭情况进行排查了解，并及时沟通协调集团武汉地区现场工作小组为有需要的船员家庭提供支援帮助。

（3）通过制度建设引导员工——将企业文化纳入考核评价体系。

为了切实有效地传承以爱国主义为核心的企业文化，让企业文化落地，中远海运特运将企业文化纳入对全体员工的考核评价体系中，通过明确的指标引导员工的行为。

领导者的引导和鼓励对企业文化的传承和发展至关重要，将企业文化纳入对领导者的考核中，无疑能够激发领导者的积极性，对企业文化的传承起到极大的推动作用。在领导层考核方面，中远海运特运将企业文化建设列入党建责任制考核主要指标，与奖惩、评先等挂钩，建立健全企业文化建设的领导体制。

对于普通员工的考核，中远海运特运将"爱国奉献"确定为对员工职业道德的基本要求。当船员跨出国门，船员就是中国的代表。因此，中远海运特运要求船员发扬爱国主义精神，在执行远洋运输任务时，时刻注意维护国家主权、利益和尊严，表现出高尚的民族气节；立足本职岗位，从小事做起，为实现公司发展目标做出应有的贡献。

与此同时，通过考核各个部门的精神文明建设，公司引导员工自觉拥护和践行爱国主义文化。党委副书记、工会主席李宏祥解释说："企业文化和价值观的考核并非形式主义，而是要结合实际，落实到底。在对员工进行考核时，要分阶段分层次推进。"中远海运特运通过将企业文化纳入考核体系，综合评价和考核员工的价值观和绩效，从而用考核的硬指标将企业文化落到实处。

（4）通过奖惩机制激励员工——将企业文化融入奖惩机制。

中远海运特运积累了丰富的企业文化建设经验，意识到只有将企业文化传承与企业各项工作紧密地结合起来，才能增强企业核心竞争力。因此，中远海运特运基于企业文化与其他工作的内在一致性，将企业文化建设融入企业各项奖惩机制中，推动企业文化的传承。

中远海运特运将以爱国主义为核心的企业文化内涵融入薪酬机制的设计中，把个人利益和集体利益紧密地联系一起。在行业发展不景气的时候，公司领导通过主动降低工资来保证大部分船员的福利，激励员工不仅注重当期业绩，而且注重国家利益、公司中长期可持续发展。

中远海运特运鼓励员工把个人职业生涯发展与公司发展及国家远洋运输事业的发展紧密地联系在一起。中远海运特运常常鼓励员工以远洋运输事业为追求，并为那些忠于国家、表现突出的员工提供更多的学习和晋升机会，拓宽和加快优秀员工的晋升之路等。这一系列的激励制度与企业文化有效融合，促使员工全身心地投入远洋运输事业中。与此同时，中远海运特运坚持激励和约束并存，奖励与惩罚结合，将企业文化融入奖惩机制。

文化发展：爱国主义文化与商业文化的融合

企业文化具有连续性与发展性，遵循着文化的积累、传播和发展的规律，不断演进与成长。在新时期，中远海运特运的发展战略是"打造全球综合竞争力最强的特种船公司，成为大型工程项目设备运输的领导者"。在强调经济效益和高效率的商业时代，爱国主义文化是不是过时了？爱国主义文化能与商业文化相互融合吗？

中远海运特运对爱国主义文化的坚守以及其辉煌的业绩证明了爱国主义文化和商业文化并不矛盾。相反，爱国主义文化是激励中远海运特运员工敬业奉献的强大精神动力。在新时期，中远海运特运一方面坚持以爱国主义为核心的企业文化，另一方面不断地适应商业环境的变化，扩展企业文化内涵，创新传播方式，为企业文化体系注入新的活力，从而不断推进企业文化向前发展。

（1）企业文化内容的拓展。为了适应外部环境的变化，中远海运特运结合企业实际情况提炼和丰富企业文化内涵，发展了以爱国主义文化为核心，以安全文化、创新文化、和谐文化等新型子文化为重要组成部分的文化体系。新型的子文化继承了爱国主义文化的内涵，又符合商业时代的发展要求，实现了爱国主义文化与商业文化的相互融合。

1）安全文化：保障员工安全，提高工作效率。在安全文化方面，中远海运特运以推进安全长效管理机制建设为契机，不断总结和创新安全管理经验，出版"平安之旅"系列安全文化手册和《水上交通事故典型案例分析》，提炼出"安全管理十大创新理念"，并且不断更新与修订。这些创新理念也成为各级管理人员和操作人员共同接受的安全价值观。"安全靠大家、平安每一天"的安全愿景成为所有员工的共识和行动指南。中远海运特运的安全文化建设取得了重大成效，2015 年，为提升公司管理标准，更好地服务国际高端客户，中远海运特运开始引入 OVMSA（海洋石油作业船舶管理和自我评估）标准并正式推出第四版管理体系，更名为 QHSE（质量、健康、安全、环境）管理体系，此举标志着公司的管理标准正式与国际高端客户要求接轨。与此同时，适时推出 QHSE 黄金法则，比对壳牌石油公司救命法则，该法则体现了航运公司独特的安全文化。安全文化体现了爱国主义文化和商业文化的融合：一方面，中远海运特运以人为本，重视员工工作安全、国家财产安全；另一方面，安全意识也提高了员工工作的规范性和效率，帮助公司创造更好的业绩。

TCO 项目是全球最大油气项目之一，中远海运特运在 2020 年顺利完成该项目，在这背后，QHSE 管理体系发挥了重要作用。中远海运特运体系管理团队依据公司 QHSE 管理体系，建立了规范的分包商审核制度，编制了细致的审核检查表，并在与韩、日分包商充分沟通制订详尽审核方案的基础上，于 2016—2019 年共开展了四次分包商审核，不仅为项目提供保驾护航，也极大提升了公司在业界的声誉，彰显了公司在 QHSE 管理方面的自信。

圆满完成"再航北极，双向通行"航行任务的"永盛"轮也高度重视船舶安全文化建设工作，坚持"安全至上"的管理理念并采取相关安全管理措施，取得了良好的成效。养成船员按章作业习惯，让安全文化深入人心，安全意识生根发芽，营造"人人重视安全、人人懂得安全、人人能够安全"的良好安全文化氛围。

"亲情祝安全"是中远海运特运多年来探索形成的特色安全文化品牌，对夯实船舶生产安全基础、维护船舶安全生产秩序发挥着独特的作用。

2）创新文化：求是创新，推动转型升级。在创新文化方面，中远海运特运积极适应外部业务需求，进行营销创新、技术创新和经营创新，搭建起以广州本部为中心的全球营销网络格局，加强全球营销能力。中远海运特运成立亚洲首个货运技术中心，提供最全面的特种货装卸技术支持，推进船队结构转型升级。建立并运作了全球首个半潜船联营体，开拓了新的盈利空间。"求是创新，图强报国"的企业精神不断激励着员工以国家的事业为己任、报效国家，从而孕育了新时期的创新文化，实现了爱国主义文化和商业文化的融合，推动中远海运特运转型升级为高科技特种船运输，也印证了中远海运特运"精神转物质"的理念。

TCO 项目涉及逾千个支墩的建造与安装。项目设计中，特运技术服务团队以"安全经济"为目标，创新引入"通用型"支墩结构设计理念，成功实现一套支墩适用于多种模块并可多航次重复使用，在确保货物和船体结构安全的前提下，大大降低了项目成本。在航次工程设计之外，为满足雪佛龙对支墩建造和安装精度的高要求，技术组深入研究，提供了一套跨专业、跨分包商的解决方案，使支墩安装精度有效控制在 5 毫米以内，有力地支撑了项目运行，得到了客户的高度肯定。

3）责任文化：履行社会责任，自觉节约成本。在责任文化方面，中远海运特运肩负起振兴中国远洋运输行业的重任，热爱祖国、热爱远洋，坚持与各利益相关方建立和谐互信、互惠共赢的合作关系。中远海运特运在提高绩效的同时，积极履行环境保护责任，把绿色发展深入到公司的发展理念中，获得"交通运输行业节能减排先进企业"称号。中远海运特运还积极参与社会公益活动，圆满完成对口扶贫点任务。此外，中远海运特运积极参与海上救助，充分体现了中远海运特运履行社会责任的文化和爱国情怀。公司的责任文化对员工产生了潜移默化的影响，员工形成了强烈的主人翁意识，不惜牺牲个人利益，为公司增加效益、为振兴国家远洋运输业贡献自己的力量。

2016 年 9 月 27 日，中远海运特运（当时为"中远航运"）中标 TCO 项目。回馈社会、反哺当地是油气开发项目的最基本要求，TCO 项目也不例外。根据合同规定，作为 TCO 项目海运物流板块总包商的中远海运特运，在海运服务之外，还必须对当地做出富有建设性和实质性的贡献。为了更好地帮助当地，TCO 项目组进行了多方调研，经过细致的调查，项目组发现哈萨克斯坦竟然有一个航海学院，并且该学院即将毕业的航海系学生急需登船实习以便完成学业，但由于条件的限制，他们通常只能到里海的一些拖轮或作业船上实习，鲜有远洋实习的机会。经过慎重考虑和研究，同时与韩国分包商磋商说服对方同意共同接纳这批实习生，最终，项目组将一个完整的《哈萨克斯坦航海学院学生上船实习方案》提交到了 TCO 总部。TCO 总部对这一提议非常满意，对项目组的创造性工作表示非常感谢，顺利批准了该方案。经过项目组一年零四个月的全程监护，15 名哈萨克斯坦实习生累计在船培训 2 235 人天，未发生任何安全事故。据估算，整个实习培训计划共为哈萨克斯坦创造了超过 50 万美元的实际价值。

中远海运特运文化体系中的其他子文化也各自发挥了重要作用。如学习文化引导员工完善知识结构，巩固和提升企业核心竞争力。廉洁文化倡导诚实守信、阳光化操作，并通过强化内部控制、建设内控体系加强反腐倡廉建设。这些新型的文化内涵不仅体现了以报效祖国为己任的爱国主义精神，还推动了公司适应商业时代的要求，不断学习、发展，在激烈的商业竞争中提高综合实力和业绩表现，进而推动以爱国主义为核心的企业文化与商业文化相互融合，形成一个具有时代性和独特个性的企业文化体系。

（2）企业文化传播方式的创新。在企业文化传播方式的创新方面，中远海运特运与时俱进，采取多种宣传方式和途径，充分利用网络技术，以商业时代信息传播的迅速和高效，克服了远洋企业特有的各种困难，实现企业文化的同步传播和教育，增强员工对企业文化的认知度和认同感。

远洋运输工作环境艰险、突发事件多、远离祖国，员工分布高度分散。中远海运特运根据形势和任务的需要组织攻关，建立了网络宣传系统。对于在航船舶，公司进行"跨海送学"，提高企业文化教育的时效性。"送学上船"的典型经验受到中央四个长效机制检查组的肯定，被写入中央办公厅印发的正式文件，在全国上下获得推广介绍。对于陆地员工，中远海运特运利用网络宣传平台开展多媒体教育，把教育资料链接到网站供广大员工学习参考。完善的企业文化工作平台，为员工开展学习教育提供了便利，使企业文化建设的优良传统进一步发扬光大。中远海运特运"零距离"网络宣传质量管理小组因此被评为全国优秀质量管理小组。

中远海运特运还紧跟信息化潮流，不断提升企业文化传播创新水平。在开展的主题活动中，公司创新思维，除了利用办公电脑发布警句和每日一条提要，还开通了微信公众号，及时发布公司活动信息和相关学习资料、心得，图文并茂，形式新颖，方便广大员工随时学习和掌握相关文件精神，及时了解活动动态，让广大员工能够充分利用碎片时间，提高活动的影响力和实效。

问题与思考

中远海运特运爱国主义文化对员工有何影响？为什么能够产生这些影响？员工如何看待爱国主义文化？中远海运特种运爱国主义文化传统为什么能传承至今？在新时期，中远海运特运的爱国主义文化如何与商业文化相互融合？

案例教学参考

1. 案例导入

随着时代的变迁与市场经济的迅速发展，企业面临着更加复杂的经营环境和更加激烈的竞争，部分企业的文化更加强调效率和经济效益至上的商业文化。在部分人看来，企业提倡爱国主义文化更像一种空泛的说教，很难让员工真正地接受和认可。但中远海运特运自成立以来，一直坚持以爱国主义为核心的企业文化并取得了卓著的成效，员工也以振兴中国远洋运输业为使命，报效祖国。中远海运特运如何培养爱国主义文化并影响员工将爱国之情化为自觉的行动？面对着商业社会的新挑战，中远海运特运如何融合爱国主义文化与商业文化，如何传承和发展爱国主义文化？

2. 教学目的

结合中国企业的实际，通过中远海运特运爱国主义文化传承与发展的真实案例，分析企业文化对员工的作用机制和企业文化传承机制，思考在社会经济迅速发展的和平年代，爱国主义文化如何与商业文化相互融合。

3.适用范围

本案例主要适用于组织行为学课程的组织文化主题。

4.案例分析思路

（1）爱国主义文化对员工的作用机制。

由案例可知，在爱国主义文化的激励下，中远海运特运的员工不惧艰难投身于远洋运输事业，把青春献给祖国、献给事业。为什么爱国主义文化能够产生如此强大的激励效应？企业文化是如何对员工产生影响的？

中远海运特运是在国家的支持下成长起来的企业，肩负着振兴国家远洋运输事业的光荣使命，而爱国主义文化传统则是公司克服困难、快速发展的精神支柱和不竭动力。中远海运特运高度重视爱国主义文化的建设，设置了企业文化部，专业高效地负责企业文化工作，并通过创建网络宣传系统和各类内部期刊，形成有效的舆论引导机制，从而落实爱国主义教育，全方位地向员工传达中远海运特运的文化传统和精神主张，鼓励员工以报效祖国为己任，以远洋运输事业为追求。与此同时，中远海运特运积极地向员工宣扬公司的优良传统、历史使命和辉煌成就，让员工感受到了公司的伟大，感觉到加入这个大集体的使命感、责任感和荣誉感，鼓励员工通过在岗位上敬业奉献报效祖国，引导员工将爱国之情转化为爱公司之情，激发了员工的忠诚感，培养了敬业奉献的精神，创造了高绩效、低流动率的成果。转化路径如图 7-1 所示。

图 7-1　爱国转化为爱公司

以爱国主义为核心的企业文化向员工传递了一种身份认同感，让员工感受到作为中国人的骄傲和使命，促使员工认同和投身于比个体利益更高层次的事业。在爱国主义教育和爱公司教育的熏陶下，员工意识到每一个在大洋远航的中远海运人都代表着中国人的形象，他们作为中国人的强烈认同感传递为作为中远海运人的认同感。员工感受到工作任务的重大意义，感受到作为中国人和中远海运人的骄傲和重担，因此提升了工作态度，增强了使命感、责任感和荣誉感，不惧艰难地投身于远洋海运事业，把青春献给祖国、献给事业（如图 7-2 所示）。

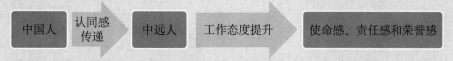

图 7-2　认同感传递

由此可见，爱国主义作为优秀的文化传统，是一种黏合剂和控制机制，不仅能够激发员工的爱国之情和作为中国人的自豪感，还能够增强员工对公司的情感和认同感，从而影响员工的工作态度，引导和塑造员工的行为。

（2）企业文化的传承机制。

为什么中远海运特运能够一直保持爱国主义文化的生命力，将优秀的文化传统传承至今，发扬光大？

企业文化建设并非空中楼阁，需要有效的组织制度作为依托。中远海运特运爱国主义文化之所以能够传承至今并保持强大的生命力，正是因为将优秀的文化传统融入企业的制度和管理工作中，在制度中贯彻爱国主义理念，形成企业文化的传承机制，利用制度的导向性和规范作用，使员工自觉地学习和培养爱国主义精神，塑造员工的行为模式，从而使文化落地生根，经久不衰。

通过建立案例库、树立榜样等宣传活动，员工感受到前辈们、同事们的爱国情怀和敬业精神，产生了强烈的共鸣，并效仿爱国行为、践行爱国主义精神；通过在日常的管理活动中以实际行动和人性化关怀感化员工，使员工更加认可公司以及爱国主义文化，义无反顾地投入远洋运输事业中；通过将企业文化建设和爱国奉献的职业道德准则纳入领导者和普通员工的考核体系中，用明确的硬指标将企业文化落到实处，引导员工贯彻企业文化的精神主张；通过将企业文化精神融入薪酬和职业发展等奖惩机制，把个人的利益和集体的利益紧密地联系一起，把个人的职业生涯发展与企业发展及国家远洋运输事业的发展紧密地联系在一起，从而有效地激励员工爱国爱公司、敬业奉献。

综上所述，中远海运特运的企业文化传承机制的作用机理是：爱国主义文化传统与各项制度建设相互结合、相互促进，文化传统在制度中得以落实和发扬，从而塑造和强化了员工的行为，最终形成一种被员工广为认可和接受的行为模式。传承机制如图7-3所示。

图7-3　企业文化的传承机制

（3）爱国主义文化与商业文化的融合。

由案例可知，在过去，中远海运特运肩负着重大的历史使命，时刻在为维护国家利益、振兴中国航运业而奋斗，形成了以爱国主义为核心的企业文化。然而，随着时代的变迁，中远海运特运面临着新的充满竞争的商业环境，此时，爱国主义文化还适应中远海运特运的发展吗？我们可以借用"环境—战略—文化—结果"模型（见图7-4）来判断爱国主义文化是否过时，以及爱国主义文化如何与商业文化相融合。

"环境—战略—文化—结果"模型是宝洁公司常用的组织绩效模型，用以设计与企业文化相互匹配的战略以及根据组织结果进行逆向的战略评估，其原型由斯坦利·戴维斯在1981年提出。该模型的逆向诊断是指从企业的"结果"出发，分析企业现状和问题，找到其"文化"根源以及"文化"与"战略"不匹配之处，在找到解决问题的关键后，再从分析组织所在的"环境"开始，正向（顺时针）地设计"战略""文化"以及所期待的"结果"。

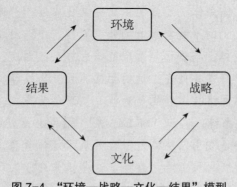

图 7-4　"环境—战略—文化—结果"模型

在新时期，面对着低迷的航运市场、复杂的竞争环境，中远海运特运的发展战略是"打造全球领先的特种船公司，实现向'产业链经营者'和'整体解决方案提供者'转变"，这就要求企业不断创新，不断地激发员工创造更高的经济效益，化危为机，巩固和建立更加强大的综合实力和行业地位。与战略相对应的是以爱国主义为核心的企业文化。无论是过去还是和平的新时期，爱国主义文化一直是中远海运特运持续发展的精神支柱和不懈动力。虽然环境发生变化，但追求卓越、创造效益、回报股东的目标与爱国主义文化内涵并不矛盾。相反，爱国主义从未过时，只有怀着爱国奉献的崇高理想，才有更强大的精神动力去克服困难、实现公司的战略目标。这也是中远海运特运能够从当初营运杂货船的航运企业蜕变成特种船运输行业翘楚的重要原因。

然而，文化总是在不断适应环境的过程中吐故纳新，遵循着文化的积累、传播和发展的规律，不断演进与成长。为了更好地适应外部环境的变化和实现公司的战略目标，中远海运特运的爱国主义文化需要与新时期的商业文化更好地融合。因此，中远海运特运结合企业实际情况和时代特征，提炼和丰富企业的文化内涵，发展了以爱国主义为核心，以安全文化、创新文化、学习文化、廉洁文化、和谐文化、责任文化等新型文化为重要组成部分的文化体系（见图 7-5）。

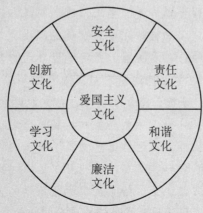

图 7-5　新时期的企业文化体系

新时期的企业文化体系体现了爱国主义的文化内涵，补充了适应商业社会的新型子文化，从而推进文化的不断发展与创新。同时，中远海运特运与时俱进，不断创新传递企业文化的载体，根据远洋运输点多、线长、面广，高度流动分散、工作环境艰险、涉外性强、突发事件多、远离祖国、独立作战等特殊性，采取多种宣传方式和途径，充分利用网络技术特别是新媒介创新传播方式。对于在航船舶，公司依托卫星船岸电子邮件系统，实施"跨海送学"，增强企业文化教育的时效性。对于陆地员工，中远海运特运利用网络宣传平台开展多媒体教育，把教育资料链接到网站、发布到微信平台供广大员工学习参考。这些措施有效实现了企业文化的传播和教育效果，也体现了商业文化对效率的追求。

具备时代特征和企业个性特征的文化体系以及与时俱进的传播手段，共同推动了中远海运特运企业文化的发展，一方面不断地适应公司的发展战略和经营环境，另一方面也能够更好地激励员工敬业奉献、提升业绩，从而推动公司在经营上和文化建设上取得卓越的成果。

5. 理论依据与分析

爱国主义文化对员工的作用机制可以用社会认同理论来解释。该理论由泰弗尔引入，表现为个体认识到自己属于某一社会群体，同时也认识到自己作为群体的一员所带来的情感和价值意义。社会认同理论的应用对组织有三个主要的影响。首先，员工通常选择和实施与其社会身份一致的行为，并支持保护其社会身份的组织。其次，这种社会认同通常对群体结果影响深远，如凝聚力、合作、对群体的积极评价等，并与员工对组织的忠诚度和荣誉感正相关。最后，随着员工对组织的认同度越来越高，这一组织的价值观和行为相比于其他组织，会变得更加独特和积极。这些越来越积极的认知会提高员工对组织及其文化的忠诚度和参与度。

中远海运特运高度重视企业文化建设，通过爱国教育、爱公司教育和爱员工教育等激发员工的爱国、爱公司精神，引导员工报效祖国、奉献社会，爱国主义精神融入了全体员工的血液里。

中远海运特运建立了以爱国主义为核心的企业文化，首先通过建立有效的舆论机制、合适的载体和方式逐步宣传爱国主义，通过网络宣传系统、企业文化宣传栏和内部刊物等使爱国主义文化潜移默化地影响员工，让员工认可自己中国人的身份并以此为荣，从而不畏艰险、奋发图强，坚定地将自己的青春奉献给祖国的远洋运输事业。爱公司教育是中远海运特运爱国主义教育的落脚点，通过举办文化活动，从公司艰难的成长历程中，让员工感动和受教，自觉地继承和发扬公司的优良传统。通过公司取得的辉煌成绩，让员工感到骄傲和振奋，坚定信心，攻坚克难，再创辉煌。通过宣传企业的文化内涵，还让员工感受到了公司的伟大，感受到了加入这个大集体所带来的使命感、责任感和荣誉感，并且中远海运特运高度重视员工的个人价值、职业规划以及员工日常生活，给予员工无微不至的关怀。一方面，中远海运特运通过举办关爱员工的系列活动激发员工热爱公司、敬业爱岗的精神；另一方面，又教导员工以实际行动表达对公司的支持。通过爱国、爱公司和爱员工三种类型的教育，引导员工将爱国之情转化为爱公司之情，使员工以中国人为荣，以中远海运人为傲，他们作为中国人的强烈认同感转化为中远海运人的认同感，从而实施与该身份相一致的行为，将国家和集团利益放在第一位。

中远海运特运员工把发展壮大远洋海运事业作为奋斗目标，报效祖国也体现了马斯洛需要层次理论。该理论由美国心理学家亚伯拉罕·马斯洛于1943年提出，是人本主义科学的一种需要层次理论。该理论将人类需要分成五个层次：生理需要、安全需要、社交需要、尊重需要和自我实现需要。

中远海运特运将船员视为公司的战略竞争优势，贯彻落实"关爱船员、尊重船员、服务船员""上了特运船就是特运人"的管理理念，尽心尽力为员工解决实际问题。通过建立员工家属站，帮助船员家庭解决实际问题；在船只到岸时及时送上新鲜的蔬果，配备饮水机、健身器材、娱乐用品，提供专业的职业规划咨询服务、心理辅导等帮助船员克服海上的艰苦条件。中远海运特运通过制度化的措施，形成了关心船员的固定做法和氛围，体现了对员工的尊重和关爱，满足了员工的各种需求，使员工认同和致力于比个体利益更高层次的事业，以更加饱满的热情、更加高效的工作，高质量地完成各项任务，忠于国家，敬业奉献。

6.背景信息

中远海运特运的企业文化经历了三个发展阶段，分别是起步阶段、充实发展阶段和整合提升阶段。中远海运特运有一套完整的企业文化体系，包含企业目标、企业价值观、企业精神、团队精神、学习理念、治企思想、文化内涵等。其中企业目标是"打造全球领先的特种船公司，实现向'产业链经营者'和'整体解决方案提供者'转变"；企业价值观是"客户为上，人才为本，安全为基，创新为魂"；学习理念是"终身学习、全员学习、团队学习、全程学习"；文化内涵是"奉献、创新、协作和感恩"。除了以爱国主义为核心的企业文化，中远海运特运在发展过程中还产生了管理文化、安全文化和廉洁文化。扁平化管理、全面流程管理、项目管理和船岸信息一体化管理是管理文化的组成部分，通过上述管理，中远海运特运充分发挥员工特长，调动了员工的工作积极性、创造性，责任明确到位。公司坚持以人为本、安全第一，追求"零伤害、零事故、零污染"的目标，依法诚信经营、严惩腐败，在这些管理措施的支持下，企业蓬勃发展。

中远海运特运的企业文化内涵除了核心的爱国主义，还包括奉献、创新、感恩等内涵和"四个一"文化目标。中远海运特运坚持一个团队、一种文化、一个目标和一个梦想，努力打造具备"务实、高效、协调、融合、智慧"精神特质的"钻石团队"；建设了同舟共济的和谐文化，明确了核心价值理念；确立了世界一流的奋斗目标，为企业的发展指引方向；最后，把复兴梦、强国梦、发展梦、强企梦和员工个人梦想结合起来，共同实现梦想。在这样的企业文化的熏陶下，公司和员工都有着强烈的奉献精神，核心价值观便是公司奉献精神的体现，员工则以实际行动为祖国与公司做出贡献。企业在重视爱国主义文化的宣传时，也不忘创新，提出了"人无我有、人有我优、人优我特"的口号，大力推动创新，在企业内部也倡导合作精神，给予员工一定的自主权，倡导"互为客户"的工作理念，极大地提高了员工的工作效率，从而在激烈竞争的市场中站稳脚跟。

7. 关键要点

本案例的核心是中远海运特运以爱国主义为核心的企业文化为何会对员工产生影响，影响如何产生，企业文化如何传承，以及在新时期爱国主义文化如何与商业文化融合，从而在适应时代变化的同时不失去企业的初心。

以爱国主义为核心的企业文化是中远海运特运强大的精神支柱，为公司应对危机、攻坚克难增添了百倍的信心。企业文化建设是企业与员工之间的互动。中远海运特运一方面高度重视企业文化建设，通过爱国主义教育、爱公司教育和爱员工教育逐渐培育起以爱国主义为核心的企业文化，使员工认识到自己是中国人、中远海运人；另一方面，员工高度认同爱国主义文化，将爱国之情迁移为爱公司之情，从而提高了忠诚度和敬业精神，绩效得到提高，流失率降低。员工以中国人为荣，以中远海运人为傲，爱国主义精神早已融入了全体员工的血液里，集团和国家利益是第一位的。他们愿意将青春献给祖国的远洋运输事业，愿意为公司的发展做出贡献。企业出版的《艰难历程 光辉业绩》系列书籍记录了企业成长的历史足迹，记载了60年来那些感人肺腑的爱国事迹。

在企业文化的传承上，中远海运特运反对说教，以制度为引导，通过文化宣传工作，如建立案例库、树立榜样等对员工进行教育，用鲜活的案例与身边榜样的力量感染员工，使员工切实感受到企业文化中爱国主义的深刻内涵。同时，中远海运特运也以实际行动关怀员工，为员工提供工作、生活等多方面的支持，解决员工的后顾之忧。为了确保企业文化落到实地，中远海运特运将企业文化纳入考核评价体系和奖惩机制，结合公司实际情况，制定了明确的考核指标。中远海运特运党委副书记、工会主席李宏祥解释说："企业文化和价值观的考核并非形式主义，而是要结合实际，落实到底。在对员工进行考核时，要分阶段分层次推进。对于基本的价值观和道德要求，要列为必要项目，如果员工无法达到就要受到处罚；对于较高要求的部分，应该用奖励来激励和引导员工努力达到。"中远海运特运利用企业文化与其他工作的内在一致性，将企业文化建设融入薪酬机制、职业发展等奖惩机制中，把个人利益和集体利益紧密地联系一起，将员工职业生涯发展与企业发展及国家远洋运输事业的发展紧密联系在一起，推动企业文化的传承与发展。

在爱国主义文化与商业文化的融合上，中远海运特运尊重企业文化的连续性与发展性，没有故步自封，而是直面时代的发展，不断地适应商业环境的变化，将爱国主义文化与商业文化紧密结合，扩展企业文化内涵，创新企业文化传播方式，为企业文化体系注入新的活力，从而不断推进企业文化向前发展。中远海运特运结合企业实际情况提炼和丰富企业文化内涵，发展了以爱国主义文化为核心，以安全文化、创新文化、学习文化、廉洁文化、和谐文化、责任文化等新型子文化为重要组成部分的文化体系。新型的子文化继承了爱国主义文化的内涵，又符合商业时代的发展要求，实现了爱国主义文化与商业文化的相互融合。

8.建议的课堂计划

（1）分组并提前阅读案例。由于案例较长，建议课前阅读，选择1～2组学生通过案例分析展示或者以角色扮演的方式向全班做口头报告，用15分钟左右陈述并分析案例，其他学生提问并讨论。

（2）教师提问并组织讨论。教师抛出一个个企业文化建设与推进及其作用的问题：应该建设什么样的国企文化？怎样建设国企文化？爱国主义文化怎样才能深入人心？怎样让企业文化深刻影响员工的行为？引导学生展开讨论，最后得出结论：应该怎样建设国企的爱国主义文化。

（3）教师总结。在国企的企业文化建设中，怎样让红色基因在文化建设中发挥引领作用？需要把党建与管理实践相结合，把爱国主义与商业文化相结合，把爱国主义落实在企业的管理制度和管理行为中，让企业文化真正接地气。

第八章　组织学习与创新

要点

> √ 组织学习的概念
> √ 个人学习与组织学习的关系
> √ 组织学习的过程与层次
> √ 影响组织学习的因素
> √ 学习型组织的含义
> √ 构建学习型组织的步骤
> √ 组织创新的含义
> √ 影响组织创新的因素
> √ 提升组织创新能力

第一部分　知识点

一、组织学习

（一）个人学习与组织学习的关系

1. 组织学习的概念

组织学习是组织成员运用各种手段和方式不断从组织内部和外部获取知识，及时总结经验教训，实现组织成员间的知识共享，从而增加组织的知识积累，提升组织学习能力，改善组织运行并最终提升组织绩效的持续改进的过程。

2. 个人学习与组织学习

个人学习与组织学习转化模型如图8-1所示。

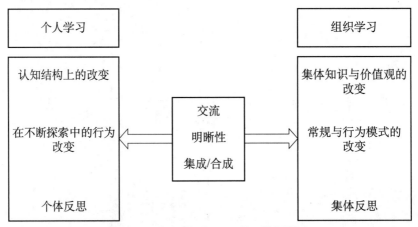

图8-1　个人学习与组织学习转化模型

（二）组织学习的过程与层次

1. 组织学习的过程

（1）基于学习方式的组织学习过程模型如图 8-2 所示。

图 8-2　基于学习方式的组织学习过程模型

（2）基于知识转化的组织学习过程模型。组织学习中知识的创造与转化分为四种模式，即组织知识的社会化（socialization）、外在化（externalization）、合并（combination）和内在化（internalization）。

（3）基于学习主体的组织学习过程模型。学习主体可以分为个人、团队和组织三个层面，它们分别在组织学习过程中扮演不同的角色。

2. 组织学习的层次

按照组织学习的内容与组织学习的主体可以将组织学习分为不同的层次，如表 8-1 所示。

表8-1　组织学习的层次

按组织学习的内容划分	按组织学习的主体划分
第一层：学习描述性事实、知识、过程和程序，适用于变化较小的已知环境	个体层学习：个体为使自己的行为更有效而获取知识与技能的过程
第二层：学习能转移到其他环境的新工作技能，适用于需要改变的新环境	团队层学习：学习型组织是最基本的学习单位，强调团队成员的合作学习和群体智力开发
第三层：学习适应，适用于需要寻找答案的更加动态的环境	组织层学习：强调组织全员学习、知识共享与共同愿景
第四层：学习如何学习，是创新和创造、设计未来而不仅是适应未来	组织间学习：组织中的个体、团队和整个组织层在与其他组织比较的过程中，获得和应用新知识，产生新行为

（三）影响组织学习的因素

影响组织学习的因素如图 8-3 所示。

1. 影响组织学习的外部因素

（1）社会经济价值的变迁。

（2）社会和经济制度的转型。

（3）技术愿景想象和技术发展。

（4）社会运动。

（5）市场信号的分析与采纳。

2. 影响组织学习的内部因素

组织学习的内部因素包括个体因素、团队因素和组织因素。

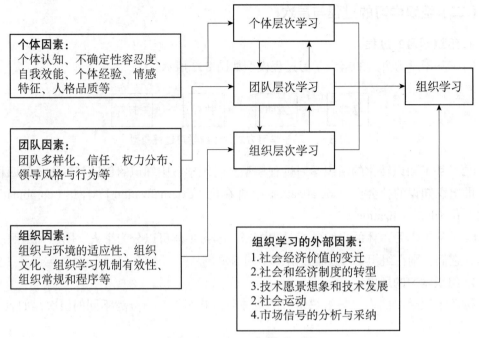

图 8-3　影响组织学习的因素

二、学习型组织

（一）学习型组织的定义与特征

彼得·圣吉将学习型组织定义如下：通过培养整个组织的学习氛围，充分发挥员工的创造性思维能力，从而建立起来的一种有机式的、高度柔性的、扁平的、符合人性的且能持续发展的组织。这类组织具有持续学习的能力，具有高于个人绩效总和的组织综合绩效。

哈佛商学院对学习型组织的描述如下：组织善于获取、创造和转移知识，并且以新知识和新见解为指导修正组织的行为，能够快速适应不断变化的外部环境。这类组织能够建立起支持学习的内部环境，强化内部的学习流程和实践活动，领导、鼓励员工学习。

罗宾斯提炼出了学习型组织的五个特征，包括：

（1）组织成员共享的构想。

（2）在解决问题和从事工作时摒弃旧的思维方式和常规程序。

（3）作为相互关系系统的一部分，成员对所有的组织过程、活动、功能和环境的相互作用进行思考。

（4）成员坦率地相互沟通。

（5）成员摒弃个人利益和部门利益，为实现组织的共同构想一起工作。

（二）构建学习型组织的步骤

彼得·圣吉在《第五项修炼：学习型组织的艺术与实务》一书中详细论述了组织如

何通过五项修炼完成学习型组织建设：

（1）第一项修炼为自我超越（personal mastery）。

（2）第二项修炼为改善心智模式（improving mental models）。

（3）第三项修炼为建立共同愿景（building shared vision）。

（4）第四项修炼为团队学习（team learning）。

（5）第五项修炼为系统思考（systems thinking）。

（三）学习型组织建设的有效性分析

学习型组织建设的有效性一直是学术研究和实践领域关注的重点，已有的研究表明，在组织变量层面，如组织绩效、组织创新等，学习型组织建设均有正向的影响作用。对个体层次变量的有效性研究相对于组织层次的研究而言，要少一些，但大部分研究都证明了学习型组织建设的积极作用。

三、组织创新

世界范围内新一轮科技革命和产业变革方兴未艾，重大颠覆性创新不断出现，对国际政治、经济、军事、安全、外交等产生了深刻影响，甚至改变了国家力量对比，成为重塑世界经济结构和竞争格局的关键。

（一）创新的含义

熊彼特在 1912 年出版的《经济发展理论》一书中，最早提出了创新的概念。他认为创新是建立一种新的生产函数，把一种从来没有过的关于生产要素和生产条件的新组合引入生产体系。这种新组合包括五点内容：

（1）引进新产品。

（2）引用新技术。

（3）开辟新市场。

（4）控制原材料新的供应来源。

（5）实现工业的新组织。

1. 个体创新

个体创新研究主要聚焦于个体创造力和个体创新行为两方面。

个体创造力主要关注创意的产生。个体创造力的经典定义为：个体在工作上的一种方法，它产生新奇而适当的想法、过程和解决办法。

个体创新行为是一个过程，与创新的定义更贴近。也有人将个体创新行为界定为能够引导新的和有用的观点、过程、产品或程序产生及应用的行为，认为个体创新行为包括寻找机会、产生想法、形成调查、支持和应用五个阶段，并将个体创新视为引致有益的创意产生、导入以及应用于组织中任一层次的所有行为。

2. 组织创新

早期的组织创新定义强调组织采用新的观念或行为，例如新的产品、新的服务方式、新技术或新的管理制度等。达曼珀在前人研究的基础上针对组织创新提出了三种分类：

（1）管理创新和技术创新。

（2）产品创新和过程创新。

（3）激进式创新和渐进式创新。

我们可以把组织创新看成一个过程，这个过程能够提高组织在动荡环境中的生存能力。组织创新源于组织对经营方式的升级或转型，是对已有管理实践的颠覆或革命，可以为组织创造价值提供新的路径。

（二）影响组织创新的因素

归纳起来，影响组织创新的主要因素可分为个体因素、组织因素和环境因素三大类。

1. 个体因素

（1）员工特征。

（2）管理者特征。

2. 组织因素

（1）组织战略。

（2）组织发展阶段。

（3）组织结构。

（4）组织学习。

（5）组织文化。

（6）战略性人力资源管理。

3. 环境因素

（1）社会政治经济变革。

（2）政府行为与政府政策。

（3）科技变革。

（4）文化差异。

（5）市场竞争压力。

（6）顾客需求拉动。

（7）社会舆论的推动。

（三）提升组织创新能力

1. 组织内部

（1）招聘具有创新能力的员工。

（2）采用灵活有机式的组织结构，加强组织的内部沟通。

（3）建设创新文化，培育创新精神。

（4）加强组织学习，培养创新能力。

（5）灵活工作设计，增强创新自主性。

（6）设定创造性的绩效目标，激发创新动机。

2. 组织外部

（1）健全完善创新政策。

（2）加强创新宏观引导。

（3）强化创新公共服务。

（4）完善创新人才制度。

（5）在全社会大力弘扬创新精神。

（6）营造崇尚创新的环境。

第二部分　习题集

一、填空题

1. 基于学习主体的组织学习过程模型，学习主体可以分为个人、_____和_____三个层面，它们分别在组织学习过程中扮演不同的角色。

2. 个体创新研究主要聚焦于_____和_____两方面。

3. 组织创新可以简单分为_____和渐进性创新。

二、单项选择题

1. 基于学习方式的组织学习过程模型包括发现、发明、执行和（　　　）阶段。

    A. 推广   B. 流转   C. 总结   D. 激活

2. 彼得·圣吉提出了完成学习型组织建设的五项修炼，分别是自我超越、改善心智模式、建立共同愿景、（　　　）和系统思考。

    A. 相互分享   B. 高效执行   C. 团队学习   D. 深度分析

3. 影响组织创新的因素类型可以分为个体因素、组织因素和（　　　）。

    A. 管理者因素   B. 团队因素   C. 社会因素   D. 环境因素

三、多项选择题

1. 基于学习方式的组织学习过程模型包括以下相互联系的阶段（　　　）。

    A. 发现   B. 发明   C. 执行   D. 推广

    E. 概括

2. 组织学习中知识的创造与转化分为四种模式，即组织知识的（　　　）。

    A. 社会化   B. 外在化   C. 内在化   D. 个人化

    E. 合并

3. 以下影响组织学习的因素包括（　　　）。

    A. 技术因素   B. 经济因素   C. 个体因素   D. 团队因素

    E. 组织因素

4. 以下影响组织创新的组织因素包括（　　　）。

A. 组织战略　　　　B. 组织发展阶段　　C. 管理者特征　　　D. 组织结构

E. 组织文化

四、简答题

1. 学习型组织的五个特征是什么？

2. 组织学习的过程是怎样的？

3. 影响组织学习的因素有哪些？

4. 影响组织创新的因素有哪些？

五、论述题

1. 论述个人学习和组织学习的关系。

2. 论述如何建设学习型组织。

3. 论述如何提升组织的创新能力。

4. 论述基于学习方式的组织学习的概念及其过程。

参考答案

一、填空题

1. 组织运行　　组织绩效

2. 团队　　组织

3. 个体创造力　　个体创新行为

4. 突破性创新

二、单项选择题

1. A　2. C　3. D

三、多项选择题

1. ABCD　2. ABCE　3. ABCDE　4. ABDE

四、简答题

1.（1）组织成员共享的构想。

（2）在解决问题和从事工作时摒弃旧的思维方式和常规程序。

（3）作为相互关系系统的一部分，成员对所有的组织过程、活动、功能和环境的相互作用进行思考。

（4）成员坦率地相互沟通。

（5）成员摒弃个人利益和部门利益，为实现组织的共同构想一起工作。

2.（1）基于学习方式的组织学习过程：发现—发明—执行—推广。

（2）基于知识转化的组织学习过程模型。组织学习中知识的创造与转化分为四种模式，即组织知识的社会化、外在化、合并和内在化。

（3）基于学习主体的组织学习过程模型。学习主体可以分为个人、团队和组织三个层面，它们分别在组织学习过程中扮演不同的角色。

3.（1）组织学习的外部因素。

1）社会经济价值的变迁。

2）社会和经济制度的转型。

3）技术愿景想象和技术发展。

4）社会运动。

5）市场信号的分析与采纳。

（2）组织学习的内部因素。组织学习的内部因素包括个体因素、团队因素和组织因素。

4.（1）个体因素。包括员工特征、管理者特征。

（2）组织因素。包括组织战略、组织发展阶段、组织结构、组织学习、组织文化、战略性人力资源管理。

（3）环境因素。包括社会政治经济变革、政府行为与政府政策、科技变革、文化差异、市场竞争压力、顾客需求拉动、社会舆论的推动。

五、论述题

1. 个人学习和组织学习在交流、明晰性、集成/合成等维度上存在区别和联系，它们的关系见图8-4。

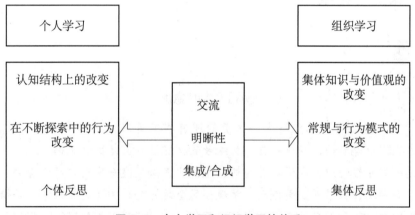

图8-4 个人学习和组织学习的关系

2. 彼得·圣吉在《第五项修炼：学习型组织的艺术与实务》一书中详细论述了组织如何通过五项修炼完成学习型组织建设：

（1）第一项修炼为自我超越。

（2）第二项修炼为改善心智模式。

（3）第三项修炼为建立共同愿景。

（4）第四项修炼为团队学习。

（5）第五项修炼为系统思考。

3.可以从组织内部和外部两个方面出发。

（1）组织内部。招聘具有创新能力的员工；采用灵活有机式的组织结构，加强组织的内部沟通；加强建设创新文化，培育创新精神；加强组织学习，培养创新能力；灵活工作设计，增强创新自主性；设定创造性的绩效目标，激发创新动机。

（2）组织外部。健全完善创新政策；加强创新宏观引导；强化创新公共服务；完善创新人才制度；在全社会大力弘扬创新精神；营造崇尚创新的环境。

4.组织学习是组织成员运用各种手段和方式不断从组织内部和外部获取知识，及时总结经验教训，实现组织成员间的知识共享，从而增加组织的知识积累，提升组织学习能力，改善组织运行并最终提升组织绩效的持续改进的过程。

基于学习方式的组织学习过程包括四个相互联系的阶段：

（1）发现。指识别出追求的目标与实际的状况之间存在的差距。

（2）发明。指设计各种解决办法以缩小差距。

（3）执行。指执行解决方案。

（4）推广。指得出解决方案是否有效的结论，并运用到其他条件下。

第三部分　案例集

一、课堂讨论案例

 案例1

一团和气中的隐忧①

前不久，某公司老总觉得内部人员管理有些不对劲，但具体原因又不能确定。一位专家顾问应邀前往，经过一番深入细致的摸底调查，才恍然大悟。

这是一家年轻的中美合资民营企业，主要生产微型汽车发动机的零部件，经济效益不错。调查工作从了解公司概况、参观公司全貌开始。头几天，专家感觉情况还不错。这里的人，不管是老总，还是白领、蓝领，都很随和，相处融洽，好似一个温馨的大家庭。但在接下来的几天里，这位专家感觉到随着了解的逐步深入，情况开始有了变化，在融洽的表层下似乎还隐藏着什么东西，大家对此都不明示，但都小心翼翼地维护着。专家说不清这种东西是什么，是好是坏，便急于想找到能证明他直觉的事实。

恰好，公司当时开展了一个"有奖征集建议及意见"的活动，奖励力度到位，活动声势也造起来了。但出乎专家意料的是，员工普遍反应冷淡，响应者甚少，且

① 邓靖松.管理心理学.4版.北京：中国人民大学出版社，2021.

提出的仅有的那几条意见也不过是无关痛痒的应付罢了。公司在各方面都尽善尽美吗？还是员工都缺乏这种意识与能力？专家决定顺藤摸瓜探个究竟。

对于第一个问题，答案当然是否定的，但专家还是做了调查。据观察，公司存在的问题不少，深层次的暂且不淡，仅表面的小毛病就很多，比如上下班考勤制度、库房管理、车间作业等都存在不少有待改进的地方。

为了回答第二个问题，这位专家与各类员工广泛接触，甚至与一些人交上了朋友，最终得出了否定的答案。公司从老总到工人，都比较年轻。从人员素质上看，这并不是一个僵化的群体。通过进一步的沟通，专家发现他们不时流露出对一些制度的不满，同时也有自己的见解，这些见解都极有利于问题的解决。但他们为什么不公开提出来呢？专家问了许多人，大家都笑而不答。最终一个刚毕业的大学生坦言道："我也知道这个建议可能很好，但你有没有想过，建议一旦被采用执行，其结果如何？"他顿了顿，接着说："人，毕竟是群居动物！"专家终于明白了，这就是问题的关键：他们知道公司的问题可能因自己的建议而得到解决，但若因此而损害了多数人的利益，那自己，作为群体中的一员，就会受到群体的"惩罚"。

紧接着，专家在车间里也发现了类似的情况：工人的工作效率大都保持在相近的水平，有更强生产能力的工人宁愿多休息、做慢点儿也不全力以赴。因为他若不如此，将可能导致公司重新制定计件工资率，这样会引起工友的不满，最终给自己带来麻烦。专家由此得出这样的结论：这个企业的确出了毛病。

问题与思考

如果你是这位专家，你认为应该给公司提出哪些建议？

二、课后分析案例

案例2

3G浪潮推动C公司学习型组织建设[①]

C公司简介

C公司是某通信运营商下属最大的省级分公司（收入约占集团公司的17%，利润占45%），年缴税近50亿元。截至2013年底，C公司总资产约980亿元，在岗员工近4.6万人，年经营收入500多亿元（2015年底已达590多亿元），拥有固定电话用户、移动电话用户、固网宽带用户总计超过6 600万户，其中移动电话用户达2 400万户，固网宽带用户达1 700万户，"移动+宽带"业务收入占比达62%，收入结构持续优化，用户规模超过了英国、法国等欧洲国家的运营商。

---

① 本案例由邓靖松、郑敏莹撰写。

C公司包括21个地市分公司、14个本部部门、3个事业部和7个直属单位（中心），此外全省共有143个县级分公司、1 219个营销服务中心。C公司主营业务包括固话业务、宽带业务、移动业务、增值业务等，能够全方位满足政企客户、家庭客户及个人客户的消费需求。随着科技的日新月异，移动互联网逐渐兴起，用户使用手机上网查找信息、购物娱乐已是十分寻常之事，大家转而习惯使用微信等即时通信工具进行语音沟通，因此，C公司收入来源亦渐渐从主营业务（固定电话、固网宽带、移动电话）收入向新兴业务如移动上网流量收入倾斜。

与时俱进的组织学习

2009年，C公司获得了3G牌照。对C公司而言，这是一个划时代的转型机会，从此进入了全业务经营的关键时期。然而在求发展的十字路口，稍有迟疑就将被时代的巨浪掀翻。如何面对这场深刻的变革？集团公司董事长提出并实施了如"全业务经营"、"新三者定位"（智能管道的主导者、综合平台的提供者、内容和应用的参与者）、"一去二化"（去电信化、市场化、差异化）等一系列战略措施，这些措施在把握发展机遇、直面市场竞争方面发挥了重大作用。

在移动互联业务蓬勃发展的浪潮中，在战略变革的关键时期，C公司管理层对组织学习的工作也是有史以来最关注的。C公司的优势在于能轻装上阵，从赛道中段出发，能学习较新较先进的技术并将其运用于建设、运营卓越的移动通信服务的过程中。因此，C公司在战略变革中的定位是打造学习型组织。

C公司的员工学习、培训工作由隶属于人力资源部的培训中心直接管理，培训中心建立了集约化的培训体系，不断加大全省培训一体化组织实施力度。培训中心在每年年底都会进行下一年的培训需求调研，通过企业信息化系统向全省员工进行问卷调查，以有针对性地开展培训学习工作，保证知识既不会脱离实际需要又随时站在发展的前沿。

2011年，C公司人力资源部在解读集团战略和重点工作的基础上，迅速开展了以经理人员为重点的全员战略宣传。与此同时，针对经理人员在全业务发展过程中的路径依赖问题，重点策划组织了"转型引领、超越自我"训练营。为顺应移动互联网时代规模发展的要求，人力资源部又聚焦移动互联网、创新突破、规模发展等主题，全面开展了"创新突破、规模发展"训练营活动，鼓励员工自我突破、自我发展。

G部门的学习实践

对于一个习惯了传统思维的大型国企来说，转型学习型组织的难度是常人难以想象的。下面以G部门为例，详细介绍其从"被动型"组织到"学习型"组织的转型历程。

可以说，G部门以前就是一个"被动型"组织，主要负责所在省内无线网络的优化工作，目的就是为所在省打造一张高质量、高价值的无线网络。企业变革时期拓展的新的通信服务业务必定带来对新知识的需求，单凭之前安排员工定期参加企业组织的集中培训、参加行业学习交流、鼓励员工自我增值已经不能适应企业的发展需要。作为管理者，G部门的总经理感到十分头痛，因为该部门人员工作地点分散，本部和各个地级市分公司都有 G 部门的员工,员工构成复杂,从网络工程师到一线的装维人员等,所需知识专业基础要求高、延伸面广、跨度大、更新速度快,组织学习培训费时费力。为了架起一张覆盖 G 部门所有员工,且能让所有员工各取所需的学习之网,G 部门的总经理率头制订了一整套关于学习型组织建设的方案。

(1)围绕五项修炼开展组织学习。

1)系统思考。要成为"智能管道的主导者、综合平台的提供者、内容和应用的参与者"不仅需要有"高瞻远瞩"的前瞻性、"由此及彼"的延伸性、"化零为整"的系统性,还要有"见微知著"的全局观。例如,为了使员工能在工作之余积极参加自我增值培训,企业建立了网上大学"广东公司学习专区门户",重点设置了岗位课程体系、4G 开发、内训师等 10 个学习专区,学习专区共发起讨论主题 2 493 个,访问量达 26 562 人次。通过学习、交流、讨论、投票、调查等形式推动学习移动客户端应用安装,安装应用率近 80%,从内容与学习方法上系统地助力企业知识快速传递,有效缓解了工学矛盾。

2)心智模式。C 公司实施了通过考试提高员工学习的主动性的新举措。2009 年组织 4 000 多名员工参加了客服代表、营业员岗位技能认证考试;2010 年组织 15 000 多名员工参加了政企客户经理培训;2011 年组织 8 000 多名员工参加了客服代表、营业员、网络维护等岗位技能认证考试。这一举措不仅使得学习活动在省级部门得以广泛开展,而且使得分公司员工甚至基层一线人员都有机会在工作时间内外进行学习。除此以外,人力资源部与工会合作开展的各种专业的劳动竞赛也受到了广大基层员工的欢迎,他们通过劳动竞赛的契机不断进行自我增值。

3)团队学习。这一举措在 189 放号主动营销、3G 销售渠道能力提升以及 MBOSS 上线操作等培训项目中进行了尝试并取得了明显成绩。2011 年,C 公司在不断完善大规模培训模式的基础上,组织了"智领 3G"渠道销售能力提升培训项目。

4)自我超越。自我超越是心理学研究的一个历史命题,无论是弗洛伊德的"本我、自我、超我"理论,还是马斯洛的"自我实现"理论,都是对"自我"及自我超越的独特的认识。任何一个心理成熟的人,在比较清楚地认识到自我之后都会对自己提出一个新的要求,就是如何实现自我超越,要让明天的我区别于今天的我。只有把自我超越的发展目标与社会竞争的生存目标相结合,不断重新聚焦,不断自我激励,才能充分理解自我内心的呼唤,实现新的自我价值。

5)共同愿景。为使集团变革创新的战略"一去二化新三者"成为全省员工共同的奋斗方向,在集中培训、日常会议、座谈交流中,C 公司都非常重视将这一愿景传递给各位员工。例如,在基础概念扫盲阶段特意请工信部专家对何谓"去电信化"进行了解释,对各部门、下属各级分公司采用日常会议、制定战略和布置任务等形式进行宣传。为提高企业最新战略部署的传播度,C 公司工会举办了各种形式的劳动竞赛、员工辩论赛、职工代表讨论会等,从点到线再到面逐步把企业与员工的思想、行动统一起来。

(2)G 部门新的培训体系及其效果。

1)谁来教。首先,G 部门共有集团 B 级人才和专家共 6 名,在不同的细分专业上均具备深厚的技术功底和为数不少的明星产品。这些人才与专家在本部门得到员工关注，员工渴望向他们学习，这些人才和专家之间形成了良性竞争，他们互相学习，取长补短，利用部门组织的论坛、研讨会展示自己的专业特长、个人魅力以及品牌形象。他们还利用授课平台发布了 PCI 规划工具、UE Trace 解析工具等十余个明星产品。G 部门以 5 个专家牵头建立了若干个"创新工作室"，每个工作室按照自身的特点确定研究方向，制定年度研究课题，招募导师并确定工作室的成员。这些"创新工作室"共开展创新课题研究 186 项，其中有超过 30 项取得了重大突破。

其次，G 部门参加了 C 公司内部组织的由不同部门员工作为内训师发起的集中培训。内训师培训制度在 C 企业内部运行得比较畅顺，公司的人力资源部负责公司层级内训师及课程认证讲师的年度培训工作，专业部门负责专业线的内训师培训，各地市分公司负责地市与县区一级的内训师培训工作，大力推动"经理人员上讲台""专家上讲台""高技能人才和各类先进模范上讲台"等工作。C 公司结合品牌课程开发项目，不断完善内训师的课程体系，拓展内训师的培养途径。C 公司发起了由企业内训师（也就是普通员工）讲课的集中培训，员工在企业办公系统内可以随时查到年度的课程计划，从而根据自身的知识需求，结合自己的工作时间申请参加某一课程，经部门领导审批通过后便可脱岗参加学习培训。G 部门的员工，无论是部门的技术尖子，还是产品经理或一线装维人员，都有合适的课程可以参加。

2）学什么。为更好地让培训管理者、培训人员与被培训的人员直观地知道本部门到底鼓励员工掌握什么知识，需提供什么知识，G 部门制作了学习型组织建设的学习地图（如图 8-5 所示）。从中能看到，部门提供的学习课程大致可分为管理类与专业类，既有行业专业知识与日常生活知识，也有专业的最新案例，还有 4G 等方面的前沿知识，各类知识亦能有机地结合起来培养跨专业人才。总经理导读则旨在通过管理人员的学习经验分享，拓展员工的视野。

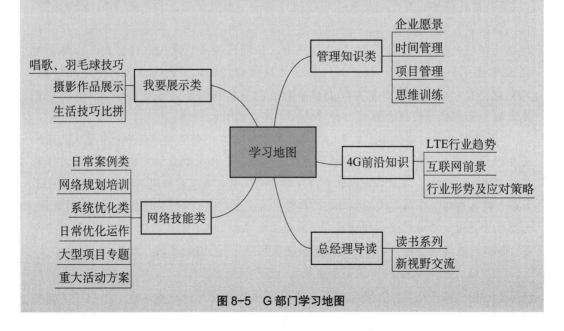

图 8-5　G 部门学习地图

3）怎么学。

第一，推动落实以"智慧大讲堂"为核心的学习制度。在企业变革的背景下，小单位、小部门的学习型组织建设显得尤为重要。从2013年起，G部门创新学习模式，提出了"基于移动互联网思维的网优人才培养新机制"，以每周五的"智慧大讲堂"学习系统为核心，以讲座、小组讨论等多种形式，使学习变成一个主动的、快乐的过程。组织学习的成效并非组织中个人学习成效的加总，它可以远远超过个人学习的效果之和，但也可能大大低于后者。组织并非只是被动地受个人学习的影响，相反，它可以主动地影响成员的学习。G部门通过季度性全体员工的调研、十余次的QQ群调研，对"智慧大讲堂"的学习节点进行更新，完成"课件规范化""录制视频""设置抢答环节""讲义云平台共享"等十余项改进，使"智慧大讲堂"系统深入人心。

第二，建立"领域粉丝圈"，让知识传播出去。G部门人才队伍建设面向的是学历高、专业能力强、年轻人居多的群体，他们有学习的热情，学习了新的知识后在所在群体里主动传播。"领域粉丝圈"让员工成为某领域专家的粉丝，专家们吸引粉丝参加由其牵头的创新课题研究，相互学习，让大家积极进行思想碰撞，从而产生一个又一个新点子。例如汕头章经理的《台风灾害应急优化实施方案》新颖又实用，而且具有时效性，获得了粉丝们的一致好评。

第三，用"互联网思维"为学习提供便捷手段。作为一个拥抱移动互联网时代的通信企业的技术部门，G部门当然不会对新型的技术手段视而不见。G部门通过将网优知识架构体系整理到云端，形成了移动互联网时代的"知识云"平台并收录了超过400篇相关专业知识文档，包括优化案例、原理指导书等，让各类专业人才可通过手机、平板电脑、个人电脑等以不受时空约束的方式进行学习。据统计，应用该方案后，技术人员查找信息所耗费的平均点击次数从以往的10～20次降低到现在的4～7次，极大地提高了一线技术人员的工作效率。

第四，以旧带新，化繁为简，创造新知识。通信行业、互联网行业的知识更新速度飞快，在专业基础知识得到巩固之后，在已有知识的基础上加以创新，学习新的知识，用新的角度去看老的事物，有助于实现产品的更新换代。基于以上观点，G部门建立了老课题新算法促进创新产品快速"迭代"机制。在这一机制指引下，2014年共有超过50个课题在2013年课题的基础上通过新的算法迭代产生了新的课题。另外，G部门还建立了通过微创新形成"大产品"的体系化立项制度。

第五，为了更好地巩固学习成果，G部门建立了"智慧大冲关"月考制度，自主研发了"超凡考试系统"，参加考试人员为全省各部门员工及合作方人员。该系统组件安装使用方便，考试人员可在不同的地方登录系统参加考试，考题由系统从题库中随机抽取，每人的考试题目都不相同，完成答题后系统当场给出成绩。经过一年多的实践，考试成绩的优秀率达到98%以上，提高了员工学习的积极性。

从培训学习反馈效果来看，G部门每次培训结束后都能及时地收集学员的反馈意见，针对课程编排、课程内容、讲师教学技巧进行评分与填写意见，以便更好地调整教学内容、提升教学质量。除了针对培训内容收集反馈信息，G部门还会总结培训对象的培训情况。双向的反馈信息使培训中心能更主动地知道所发起的培训是否受员工欢迎、是否起到了预期效果，对下一步的培训计划的制订与实施起着非常关键的作用。

4）学习成效。在G部门组织开展学习型组织建设活动三年多来，学习的效果与效益显著。首先是人力效益，按照集团核算网优人员配置标准，全省需要配置395人，实际配置154人，节省了大量人员，且工作难度与工作量并未降低。在经济效益方面，各期"智慧大讲堂"的讲师均来自部门内部的专家、技术骨干、管理者以及供应商，在2013年第59期的讲课中，共21 500人次参加了培训，按参加外部培训的付费标准500元/人次计，为公司节省了大量的培训费用。同时，一些原本要聘请外部团队支持的项目，现在能由创新工作团队研究得出解决方案，节省的费用就更多了。

问题与思考

C公司G部门的组织学习符合学习型组织模型的特征吗？从G部门学习型组织建设的成功经验中，你能归纳出哪些学习型组织建设的方法？

案例教学参考

1. 案例分析思路

学习型组织这一概念由管理学家彼特·圣吉提出，圣吉（1990）提出学习型组织是一个不断创新、进步的组织，可以简单理解为，学习型组织可以简单地看成一群人在一起工作，以提高能力并产生他们重视的结果。圣吉尤其强调其提出的学习型组织所需要的五项修炼，下面结合学习型组织模型、学习型组织结构特征、五项修炼等理论观点对G部门的学习型组织建设进行分析。

（1）基于学习型组织模型分析。

Wick和Leon（1995）提出了如图8-6所示的学习型组织模型。在本案例中，G部门的学习型组织建设的方案涵盖了学习型组织建设各个维度的内容。包括：1）有条理地组织各种学历水平、专业层次的专家、员工提供全方位、纵深程度不同的知识。部门的知识学习地图能清楚地让人看到有什么是可以学的。2）在学习过程中时刻强调创新，包括方式创新（建立"智慧大讲堂"系统、"领域粉丝圈"等）、手段创新（制作课件利用移动互联网进行学习）、成果创新（不断发起新的课题、产生新的产品）等。3）G部门员工被鼓励在工余时间主动积极地跟自己的"偶像"进行互动，形式不限于论坛、讲座、小组讨论、课题研究等，整个组织始终保持着高昂的学习热情。4）学习型组织的建设成效可从人力效益、经济效益、质量效益等方面得到量化。组织中的成员彼此成了相互学习的最大的资源，在提升组织绩效过程中，发挥了很大的作用。

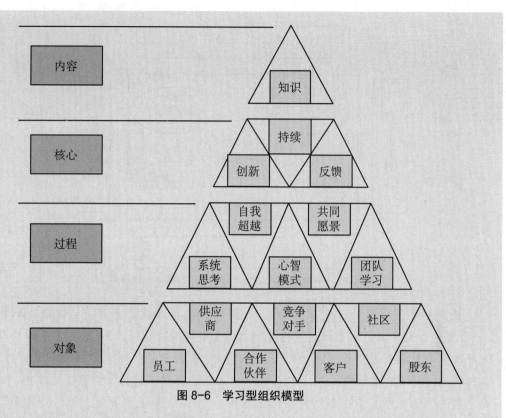

图 8-6　学习型组织模型

（2）基于学习型组织的结构特征分析。

从上述基于学习型组织模型对各个维度分析的结果来看，G 部门比较符合一个内容全面、效果明显的学习型组织的特征。除此以外，G 部门建设学习型组织成功的原因是组织结构能够根据学习型组织的需要不断调整，从而对组织的发展过程起促进作用。

新古典经济学认为学习型组织是制度创新的必然要求，也是专业化分工的结果。因此，学习型组织的建构需要对组织制度重新设计。传统的企业组织通常是金字塔式的，学习型组织则是扁平的，即从最上面的决策层到最下面的操作层，中间相隔层次极少。它尽最大的可能将决策权向组织结构的下层移动，让最下层单位拥有充分的自主权，并对产生的结果负责。理想的企业组织形态是有机式的且有高度弹性，符合人性且能持续发展，有开放的讨论氛围令层级关系变为平等的学习伙伴关系，能通过持续的学习不断地动态调整组织结构。

为了建立更适合于学习的组织结构，野中郁次郎提出了"知识螺旋"和"超文本组织"的概念，他认为组织结构就像网络中的各个节点，在正常情况下，组织结构有层次，有各自的形态，但是如果有需要，那么可跨过中间层次随时通过链接到达和退出任何一个文本节点。他强调迅速交流、平等和互通，进而提升组织的应变能力和创新能力。而陈国权（2004）的模型提出了学习型组织的五个职能特征和四个形态特征，如图 8-7 所示。

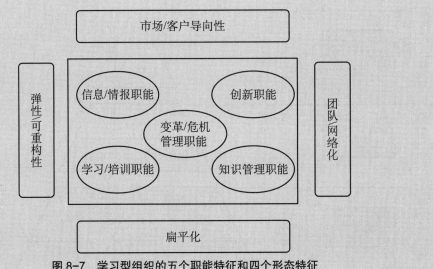

图8-7 学习型组织的五个职能特征和四个形态特征

企业学习型组织的五个职能特征包括：1）收集企业内外信息/情报的职能；2）激发企业员工的创新意识，并将之转化为生产动力的职能；3）面对危机与变革，创新知识与思维，为企业上下所有人员提供指导意见应对的职能；4）组织学习与培训，提高人的素质的职能；5）面对日益庞大的知识体量，进行知识管理的职能。

另外，企业学习型组织形态要求符合四个特征：1）必须不是个体形式的学习，需要成员组成团队形式，共同策划、相互学习、相互促进、自由交流；2）组织结构扁平，层级少，信息可以在不同的节点内互相传递；3）企业部门划分方式分为客户导向、事业部导向与职能导向等形式，客户部门放在最前端，各个职能部门在共享知识的时候，以客户导向为主，为客户提供优质的服务，这个组织结构能及时了解客户的真实需求，"按需"学习相关的知识；4）企业学习型组织必须是弹性的，在不断进步的环境中能迅速做出反应，重构一个新的组织结构。

（3）基于"五项修炼"原则的分析。

1）塑造共同愿景。G部门时刻向部门员工灌输本部门的愿景，即"打造一张高质量、高价值的无线网络"，看似简单的一句话，实际上需要部门自上而下所有人员的共同努力才能实现。2）训练系统思考。G部门将要传递的知识与方法系统而有机地结合，鼓励员工运用系统的观点来思考如何能实现企业的愿景。3）创新心智模式。系统思考的观点不是固定的，G部门通过持续改进，引导部门员工形成动态发展的共享心智模式。人们头脑思考什么、如何思考发生了重大的改变，行为模式因此同样地改变了，于是，一些旧有的思考模式与思路有了改进，比如产品概念、演算逻辑、演示方法等，都在潜移默化中获得了改进。4）倡导团队学习。部门员工将团队学习视为最平常的活动，任何人、任何时间、任何地点都可以任何方式学习；G部门学习型团队建设包含的对象既有全体员工，亦有其供应商与合作伙伴，整个学习环节没有留空。5）鼓励自我超越。通过培训、反思和提升，每个人都实现了自我突破，将自我、组织的发展融为一体，既创造了成绩，又不断累积成下一次发展的动力。

2. 案例启发

从上述分析可知，G 部门是一个学习型组织建设的成功例子，因为其符合"学习型组织模型"提及的各个方面的要求：有明确的知识需求，鼓励员工共享自己的知识；学习方式与手段着重创新，让员工随时随地都能学习，学习成果能够量化；从"五项修炼"原则来看，G 部门全体员工有一个共同的愿景，管理者有系统性的原则，员工有自我超越的决心，通过改变旧有的心智模式，使用全员学习的方法，建立起优秀的学习型组织；G 部门要求学习的对象覆盖从员工至供应商等各个生产链条的全部人员；G 部门还设置了一个促进学习型组织建设的组织机构，旨在提高学习效率。

结合上述分析，G 部门学习型组织建设成功的原因如下：它是一个扁平化的组织。在总经理的发起下，由负责学习型组织建设的员工根据全体员工的反馈，撰写部门的学习地图，明确学习的总体方向，使各个学习节点相互交叉，整个团队建设更加灵活；组织牵头创新性地引入掌上学习工具，让所有人能随时随地学习；负责学习型组织建设的员工安排各类学习活动的时间与场地，收集员工的意见反馈至总经理处，随时调整学习的内容与形式，做好各项学习活动方案、成果的收集与管理。

此外，组织建设具体的操作宜放权给各个学习小团队去负责。在扁平化的组织中，每个人的意见与建议都能被听到，每个人的专业所长都有机会得到发挥。

案例 3

创业导向引领易才创新成长

易才集团成立于 2003 年，是一家民营企业，主要业务是为各类企业事业单位及政府部门提供人事代理、人才派用、人才招聘、人力资源软件应用、薪酬福利管理、劳动关系管理、社会保险及住房公积金服务、企业补充商业保险、劳务纠纷、企业内训等各类人力资源外包服务。

易才总部设在北京，公司发展迅速，在人力资源领域享有盛誉。易才已在上海、天津、大连、重庆、沈阳、深圳、西安、青岛、武汉、南京、广州、长沙、乌鲁木齐、成都、东莞等 200 多个城市设立了服务网络，在我国外包行业内拥有覆盖面最广的服务网点，被誉为我国人力资源外包行业的"领跑者"。

短短六年的时间，易才从一个成立时只有几个人的企业发展成为一个布局全国的集团，拥有 1 000 多名员工，实现了高达每年 300% 的业务增长率，先后获得 600 万美元和 1 200 万美元的风投。易才集团在短短几年内从一匹黑马成长为业内领军企业。这样的速度不得不让人好奇：到底易才集团是如何快速成长起来的？

易才的发展历程

易才集团的发展历程可以分为四个阶段：

第一阶段，成立及发展初期。2003 年 10 月，易才集团创始人李浩在北京成立北京智联易才人力资源顾问有限公司。得益于李浩丰富的人力资源行业从业经验，公司从创建伊始就立足于全国，为企业提供真正的点对点的服务。易才成立后的两年里，又先后在上海、深圳成立了上海智联易才人力资源顾问有限公司、上海智联易才劳务服务有限公司、深圳市智联易才管理顾问有限公司，发展非常迅速。

第二阶段，获得首轮风投资金，扩张全国网点。2006年初，易才从寰慧投资处获得了一笔600万美元的风险投资，并将款项全部投入全国网点的扩张中，为公司战略的执行奠定了基础。

第三阶段，集团公司成立，各地公司联系更加紧密。2006年5月，易才集团公司正式成立，标志着易才进入了一个新的发展阶段，各地公司的联系和交流更加密切，为更好地服务客户提供了更多的便利。同年，业务流程外包（BPO）业务在与客户的沟通中应运而生，其实质就是在传统的人力资源服务基础上向前后端延展，进一步拓展业务链。

第四阶段，获得第二轮风投资金，进一步扩大和巩固全国经营服务网络。易才在2008年初宣布，获得了来自寰慧投资和华威国际的第二轮投资1 200万美元，华威国际合伙人罗文倩进入其董事会。此轮融资帮助易才确立了国内人力资源外包服务第一品牌的地位。在万事俱备的条件下，易才还对原有的服务项目做了纵深突破，也让易才化过去的零星单项服务为从招聘、培训、上岗到离职的一整套服务体系，这种新型业务模式极大地简化了客户的人力资源管理流程，并降低了费用，基本上可以将客户的工作简化为只保留一名客户经理与易才沟通，其余工作放手由易才完成。

创新：易才的成功基因

（1）锐意创新。易才在创立之际就牢牢根植创新这一创业成功的关键基因，设立了把业务拓展至全国的目标。短短六年，易才在全国建立了200多个服务网点，成为我国第一家把服务网络拓展至全国的人力资源外包企业，充分体现了其创新性。在总部的统一管理下，各分支机构通力合作，为客户提供全国范围内统一标准的专业快捷的人力资源服务，这就是易才特有的经营模式。

"与别的公司相比，易才具有相对独特的模式，这是其他公司所不具备的。"这正是风投选择易才的理由。易才跟随客户实现全国布局的模式，就是所谓的"易才模式"。而这个模式，跟美国ADP（全球人力资源外包市场上的领头羊）的全球化服务网络有异曲同工之妙，可以说，易才是"中国的ADP"。

"比如国美，假设国美当年只在北京开店时将人力资源业务外包给北京的一个服务商，但发展太快，很快又在广州开店了，只好在广州再找一个人力资源服务商。然后上海也开店了，沈阳也开店，那就需要在每个地区都分别找服务商，这就使得企业没有固定的人力资源外包服务商，同时又要和不同的人力资源外包商进行沟通，既浪费精力又浪费时间。"易才总裁李浩表示。易才通过这种跟随大客户在全国布局的方式，百分之百地将国美等大客户"纳入囊中"，与企业紧紧地捆绑在一起。

除了跟随客户进行全国布局，易才还通过BPO业务，对客户服务进行流程化管理。"以发工资为例，以前的工资发放只是一个单项，但如果企业开通BPO，那么从招聘、培训、上岗等一直到离职的整个流程就都可以交由易才来负责。此外，易才还把人才认证、培训、人才输出，甚至培训中心的批量化业务管理融入整个人力资源业务。"李浩指出，这个业务则是易才与美国 ADP 最大的不同。这又是一个创新之处。

（2）抢占先机。创新的企业骨子里都有一种抢跑和争先的冲劲，2008 年初，《劳动合同法》一出台，易才就与当时的劳动和社会保障部合作，邀请国内劳动关系领域以及人力资源管理领域的专家和权威人士，在全国的十几个中心城市进行了《劳动合同法》的普及宣传讲座。易才总裁李浩认为，2008 年《劳动合同法》的实施，进一步验证了点对点战略的前瞻性，此战略已成为易才抢占市场的撒手锏。业内常用的联盟模式在跨区域劳动合同中往往表现为用人单位、劳动者、两个以上人力资源服务外包公司等多方（至少四方）同签一份合同。这不符合《劳动合同法》简化劳动关系的立法本意。相比之下，经营触角遍及多数一线城市、能在当地自主为客户提供人力资源外包服务的易才，已经胜在了起跑线上。

面对威胁，易才同样先行一步。在接受《第一财经日报》专访时，李浩大胆预测了该行业将面临的"威胁"：许多跨国人力资源集团都已经或将陆续在中国设立分支机构开展业务，境外跨国公司与境内企业分食蛋糕的局面不可避免。因为发展前景大好，所以正处于蓬勃发展阶段的中国本土人力资源外包服务机构不可避免地会面临与跨国外包巨头同台竞技的局面。可以预见，在激烈的竞争下，国内不少"初生"的外包服务机构在 1～2 年内会死掉。居安思危，易才在行业蓬勃发展时却静下心来提升服务质量，并进一步扩大了自己的服务范围，同时扩充网点，从而得以在以后不断加剧的行业竞争中立于不败之地。

较为成功的创业企业几乎都具有创新这一特质。易才也是如此，正因为集团总裁李浩从一开始就创新性地采取了跟随大客户在全国布局的方式，才有了"易才模式"。由创新建立的优势是无法比拟的，市场的反馈很好地证实了这一点。

问题与思考

分析易才的创业和发展历程，它是怎样成功创业并快速成长的？易才的成功对人力资源外包企业有什么启示？

案例教学参考

1. 教学目的

通过深入分析易才的创业和发展历程，指出创业导向在企业创业和发展过程中的作用，以及怎样运用创业导向方法，并通过对易才成功经验的总结，为人力资源外包行业的相关企业提供启示，以帮助这一行业更快地成长起来。

2. 适用范围

本案例涉及管理学、组织行为学、创业管理等课程，适用于创业管理、创新管理等主题。

3. 案例分析思路

创业导向这个术语一直用来指代战略制定过程中开展创业活动的公司的风格。无论是初创公司还是成熟企业，创业精神都是公司实现业务扩展和财富创造的重要原动力。创业导向实际上描述了公司在运营、组织架构和资源分配等方面的一种积极进取、勇于开拓和行动领先的经营哲学。

创业导向实际上就是从制定公司战略决策的过程入手，通过描述公司在制定决策战略决策过程中的一些重要特点，来定义公司的创业行为。关于创业导向的研究最早来源于企业战略领域，它刻画了企业在制定战略时的一种特殊风格：勇于创新、开拓，决策大胆，试图抓住一切扩张、盈利的机会。

研究者关于创业导向对企业的作用达成了共识，但针对创业导向的概念，不同的学者持有不同的观点，其中受到较多认可的是 Miller（1983）的观点：真正符合创业导向的企业应具备创新性、冒险性和前瞻性三个特征。纵观易才的发展，很容易发现，其快速成长不论是有意还是无意，都正契合了创业导向的三个维度——创新性、冒险性和前瞻性。因此，可以从这三个维度对易才的发展进行详细分析。

（1）创新性：易才模式——覆盖全国的服务网点。

Covin 和 Miles（1989）指出，创业不可能离开创新而存在。创新促进企业成长。创新对于所有企业来说，都是一个可以帮助自己获得竞争优势的利器。创新性可以定义为企业为了更好地成长而表现出的对各种新事物（新想法、新尝试等）的接受倾向。

易才的业务主要集中于为各类企业事业单位及政府部门提供人力资源服务，服务内容包括人事代理、薪酬福利管理、劳动关系管理、社会保险及住房公积金服务、企业补充商业保险等各类人力资源外包服务，然后通过规模效应获得企业利润，在服务内容及盈利模式上与其他企业并没有多大的差异，最大的不同就在于网点的布局是紧跟客户脚步的。

紧跟客户脚步完成在全国的布局，易才成为我国第一家服务网络遍及全国的人力资源外包企业，这充分体现了其创新性。

（2）冒险性：连续两次引入风投资金。

冒险性是指未来损失的不确定性。企业在市场中运作，既有许多机遇，也面临来自市场或自身经营所致的风险。撇开市场风险不谈，企业自身独特的经营、投资方案而导致的风险，需要企业敢于承担。一项研究表明，冒险者通常可以得到高于平均水平大约10%的回报（Heaton & Lucas，2000）。这一"风险与收益共存"的规律正是企业家、企业组织意愿承担风险的理论基础。易才正是看准了这一点，大胆引进风投资金，为自己的发展打下充裕的财力基础。

2006年初，易才从寰慧投资处获得了一笔600万美元的风险投资，并将款项全部投入全国网点的扩张中。2007年6月，易才又获得了慕名而来的华威国际的风险投资和寰慧投资的跟投，第二轮风险投资总额达到1 200万美元。

风投资金的注入让易才进一步完善了自己的服务网点，在全国范围内布点。易才成功的秘诀源于满足客户真正的需求，即成为全国整体性服务的人力资源供应商，而不是十几个分散在各地的供应商组成的松散联盟。易才立志于在全国做最大的网络，在各地设立分支机构，真正在全国范围内为企业提供点对点服务。该目标的贯彻与团队的决心，让易才在同行中脱颖而出。这种孤注一掷的风险发展模式，也让其成为国内行业的龙头并与世界服务水平接轨。

（3）前瞻性：解读《劳动合同法》及为防范国际竞争对手所做的准备。

前瞻性可以使企业家比别人先看到机会。Lumpkin 和 Dess 于 2001 年提出"前瞻性是企业所具备的面对未来需求和改变市场环境的洞察力，它是一个市场引领者远见卓识的特征"。一个极具前瞻性的企业通常是市场中的"领导者"；反之，毫无前瞻性的企业则必是"跟随者"。易才的前瞻性体现在两点：一是对《劳动合同法》的解读；二是为防范国际竞争对手所做的准备。

易才正是趁着《劳动合同法》的出台，抢得了先机，利用在全国各地宣讲的机会，使易才在《劳动合同法》及以之为基础的劳动关系管理领域的咨询服务、解释和培训等方面更具专业性、权威性。同时，这也是一次对自己的无形宣传，进一步提高了知名度。

另外，对国际竞争的预测也展示了易才的前瞻性。机会与威胁并存，正是预测到竞争威胁加剧，易才进一步扩大了自己的服务范围，同时扩充网点，力争与国际接轨。易才良好的成长性与业务创新能力令人叹为观止，易才已成为最有可能抵御跨国外包巨头竞争的中国本土企业之一。

随着企业间竞争的加剧和全球化趋势的增强，企业必须培养和提升整合、构建和重组内外部资源以适应快速变化环境的能力，这便是企业的动态能力，而越来越多的研究表明，提升创业导向能大大地提高企业的动态能力。

4.易才模式对我国人力资源外包企业的启示

人力资源外包在我国是一个新兴行业，许多外包企业正处于创业或引入发展阶段，需要明确的发展战略和发展动力。再者，不论是新企业还是成熟企业，创业导向对其绩效的提高都具有莫大的作用。因此，以创业导向理论为框架，对我国的人力资源外包企业进行分析，可以更好地探讨我国人力资源外包企业的发展状况，以期为人力资源外包企业提供一些启示。

面对国内同行的竞争，面对国际同行成熟企业的竞争，如何才能立于不败之地？正如上面分析易才案例时提及的，创业导向是一个有力的工具。

随着全球经济一体化趋势的加强，企业所处市场和行业环境日趋复杂，动态与不确定性日益增强，企业在稳态环境中建立的优势被不断侵蚀，为此，企业迫切需要构建动态能力，在外包企业中尤其如此。而越来越多的研究与管理实践表明，创业导向恰恰能有力促进企业动态能力的提升。易才之所以能在激烈的人力资源外包企业中脱颖而出，原因就在于它的发展战略特性符合创业导向的三个维度：创新性、冒险性和前瞻性。

因此，我国的人力资源外包企业在发展的过程中，在与国内外企业的激烈竞争中，要以创业导向为指导。下面从创业导向的三个维度说明如何应用创业导向。

（1）勇于创新。有创新才有吸引力，有吸引力才能找到客户。但是，创新往往是困难的，企业要做到真正的创新，需要有接纳新观点、新思想的勇气，在公司内建立一种开放的氛围，高层管理者要破除思维定势，同时要鼓励员工大胆提建议和意见。国内首屈一指的专业提供整体人力资源解决方案的公司 CDP 集团也是如此。

作为国内率先提供管理、薪酬、福利管理等整体人力资源解决方案的企业，CDP 集团的创新点是专业、专注，提供一个基于世界顶级人力资源管理软件的规模化集成度极高的平台，其科技含量是其他企业无法比拟的，GDP 集团被业界及许多同行评为这一领域的领先厂商。

（2）敢于冒险。易才、东方标准人才服务有限公司、CDP 集团等数家成功的外包企业都通过获得风投来进一步整合自己的服务设备和服务网点，冒险性在此得到了很好的验证。的确，缺乏冒险的勇气往往只能让机会流失，在恰当的时机，往往需要企业拼一把。然而，将冒险付诸实践需要企业做到两点：一是足够的信息；二是敢于承担失败的责任。企业在做出某一项有冒险性的决策时，需要保证自己已经收集了足够的信息，只有这样才能保证基于信息的分析和决策是有据可依的，这样自然可降低风险、提高决策的准确性。此外，企业需要敢于承担失败的责任。如企业需要估计到失败的后果，并想好在失败后的处理方式，只有这样，才能在情况突变时快速处理，防止情况进一步恶化。易才选择风投时，进行了充分的信息收集和分析工作，同时也预测过失败的后果，只有做好准备，才能在冒险时从容不迫。在创业过程中，一个最能够体现策略制定者创业导向的特征就是这个人或者组织的风险承担取向。敢于承担风险，往往能使企业抓住机遇。

（3）高瞻远瞩。前瞻性使得企业能够在市场形成的早期就抓住商机。名列前茅的外包企业的高管都预测到了我国人力资源外包市场的巨大潜力。要做到具有前瞻性，当然需要企业管理者高瞻远瞩，充分了解行业的动态和自己公司的发展状况。只有充分了解才能有所预测，古人通过观天象做出对天气变化的预测，也正是建立在丰富的天文知识的基础上的。易才总裁李浩保守推测，未来几年中国本土人力资源外包市场年增长率至少为 20%；CDP 集团首席运营官吕威说："专业化的人力资源外包进入了一个快速发展期，尤其是随着《劳动合同法》的实施，人力资源外包即将进入一个新的爆发期。一旦爆发了，将是一种持续性的增长。"事实上，当他们决定进入这一行业时，就已经显示了他们的前瞻性；也因为有了当初的决定，才有了现在他们的领先位置。正因为前瞻性如此重要，所以企业要时刻处于持续的变革状态，准备抢占先机。

虽然创业导向只是一个理论框架，但它起着指引的作用，三个维度可以清晰地提醒企业发展道路的走法。

案例 4

中国平安，一家低调的科技公司 [①]

站在深圳莲花山顶向南远眺，在高楼林立的 CBD 中，接近 600 米高的平安金融

---

① 中国平安，一家低调的科技公司 . https://zhuanlan.zhihu.com/p/54071593?edition=yidianzixun&utm_source=yidianzixun&yidian_docid=0L1ok5pK；齐金钊 . 中国平安：持续创新 科技赋能谋转型 . 中国证券报，2019-09-26.

中心大厦因其挺拔的姿态格外醒目。它不仅是这座城市的地标，还被视作深圳金融创新成果的精神象征之一。作为这座大厦的缔造者，中国平安一路"抢跑"的发展姿态令人瞩目。

作为新中国第一家股份制保险公司，从1988年成立到2018年位列《财富》世界500强第29位，中国平安仅用了30年的时间。深圳特区创造了令世人瞩目的深圳速度，诞生于深圳蛇口的中国平安也创造了惊人的平安速度。

今天的中国平安，早已从当年的一家小公司成长为家喻户晓的综合金融集团。"抢跑者""创新者"……细细品味中国平安被外界冠以的一个个标签，它既见证了我国改革开放以来波澜壮阔的历史，也成为新中国成立以来最值得研究的公司之一。

在知识产权权威媒体IPRdaily联合incoPat创新指数研究中心发布的"2018年全球金融科技发明专利排行榜（TOP20）"中，中国平安凭借1 205件发明专利申请量位居全球第一。

转型历程

中国平安一直都在低调转型。1988年，由招商局集团、中国工商银行和中国远洋运输总公司出资5 300万元，在深圳蛇口正式成立平安保险，平安保险成为改革开放后第二家保险公司，同时也是新中国第一家股份制保险公司。

中国平安具有标志性意义的第一次"抢跑"，发生在1992年下半年。彼时，平安保险刚刚获批更名为中国平安保险公司，一家真正意义上的全国性保险公司就此诞生。为了继续做大业务规模、补充资本，中国平安决定在三家国企股东之外，引入摩根士丹利和高盛两大外资股东。对于此时正摸着石头过河的中国现代保险业而言，这是破天荒的举动。

中国平安第二次影响深远的"抢跑"是建立综合金融集团。从1995年起，中国平安开始着手将产险、寿险在经营上分开，但分业的核心问题——产险、寿险的资产分立及原有的信托、证券的股权安排——涉及多个监管部门和诸多相关法律问题。因此，如何在符合法律法规要求的前提下，选择适宜的分业模式，成为对中国平安管理智慧的考验。

中国平安管理层认为，国际金融业的发展趋势是由昔日的分业经营走向混业经营，各国的金融保险业在降低成本、提高效率和增强国际竞争力的压力下，通过集团控股的组织模式实行分业经营和专业化管理。以保险为核心的综合金融服务集团才是中国保险业未来组织模式的发展方向。

2002年4月2日，《中国平安保险股份有限公司分业经营实施方案》被批准，中国平安坚持了七年的分业改革方案终于进入实际操作阶段。

2008年，中国平安回归A股上市，并以此为起点全面推广综合性金融发展模式，"万里通""一账通"和陆金所陆续诞生，中国平安的金融科技版图雏形初现。同年，中国平安跻身世界500强行列。纵观中国平安近年来的变化，在综合金融业务规模越做越大的同时，金融科技的探索创新逐渐成为中国平安的一张新名片。

科技创新战略

作为中国平安董事长兼 CEO，马明哲对新业务的关注程度非常高，在公开场合多次提到"科技""创新"。2017 年 1 月 3 日，马明哲发表了 2017 年元旦致辞。从内容来看，马明哲强调了"极致服务"和"科技创新"两大主题，目标定位于"国际领先的个人金融生活服务提供商"。在科技创新方面，马明哲强调了"城市一账通""金融一账通"以及平安好医生。截至 2016 年底，"城市一账通"覆盖全国 60% 的城市和 5 亿人口，提供医保服务及控费管理、社保账户管理、健康档案等综合服务。"金融一账通"云服务平台为近 200 家银行和 2 000 家非银行金融机构提供获客、征信、保险、交易、融资、资产交换等各类服务，交易规模超万亿元，同时也为 1.5 亿个人用户提供账户、财富、信用、生活管理服务。事实上，早在 2016 年的元旦致辞中，马明哲就提出要全面开启平安 3.0 时代。马明哲还分别在 2013 年和 2014 年发表了题为"科技引领综合金融"和"科技，让综合金融更精彩"的元旦致辞，倡导"科技创新"。

从保险公司转型到现在，中国平安持续推进"金融＋科技""金融＋生态"战略。2019 年，平安的科技研发实力大幅提升，拥有约 3 万名研发型科技人员和 500 多位大数据科学家，在人工智能、区块链、金融科技、医疗科技等多个科技创新领域达到了全球领先水平，人脸识别、智能读片、区块链等多项科研成果已经获得国家发明专利。截至 2018 年 9 月 30 日，中国平安的整体科技专利申请数量累计达 8 534 项。

为什么会提出"金融＋科技"的双轮驱动战略？中国平安给出了三个原因：一是新科技浪潮是大势所趋，新技术已经开始改变传统的商业模式；二是未来金融企业可以进行模块化运营，这从手机和汽车制造中可以得到启示，金融科技公司将提供模块输出；三是平安具有三方面的优势，即大基因（创新、文化、执行）、大能力（场景、技术、数据）、大资源（资金、渠道、专家）。

双轮驱动的侧重点各有不同，传统金融以价值经营和提升资本经营效率为重点，科技创新以孵化新型业务和科技输出为主。

长久积淀的科技成果，使得平安成功地从保险领域逐步拓展至金融、支付、购物、电子商务、税务等领域，并且相关专利成果已经辐射到平安生活的方方面面。基于丰富的业务场景，中国平安全方位地赋能银行、保险、资产管理等核心金融业务，不断提升效率、降低成本、改善体验、强化风控、增强竞争力。

2018 年，中国平安在全球率先应用微表情智能识别技术，实现"微表情"信贷放款超过 5 000 亿元，信贷损失率降低了 60%，审批时间从 5 天缩短至 2 小时；车险服务再升级，通过"510 极速查勘"模式，实现全年逾 1 000 万起理赔，90% 以上的案件在 10 分钟内完成查勘，"智能闪赔"助力车损理赔成本降低 10%，自助理赔率达到 60%；陆金所结合银行传统风控体系、保险大数法则风险分散管理工具及区块链技术，创建了全球独一无二的全新贷款服务模式；"金融一账通"应用生物识别、人工智能、区块链和云计算四大核心技术，为全国 483 家银行、42 家保险公司及 2 400 家其他金融机构提供智能营销、智能风控、智能产品、智能运营等系统服务，并开始向海外市场输出技术，助力在泰国、印度尼西亚等东南亚国家的多家金融机构落地，成效显著，达到了全球领先水平。

2018年，中国平安更新了自己的标志，继续坚定地走在"金融＋科技"的发展道路上。对于众多科技公司而言，做好金融科技，或许只是锦上添花的问题；但对中国平安而言，则是关系到企业生命力能否延续的重大使命。当许多中国传统金融机构仅把科技作为提升金融业务的"辅助技能"时，中国平安认为唯有让金融与科技携手同行才能使生活在真正意义上变得更简单、更智慧、更美好。

除了运用科技创新能力为自身的主业赋能，随着金融科技实力的不断增强，中国平安逐渐开始对外进行价值输出。

IPRdaily与incoPat创新指数研究中心认为，在智能时代，优质的金融资产在于知识产权和科技创新成果。知识产权是实现金融科技与智力资本高效结合的驱动力量，同时，科技创新成果转化也有赖于高价值的知识产权。而位列"2018年全球金融科技发明专利排行榜（TOP 20）"榜首的中国平安，在金融科技领域中，正处于领先地位。

创新能力与人才建设

2013年，中国平安提出了"科技引领金融"的目标，开启了综合金融服务与互联网金融平台深度耦合的时代。2017年底，中国平安确定了未来10年深化"金融＋科技"、探索"金融＋生态"的战略规划，把创新引领发展作为公司的立根之本，科技能力持续强化。2009—2019年，中国平安累计投入500亿元用于科研，拥有生物识别、大数据、人工智能、区块链等核心技术。截至2019年6月末，中国平安形成了拥有10.1万名科技人员、3.2万名研发人员、2 200名科学家的一流科技人才队伍。

竞争、激励、淘汰三大机制是中国平安人才造血引擎的三驾马车，带着中国平安奔腾向前，更激励着中国平安的员工在快车道上疾驰。中国平安通过内部竞争使人才脱颖而出，带来发展的动力；用激励机制激发员工的潜能，调动员工的工作热情；用淘汰机制吐故纳新，保持队伍的生命力，使公司持续、稳定地发展。对中国平安文化的诠释很多，中国平安管理层最喜欢用的词之一是"海纳百川"，反映在中国平安选人用人的原则上，就是吸纳方方面面的人才，听取不同的声音。

中国平安集团前执行董事兼常务副总经理顾敏在谈如何挑选创新板块人才时提到，中国平安在构建整个创新团队的时候，"先有一个大致的方向，这个方向真的就是一个相对比较大致的方向，我们有了一个方向要做某个领域的事情，就开始收集人才，所以对我们来讲，我们不是招聘人才，是收集——围绕一个方案做事情，假设我们永远都缺人才，能够看到好的就捞进来。捞进来之后，我们构建这个团队的时候，又没有特别地考虑如何搞一个特别的结构或者固定的结构，因为我们发现很多时候这是可遇不可求的事情，所以并不是说我有一个明确的目标，就能找到一定背景的人，我们没有那么好运气……这个真取决于我们启动一项业务的时候，我们能够找到什么样的人"。

"长江不拒细流，泰山不择土石。"在选人用人上，中国平安一直保持着开放的胸襟，对高层次核心人才的招揽，不单要有足够的吸引力去"引才"，更需要耐心寻觅，用心请回来。中国平安大胆实施"拿来主义"，引进"外资"、延请"外脑"、建立"外体"，采用付费过桥、快速追赶的方式，逐步驶向国际领先的"快车道"。

1994 年，摩根士丹利和高盛入股中国平安，中国平安成为国内金融企业中第一家引进国际资本的公司，与此同时也开始了中国平安管理国际化及人才国际化的进程。外国人才来到中国平安，不仅带来了业务的增长，搭建了业务体系，更重要的是为中国平安搭建一个卓越的管理平台和完整的人才梯队。

中国平安 185 名高管中有 82 名来自美国、加拿大、新加坡、韩国等的外籍人才，自身培养的干部则有 103 人。国际人才的引进不仅不影响本土人才的发展和成长空间，反而对本土人才的各种技能和素养有很大的促进作用，使他们获得了非常难得的学习和锻炼的机会。一大批本土管理人才的迅速成长、成熟，又把整个中国平安真正全面地带向国际水准。

为了更好地激励人才，多年来，中国平安在激励机制下倡导绩效文化，对全体内勤雇员进行绩效考核排名，对全体代理人实行季度考核，形成了一套完整、高效的绩效考核体系。这种绩效导向的赛马制也产生了一种"鲶鱼效应"，不断激发公司的活力，同时促进公司的可持续发展。

截至 2022 年 12 月 31 日中国平安员工队伍已近 35 万人，对规模这么大的一个团队，平安有一套独创的"人才地图"系统化管理工具。通俗地讲，就是看人才全貌的一张地图。横轴是绩效维度，纵轴是能力维度，通过把绩效表现、个人能力与岗位的匹配度及未来能力发展趋势在一张图中有机结合起来，实现对人才的全方位立体评估。这张 360 度动态管理、关注员工职业生涯全周期的三维人才地图，使中国平安的团队组织成员之能力一目了然。

绩效考核激励是中国平安造血功能的一种内在驱动机制，通过这种充满活力与挑战的赛马机制，让更多千里马跑得出来、跑得更远、跑得更好。在薪酬方面，根据绩效排名结果差异化调薪和分配奖金，让贡献大者得到应有的认可和酬劳；晋升调动也要充分考虑绩效结果，设置晋升和调动的铁律要求，引导员工树立"职业的发展必须基于优秀的绩效表现和卓越的工作贡献"这一理念。

问题与思考

中国平安的组织创新举措体现在哪些方面，具有哪些特征？中国平安是如何提升自身的组织创新能力的？基于该案例，你能总结出哪些提升组织创新能力的途径？它们的作用机制是什么？

案例教学参考

1. 教学目的

从组织创新的概念和类型出发，分析中国平安的组织创新举措及其特征，并通过对中国平安提升自身的组织创新能力的经验的总结，明确提升组织创新能力的途径及其作用机制。在此基础上，对如何做好组织创新、提升组织创新能力提供一些启示。

2.适用范围

本案例适用于组织创新、创新管理、组织学习等主题。

3.案例分析思路

中国平安成功的关键就是马明哲所说的"坚持创新中求发展"。要解读中国平安的成长史，除了勇于"抢跑"，持续地"创新"是另一条不容忽视的主线。创新让中国平安屡屡成为第一个"吃螃蟹"的企业，也屡屡被"螃蟹"夹伤，但中国平安的创新基因从未改变。也正是通过不断地创新和变革，中国平安才能够成功地快速发展，克服了一个又一个危机与困难，取得了令人瞩目的成就。

（1）中国平安的创新举措。

1）变革机制创新。作为一个战略竞争的机制，中国平安做了一个很重要的创新，就是成立科技公司作为一级公司，即金融和科技并重。中国平安认为科技对企业发展的贡献率将占到30%～50%，这样一家金融公司在本质上会变成一家科技公司，做到科技部门和业务部门的平等，而不是把科技部门作为一个辅助部门。

中国平安的战略机制中很重要的创新就是科技和业务同等重要。科技不再是成本中心，而是价值创造中心。科技不仅仅为业务赋能，更重要的是产出价值，甚至可以帮助科技产生价值。在中国平安，科技人员一定要以业务为核心，以商业产出为核心。

2）中国平安的激励机制创新。案例提到的"竞争、激励、淘汰"赛马机制也是中国平安重要的激励机制，它让中国平安的"千里马"跑得更远。如果说人才甄选的过程是相马的话，那么马究竟好不好，要参加赛马方能见分晓。来自不同领域、各有所长的人进入中国平安后，如何在一个公平的平台上各施其长、各展拳脚？中国平安提供了多种与岗位胜任和提高相适宜的培训，并给人才具有一定压力与挑战的锻炼机会。在"鞭打快马"的过程中，有些人会顶不住压力，被淘汰出局，能留下的，则是中国平安需要的人才。

此外，中国平安将独创的"人才地图"应用于员工的绩效考评，无论是从应用的深度还是广度，都体现了中国平安对优秀人才的重视，对待提升人才的帮助和鼓励。

3）中国平安的管理机制创新。创新涉及的管理机制包括创新与传统的关系、新技术和旧技术的关系、新组织结构与旧组织结构的关系、新人与旧人的关系等，包括在人才发展、试错上这些问题怎么解决。

例如，在解决传统业务与新增业务相互竞争的问题时，是由新旧部门成员组成的委员会从集团整体利益综合考虑，判定项目的价值，对于一些暂时没有收益但对公司未来战略发展有价值的项目，将其与盈利的项目一起组合打包。在处理新旧人员的竞争关系时，通过老员工持股新增业务机会，将新旧人才组合成利益共同体。在进行绩效考核时，将传统业务部门团队和新技术部门团队组合起来进行整体考核。诸如此类，都是中国平安在创新过程中碰到的问题，都采用了创新的管理机制予以解决。

（2）中国平安提升组织创新能力的举措。

1）明晰战略。中国平安是一家在战略上很有定力和韧性的公司，方向非常清晰，同时下多盘棋，每盘棋比市场和行业多走几步。战略规划就是企业航行的指南针。平安从小舢板发展成金融航母，始终朝着非常清晰的战略方向笃定前行。

今天看中国平安，业务条线涵盖保险、银行、投资和互联网等多个领域，下属子公司近百个，集团直接管理的就有20多个。看起来很复杂，但从战略层面看，其实方向一直很明确。中国平安的战略目标是成为国际领先的个人金融生活服务提供商，无论做什么业务，中国平安一直聚焦两大产业，一是大金融资产，二是大医疗健康，这两大产业都是中国规模潜力最大、成长最快、最有价值的领域，中国平安提供的战略平台是国内很少企业能比拟的。

2）锤炼文化。用中国平安管理层自己的话来说，中国平安的文化基因一直有强烈的危机感，同时做到了兼容并蓄。例如前文提到的中国平安用人文化——竞争、激励、淘汰，成立以来一以贯之。中国平安实际上一直都实行有点儿残酷的"赛马制"，几十万人的竞技赛跑，步调很难一致，甚至有人掉队、犯错，但是中国平安的信条是公司不能为落后的人而停下来等待。中国平安所面临的竞争就像一场团体赛跑，每个人必须及时提速并抢占有利位置，以保持自己的实力。当然对于落后的员工，中国平安也不会甩手不管，而是会帮助他们找到原因，积极克服困难，奋起直追。

中国平安之所以能够打造一支外籍人才与本土人才很好地融合的队伍，是因为中国平安文化有强大的包容性与凝聚力。不同背景、不同经历的优秀人才，认准了同一个目标，走到了一起，并能顺畅、高效地合作。外籍人才的创新思维和发展模式，加上本土人才对中国平安文化理念的坚守和传承，使中国平安在新领域既能快速形成竞争优势，又能充分动员、享受内部的协同支持。

3）重用人才。中国平安的强大创新能力还有一个非常重要的原因，就是重用人才。宏大的愿景，国际化的公司治理及经营机制，包容性很强的文化及雄厚的品牌实力，都是吸引人才的重要因素。公司引进人才后就要重用人才，人才的产出可以为企业带来丰厚的回报。中国平安不惜重金用于人才激励。而且，企业的发展以人为本，公司必须保证一个科学强大的用人机制和薪酬体系，才能建立起一支市场上最优秀、最有战斗力的人才团队，才能保持这支队伍的稳定，保持整个公司强大的外部竞争力。这是中国平安这么多年来得以快速、健康发展的根本原因之一。

中国平安向来强调做好人力资源的经营，而不是一般性的人事管理，目的是积累、培育并发挥好人力资源的价值，视人为有价值、能增值的资产。

战略、文化、人才三者不断互存、互动、互促，循环上升，不断强化自身的文化实力和人才培养机制，形成了中国平安长久不衰的内部凝聚力和外部竞争力，而这些是拿不走、撬不动、买不到的优势。

第九章　组织变革与发展

要点

> √ 组织变革和组织发展的概念
> √ 组织变革与发展的系统模型
> √ 克服组织变革阻力的策略和方法
> √ 组织发展的趋势

第一部分　知识点

一、组织变革与发展概述

（一）组织变革的概念

组织变革就其本质来说，是企业为了适应内外部环境变化，对各个要素进行调整、改变和创新，从而更好地实现企业战略目标的过程。

（二）组织发展的概念

组织发展是一个与组织变革紧密联系的概念。其定义有多种，综合起来，组织发展强调组织的自我更新和开发，主要方法是影响个人和团体之间的关系，它是组织应对外界环境变化的产物，将外界压力转化为组织内部的应变力及解决问题的能力，以改善组织效能。

（三）组织变革与组织发展辨析

狭义的组织变革仅限于正式结构的变革，广义的组织变革还包括行为变革和技术变革。狭义的组织发展仅限于成员行为的变革，广义的组织发展还包括结构变革和技术变革。二者狭义有别，广义相通，统称组织变革与发展。

二、组织变革与发展的系统模型

（一）组织变革的一般流程

（1）变革动因分析。
（2）组织问题诊断。
（3）变革方案设计。
（4）实施与评价。

（二）组织变革的内外部动因

1. 组织变革的外部动因

（1）社会变化。

（2）政策变化。

（3）经济变化。

（4）技术变化。

（5）市场变化。

2. 组织变革的内部动因

（1）产品结构变化。

（2）技术运用变化。

（3）发展阶段变化。

（4）经营战略变化。

（5）管理机制变化。

（三）组织问题诊断

所谓组织问题诊断，就是收集并分析信息以理解组织在特定的时间、空间应该采取的行动。

（四）组织变革方案设计

1. 组织变革策略设计

可按照变革程度和变革范围分别选择：

（1）局部调整。

（2）全面调整。

（3）局部变革。

（4）全面变革。

2. 组织变革方式选择

（1）以组织结构为重点的变革方式。

变革组织结构的因素可归纳为 21 类：

1）规章制度。

2）程序。

3）正式的奖酬制度。

4）汇报的要求。

5）计划。

6）部门划分的基础。

7）控制幅度。

8）矩阵组织结构。

9）进度安排计划。

10）信息沟通方式。

11）工人班组。

12）组织层次的数量。

13）委员会。

14）直线－参谋组织。

15）工作绩效的标准。

16）正式政策的权力。

17）选择的标准。

18）项目群体。

19）预算。

20）正规培训。

21）指挥系统。

（2）以工作任务和技术为重点的变革方式。

1）工作扩大化。

2）工作丰富化。

3）自治团队。

（3）以人为重点的变革方式。

1）人员更新。

2）改变激励机制。

3）素质更新。

3. 组织变革实施方案

（1）变革的目标及主要内容。

（2）变革的策略和主要方式。

（3）变革的具体步骤与方法。

（4）变革实施的责任分工与时间安排。

（5）变革实施所需资金和资源的配置。

（6）变革中可能出现的问题及应对措施。

（7）变革成效的评价与巩固。

（五）组织变革与发展的系统模型

组织变革与发展的系统模型如图 9-1 所示。

三、组织变革的阻力及其克服

（一）组织变革的阻力

1. 来自个体的阻力

（1）有选择的注意力和保持力。

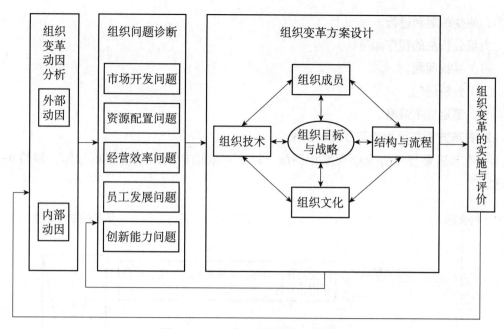

图 9-1　组织变革与发展的系统模型

（2）个人习惯。

（3）依赖性。

（4）对变革的有限认知。

（5）经济原因。

（6）守旧和安全感。

（7）个人权力／地位。

2. 来自群体的阻力

（1）群体的凝聚力。

（2）自主行为的独立性。

（3）决策过程的参与程度。

（4）"群思"现象。

3. 来自组织本身的阻力

（1）对权力和影响的威胁。

（2）组织结构。

（3）变革成本／代价。

（4）资源的限制。

（5）组织协议／契约。

（6）组织文化。

（二）组织变革阻力的克服

1. 力场分析法

力场分析法就是列出变革的动力、阻力因素，然后采取相应策略，增加动力或减小阻力，使变革顺利进行。

力场分析法的程序如下：

（1）寻找问题。

（2）分析问题。

（3）制定变革策略。

2. 变革方法与行为变革程度的匹配

变革方法要与行为变革程度相匹配，以更有效地达到预期的变革目标，如图9-2所示。

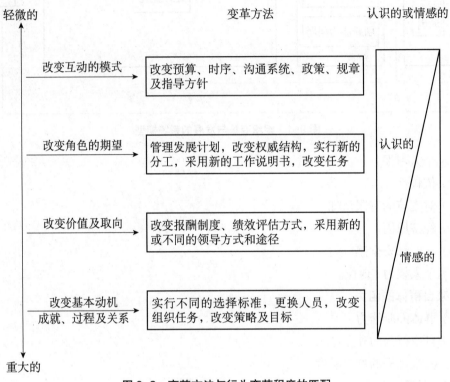

图9-2　变革方法与行为变革程度的匹配

3. 提高组织成员参与程度，减小变革阻力

让组织成员以不同的形式参与变革，这对变革氛围的改善有很大的帮助。组织成员参与了某件事情的决策和讨论，就会把这件事看成自己的事，并主动承担责任。参与变革可增强人们对变革的认同，而认同是支持变革的真正基础。

4. 正确运用群体动力

（1）增强群体凝聚力。

（2）提高认知的一致性。

（3）增强组织成员归属感。

（4）发挥群体规范的作用。

（5）利用群体舆论的力量。

四、组织的发展趋势和新型组织

（一）组织的发展趋势

1.组织体系的发展趋势

社会组织既有独立性又有依存性。在现代社会以至未来社会中，组织已经表现出分化和一体化相统一的趋势。

2.组织结构的发展趋势

组织结构将由永久性结构变成临时性结构，权力结构将由过去的自上而下的纵向方式转向扁平化的横向方式。

3.组织管理的发展趋势

组织管理将由机械式组织管理系统向有机式组织管理系统转化。

（二）新型组织

1.团队结构

团队结构如图 9-3 所示。

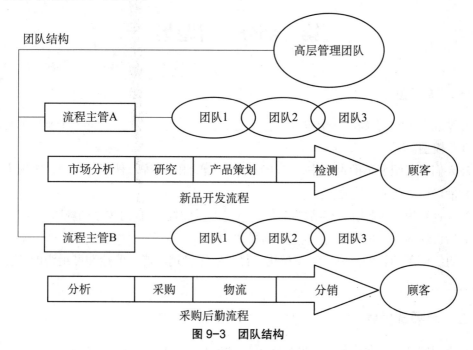

图 9-3　团队结构

2.虚拟组织

虚拟组织的形态如图 9-4 所示。

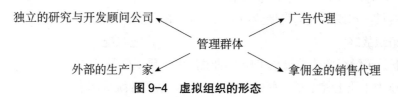

图 9-4　虚拟组织的形态

3. 无边界组织

无边界组织有如下特点：

（1）管理人员通过取消组织垂直界限使组织结构趋向扁平化，使等级秩序降到最低限度。

（2）为消除组织的水平界限，以多功能团队取代职能部门，围绕组织的工作流程来组织活动。

（3）充分发挥无边界组织的职能，还要打破组织与客户之间的专业界限及心理障碍。

4. 女性化组织

（1）重视组织成员的个人价值。

（2）非投机性。

（3）事业成功与否的标志是为别人提供了多少服务。

（4）重视员工的成长。

（5）营造一种相互关心的社会氛围。

（6）分享权力。

第二部分　习题集

一、填空题

1. 勒温在 1951 年提出一个包含_____、_____、_____等三个步骤的有计划组织变革模型。

2. 人们在组织变革的过程中，安于现状，迷恋旧的章程、秩序与习惯，表现为往往以各种借口反对变革，这是_____。

3. 来自组织的变革阻力有结构惰性、_____和对已有权力关系的威胁。

4. 增设新的部门是属于_____方面的变革。

5. 组织变革的目的：完善组织结构、优化组织管理功能、营造和谐组织的社会心理气氛、_____。

二、单项选择题

1. 组织内部的专业化分工程度反映了组织的（　　　）。

　　A. 复杂性　　　　　　B. 规范性　　　　　　C. 集权性　　　　　　D. 管理幅度

2. 组织设计的四个主要依据不包括（　　　）。

　　A. 规模与组织所处的发展阶段　　　　　B. 组织环境

　　C. 组织战略　　　　　　　　　　　　　D. 产业状况

3. 以下关于组织变革带给员工压力的说法中，错误的是（　　　）。

　　A. 压力本质上并不是不好的东西，有压力也未必就是坏事

B. 压力的根源在于与组织有关的因素及员工自己生活中衍生的因素

C. 最好的管理者能够通过自身努力根除变革给下属带来的压力

D. 降低压力水平的努力始于对员工的甄选

4. 著名的"解冻—变革—再冻结"三阶段理论的提出者是（   ）。

    A. 罗宾斯   B. 孔茨   C. 泰勒   D. 勒温

5. 在勒温的组织变革模型中，利用必要的强化方法将所期望的新态度和新行为长久保持下去，这一阶段叫（   ）。

    A. 解冻   B. 改变   C. 再冻结   D. 变革

6. 随着时代发展，一些新型组织形式出现，包括团队结构、虚拟组织、女性化组织和（   ）。

    A. 学习型组织   B. 层级式组织   C. 无边界组织   D. 部门化组织

三、多项选择题

1. 组织变革的一般流程包括（   ）。

    A. 变革动因分析   B. 组织问题诊断

    C. 实施与评价   D. 变革方案设计

    E. 团队变革动员

2. 个体对组织变革的阻力包括（   ）。

    A. 个人习惯   B. 依赖性

    C. 对变革的有限认知   D. 安全感

    E. 变革方案设计

3. 克服组织变革阻力的方法有（   ）。

    A. 力场分析法   B. 变革方法与行为变革程度的匹配

    C. 提高成员参与程度   D. 正确运用群体动力

    E. 建立新组织

四、简答题

1. 简述组织变革的内外部动因。

2. 简述组织变革的五种方法。

3. 组织成员抵制组织变革的个体心理原因是什么？

4. 组织成员抵制组织变革的群体心理原因是什么？

5. 在组织变革中，组织成员不安全感产生的深层次原因是什么？

6. 在组织变革中如何运用群体动力法？

五、论述题

1. 论述组织变革的阻力来源及克服阻力的策略。

2. 论述组织变革的一般流程。

3. 为什么组织成员参与能增强其对组织变革的认同？

参考答案

一、填空题

1. 解冻　变革　再冻结
2. 保守性
3. 有限的变革范围
4. 组织结构
5. 提高组织效能

二、单项选择题

1. A　2. D　3. C　4. D　5. C　6. C

三、多项选择题

1. ABCD　2. ABCD　3. ABCD

四、简答题

1. （1）组织变革的外部动因：社会变化、政策变化、经济变化、技术变化、市场变化。

（2）组织变革的内部动因：产品结构变化、技术运用变化、发展阶段变化、经营战略变化、管理机制变化。

2. （1）强制执行。

（2）说服。

（3）法律与政策约束。

（4）更换领导者。

（5）辩论实行。

3. （1）心理过程方面的原因，包括认识的局限性、感情留恋的影响、习惯性心理和行为的束缚。（2）行为动机方面的原因，包括既得利益受损的担心、不安全感的作用、职业认同感的阻碍等。

4. （1）群体的人际关系因素。

（2）群体的规范因素。

（3）群体的压力因素。

（4）群体的凝聚力因素。

5. 不安全感是指组织成员在组织变革中由于感到安全受到威胁，甚至可能完全丧失而产生的一种茫然无措的心理恐慌状态。这种不安全感主要由以下三种原因造成：（1）组织变革所要创造的新事物容易促使组织成员产生不安全感。（2）组织变革本身所具有的探索性、实验性和不确定性，也容易造成人们心理上的不安全感。（3）组织变革带来的各种变动也会给组织成员造成不安全感。

6. （1）增强群体凝聚力。（2）提高认知的一致性。（3）增强组织成员归属感。

（4）发挥群体规范的作用。（5）利用群体舆论的力量。

五、论述题

1.（1）阻力来源。来自个体的阻力有：习惯及对它的依赖、对安全与未知的恐惧、经济原因等。来自组织的阻力有：结构惯性与人际关系网、群体惯性与组织规范、经济利益等。

（2）克服阻力的策略。企业的人力资源部门要为组织变革服务；加强与员工的沟通，让员工明白变革的意义；适当地运用激励手段；引入变革代言人；运用力场分析法；培养企业的精神领袖。

2.（1）变革动因分析。

（2）组织问题诊断。

（3）变革方案设计。

（4）实施与评价。

3.（1）组织成员了解组织及组织外部环境的状况，以及组织变革的进行情况，有利于提高他们对实行组织变革的必要性和可行性的认识。（2）组织成员参与组织变革目标的制定，能够帮助他们将自己的个人目标与组织的变革目标相联系。（3）组织成员参与组织变革的决策活动，不仅为他们聪明才智的发挥提供了机会，而且可以帮助他们认识到自己在组织变革中的地位和作用，从而提高他们的自我价值意识水平。所有这些，都能促使他们对所进行的组织变革采取一种"认同"的态度。

第三部分　案例集

一、课堂讨论案例

案例1

画一张组织运作图[①]

选择一个组织作为诊断对象进行案例诊断，可以是你自己所在的其他组织，也可以是你熟悉的其他组织。如果你从未在任何一个组织中工作过，也可以选择你的学校作为诊断对象。你的目标是理解组织的运作流程并识别组织结构的优势或问题。

相对于组织结构图，组织运作图更能说明企业的性质——企业存在的原因、经营的内容等。组织运作图比传统的结构图有用得多。组织运作图展示了企业的运作

① 亨利·明茨伯格，卢多·范德海登.画一张组织运作图.哈佛商业评论，2003（11）.

方式，描绘了员工、产品以及信息之间关键性的互动关系。高层管理人员还可以利用组织运作图激发讨论，探讨怎样实现最佳经营管理以及哪些战略选择最合理，这就像徒步旅行者利用地图来研究可能的路线一样。

组织运作图有四种基本组织形式。第一种形式是"集合"（set）。每个组织都是由机器、员工等各种物件、个体组成的集合。有时这些物件、个体之间几乎没有联系，它们仅仅是在一起而已。例如，仓库里存放的零配件就是彼此独立的物件。第二种形式是"链条"（chain）。组织的存在并不是为了存放而组成的集合，而是为了联系。例如，汽车制造厂的装配线就是这种线性联系过程的典范：原材料进入工厂转变成零配件，零配件组装成部件，部件再组装成最终的产品，然后装运、配送给客户。第三种形式是"中枢"（hub）。中枢是一个协调中心，是任何一个真实或虚拟的人员、事物或信息流动的交汇点。第四种形式是"网络"（web）。网络时代，不同的节点——人员、团队、计算机等——会以各种方式联系在一起。

当你试着用集合、链条、中枢和网络来绘制组织运作图时，绘制出来的图形可能形态各异。与排列规则比较严格的组织结构图不同，组织运作图要求管理人员按照自己公司的具体情况绘制，充分发挥想象力。事实上，组织运作图还可以包含集合、链条、中枢和网络之外的图形，只要这些图形能表达一定的意义。

集合、链条、中枢、网络这四种形式在大多数组织中都可以找到，而且这几种形式互相交叉，彼此配合，甚至可以相互嵌套。不同组织形式表示不同的管理理念和风格。在集合中，管理人员的工作是监管；在链条中，管理人员的工作是命令。只有到了中枢和网络这两种形式，管理人员才会从高高在上的位置走下来。在中枢中，管理人员的工作是召集；在网络中，管理人员的工作则是联系。

组织运作图可以让我们以一种新的视角来审视组织，也敦促我们重新认识管理人员在组织中的角色。公司要想在当今的经济环境中茁壮成长，就必须让管理人员从结构图的顶部走下来，站到他应该站的地方，比如在中枢中他可处在中心，在网络中他可遍布于各处。我们应当认识到管理人员实质上是为组织服务的，管理并不是组织的目的。

二、课后分析案例

 案例 2

草草收场的薪酬改革 [①]

公司背景

Y 公司成立于 1969 年，原隶属于某市级事业单位，只是单纯的市属研究机构。

① 本案例由邓靖松、冯丹莉撰写。本案例研究得到了国家自然科学基金项目（71772189）的资助。

随着国企改革的推进，Y公司从事业单位剥离出来，改制为民营企业，不再单纯按市里下达的任务做项目研究，而是主动参与激烈的市场竞争。Y公司已从原来单纯地进行研发的实体发展成集研究、生产、销售于一体的民营企业，员工规模从十几人发展到超过100人。

Y公司主要进行汽车美容和表面处理领域的研发，这个领域在国内的圈子并不大，凭借几十年的卓有成效的研发工作，Y公司在行业内赢得了较高的知名度和良好的声誉。由于原来以研发为主，Y公司的高级人才很多，其中享受国务院政府特殊津贴的专家就有6人，教授及研究员5人，高级工程师8人，工程师16人，专业技术人员占总人数的50%，与全国各大知名院校建立了紧密的合作关系。Y公司的科技成果多次获得各级科技成果奖。

薪酬改革思路

虽然有着高素质的科研队伍和如此多的荣誉，但是Y公司的业绩一直徘徊不前，多项获奖产品叫好不叫座，在市场上卖不动。董事长分析认为，公司的技术专家习惯往难处钻，追求的是技术领先，因此尽管公司的产品技术先进、性能非常好，远远超出了一般厂家的要求，但成本也非常高，导致产品售价很高、卖不动。如果降价促销，不仅会导致整体利润水平很低，还可能影响公司产品作为高端产品的定位。董事长觉得还是应该从内部管理上下功夫，通过优化公司的薪酬系统达到降低人力成本和提高运作效率的目的。

就公司现行的薪酬制度而言，公司基本沿用了原来隶属事业单位时以岗位薪酬为主体的制度，采用的是岗位工资、技能工资和绩效工资相结合的方式。鉴于一直以来重视研究的传统，公司大部分资源向研发倾斜，岗位工资和技能工资约占80%，绩效工资约占20%，研发人员的岗位工资和技能工资相对较高，因而总体薪酬非常高，而一线的销售人员却得不到重视，其薪酬在行业中不具备竞争力，也缺乏激励性，导致销售队伍士气低落，影响了整体业绩。

为了改变这种情况，公司的高层决定对公司的薪酬体系做出调整，主要包括：

（1）建立绩效考核制度，让员工工作目标明确并加大激励力度。

（2）在绩效考核基础上重新建立薪酬体系，务求对核心员工有激励作用。

（3）建立完善的晋升渠道，把薪酬和晋升联系起来，让那些无法凭技术职称获得晋升的职位有薪酬上升的空间。

小李的难题

小李就在这个时候应聘来到了Y公司，先在行政部做了一段时间，然后被调到人力资源部。小李接手的第一项工作就是对将要开展的薪酬体系改革做前期调研工作。为了了解大家的想法，小李设计了两份调查问卷，一份是关于员工对公司的满意度问题，一份是关于员工对自己未来发展的期望。调查结果反映出如下几个问题：

（1）除了研发人员，大部分员工对公司的满意度很低，主要原因在于工资待遇差别较大。

（2）公司很看重的研发人员中也有人对工资待遇提出不满，同一岗位不同学历或者职称的研发人员之间待遇也有差别，存在内部不公平。

（3）大部分员工对未来发展没有任何期望，尤其一线销售人员，屡次向研发部门反馈市场需求信息却没有得到回应，因为研发部门不配合而不能打开市场，结果还要受到研发部门的指责，这让很多优秀的营销人员离开了公司。

根据调查结果，小李进一步向各个部门主管逐一了解情况，随向公司提出了制定新的薪酬体系的思路，即把所有人的岗位先加以梳理，因事定岗而不是因人定岗，岗位确定后，编写相应的岗位说明书，确定岗位职责，根据岗位的价值为岗位设定标准的岗位薪酬，同岗同酬。小李认为这样有助于建立内部公平感。

但是方案提交后，质疑的声音马上就来了，因为Y公司历史悠久，其薪酬制度多年来已经深入人心。而在新的方案中，工作多年的资深工程师和一些年轻的工程师同岗同酬，这让老员工心理上很难接受。对于营销人员来说，这样的方案也是没有激励作用的，因为没有提高绩效工资所占的比例。

小李马上意识到自己考虑欠周到，原来的思路只是考虑了公平感而忽略了激励性。小李马上修改了方案，首先把岗位分为营销类和非营销类。营销类的岗位除了同岗同酬，奖金比例也与个人业绩挂钩，不再像以前一样吃大锅饭。非营销类的岗位采取"岗位工资＋技能工资＋奖金"的形式，岗位工资实行同岗同酬，而对于不同工龄、学历的人则在技能工资上有所区别，奖金则是根据整体效益和个体表现发放。整个方案的设计让小李感到非常满意，他觉得在大学里面学了那么多人力资源知识，又看了那么多的专业书籍，终于有机会展示自己才华了。

修改后的方案获得了较多的认同，但是也带来了新的问题：营销类的岗位和业绩挂钩，其他岗位的奖金怎么决定呢？同一岗位上可能有好几个人，这些人表现肯定有差别，如何去判断，最终由谁说了算呢？

为了解决这个问题，小李决定着手建立绩效考核体系，落实薪酬与绩效挂钩的理念。说起来简单，做起来可就难了，虽然大大小小的岗位都有岗位说明书，但是很多岗位说明书都是笼统的描述，要制定精确的指标还是有难度的，尤其对于小李这个毕业才两年的年轻人来说更是棘手。小李向领导反映了碰到的困难。

被推翻的新制度

公司高层经过讨论、研究，决定引入人力资源顾问公司以合作的方式把绩效体系建立起来。小李非常高兴能得到专业顾问公司的帮助。顾问公司的咨询师带着小李逐个部门进行访谈。由于咨询师属于局外人，也出于对咨询师的信赖，很多人都愿意和他讲自己的真实想法，绩效指标建立工作有条不紊地进行着。整个咨询过程历时半年，咨询师通过调查问卷、访谈等方式，最终为Y公司整理好了部门职能、岗位说明书、岗位评价、绩效考核、薪酬管理等人力资源管理的基本模块。

经过多次会议和反复讨论，在顾问专家的指导下，绩效体系终于建立起来，每个人都有了自己的绩效计划表，公司也有了一整套的绩效考核制度，同时，与绩效体系挂钩的薪酬体系也建立起来。小李如释重负，他觉得终于可以交差了。持有同样想法的还有各位高层、中层管理人员，这漫长的薪酬体系建立过程耗尽了所有人的耐心，包括当初大力提倡薪酬改革的副总。

新的薪酬制度确定之后，小李被任命为人力资源管理专员，负责运行这套绩效薪酬制度。本以为可以按部就班地开展工作的小李，在第一个绩效考核期结束后便发现了问题，花了很长时间建立的看似完美的薪酬体系在运行中受到了各方的指责。有人说指标定得过高，根本无法完成，公司纯粹是为了惩罚和扣钱。有人指责各岗位指标难度之间存在差异，更加不公平。反应最激烈的就是研发人员，公司总工程师带头反对绩效考核，认为其是极为不公平的制度，应该停止。由于以前项目都没有规定完成时间和目标，现在一考核，专家教授们反对说科研不能和其他工作一样死板，要求撤销这些考核指标，对实验室的5S管理要求也被视作对研发人员的刁难……问题一出，投诉接踵而来，为了"切合实际"，各部门申请对本部门的考核指标进行大幅修改。一年后，整个绩效考核体系名存实亡，被彻底推翻。

这次薪酬改革的思路是公司高层经过慎重考虑和充分讨论得出的，具体的制度和方案也得到了顾问公司专家的指导，为什么结果却不尽如人意呢？为什么那么多高学历、高素质的人才聚集在一起，反而对科学管理的方法有如此强烈的抵制？花了那么多时间和精力建立的考核体系，其初衷也是为企业发展和员工自我发展创造公平、公正和具有激励性的环境，最终却虎头蛇尾、草草收场……

小李陷入了深深的困惑之中……

问题与思考

Y公司的薪酬改革为什么会失败？是小型民营企业的执行力不强，高层领导的决心不够坚定，还是员工本身的素质问题，抑或是企业还没有适应绩效薪酬的文化从而不适合进行薪酬改革？小李的薪酬改革思路是否有误？程序和方法是否有误？新的绩效薪酬方案为什么没有达到激励的效果？如何改善和优化？薪酬改革遇到的这些困难与矛盾如何解决？企业应该怎样实施薪酬改革的过程管理，以使企业的变革更顺利？

案例教学参考

1. 教学目的

通过深入分析Y公司实施薪酬改革过程中的问题和不足之处，指出企业在进行薪酬改革时在观念层面和执行层面需要重视的问题，以使公司的薪酬改革能够顺利实施。案例中的变革管理方法同样还可以应用到企业的其他方面。

2. 适用范围

本案例适用于薪酬制度改革、人力资源体系设计、员工激励、管理变革等主题。

3. 案例分析思路

本案例重在引导学生思考变革管理中应该注重的过程管理，启发学生从薪酬制度改革过程管理的角度进行思考。在管理中，做正确的事很重要，正确地做事同样也很重要，否则事倍功半，达不到预想的目标。

部分企业的人力资源观念淡薄，它们把人力资源视为后勤服务，在制定和执行企业战略时较少考虑人力资源的战略作用。例如在本案例中，任命刚从学校毕业两年的小李作为人力资源管理专员，可见Y公司并没有将薪酬管理的改革提到战略地位。小李人微言轻，工作经验也不足，考虑问题难免不够全面，权力也不够，难以让全公司采纳其改革措施和意见，反而引发更多的矛盾。

薪酬改革涉及全体员工的切身利益，对于激发员工的工作积极性起着举足轻重的作用，同时也会因为触动很多人的利益而遭遇变革的阻力，只有公司领导高度重视，才能统一思想，突破变革的阻力。如果公司领导不高度重视，这种牵动全公司员工利益的改革就很难取得成功，这也是Y公司薪酬改革失败的关键原因。

小李的薪酬改革思路并没有大的偏差，问题出在执行的程序和方法上。小李的初衷是通过薪酬改革让薪酬与绩效挂钩，提高企业员工的积极性，进而提高企业的业绩。然而，薪酬改革牵动所有员工的利益，每个人都会关心自己的利益是否受损，因此实施薪酬改革之前必须做好员工的思想工作，应该充分做好前期宣传及沟通工作，使薪酬改革能得到员工的认同从而顺利实施。例如，考核前要做好宣传，使大家明确考核工作的重要性；考核中要做到规则清晰，让员工清楚指标体系和打分的规则及方法；考核后要做到程序透明，让大家明白考核结果对自己的影响，理解绩效和薪酬之间的关联性。

然而小李在执行新的薪酬方案时缺少与各部门的沟通，各部门员工也没有参与，他只想"按部就班"地工作。可以推断，公司原来重视的技术出身的研发人员对公司早期的创业和新产品开发起着至关重要的作用，而现阶段公司的战略重点是市场，因此研发人员对管理的变革必定存在普遍的抵触情绪。小李在执行新制度之前并没有主动去沟通，没有说服他们并安抚他们的情绪，因此在实施绩效考核和薪酬管理的过程中出现了抵制现象，例如总工程师带头反对，从而阻碍薪酬变革的实施。

此外，各部门和多数人反对新的薪酬方案的理由是绩效指标不合理以及不公平，很多人认为指标定得过高，公司是为了惩罚和扣钱而制定的。可见，员工不是不赞同绩效与薪酬挂钩，只是期望自己的绩效能够获得更多的薪酬以及提高部门之间、岗位之间薪酬的公平性，所以不认同的是指标的设置，这就需要在指标设置过程中充分吸纳员工参与，尽可能得到员工的认同。而Y公司薪酬方案出台的时间一共才半年，员工只参与了访谈，没有参与关于薪酬制度设计的讨论，因此新的薪酬制度也难以得到员工的认同。

最后，薪酬改革应该紧密结合企业的战略目标，因为薪酬改革的最终目的是支撑企业战略的实现。首先应明确企业的发展定位，是先做强再做大，还是先做大再做强。Y企业现阶段的目标应该是激发员工积极性与创造性，先将企业做强再做大。这样就应该重视对员工的激励，使员工看到未来的发展前景和希望。例如，应该提高员工待遇并增强其归属感，而不是一味强调绩效考核却没有提高员工收入，员工得不到实惠也就得不到激励。这个阶段应该倡导一种激励文化，在薪酬上让员工感受到企业对他们的重视和关怀，让员工切实感受到物质和精神的激励。

4. 可供参考的薪酬改革程序

一般来说，为了加强薪酬改革的过程管理，企业实施薪酬改革时应该遵循并重视以下程序：

（1）组建薪酬改革小组或薪酬改革委员会。薪酬改革小组的人员构成一般包括公司领导、人力资源部部长、办公室主任、人力资源部工作人员、相关部门人员以及外聘专家顾问。薪酬改革小组的主要职能是全面负责工资改革的方向、政策及其中的战略性问题，并负责处理薪酬改革中的技术性问题，例如岗位评价、绩效考核方案等。

（2）进行前期准备和宣传动员。薪酬改革小组要做的第一件事是通过分析公司战略明确薪酬改革方向，在此基础上做好宣传动员工作，动员所有部门和员工积极投入薪酬改革的工作。为了避免可能的抵触，应通过充分的沟通了解员工的心理需求以及顾虑，让员工理解薪酬改革可能带给他的利益和影响。

（3）进行薪酬调查和诊断分析。在制订具体的薪酬方案之前，需要对公司内外各岗位的薪酬进行全面了解，调查同行业中同类岗位的薪酬水平，保证薪酬方案的竞争性和公平性；了解员工对现有薪酬制度和薪酬水平的满意度，从而在新的薪酬方案中体现激励性。

（4）制订方案和贯彻执行。在制订新的薪酬方案时，应该让员工充分参与，只有员工切实参与了薪酬方的制订，他们才会理解和认同新的薪酬制度，从而接受其中的指标和考核方法。在实施新的薪酬方案时，要以各直线管理部门为主，授权它们进行具体的考核和薪酬分配，人力资源部主要做好组织工作和配套服务工作。

案例 3

GY 高管层的年薪制改革[①]

F 总最近忙得焦头烂额，作为广东省 GY 资产经营公司（以下简称 GY）的人力资源总监，他受公司董事会委派，全权负责 GY 下属子公司的经营者薪酬体系改革。F 总深感责任重大，各部门也都期待着向 F 总反映自己的诉求，以便在薪酬体系改革中获得更多的利益。F 总不辞劳苦地在子公司间奔波，听取大家的意见建议，以便设计薪酬体系时参考。

意见建议收集得差不多了，看到厚厚一沓的参考资料，F 总情不自禁地叹起气来。这次改革的难度与复杂程度，大大超出了他的预想。既要考虑新方案的激励效果，又要兼顾薪酬待遇的公平性；既要确保新方案能从根本上改变过去子公司经营者出工不出力的情况，又要尽量避免公司整体运营出现大的波动。如何才能设计出一个尽可能完美的薪酬方案来解决这一系列问题，让薪酬真正发挥激励作用？这是 F

---

① 本案例由邓靖松、吴仕满、梁彦呈撰写。

总一直在思考的问题。

公司背景

GY 是一家国有全资企业,成立于 2000 年 9 月,经广东省人民政府批准,由广东省 16 家国有企业合并重组而成。作为综合性省属国有大型企业,GY 负责经营管理广东省政府授权范围内的国有资产,以工业板块为主,融产品经营、产业经营和资本经营于一体,主要从事资本经营和产业经营、资产重组调整与合作、项目投资经营和管理、资产受托管理以及省国资委批准的其他业务等。

GY 以新型高效材料、环保工程装备、清洁再生能源和电子机械设备四大主业为基础,通过主业产业链的延伸与聚合,形成了以绿色环保工业产业为特色的产业集群。作为广东省政府重组的三大资产经营公司,GY 在新型高效材料等四大主营业务领域均处于所在行业前列。GY 资产总额 146 亿元,注册资本 12.8 亿元,下设 12 家产业集团,管理全资及控股企业 152 家,科研设计院所 18 家,拥有员工 16 800 人。

GY 管理体制与运行机制

接手任务后,为了弄清 GY 的整体情况,摸清家底,F 总首先跑遍了各部门,通过访谈和查阅档案资料等方法,理清了 GY 的管理体制与运行机制,由此对将要进行的薪酬体系改革有了更清晰的认识。

(1)管理体制。根据经营运作实践,GY 管理体制可分为资本经营层、产业经营层、生产经营层。

1)资本经营层。公司本部为第一层次,资本经营层以资本经营为主,通过产业规划、资产重组、投资调控、资本运营来保证国有资产的安全和增值。

2)产业经营层。一级企业为第二层次,产业经营层以产业经营为主,负责部分资金的经营,组织全资控股企业进行专业化、规模化经营。

3)生产经营层。授权委托各一级企业管理的全资、控股企业为第三层次,生产经营层按照专业化生产和主营业务突出的方向,进行生产经营,是公司的利润中心。

(2)运行机制。董事会是决策机构,监事会是监督机构,经营班子是执行机构,党委会参与公司重大问题的决策,保证党的路线、方针、政策和国家法律法规在公司内的贯彻执行。

现有年薪制概况

理清了 GY 的管理体制与运行机制后,F 总对薪酬激励问题也有了更深的认识。然而 F 总深知,只有摸清现有年薪制的情况以及存在的问题,才能更好地设计新体制,完成董事会下达的任务。经过一段时间的研究与调查,F 总对 GY 正在实行的年薪制有了深入的了解。

年薪制是 GY 成立之初引入的概念,只选择了三家在经营管理上比较规范且盈利能力较强的全资一级子公司作为试点,年薪制的制定和执行也主要参照了当时广州市政府针对市管企业经营者的相关设计。年薪主要由基础工资和效益工资两部分构成。基础工资部分以企业效益高低划分企业级别,共分为三类三级,子公司经营者根据所在企业的级别领取基础工资。基础工资如表 9-1 所示。

表9-1　子公司经营者月基础工资标准　　　　　　　　　　单位：元

级别	类别		
	一类	二类	三类
一级	30 000	20 000	12 000
二级	4 000	3 500	1 800
三级	3 000	2 500	1 600

一级一类企业是指经营利润在 1 500 万元 / 年以上，总资产在 60 000 万元以上的一级公司；一级二类企业是指年经营利润在 1 000 万～1 499 万元，总资产在 40 000 万元以上的一级公司；一级三类企业是指年经营利润在 500 万～999 万元，总资产在 15 000 万元以上的一级公司；二级一类企业以下的类别年经营利润不足 500 万元，总资产不足 15 000 万元。

效益工资部分包括净资产增值工资和上缴国有资产经营收益奖励两部分。净资产增值工资根据企业每年实际实现的净利润，区别不同情况按照一定比例计提，不设上限（如表 9-2 所示）。

表9-2　子公司经营者年度净资产增值工资

净资产增值额（万元）	提取率	提取金额（万元）
50 及以下	3.0%	0～1.5
50～100	1.0%	1.5～2.0
100～200	0.8%	2.0～2.8
200～400	0.6%	2.8～4.0
400～600	0.5%	4.0～5.0
600～1 000	0.4%	5.0～6.6
1 000～2 000	0.7%	6.6～13.6
2 000～3 000	1.0%	13.6～23.6
3 000 以上	2.0%	23.6 以上

注："50～100"包含100，不包含50，其他依此类推。

对于超额完成核定任务的保底利润者，净资产增值工资＝保底利润 × 相应档次提取率＋超额部分 × 相应档次提取率 ×1.5。对未能完成核定任务的保底利润者，净资产增值工资＝实际完成净利润 × 相应档次提取率－未完成保底利润差额 × 相应档次提取率 ×2（净资产增值工资为负数，则以零计）。

此外，净资产增值工资还跟企业的资产负债率直接挂钩，具体挂钩方法为：经营者接管时企业资产负债率低于 75% 的，每年年底的资产负债率均不得超过 75%，超过 75% 的，每超过一个百分点，扣减经营者净资产增值工资的 2%。经营者接管企业时企业资产负债率高于 75% 的，根据不同情况调整经营者净资产增值工资。一是每年净资产负债率降低至董事会下达的目标或以下的，不扣减经营者净资产增值工资。二是每年净资产负债率未降至董事会下达的目标的，每少降一个百分点扣减经营者净资产增值工资的2%。三是每年净资产负债率未降低反而提高的，每提高一个百分点，扣减经营者净资产增值工资的4%。

另外，若在任期内发生积压一年以上的存货及超过合同规定的收款期一年以上的应收账款（含预付款和其他应收款），则在计算经营者净资产增值工资时，从净利润中直接全额扣除。

子公司经营者上缴国有资产经营收益奖励，在规定上缴比例内按实际上缴金额的1%计提，超额上缴利润的，按实际上缴金额的3%计提。

经营者基础工资按照GY核定的数额由其任职企业按月支付，效益工资的70%当年年终结算后予以兑现，剩余的30%中的70%从经营者任职第七年起，每年提取其中的20%，其余的在退休后领取。

抱怨多多

接下来，为了了解年薪制实行当中存在的问题，F总又四处奔波，亲自到试点子公司与直接利益相关者（各子公司的管理人员）面谈。各试点子公司的管理人员向他大吐苦水，抱怨年薪制的各种弊端。

经过长时间的收集整理，F总得到了一沓厚厚的参考资料。F总一遍遍地翻阅着这些意见和想法（更准确地说，是抱怨），同时心中也在思考着解决的方法。以下就是试点子公司经营者的部分典型自述：

（1）"我们A公司虽然规模小，只属于三级二类的子公司，但是我们企业的效益一向都很高，在同等规模的公司当中绝对是领头者，为什么却得不到相应的待遇？就拿基础工资来说，我们拼死拼活，努力把A公司经营管理工作做好，企业运作效益非常可观，但每个月才拿2 500元的基础工资；而那些一级企业的经营者，即使经营效益比我们差得多，投入产出比很低，但是就因为他们公司的规模大，绝对数值大，就每个月拿万元以上的基础工资，是我们的5~10倍！难道我们的努力就不如他们的1/5，1/10？这公平吗？"

（2）"效益工资这方面，那些一级公司掌握着庞大的资产，它们只要稍有利润，绝对数值也比我们这样的小公司高多了，能拿到的净资产增值工资也比我们高多了；而即使它们利润为零，甚至出现亏损，它们管理层的效益工资也只是为零，而没有惩罚措施。举个例子，某个一级一类子公司多年来利润一直是零甚至是亏损，其经营者没有效益工资收入，但是他们每月的基础工资加起来，也比我们这些盈利的二级三类子公司的经营者的年薪高！亏损公司的管理者，拿着远高于盈利公司管理者的年薪，就因为他们公司规模大，级别高！这种情况持续下去，谁还愿意努力做事啊？"

（3）"我们公司的经营层流动率很高，在劳动力市场上又很难招到合适的替代者。这使得我们的经营总是处于一种动荡的状态，效益也很不好。我想来想去，认为这归根结底还是工资的问题。首先，基础工资只占年薪的20%，对于我们传统行业的公司来说太低了，很难吸引人才，也很难留住人才。其次，每年年终只能拿当年效益工资的70%，剩下的部分总额也不多，还要在公司任职满七年后才开始兑现，兑现期实在太长了。这样的安排，说是为了留住管理者，倒不如说是在赶走管理者！"

（4）"我们公司效益好，每年能上缴巨额的经营收益，但是经营者效益工资当中的上缴国有资产经营收益奖励，却完全形同虚设，因为我们每年上缴的经营收益都由母公司的董事会决定，我们这些子公司的管理者只能按照决定上缴，根本就得不到上缴国有资产经营收益的奖励。还有一个问题不得不提，我们公司规模大，高管多，他们很多时候把自己的私人消费，诸如餐饮、旅游等费用转化为职务消费，累加起来也是很大的数额，让我这个总会计师很难办。要是遵章不批准，我就会得罪很多高管；要是睁一只眼闭一只眼，公司的账又会很难看，管理费用很高。我该如何是好？"

问题整理

面对这些抱怨式的意见和建议，F总十分头痛。为了更清晰地抓住问题的关键，从诸多意见和建议中理出一个头绪来，F总和他的团队一遍遍阅读这些资料，总结出了对现有方案的评价：

（1）基础工资分类定级不合理，过于简单。一般来说，基础工资有两个功能：一是保障经营者的基本生活需要；二是体现经营者的高级人力资本价值和实际的劳动付出。因此，基础工资的分类定级仅考虑企业的规模与效益是不够的，也不公平，基础工资占工资总额的比例偏低（2004年、2005年的测算标准平均约为20%），对于成长中的公司和经营投资回报率较低的传统行业的公司来说，很难吸引和留住高管人员。

（2）考核指标的设置不够科学合理。衡量企业的经营管理水平除了净资产增值率和资产负债率，还应包括净资产收益率、资产良好率、销售增长率等重要指标。此外，对考核指标以及财务数据的计算依据等没有进行明确界定或界定模糊，在实际操作中易产生纠纷。

（3）风险与收益不对称，激励与约束不统一。现有的年薪制方案并未体现经营者的收益风险和对其应有的约束，即便是企业发生亏损，经营者也无须承担任何责任。

（4）现有年薪制设计和操作方式过于凌乱，不够明晰。其中设置上缴国有资产经营收益奖励，实际上没有任何意义，因为上缴国有资产经营收益每年由董事会决定，经营者没有任何分配收益的权力。

（5）兑现时间设置太长。GY设置贡献积累这一安排的本意是希望留住经营者，但实际上贡献积累兑现的时间太长而且数额较低，很难约束经营者，更谈不上激励经营者。

（6）没有规范经营者的职务消费。在许多情况下，公司的经营者可以非常容易地将一些私人消费转化为职务消费，造成公司管理费用的增加。

现有体制存在的问题整理出来之后，F总并没有任何欣喜之情。相反，他的眉头皱得更紧了。F总深深地意识到，摆在他面前的问题远比他所设想的更多、更复杂。要解决这一系列烦琐多样而又根深蒂固的问题，单纯的小打小闹或渐进式调整已经没多大效果。"重病需用猛药。"F总对这句话大为赞同。只是"说时容易做时难"，很多问题，如"基础工资应该如何分类分级才合理""如何能做到风险与收益相称""如何规范职务消费"等，并不是拍脑袋便能得出具体可行的解决方案的。正确的道路究竟在何方？F总再一次陷入深思。

薪酬改革

虽然知道新年薪制体系的设计不是一朝一夕能够完成的，还有很多的问题和麻烦需要解决，然而F总却并不担心，经过充分的调研和讨论，F总已对薪酬改革方案心中有数。

（1）新原则设立。

万丈高楼平地起，路总是要一步一步来走。现在要走的第一步，就是确立好新体系设计的改革原则。经过薪酬委员会讨论，最后得出的新原则，看似简单明了，却能抓住公司现行体系的关键问题，F总也较为满意。

1）权利与义务对等原则。F总认为，公司的经营者在经营过程中，有义务履行经营职责，保障投资者的合理利益和实现资产的保值增值，同时应充分享有相应的权利，即经营权力和获取收益（包括基本薪金）的权利，以及根据经营者绩效参与利润分享的权利等。关键是必须实现二者的对等和平衡。

2）风险与利益相称原则。公司经营者承担的风险应与其获取的收益成正比，承担的经营风险越大，可能取得的收益也应越高。要避免现有年薪制中管理者收入高却不用承担风险的问题。

3）激励与约束并举原则。F总明白，仅有激励作用的薪酬机制是远远不够的，因为缺乏必要的约束，经营者很难自觉地约束自身的行为。所以在设计经营者年薪时，不但要给经营者必要和应有的利润分配权，更应注重与激励对等的约束，如职务消费的问题必须解决好。

4）长期激励与短期激励结合原则。现有的年薪制的短期激励效果明显，然而长期激励效果有限，难以吸引和留住人才，同时也容易导致公司管理者的短视行为。如何实现短期激励与长期激励的平衡是新体系必须考虑的问题。

5）符合法律与政府规范原则。GY是省政府授权的国有资产经营公司，其适用年薪制的一级子公司仍是国有企业，因此，必须遵守国家和地方政府对国有企业实行年薪制的各种政策规定。

6）坚持"两个低于"原则，即工资总额的增长幅度低于公司经济效益的增长幅度，职工平均工资的增长幅度低于公司劳动生产率的增长幅度。这是合理控制企业人工成本（费用），推进企业收入分配规范化、透明化和市场化的必然要求。

（2）新方案出炉。

F总知道，要激励公司经营层，提高公司效益，单纯依赖薪酬方面的手段是远远不够的。为此，在重新进行年薪制体系设计之前，他完整而清晰地向GY董事会报告了试点年薪制的实行状况及存在的问题，向他们征求意见，申请开展以年薪制设计为核心的系统工程。F总的报告获得了GY高层的高度赞赏与认同，并授权他开展各项必要的工作。

终于可以放手大干一场的 F 总与他的团队首先做的，是广泛借鉴国内尤其是广东本地同类已实施年薪制国企的经验，执行政府关于实施年薪制的有关政策和规定，按《公司法》的规定，重新选举或任命了一级子公司的董事会成员。随后又向各一级子公司派驻监事会主席并全面检查审计各公司的财务状况，按照公开、公平、公正的原则选拔出各一级子公司的经营者，建立了较为完善和科学的经营者选拔机制。

在宣传动员方面，F 总和他的团队对一级子公司及其经营者进行了广泛的调研、宣传和访谈，很好地传递了 GY 实行经营者年薪制的意图和方法。这场大变革在 GY 引发了不小的震动，众多利益相关者争相要求与 F 总会面，反映他们的意见与诉求，F 总的办公室一时间变得门庭若市。F 总也早有准备，认真倾听了不同人的意见和建议，也一一给予了答复和承诺，并从中得到了很多关于年薪制改革的实用建议，使年薪制实施方案不断完善，得到了众人的好评。

前期工作全部完成后，GY 上下已经做好了迎接年薪制改革的充分准备，经 GY 董事会同意，新的年薪制设计方案终于出炉，新方案包含以下内容：

第一，明确激励对象。明确公司的激励对象是年薪制设计必须首先考虑的问题。因此 F 总在设计 GY 年薪制时，首先对经营者，即适用年薪制的对象进行了明确的界定，下列人员为经营者：各一级子公司的董事长、总经理、副总经理、董事会成员、党委会成员、纪委书记、工会主席、总工程师、总会计师、总经济师、总经理助理和企业总法律顾问，他们各自的职责和任务不同，按不同比例领取年薪。

第二，确定年薪总额。根据之前制定的设计原则，F 总认为，要做到吸引、留住和激励优秀的企业经营者，在确定年薪总额时，GY 必须充分考虑人才竞争的全国化和多样化等各种因素，因此年薪水平的确定应放眼全国，主要是以略高于深圳、上海等沿海发达城市相同或类似规模和效益的公司的经营者平均收入水平。

第三，设计年薪结构与比例。GY 一级子公司的规模较大，但效益相对较低，获利能力较差，因此，为了稳定经营者，降低管理层流动率，F 总有意识地提高了基本薪酬在年薪制结构中的比例。GY 的新年薪结构仍然是分为基础薪酬与绩效薪酬。

基础薪酬的构成和标准按照 GY 关于一级子公司领导班子成员基础薪酬的有关规定确定。基础工资是指企业支付给员工的金额相对固定的基础报酬，其标准主要根据职务和岗位等因素参照社会同行业及劳动力市场工资价位水平等因素确定。

绩效薪酬指公司根据经济效益和员工的工作绩效支付给员工的工资或奖金。根据 GY 的实际情况，绩效薪酬主要是根据子公司经营者当年的内部经营业绩，按照确定的比例计提绩效薪金基数。

第四，明确考核方法。子公司经营者的基础薪酬基本上是固定的，绩效薪酬的考核指标如表 9-3 所示。

新的年薪制下，以一年为考核周期，即从每年的 1 月 1 日至 12 月 31 日。考核主体是指由谁对考核对象进行考核。GY 由财务部、人力资源部、企业管理部、党群工作部、监察审计部负责人组成考核责任中心，责任中心分为业绩考核领导小组和执行小组，执行小组负责收集相关数据、统计定量指标及计算得分，领导小组根据具体情况打分，分值最后报董事会确认。

表9-3　子公司经营者基础薪酬综合调整系数表

计分基数	经营绩效部分（60%）			经营规模部分（40%）		
	净利润额（万元）	总资产报酬率（%）	净资产收益率（%）	总资产（万元）	净资产（万元）	销售额（营业收入）（万元）
	权重30%	权重15%	权重15%	权重15%	权重15%	权重10%
上限100分（含本数）	1 500万元以上	全国同行业良好值及以上	全国同行业良好值及以上	60 000万元及以上	25 000万元及以上	60 000万元及以上
75～100分区间	75～100分区间单项指标分数计算办法： $$单项指标分数 = 本项指标下限75分 + \frac{本项指标上年实际完成值-本项指标下限值}{本项指标上限值-本项指标下限值} \times 25$$					
下限75分（含本数）	200万元以下	全国同行业较低值及以下	全国同行业较低值及以下	20 000万元及以下	8 000万元及以下	20 000万元及以下

（3）新问题产生。

新的年薪制方案公示后得到了广大子公司管理者的认同与赞赏，然而F总知道，条文规则再完善、再全面，如果不能落到实处，那么也只是一纸空文，毫无用处。要落到实处，就要做好业绩的考核，根据考核的结果支付相应的薪酬，这样才能真正发挥薪酬的激励作用，做到权利与义务相称。接下来，F总和他的团队又制定了一系列的考核实施细则，以及关于实施考核管理的指导性规定，提高了新方案的可操作性。

回想新年薪制从无到有，从最初的发现问题到最后的出台实施细则等，这样一个庞杂烦琐、牵涉甚广的系统工程在自己手下一步一步地完成，F总感到非常自豪。然而F总也知道，问题还没有完全解决，新方案虽然解决了一部分原来存在的问题，但仍有很大的改善空间。如职务消费规范的问题以及薪酬体系中的长期激励问题等，在新方案中依然悬而未决。

薪酬委员会在调研后发现，新体系的问题主要集中在以下三个方面：

第一，基础工资的设计基本上与原体系相同，改进不大。基础工资是保障员工体面的物质生活所必需的，而且体现了岗位价值与人力资本价值。如何更好地实现基础工资的这两个作用仍有待探讨。

第二，长期激励依然缺失。新体系中管理者短期的薪酬待遇得到了较大提高，但长期激励方面改进不多，难以保证员工长久的忠诚度。在无法实行股票期权激励的国有独资企业当中，如何更好地落实长期激励仍然是有待进一步探索的问题。

第三，未能有效解决职务消费这个问题。如何公平合理地规范职务消费仍需探讨。

纵然如此，新方案依然产生了良好的效果，GY 的整体业绩有了较大的提升，广大经营者的工作积极性有了很大提高，薪酬待遇也增长了一大截。F 总感到非常欣慰。而他接下来要做的，就是进一步地探索和完善年薪制，F 总深知，没有完美的方案，只有更好的方案。他坚信，方案的进步，也代表着自己的进步、公司的进步，一切都在向好的方向发展。

问题与思考

GY 原来试点实施的经营者年薪制存在什么缺陷？影响企业管理者工作积极性的主要因素有哪些？企业管理者薪酬体系设计的步骤与注意事项都是什么？GY 新的经营者薪酬体系仍存在哪些问题？如何解决？

案例教学参考

1. 教学目的

本案例的教学目的是以大型国企经营者年薪制改革的过程为研究素材，发现与总结案例中现有薪酬体系存在的问题，并据此重新设计更为有效的年薪制体系，帮助我们了解影响企业管理团队工作积极性的关键因素，掌握薪酬体系设计的要点，以期激发企业管理者的工作积极性，提高企业经营绩效。

2. 适用范围

本案例主要涉及组织行为学、薪酬管理课程，适用于激励、组织变革、薪酬设计等主题。

3. 案例分析思路

本案例描述了 GY 经营者薪酬体系重新设计的全过程。像 GY 这样的大型国有企业，其面临的关键问题之一，往往是员工工作积极性的缺失，进而导致企业资源的低效利用，影响企业绩效。以下分析主要阐述案例中 GY 原年薪制存在的问题，以及新体系对这一系列问题的解决结果，并指出还有哪些问题未得到解决，试图找出影响企业经营者工作积极性的因素，并采取针对性的薪酬激励措施。

此外，在分析中可以看出，薪酬体系只是企业的有机组成部分，并不能指望薪酬改革能完全解决所有问题，还需健全和完善相应配套的诸多制度和措施，以真正发挥出薪酬体系的作用。

（1）原体制存在的问题。

1）基础工资分级不合理，差距大。GY 简单地以一级子公司的资产规模和销售规模为依据，把子公司分为三类三级，再根据不同类型和级别的公司发放对应的基础工资，且级别之间基础工资差距较大，容易导致管理者产生不公平感。一般来说，基础工资有两个功能：一是保障对应岗位的基本生活需要；二是体现对应岗位的人力资本价值和实际的劳动付出。因此，基础工资的分类定级仅考虑企业的规模与效益是不够的，也是不公平的。

2）权责不对称。不同类型和级别的子公司中，管理者经营的资产的规模大小是不同的，甚至存在巨大差异。像案例中提到的那样，某子公司掌握着巨大规模的资产，但是经营业绩长期欠佳，然而经营者却不会因此受到惩罚，只是没有效益工资。毫无疑问，这家公司的经营者享有更大的资产经营权，却没有承担相应的责任，这对于低级别公司的经营者而言是不公平的。

3）基础工资比重低，对人才的吸引力弱。案例中提到，某经营者所在子公司的管理层流动率较高，在劳动力市场上也难以吸引到替代者，其中一个原因是基础工资比重过低，大约只占年薪总额的20%。在这种传统的比较稳定的行业当中，基础工资比重低是难以吸引人才和留住人才的。

4）效益工资留存部分数额小，兑现期长，长期激励缺失。GY年薪制试点的子公司中，效益工资的30%要在任职七年后才能兑现，并且还不是兑现全部，而是逐年提取。其本意是想留住人才，达到长期激励的效果，但实践结果恰恰相反，数额低、兑现期长的留存效益工资无法有效激励员工长期努力工作，反而让员工对此比较反感排斥，这也削弱了公司对人才的吸引力。

5）条款设计混乱，缺乏实操性。原年薪制当中，效益工资中有上缴国有资产经营收益奖励，描述的收益也非常可观，但实际上公司上缴多少经营收益完全由董事会决定，经营者无权分配。这种空头条款极为打击管理者的工作积极性，从中得到的教训是，进行薪酬设计时要实事求是，成文的条款应该都是明确、可操作的。

6）对职务消费的约束机制缺失。原年薪制当中对于经营管理者把私人消费转化为职务消费的不合理行为没有有效的监督与约束，由此造成公司账面上的管理费用大大高于实际支出。长此以往，公司的资产会受到严重侵蚀，基层员工也会对管理者缺乏信任，进而严重影响公司的士气。

（2）新年薪制的改进之处。

1）业绩考核中提高了经营绩效考核的比重（占60%），有利于激发管理层员工的工作积极性。原体系中基础工资与效益工资主要的依据是企业的规模而非经营效益，这对不同规模的子公司是非常不公平的。新体系较好地弥补了这一缺陷，使子公司之间薪酬待遇更加公平，有利于激发管理者工作积极性。

2）权责对称，风险与收益相符。新体系中增加了相应的惩罚手段，经营业绩不好的管理者将不再享受"无处罚"的待遇，会直接扣减相应的薪酬数额，这样能保证管理者为了自身的报酬而努力工作，有利于提高工作积极性。

3）基础工资比例提高，同时效益工资的考核更能体现管理者的努力程度，对于吸引和留住人才可发挥出比原体系更大的作用。

4）新体系设计更规范，操作性更强。新体系减少了空洞无实际意义的条款，制定了一系列具体清晰、操作性很强的条款，操作性更强。

4. 理论依据与思考

分析本案例时使用的主要是激励理论。激励是薪酬众多功能中最重要的功能之一，如何通过薪酬杠杆激发和提高员工的工作热情和工作效率，是薪酬研究、设计和管理的核心内容。合理、公平和富有竞争力的薪酬是激励员工努力工作的最重要的因素之一，有效的薪酬体系及管理机制与激励之间是一个良性互动的过程，有效的薪酬体系必然激励员工以更高的质量完成更多的工作，而更多的高质量工作必然带来更高的薪酬。

对众多传统的国有企业而言，"福利高，待遇好"是常态，这也导致劳动力市场上很多人希望能在国企工作。虽然已经不是计划经济时代的铁饭碗，但福利待遇一般来说还是比同级别的私营企业高。改革前的 GY 也不例外。然而，这种高福利待遇并没有真正提高员工的工作热情和工作效率，反而导致国企普遍效率低下。这是管理问题突出的症结所在。究其原因，是个人目标与企业目标没有捆绑到一起。国企的福利待遇在市场上处于高位，而且在很多情况下与个人、团队绩效之间的关系不大。由此，很多国企的员工不用努力工作，不管工作绩效如何，他们的福利待遇都会处于高而稳的状态，因此削弱了员工工作的积极性。

GY 改革前的试点年薪制是一个典型例子。管理者的年薪，无论是基础工资还是绩效工资，主要的影响因素还是子公司本身的规模，而非管理者个人的努力。基础工资方面，三类三级的基础工资分级依据子公司本身的资产规模、净利润规模等，并没有考虑管理者所在岗位的人力资本价值、在市场中的水平等个人因素和岗位因素。绩效工资存在的问题尤为明显：一是绩效工资的提取主要还是根据子公司规模方面的因素，只要管理者所在的公司规模大，净资产增值额高，他便能提取大量的绩效工资。这种高收益主要来源于公司规模，跟管理者本身的经营效果关系不大，容易导致管理者工作积极性不高，出工不出力，甚至会使管理者只着眼于短期的绩效提成而采取短视行为，损害公司长远利益。二是绩效工资最低为零，并没有设置合理的处罚机制。这意味着经营者对他所在子公司的效益只需担负较小的责任，不会损害到经营者的个人核心利益。权力大与责任小造成的不平衡也容易导致管理者工作松懈，损害公司利益。这些影响公司绩效的问题在案例当中都有所体现。

上述种种问题，导致 GY 原年薪体系在追求效率、公平等方面都没有发挥应有的作用。这样一套年薪制并没有真正发挥激励的功效，无法提高员工的工作积极性，进而提升公司业绩。

要让薪酬体系发挥激励员工的效果，关键是要将员工的个人追求与企业的目标捆绑到一起，让薪酬真正成为连接公司目标与个人目标之间的桥梁。这要求管理者的薪酬待遇与他的工作业绩高度挂钩，而工作业绩又必然对企业目标是有贡献的。薪酬体系的设计必须充分考虑这一点，实现企业与员工的有机互动。员工因工作积极努力，取得优秀业绩，使公司整体获得发展；而公司的整体发展又让员工享受到更好的福利待遇，进而刺激他更努力地工作。这样一种良性循环是公司设计薪酬体系时必须重点追求的效果。

GY 改革后的年薪体系，在一定程度上实现了这样一种良性循环。管理者基础工资部分的分类分级基础，除了子公司规模因素，也考虑了相应岗位的人力资本价值、在劳动力市场中的水平等因素；而绩效工资部分，经营者的绩效工资提取的基础由过去的以规模为主导转化为以经营效果为主导（占 60%），把管理者对高薪酬待遇的追求与公司整体经营发展捆绑到一起，起到了较好的激励作用，公司与员工双双获利。

要激励员工努力工作，除了现实的工资、福利等物质手段，还有诸多其他工具，如信任激励、授权激励、目标激励等。在众多激励理论中，马斯洛需要层次理论认为，人的需要是有层次的，归结起来，可以分为五个层次，从下到上依次为生理需要、安全需要、社会需要、尊重需要和自我实现需要。人的需要是多样而逐层上升的，人的低级需要被满足后，曾经为满足这些需要所提出的措施就不再具有激励作用，但人的高级需要越是得到满足，越能产生令人满意的激励效果。

需要层次理论给我们的启发是，人的需要层次是不同的，每个人处在不同的阶段，相应的主导需要和次级需要也是不一样的。在设计新年薪体系中，除了考虑工资等物质激励手段，也要考虑管理者的其他种类的需要，如自我实现等。

目标激励是通过目标的设置来激发人的动机、引导人的行为，使设计对象的个人目标与组织目标紧密地联系在一起，以激励对象的积极性、主动性和创造性。在新年薪制设计当中，通过设置合理而又有挑战性的目标，引导管理者不断努力积极工作，追求实现目标的成就感与自豪感，这也有利于公司整体的发展，是一种可行的手段。

信任激励是通过对下属的充分信任，提升下属的自我感知价值，使其努力工作以回报上级的一种激励手段。上下级之间的相互理解和信任是一种强大的精神力量，它有助于人与人之间的和谐相处，有助于单位团队精神和凝聚力的形成。对员工的信任主要体现在平等待人，尊重下属的劳动、职权和意见等，重点表现为"用人不疑，疑人不用"，让员工自己放手去做。授权是充分信任员工的一种好的激励方法。人人都想实现自我价值，授权的手段很好地提供了这种机会。这体现了对人才的充分信任。信任可以缩短员工与管理者之间的距离，使员工充分发挥主观能动性，使企业发展获得强大的原动力。

当然，影响员工工作积极性的因素有很多，激励的手段也层出不穷，上述工具与方法只是较为典型的代表。这告诉我们在制定公司薪酬体系与管理机制的过程中，要综合考虑多方面的因素，采取有针对性的激励措施，真正实现员工目标与企业目标的一致，让薪酬体系与管理机制真正发挥作用，帮助企业向前发展。

5. 案例后续参考

GY 通过对下属一级子公司经营者薪酬体系进行重新设计，较好地调动了经营者的积极性，取得了很好的经营效果。改革后 GY 实现主营收入 118.2 亿元，比上年增长 38.5%；实现利润总额 3.09 亿元，比上年增长 18.2%；资本增值 2.86 亿元，保值增值率为 110.5%；实现净利润 2.39 亿元，比上年增长 23.6%；净资产收益率为 7.3%，总资产报酬率为 5.1%，盈余现金保障倍数 3.3，比上年水平提高 10%；实现利税总额 6.32 亿元，比上年增长 21%（流动资金周转率为 2.6 次，比上年水平提高 42.7%），各项工作目标全面完成。

公司员工工资平均增长了 11.4%，人均增加收入 3 000 元，部分有效益的企业经营者年薪可达 65 万元以上，新的经营者薪酬体系基本符合经济性原则，其公平性、竞争性、激励性和合法性都得到了认可。

第十章　个人与组织的关系

要点

> √ 个人 - 组织契合度
> √ 组织社会化的概念与策略
> √ 组织认同与组织承诺
> √ 心理契约的概念及其作用机制
> √ 组织公民行为的概念与影响因素

第一部分　知识点

一、个人-组织契合度

（一）个人 - 组织契合度的概念

个体的态度和行为是由个体特性决定的，还是由环境特征决定的？行为是个体和环境相互作用的函数，只有同时考虑个体和环境两个因素，掌握其交互过程，才能准确理解个体行为及其产生的后果。个人 - 组织契合度反映了个人与组织在不同层面上的一致程度。

到了 20 世纪 80 年代，学者们从文化角度深入分析了个人与组织在文化上的契合程度，提出了契合度的相容性和一致性等概念。

（二）个人 - 组织契合度的内容

个人 - 组织契合度可分为补足式的契合度（complementary fit）和补充式的契合度（supplementary fit）。补足式的契合度是指个人弥补组织不足的程度，比如，在知识和能力等方面个人如何满足组织的需要。补充式的契合度是指个人适应组织的程度，比如，在个人目标和价值观等方面个人如何适应组织。研究发现，补充式的契合度主要对个人的情感和态度产生作用，补足式的契合度更多的是对工作绩效产生影响。

（三）个人 - 组织契合度的测量

个人 - 组织契合度的测量可以分为直接测量与间接测量。直接测量即直接询问员工是否与组织有很好的契合。间接测量一般利用关于组织价值观的一些题目来测量个人与组织的契合度。间接测量的好处是具体而详细，可较为全面地反映价值观的各个维度，间接测量已成为研究个人 - 组织契合度的主流方法。

（四）个人 - 组织契合度的作用

从组织层面看，当个人与组织价值观具有较高的一致性时，能够提高组织的生产力和组织效能。

从个人层面看，个人 - 组织契合度影响员工的工作态度、业绩表现、离职意愿和工作满意度，还影响员工的甄选过程、组织承诺和社会道德行为。

二、组织社会化

（一）组织社会化的概念

社会化是指员工获得工作技能、理解组织功能、获得同事支持、接受组织行为方式的全过程。组织社会化的过程，就是员工从"外人"变为"成员"的过程。

（二）组织社会化的内容

组织社会化可归纳为四个维度：胜任工作、明确角色、认同文化、融入团队。

新员工的组织社会化程度可以从组织政策、组织目标、人际关系、工作绩效和文化语言五个方面来衡量。新员工的组织社会化内容又可以简化为三个部分：组织、群体和任务。

（三）组织社会化的策略

组织主导型的社会化策略主要是组织采取的促进员工职业生涯发展的相关策略，包括职业生涯规划、获得他人的支持或建议、研究其工作价值观、明确工作发展方向、提高职业技能水平、延长工作时间和构建关系网络等。

个人主导型的组织社会化策略包括反馈与信息收集、建立关系、确立非正式的师徒关系、工作变动的协商、积极进取、参加与工作有关的活动、自我行为管理、观察和模仿。连续的和固定的策略与角色创新负相关，集体的策略则与之正相关。

员工社会化所需的信息可归纳为三种：参照信息、评估信息和关系信息。

三、组织认同与组织承诺

（一）组织认同的概念

（1）从认知角度出发，可将组织认同定义为个体对组织成员感、归属感的认知过程，它体现了个人与组织在价值观上的一致性。

（2）从情感角度出发，可将组织认同定义为成员出于组织吸引和对组织的预期而保持的情感上的某种自我定义。

（3）从社会学角度出发，可将组织认同定义为个体由于具有组织成员身份而产生的一种自我定义，这种成员身份激发了价值观上的一致和情感上的归属。

（二）组织认同的前因与后果

1. 前因

从组织层面看，组织认同的前因变量包括组织特色、组织声誉、组织外部竞争、组织内部竞争等。

从个人层面看，研究者发现任职年限、成员新鲜感、与个体有联系的组织数量、是否拥有导师、满意度、伤感度等因素影响着组织认同。

2. 后果

从组织层面看，组织认同可促进成员产生与组织命运相连的感受，提升团队凝聚力，从而改善组织表现。

从个体层面看，组织认同能确保成员在没有监督的情况下，做出符合组织利益的决策。

（三）组织承诺的内涵

组织承诺是指员工对于特定的组织及其目标的接受和认同程度，以及希望继续作为该组织成员的意愿。

20 世纪 90 年代，出现了的组织承诺理论，该理论认为组织承诺包括三个因素：情感承诺（affective commitment）、连续承诺（continuous commitment）和规范承诺（normative commitment）。

（1）情感承诺是指个体对组织的认同程度，包括在价值观和目标上的一致性、以组织成员身份为荣、愿意为组织利益付出等方面。

（2）连续承诺是个体为组织连续工作的需求，这一承诺是基于交易的承诺，是以个体与组织双方保持利益交换为前提的。

（3）规范承诺是社会规范对个体遵从组织程度的影响，这种承诺产生于忠诚的需要，组织欣赏忠诚的员工。

（四）中国文化背景下的组织承诺

组织承诺会受到文化和经济背景的影响，因此，中西方文化的差异会影响组织承诺的表现形式。在中国的传统文化影响下，人们更加重视长期导向，强调人际关系，强调集体主义，这些都会影响组织承诺的表现。

四、心理契约

（一）心理契约的两个维度

以经济交换为基础的契约关系称为"交易契约"，以社会情感交换为基础的契约关系称为"关系契约"。两个维度在关注点、时间、稳定性、范围和明确性上存在明显差异。在关注点上，交易契约关注奖励报酬，关系契约关注情感需求。

（二）心理契约的形成机制

从个体方面来看，心理契约的形成受工作经历的影响比较大。就工作时间而言，入职时间长的员工由于在组织中工作的时间长，更容易形成较强的自主性和责任心，这种观念容易形成理念型心理契约。

从组织方面来看，人力资源管理政策与实践直接影响着员工的心理契约，这些政策包括临时工替代正式工、再就业培训、劳动诉讼、解雇时是否考虑资历因素等。

（三）心理契约的作用机制

在组织方面，心理契约可以促进员工和睦相处，提高组织凝聚力。在个人方面，心理契约能够提高工作满意度、安全感和出勤率等，降低离职意愿。心理契约之所以能对组织和个人层面都产生较显著的影响，是因为心理契约代表着公平感、信任感、归属感，员工对组织的心理感觉越趋向正面，越容易产生组织需要的行为。

心理契约的破裂或违背心理契约会削弱员工的工作满意度、组织承诺、组织信任、感知的组织支持、组织认同，影响领导－成员交换关系、员工健康水平、角色内绩效，减少组织公民行为、公民道德行为，降低工作努力程度，等等。

五、组织公民行为

（一）组织公民行为的概念

组织公民行为可以改善雇主与员工的关系，使员工之间关系更加融洽，还可以更有效地分配和平衡组织的资源。

组织公民行为有三个特征：

（1）组织公民行为属于角色外行为，即这些行为并不是工作要求的。

（2）组织公民行为不在奖惩范围内。

（3）组织公民行为对组织整体产生积极的正向作用。

组织公民行为有许多典型的表现，主要有五个方面：

（1）公民道德。积极参加组织举办的各项活动，关心组织的前景和发展，不做有损组织形象的事，努力提升组织在外界的口碑。就像一个公民在社会上，需要尽到公民的义务。组织公民行为是公民道德的一种体现。

（2）利他行为。当同事提出需要帮助时，能够主动给予力所能及的帮助，即通常讲的乐于助人。

（3）认真遵从。认真遵守组织规章制度，为了完成工作而尽心尽力地想办法，工作态度积极、认真敬业且富有热情。

（4）运动员精神。为了团队利益甘愿放弃一些个人利益，把自己当成组织的一部分，与组织结成命运共同体，遇到困难不抱怨，面对挑战不退缩。

（5）礼貌友好。待人友善，与大家保持良好的关系。当与同事有冲突时，即使被误解，也能礼让包容。

（二）组织公民行为的影响因素

组织公民行为主要受两个因素影响：个体因素和情境因素。

个体因素既包括员工的性格、责任感、年龄等方面的个人特征，又包括工作满意度、组织承诺、组织公平感等与工作相关的变量。除了个体因素，工作任务、团队凝聚力、领导行为等因素也是影响员工组织公民行为的前因变量，这些因素反映了员工的工作情境，可以称为情境因素。

第二部分　习题集

一、填空题

1. 社会化是指员工获得工作技能、理解组织功能、获得同事支持、接受_____的全过程。

2. 个人－组织契合度分为补足式的契合度和_____。

3. 组织社会化可归纳为四个维度：胜任工作、明确角色、_____、融入团队。

4. 组织认同可定义为个体对于组织成员感、归属感的认知过程，它体现了个人与组织在_____上的一致性。

5. 组织承诺包括三个因素：情感承诺、连续承诺和_____。

6. 心理契约的概念维度包括_____和_____。

二、单项选择题

1. 以下不属于组织承诺的因素的是（　　　）。

　　A. 情感承诺　　　　　B. 连续承诺　　　　　C. 规范承诺　　　　　D. 工作承诺

2. 以下不是组织公民行为的特征的是（　　　）。

　　A. 组织公民行为属于角色外行为

　　B. 组织公民行为不在奖惩范围内

　　C. 组织公民行为会持续产生

　　D. 对组织整体产生积极的正向作用

3. 以经济交换为基础的契约关系称为（　　　）。

　　A. 劳动契约　　　　　B. 经济契约　　　　　C. 交易契约　　　　　D. 关系契约

4. 下面不属于新员工的组织社会化的内容的是（　　　）。

　　A. 组织　　　　　　　B. 群体　　　　　　　C. 绩效　　　　　　　D. 任务

三、多项选择题

1. 以下属于组织社会化的维度的是（　　　）。

　　A. 胜任工作　　　　　B. 明确角色　　　　　C. 认同文化　　　　　D. 融入团队

　　E. 分享知识

2. 个人 – 组织契合度对个体的影响作用包括（　　）。

 A. 工作态度   B. 离职意愿   C. 工作满意度   D. 组织承诺

 E. 社会道德行为

3. 组织公民行为的表现是（　　）。

 A. 公民道德   B. 利他行为   C. 认真遵从   D. 运动员精神

 E. 礼貌友好

4. 可以衡量新员工的组织社会化程度的是（　　）。

 A. 组织政策   B. 组织目标   C. 人际关系   D. 工作绩效

 E. 文化语言

四、简答题

1. 简述组织社会化的内容。

2. 个人 – 组织契合度有何作用？

3. 简述心理契约的两个维度。

4. 简述组织公民行为的三个特征。

五、论述题

1. 结合组织管理，论述心理契约的作用机制。

2. 联系实际论述组织公民行为的产生受哪些因素影响。

3. 论述组织社会化的策略。

4. 论述组织认同的影响因素及其作用。

参考答案

一、填空题

1. 组织行为方式

2. 补充式的契合度

3. 认同文化

4. 价值观

5. 规范承诺

6. 交易契约　关系契约

二、单项选择题

1. D　2. C　3. C　4. C

三、多项选择题

1. ABCD　2. ABCDE　3. ABCDE　4. ABCDE

四、简答题

1. 组织社会化可归纳为四个维度：胜任工作、明确角色、认同文化、融入团队。

新员工的组织社会化程度可以从组织政策、组织目标、人际关系、工作绩效和文化语言五个方面来衡量。新员工的组织社会化内容又可以简化为三个部分：组织、群体和任务。

2. 从组织层面看，当个人与组织价值观具有较高的一致性时，能够提高组织的生产力和组织效能。从个人层面看，个人－组织契合度可以影响员工的工作态度、业绩表现、离职意愿和工作满意度，还可以影响员工的甄选过程、组织承诺和社会道德行为。

3. 以经济交换为基础的契约关系称为"交易契约"，以社会情感交换为基础的契约关系称为"关系契约"。两个维度在关注点、时间、稳定性、范围和明确性上存在明显差异。在关注点上，交易契约关注奖励报酬，关系契约关注情感需求。

4. 组织公民行为有三个特征：

（1）组织公民行为属于角色外行为，即这些行为并非是工作要求的。

（2）组织公民行为不在奖惩范围内。

（3）组织公民行为对组织整体产生积极的正向作用。

五、论述题

1. 在组织方面，心理契约可以促进员工和睦相处，提高组织凝聚力。在个人方面，心理契约能够提高工作满意度、安全感和出勤率等，降低离职意愿。心理契约之所以对组织和个人层面都产生较显著的影响，是因为心理契约代表着公平感、信任感、归属感，员工对组织的心理感觉越趋向正面，越容易产生组织需要的行为。

心理契约的破裂或违背心理契约会降低员工的工作满意度、组织承诺、组织信任、感知的组织支持、组织认同，影响领导－成员交换关系、员工健康水平、角色内绩效，减少组织公民行为、公民道德行为，降低工作努力，等等。

2. 组织公民行为的产生主要受两个因素影响：个体因素和情境因素。个体因素既包括员工的性格、责任感、年龄等方面的个人特征，又包括工作满意度、组织承诺、组织公平感等与工作相关的变量。除了个体因素，工作任务、团队凝聚力、领导行为等因素也是影响员工组织公民行为的前因变量，这些因素反映了员工的工作情境，可以称为情境因素。

联系实际略。

3. 组织主导型的社会化策略主要是组织采取的促进员工职业生涯发展的相关策略，包括职业生涯规划、获得他人的支持或建议、研究其工作价值观、明确工作发展方向、提高职业技能水平、延长工作时间和构建关系网络等。

个人主导型的组织社会化策略包括反馈与信息收集、建立关系、确立非正式的师徒关系、工作变动的协商、积极进取、参加与工作有关的活动、自我行为管理、观察和模仿。连续的和固定的策略与角色创新负相关，集体的策略则与之正相关。

员工社会化所需的信息可归纳为三种：参照信息、评估信息和关系信息。

4.（1）影响因素。从组织层面看，组织认同的前因变量包括组织特色、组织声誉、组织外部竞争、组织内部竞争等。从个人层面看，研究者发现任职年限、成员新鲜感、与个体有联系的组织数量、是否拥有导师、满意度、伤感度等因素影响着组织认同。

（2）作用。从组织层面看，由于组织认同促进成员产生与组织命运相连的感受，提升团队凝聚力，从而改善组织表现。从个体层面看，组织认同能确保成员在没有监督的情况下，做出符合组织利益的决策。

第三部分　案例集

一、课堂讨论案例

案例 1

为什么高工资没有带来高效率？ ①

A公司是一家生产电信产品的公司。在创业初期，一批志同道合的朋友不怕苦不怕累，从早到晚拼命干，公司发展迅速。几年之后，员工由原来的十几人发展到几百人，业务收入由原来的每月十几万元发展到每月上千万元。企业大了，人也多了，但公司领导明显感觉到，大家的工作积极性越来越低，也越来越计较。

A公司的总经理张成一贯注重思考和学习，为此特意到书店买了一些有关成功企业经营管理方面的书籍来学习，他在一本关于松下幸之助的用人之道的书中看到这样一段话："经营的原则自然是希望能做到'高效率、高薪资'。效率提高了，公司才可能支付高薪资。但松下先生提倡'高薪资、高效率'时，却不把高效率作为第一个努力的目标，而是借着提高薪资来提高员工的工作意愿，然后再达到高效率。"张成想，公司发展了，确实应该考虑提高员工的待遇，一方面是对老员工为公司辛勤工作的回报，另一方面是吸引高素质人才加盟公司。为此，A公司重新制定了薪酬制度，大幅提高了员工的工资，并且对办公环境进行了改造。

高薪的效果立竿见影，A公司很快就聚集了一大批有才华、有能力的人。所有的员工都很满意，大家工作热情高，十分卖力，公司的精神面貌也焕然一新。但这种好势头持续不到两个月，大家又慢慢回到懒洋洋、慢吞吞的状态。这是怎么啦？

A公司的高工资没有带来员工工作的高效率，公司领导非常困惑，既苦恼又彷徨。那么症结在哪儿呢？

---

① 熊敏鹏，余顺坤，袁家海，等.公司薪酬设计与管理.北京：机械工业出版社，2006.

二、课后分析案例

案例2

收费站站长的烦心事[1]

萝村收费站基本情况

萝村收费站是广深高速公路第三个收费站，隶属于广州管理处。广州管理处位于广州经济开发区，辖区内共有四个收费站（广塘站、火岗站、萝村站、新州站）和一个路政所。其中广塘站车流量和路费收入在广深高速公路甚至在全国的收费站中都是最高的，广塘站是进出广州市的重要门户；火岗站与广州北二环高速公路连接，是广州北上出省的交通要道。这两个站占据着十分重要的交通位置，每逢节假日都会出现车流高峰，是政府部门和新闻媒体关注的焦点。因此，公司和管理处在资源配置方面都会向这两个站重点倾斜，各项奖励和荣誉也大都会授予这两个站，萝村站和新州站往往扮演"陪衬"的角色。

萝村站共有员工51人，其中正副站长各1人，主管8人，收费人员共有41人。员工主要由两类人员组成：第一类是广州本地人或者在广州有亲属者，合计约占总员工数的39%，这些员工因为要照顾家庭或联络亲属，所以平时除了上班很少留在站内。第二类是外地员工，这类员工家在外地，除了上班只能待在宿舍。两类员工之间鲜有沟通。收费站实行四班三运转制，由两名主管共同管理一个收费班，每个班组上早、中、晚班各两个班次后休息两天。

2003年，公司尝试改革收费运作模式，以广州管理处为试点，撤销收费站监控岗位，设立监控分中心，将收费监控功能与交通监控功能合并，分中心监控员归属管理处直接管理。为增强收费站现场处理突发事件的能力，每个收费站配备八名主管，每个班次由两名主管当班，每名主管各负责一边的出口和入口广场。

这种运作模式削弱了收费站的管理力度，而分中心监控员因为同时要面对四个收费站的监控工作，所以经常顾此失彼，出现不少问题。

新站长面临烂摊子

由于工作轮换，王先生于2007年下半年从东莞管理处调至萝村站任站长。上任之前，王先生从各种渠道探听到不少关于萝村站的负面消息，比如人际关系复杂、管理混乱、营私舞弊严重等。到任后，王先生查看了营运部对萝村站一、二季度"文明收费站"评比扣分的详细情况。其成绩之差，还是出乎王先生的想象。2007年上半年和下半年营运部"文明收费站"评比扣分情况如表10-1和表10-2所示。

---

[1] 本案例由邓靖松、王靖撰写。

表10-1 2007年上半年"文明收费站"评比考核扣分汇总

管理处	收费站	扣分情况							
		站场管理	员工队伍教育及制度建设	收费业务管理		票据管理	资金管理	数据管理	合计
				工作质量	稽查管理				
广州管理处	广塘			1				4.5	5.5
	火岗			1			5	7.5	13.5
	萝村	2		4	13	2		16	37
	新州	2		3	7			10	22
小计		4	0	9	20	2	5	38	78

表10-2 2007年下半年"文明收费站"评比考核扣分汇总

管理处	收费站	扣分情况							
		站场管理	员工队伍教育及制度建设	收费业务管理		票据管理	资金管理	数据管理	合计
				工作质量	稽查管理				
广州管理处	广塘			2.5	5.5	4		6	18
	火岗			1.5	0.5	4			6
	萝村			0.5	10	1		5	16.5
	新州			2	3	1		4	10
小计		0	0	6.5	19	10	0	15	50.5

由于跨管理处调动，王先生对广州管理处的情况了解不多，对站内员工并不熟悉，对能否获得管理处领导足够的支持也没有太大的信心。为了争取主动，王先生决定采取一些措施。

主动走访遭遇冷漠

王先生初步设想通过走访员工了解情况，但事情并没有设想中的顺利。员工对王先生普遍表现出不合作、不理睬的抗拒态度。

王先生首先想到的是，管理工作必须得到管理人员的支持，尤其是副站长的配合，否则单凭一己之力是不可能做好一个收费站的管理工作的。王先生到站的第一天就请副站长吃饭。副站长和王先生年纪相仿，和王先生一样是一个热爱体育运动的人，尤其擅长足球和篮球。而且王先生了解到，前任站长和副站长之间关系一直很僵，前任站长根本不下放权力给副站长。王先生真诚地向副站长请教工作应如何开展，并在合作的初期处处尊重副站长，在全站员工面前树立副站长的威信，以期赢得其对自己工作的支持。但效果不理想，副站长处处设防，滴水不漏。后来王先生还得知，副站长通过各种手段向各级员工施加压力，阻止王先生对站内工作进行详细了解。

从副站长处得不到有用的信息，王先生就尝试从主管和收费员处了解情况，他主动在班余时间到宿舍走访员工，但员工对王先生表现出十分冷漠、爱理不理的态度，甚至带有一种戒备的、敌意的心理。王先生问一句他们就答一句，从不会多说，即使回答也是"可以啊""也没有什么""挺好的""习惯了"等无用的套话，或者干脆只顾自己看电视，连起码的招呼都没有，更没有让座和迎客的意思。这让王先生十分头痛。

冷静观察，迂回摸底

基于以上原因，王先生改变策略，从日常工作和生活中进行多维度观察。经过近三个月的了解，王先生初步摸清了萝村站存在的问题。

（1）管理混乱，积重难返。

1）主管分工不清，责任不明。清晰的分工和明确的职责是规范化管理的基础。萝村站原来实行"四班三运转"的运作模式，由两名地位和权力相当的主管共同管理一个班组。在人员管理上由于分工不清，责任不明，谁也不愿主动承担管理责任，出现问题时总设法互相推诿。加上收费人员素质偏低，员工违纪得不到应有的惩处，以及管理人员和收费人员的薪酬差距不大，主管更是缺乏大胆管理的动力。

为了赢得收费人员对其工作的支持，个别主管还不惜违反公司制度，对收费人员的违纪行为予以包庇。根据公司《员工工资管理规程》，收费人员的效益工资与当班工作量挂钩，但是收费员出现收费差错时，需按《收费站员工绩效考核办法》扣2分，同时长款额充公，短款额超过当班路费收入万分之五的部分需由收费员赔付。另外，收费员收到假钞需按50%赔付。然而收费差错是不可能完全避免的，由于自身原因发生收费差错时，当班收费员为不影响自己的收入，就有通过不正当手段填平差额实现虚假的无差错的动机，也就是所谓的"私自填平"。公司明确规定，"私自填平"是一种严重的违纪行为。公司《员工奖惩管理规程》规定："员工有下列行为之一的，予以开除（解除劳动合同）：……收费系列工作人员套换假钞，带钱上岗，收费不给票、少给票或私自填平数据的。"即便如此，"私自填平"现象还是在站内大行其道，并似乎已成为一种"潜规则"。2007年6月25日，当班主管江某某在收费员上洗手间替其顶岗期间将一台收费车错输成免费车，随后将一台免费车输成收费车从而填平差错。7月26日，当班主管张某某、王某某在清点期间发现收费员刘某短款五元，他们从备用金中取出五元钱替收费员填平差错。这两起事件均被人匿名举报到上级部门，事情曝光，给萝村站带来了极坏的影响。

2）放任自流，纪律散漫。王先生之前站长在萝村站工作了六七年时间，由于种种原因，对员工管理采取放任自流的态度，即使在2007年上半年前后有五人次因违纪而在营运部"文明收费站"评比中被扣分，他也没有对相关责任人进行处理。违规成本过低，使得部分员工有恃无恐。长久以来，绩效成为一种可有可无的事物，萝村站逐渐形成了散漫、无组织、无纪律的氛围。

由于广塘站和火岗站效益更高、社会影响更大，因此广州管理处历任领导都高度重视这两个站的建设。为保证这两个站的成绩，广州管理处往往将这两个站工作表现和服务质量较差而又有复杂背景无法辞退的员工调派到萝村站和新州站以示惩罚。

这些员工到岗后，由于优越感丧失和个人收入减少，心理上失去平衡，更加无心工作。这导致萝村站总体人员素质较低。个别员工还仗着自己的特殊背景挑战主管的权威。例如，2007年9月的一个晚班，北行女收费员武某到岗后自行封闭车道在亭内睡觉，当班主管陈某发现后要求其打开车道进行收费，武某拒绝执行。陈某再次要求武某开道收费，并表示如若不然则向值班站长汇报情况。武某回敬说你爱向谁报告就向谁报告，我不怕。陈某于是打电话报告值班站长，值班站长指示陈某责令武某立即打开车道上班收费，否则按规章进行绩效扣分处罚。此时武某仍无动于衷，依然我行我素，陈某于是按规定出示《绩效考核扣分通知单》，并要求武某在上面签名确认。武某见状勃然大怒，当着其他收费员的面在收费广场一把将《绩效考核扣分通知单》撕得粉碎并揉成一团扔到陈某身上，并破口大骂，威胁陈某要小心点儿。类似的个案之前还发生过多起，最后都是不了了之。对这些低素质员工缺乏有效的约束和管理，给整个站的组织气氛带来了严重的负面影响。主管无力约束员工甚至遇到公然的对抗，使得他们无法在员工中树立威信，极大地打击了他们的工作热情。

（2）服务意识和观念淡薄。服务质量是人们通过长期、全面的评价形成的看法或印象。收费站是面向社会的服务窗口，服务人员服务质量的好坏对公司的效益和形象有着十分重要的影响。

公司从1997年推行"文明收费站"评比开始，就将收费人员的服务质量作为一个重要的考核指标，并先后制定了《顾客投诉处理规程》《收费文明服务操作手册》等一系列收费人员服务质量规范。其中《收费文明服务操作手册》要求，收费员在收费或发卡过程中，应将一个优雅的手势（扬手）、一个友善的眼神（目视）、一个真诚的笑脸（微笑）、一个亲切的点头、一句温馨的问候（文明用语）贯穿其中，简称"收费文明服务五要素"。

2007年萝村站共发生七起顾客投诉事件，上半年共有七人次因服务质量没有达到《收费文明服务操作手册》的要求而在营运部组织的"文明收费站"评比中被扣分。不仅如此，公司中方股东在2007年委托第三方机构（即"神秘顾客"）对所管理的五条高速公路（共有41个收费站）的收费管理与路产管理状况进行调研考评，对收费站的考评主要从收费（发卡）广场环境清洁、收费站员工着装仪表和文明服务三方面进行。考评结果显示，萝村站的收费管理在调研的41个收费站中排名倒数第一。具体得分和排名如表10-3所示。

表10-3　2007年"神秘顾客"考评报告

收费站名称	月度得分					年度得分	年度排名
	6月	7月	8月	10月	12月		
广塘站	80	74	76	78	82	78	25
火岗站	74	76	72	78	80	76	29
萝村站	65	69	77	78	69	71.6	41
新州站	74	67	76	78	67	72.4	39

（3）周边环境不容乐观。萝村站是广深高速公路试通车之时广州市政府基于经济开发区建设和发展的需要临时增设的收费站。另外，由于种种复杂的原因，加上通行的大型车辆较多，广场车道路面下陷破裂严重，收费岛头破烂，收费亭防护栏脱落变形，整个收费广场对外形象较差。

由于缺乏预见性和长远规划，萝村站广场占地面积较小，从高速公路主路到收费站广场的匝道较短。广州经济开发区经过几年的快速发展，已一跃成为全国50多个同类型开发区中经济规模最大和实力最强的开发区，大型生产企业多，进出萝村站的车辆三类以上的大型货车占了总流量的50%，导致收费站很容易出现堵车现象。尤其遇到交通管制或交通事故等突发事件需在收费站分流车辆时，收费站必须在最短的时间内组织人员开足全部车道确保车流畅通。《广东省公路条例》规定："公路收费站应当根据车流量及时开足通道，保障收费通道的畅通；因未开足通道而造成在用通道平均五台以上车辆堵塞的，应当免费放行并开足通道。"而每每碰到突发事件需临时组织人力到广场加班疏通车流时，近一半员工不能及时受命，收费站需承担极大的政策风险。

萝村站周边区域劳动密集型生产企业较多，外来务工人员素质参差不齐，整体治安环境较差，经常发生各种恶性治安事件。另外，广州经济开发区原为广州近郊的农村，虽然经济快速发展，但当地村民素质普遍不高，地方保护主义严重，当地车辆经过收费站时偶尔会发生强行冲卡逃费现象。

深入现场解决问题

通过一段时间的观察和摸底，王先生决定采取整顿行动。

王先生是从东莞管理处调任萝村站的，员工对其毫不了解，缺乏信任。建立情感型的信任，短时间之内是无法做到的，只有设法以最快的时间取得员工的认知型信任。

王先生采取的第一个举措是自己主动走访员工。他从不在工作时间将员工叫到办公室谈话，因为他意识到办公室的环境不利于与员工的非正式沟通，相反还会制造紧张气氛，使得员工产生逆反心理。他经常进入收费亭内，趁收费员收费的空隙与收费员聊天，从他们无心的话语中听取对站内工作的意见和建议。班组召开生产会议时，王先生主动参与讨论，并鼓励员工提出意见。开始阶段，员工都不会提太尖锐的意见，个别胆子大的员工会试探性地提出一些需要解决的问题。对这些问题，王先生都会用笔记下来，然后以最快的速度予以落实解决。通过一段时间的接触，员工们发现他们有意无意向站里反映的所有现实问题都得到了解决，从而逐渐对王先生产生了认知型信任。

针对前述收费员武某，在她晚班下班后的第二天早上，王先生将其叫到办公室，与副站长（主要起第三方证人的作用）一起找其谈话，询问她为什么不开道收费，不服从主管的工作安排。武某辩称是主管陈某对她有成见，且说话的语气让她受不了。王先生告诉她，发现管理人员有滥用职权的行为或不公平的现象时，在提出异议后如果主管坚持意见，那么收费员应先予以执行，事后可以向站长投诉，站长调查属实后一定会对当事主管进行处理。但是不能容忍在工作场所公然对抗管理人员的工作安排。经过一番耐心的说教工作，武某终于承认了自己的错误。王先生将副站长所做的谈话笔录让武某过目并签名确认。接着王先生先后单独找另一当班收费员及保安员谈话，收集了包括当事主管陈某在内的三人的书面材料，均一致证实是武某无理取闹。然后王先生将武某撕毁的《绩效考核扣分通知单》及与武某的谈话记录、当班三人的书面证词等一并呈交广州管理处。在确凿的证据面前，广州管理处同意对武某给予严厉处分。这一事件的处理，在员工中产生了强烈的震动。对违纪员工坚决按制度公平公正地处理，向全体员工强烈地传递了这样一个信息：违规是需要代价的，制度面前一律平等。

后续的烦恼

通过半年多的努力，全站员工基本上接受了王先生的管理方式，王先生树立的公平公正的形象得到了员工们的广泛认可，王先生可以放心大胆地开展管理工作，违纪员工也能接受绩效考核扣分处罚。萝村站的纪律和卫生状况、文明服务质量都有明显的改善，"私自填平"现象得到了有力的遏制，整个收费站的面貌有了较大的改观。广州管理处领导也感受到了萝村站的变化，对王先生的整改表示赞许和支持。

虽然如此，但是2008年的形势仍然不容乐观。2008年公司下达了新的绩效考核目标，要求文明服务的抽查合格率达到85%，"神秘顾客"评分达到75分，还对通道畅通率、冲卡车次等都下达了明确的指标。从2007年萝村站的绩效来看，明显还有很大的差距。而且站内员工的士气也不高，员工习惯了原来散漫的状态，似乎难以达到公司要求的绩效标准。甚至有些被处理过的员工还是存在口服心不服的现象，工作中阳奉阴违，并不积极配合站里的工作。其他员工也是冷眼旁观，没有谁愿意积极表现。

面对公司的绩效目标和考核的压力，王先生分析现状，仍感到距离理想的管理状态还存在一定的距离，主要的管理障碍有：

第一，人情大于制度。整个公司内部存在较多的人情因素，有时甚至不惜牺牲制度。在这样一个缺乏绩效文化的企业里面，单靠一个基层单位自身的努力是远远不够的。

第二，上级支持力度不够。广州管理处领导对王先生的管理改革大多数情况下还是表示支持的，但是涉及复杂的人际关系时，上级领导也不会直接干涉，因此王先生作为一个新人有时还是难以开展工作。

第三，责权利不对等。收费站没有提拔监控员的权力，监控员归广州管理处直接管辖，而收费站主管却必须从监控员中挑选，收费站也没有权力提出意见。但是监控员、主管工作中出现问题却要由收费站承担责任。在这么一种责权利不对等的情况下，收费站的激励和绩效考核措施的实施效果无疑受到了一定程度的抑制。

接下来，该采取什么措施呢？王先生又感觉没有头绪了。

问题与思考

王先生走马上任时为什么会碰到冷漠和抗拒？假设你是王先生，碰到这种情况你会怎么处理？为什么员工之间缺乏协作，站内工作氛围差，员工和领导关系冷漠？为什么王先生解决了一系列问题后，仍然没有提高员工的工作积极性和收费站的绩效？

案例教学参考

1. 教学目的

分析一个基层管理者的经历，从其管理过程中总结基层管理的经验，分享基层管理者的管理心得，探讨基层管理中的问题与困惑。

2. 适用范围

本案例适用于基层管理、管理沟通、冲突管理、制度建设等主题。

3. 案例分析思路

我国高速公路行业脱胎于行政部门，其基层的运作管理还停留在以经验为主的管理阶段，虽然可以从中找到很多有用的管理方法，但是离科学管理还有一定的差距。经验管理是一种被动的应付式的管理，往往让管理者疲于奔命，且常常伴随着失败，显然不能适应市场经济条件下管理工作的需要。而基层管理怎样才能走上科学管理之路，各方见仁见智。目前可选择和使用的工具也很多，比如 ISO 9000～12000 质量体系、5S 活动、六西格玛、平衡计分卡、流程再造、目标管理、企业文化建设等，然而怎样在基层建立这些管理制度和使用这些管理工具，也是管理者需要斟酌的问题。

本案例的主要问题是管理混乱，绩效低下，员工无心工作。而问题的症结在于没有建立绩效导向的组织文化，没有建立规范的绩效考核体系和执行制度，因此要切实提高收费站的绩效状况，应该从最基本的绩效考核制度入手，加强制度建设，并采取各种措施保障制度的执行。

（1）对案例所列问题的分析与诊断。

王先生之所以会遭遇冷漠和抗拒，原因有如下几点：

一是信任度不足。王先生从东莞管理处调任广州管理处，员工对其为人、工作作风毫不了解，相互之间还没有建立起足够的信任，员工对其抱有戒心。

二是对能否改变现状持怀疑态度。"冰冻三尺，非一日之寒。"部分员工认为萝村站当前存在的问题有着深层次的原因，非一朝一夕之事。对王先生改变现状的能力和决心持怀疑和观望态度。

三是安于现状。由于上任站长在萝村站任职多年，员工已适应放任自流的管理方式，不愿意做出改变，甚至对王先生试图改变现状的做法持敌视态度。

萝村站工作氛围差，原因如下：

一是员工之间缺乏沟通。这是萝村站工作氛围差的主要原因。收费员主要由两类组成：第一类是广州本地人或者在当地有亲属的员工，这些员工因为要照顾家庭或投靠亲属，一下班就走人，很少有时间留在站内。第二类是外地员工，这类员工则因为有家归不了，除了上班，只能待在宿舍。两类员工之间鲜有沟通。而且由于工作的原因，收费员通常是单独在收费亭内工作，部分人员长期缺乏沟通交流，造成人员群体的割裂。这种状态造成员工之间的情感交流很少，没有集体认同感。

二是管理混乱，制度不健全。由于考核制度不健全，员工的绩效不能得到体现，多劳不一定多得，做错了得到的惩罚也不足以引以为戒，员工得不到应有的激励去努力工作，因此工作积极性很低。例如，过去违纪行为没有受到有效的惩处，助长了部分"问题员工"违规的气焰，极大地破坏了整个组织的工作氛围。

三是任务重，压力大。萝村站平时车流量大，尤其碰到突发事件需临时组织人力到广场加班疏通车流时，近一半员工不能及时受命，收费站需承担极大的政策风险。同时，这种风险和压力也会落在员工的身上，使得员工的工作满意感和工作积极性低。

（2）针对案例问题的管理建议。

1）制定公平的企业规章制度。企业规章制度对待每一个员工的公平公正性，将决定企业内的员工对该制度的信任程度，只有公平公正地对待每一个人，制度才会得到员工的信任，使其够安心地在该企业中工作。从交易费用视角来看，如果制度没有保障，员工在与人相处或者做事情时就会害怕自己的利益受到损害，因此会采取防卫措施，从而增加工作的附加成本。当存在公平公正的制度时，员工知道自己与对方都处于制度的管制下，对自己利益的损害就是对制度的违背，将受到惩罚。

考核的公平公正性既是绩效管理的基本原则，也是人们的现实需求。如前所述，萝村站的"问题员工"较多，由于这些员工的违纪行为没有受到有效的惩处，极大地破坏了整个组织的工作氛围，使得全体员工都无心工作。

2）制定规范的绩效考核体系。一个良好的绩效考核体系，首先要能贯彻企业战略和经营理念，并将其传达到每一位员工。在操作层面上，可以考虑采用关键绩效指标（KPI）的考核方法，将公司经营目标层层分解，直至分解到个人。作为现代企业管理的核心环节之一，绩效考核的主要目的就是通过提高员工的绩效从而提高团队、企业的绩效，实现绩效目标。"千斤重担众人挑，人人头上有指标"，说的正是这个道理。

3）建立与绩效目标相对应的责任体系。绩效管理的前提是员工清楚自己的职责范围，能够在规定的范围内对自己的工作采取合适措施，发挥其主观能动性保证工作产出。因此，必须建立与绩效相对应的责任体系。如果没有这种责任体系，绩效管理就缺乏控制和约束力，从而失去它应有的权威性。而一个有效的绩效考核体系首先应该将目标分解到个人，否则考核就无从谈起。

萝村站的组织架构包括八名主管，原先按照四班三运转制，每个班组由两名权力、地位平等的主管共同负责。这样的组织架构使得在班组管理中出现问题时两名主管经常互相推卸责任，在日常工作中个别主管采取包庇收费员的方式来赢得收费员对其工作的支持，从而对另一名敢于按照规章管理的主管造成不利。为改变这种责任不清的状况，可以考虑将原来的四个班组拆开，每名主管各负责管理一个班组，另有一名主管除与其他主管一样上班，不负责管理具体的班组，而是在分工上比其他主管承担更多的工作，以此建立起明晰的责任追究体系。

4）建立绩效导向的组织文化。良好的组织文化对组织的绩效会产生强大的推动作用，能为员工营造一种积极的工作氛围，有助于形成共享的价值观和管理机制，从而打造一个合适的鼓励积极创造的工作环境。霍夫斯泰德（1980）认为，组织文化是一种"企业心理"及组织潜意识，它一方面在组织成员的行为中产生，另一方面又作为"共同的心理程序"引导这些成员的行为。

例如在行为文化层面，对收费员的在岗要求做出严格规定，比如收费员必须穿制服、悬挂工号牌上岗，在岗期间不得看书报，不得打手机，不得接受司乘人员的任何物品，等等。执行这些规定，可以建立收费站良好的社会形象，也有助于建立员工的自尊和自我认同感。

案例 3

从劳动合同到心理契约：悦跑圈的员工关系管理 [1]

公司简介

悦跑圈成立于 2014 年 7 月 30 日，是一家专注于通过移动互联网应用举办跑步社交运动和线下赛事活动的国内专业的体育服务商，致力于为中国跑步爱好者提供全方位的服务。悦跑圈 2014 年获得 360 的天使投资，2015 年又获得创新工场的跟投和 360 的追加投资，2015 年底获得专注于体育领域的动域资本千万美元的 B 轮注资，2018 年 3 月完成由创世伙伴资本领投、华颖投资战略投资、亚商资本和广州九方企业管理跟投的 1 亿元人民币的 C 轮融资。

公司具有很强的策划、研发与运营实力，注重产品创新和可持续发展，采取以企业为主体、以市场为导向、以产学研合作为技术支撑、以产业化为核心的研发思路，形成了拥有核心技术和自主知识产权的产业研发体系，凝聚了一批资深的软件研究开发人才。公司有员工 140 余人，平均年龄 31 岁，其中科技人员 27 人，高素质管理人员及中高级技术人员占员工总数的 22% 以上，形成了覆盖行业研究、技术研究、系统设计、软硬件开发和专业测试等领域的实力强大的研发队伍，自主研发了全国首款社交类型的跑步软件——悦跑圈。

依靠在互联网环境中成长起来并高速发展的垂直跑步服务 App，悦跑圈布局跑步领域，深耕马拉松赛事服务，打造了一个属于真正跑者的圈子，以移动互联网撬动跑步产业，联动中国 4 000 万跑者，不断地尝试，开创了线上马拉松模式并将之规范化；聚焦线下聚餐、明信片、配音同步、刻字、跑团专属，是首个向用户收费进行线上跑的软件；通过与国内外 40 多个知名运动品牌合作，努力为跑步用户提供一个最全面、最专业的跑鞋信息平台。同时，悦跑圈热衷于公益事业，积极承担企业的社会责任。截至 2017 年 12 月，悦跑圈有注册用户数 5 300 万人，日活跃用户达 160

---

① 本案例由邓靖松、胡枫撰写。

万人，跑团 2 万个。

转型前的劳动契约模式

悦跑圈转型前的人力资源管理模式以劳动契约为核心，将员工视为被动的需求者，仅仅考虑劳动合同条款的履行及其合法合规性，与员工之间缺少沟通、交流，因此具有单向评估员工的期望的特征。在这个阶段，企业的人力资源管理主要依托招聘、薪酬福利、培训等环节合法合规的操作，仅仅从劳动契约履行方的角度评估并满足员工的期望。企业转型前的人力资源管理模式具体概括为以下三个方面：

首先，企业与员工的互动都是以履行劳动合同为目的的。劳动合同是通过合法、规范的方式来调整企业与员工之间的劳动关系的。转型前，悦跑圈把签订劳动合同作为企业自身应该履行的一项义务，公司内部劳动合同签约率为 100%，旨在从合法合规这个层面把劳动关系的纠纷降到最低。

其次，企业通过工作分析的规范化为员工在企业的发展奠定了基础。职位说明书最终反映了工作分析的结果，对一个职位所需完成的任务做出了明确规定，也明确了任职者较好地完成相应职位工作必须具备的知识、技能、能力等，明确了企业与员工在工作职位上必须共同遵守的契约。

最后，企业在招聘环节制定了清晰的政策和流程，为企业与员工双方提供了真实有效的信息。在员工招聘的过程中，员工与企业通过相互了解、沟通后就职位薪酬、工作内容等达成一致。悦跑圈的整个招聘过程都以企业人力资源的整体规划和工作分析为基础，并根据不同的职位分类制定招聘策略。同时，为了使员工和企业之间建立信任，企业为员工提供真实有效的信息，为双方劳动契约的履行打下了良好的基础。

采取劳动契约模式的前几年，虽然看起来公司的人力资源管理也很规范，制度完备，程序公平，但是仍然出现了一些人员管理上的难题。例如，有一些骨干员工提出离职，而且无论怎样沟通，他们都坚持离职，他们中有的觉得在任职期间遇到了不公平对待，有的认为承受了超出自己能力范围的挫折，还有的找到了待遇更好、有更大发展前景的工作。也就是说，虽然劳动契约没有问题，但是心理契约已经出现了裂痕。基于以上原因，企业的管理层意识到，必须加强员工心理契约的管理，这对于以后改善企业与员工之间的劳动关系具有重要的意义，也能充分发挥心理契约的激励作用，防止更多优秀人才流失。

从劳动契约管理到心理契约管理的转型

悦跑圈的心理契约转型主要体现在以下几个方面：

（1）重视与普通员工建立心理契约，使得员工更加清晰地了解企业的发展战略目标与自我发展目标的关系，为实现共同发展打下良好基础。劳动合同只约定了企业与员工双方的职责，对双方的目标没有做出明确说明，容易导致员工的目标与企业的目标相背离。而心理契约的建立，则使得企业与员工双方的目标在动态沟通中达成一致，在实现员工自身发展目标的同时，也促进企业经营目标的达成。例如，悦跑圈在沟通企业与员工双方的目标时，引入了大数据技术，基于互联网数据管理平台，对于员工的绩效能够进行更加科学有效的评估，从而促进了人力资源信息的共享，能够及时发现需要的人才和企业的发展机遇。

（2）组织管理方式也相应调整，变得更为扁平化。这种方式特别注重交流、沟通和分享等价值观念。企业开发建立了内部的线上沟通平台，这是一个平等、公平的沟通平台，旨在方便员工与员工之间、员工与企业之间进行交流、沟通和分享，员工在这个平台上会感觉到平等和自由。通过这种扁平化的沟通，员工在平台上能够了解企业的人力资源管理动向，并能参与具体的人力资源管理工作，规避了以往层层沟通的弊端，提高了沟通效率。

（3）基于心理契约推行弹性工作制。在新的管理模式下，悦跑圈一改单一的上下班时间，充分考虑到上下班高峰期员工出行的困难，实行弹性工作制。悦跑圈的工作时间从原来的劳动合同上规定的上午九点到下午六点变为上班时间为九点到九点半，下班时间为六点到六点半，除去中午午休的一个半小时，当日出勤满七个半小时即可。出勤打卡的方式也设置为定位打卡，即在距离公司200米以内的位置员工就可以通过手机打卡。这种考勤管理方式的改变，是以企业与员工之间的相互信任为前提的，也是为了建立员工与企业之间的心理契约而进行的调整。

（4）以维护和巩固企业与员工的心理契约为出发点开展员工培训。以前是企业强制要求员工参加培训，企业与员工建立心理契约后，员工理解了企业对自己素质提升的期望，认识到参加培训对巩固心理契约的作用，内心也渴望提升自身的专业能力和管理水平。而互联网技术的日益普及打破了传统的面对面培训方式的限制，企业可以跨地域随时对异地员工进行远程视频培训，也可以通过移动客户端分享上传培训内容以备员工随时学习，还能够通过互联网技术实现互动，例如在线上培训课程中设置打赏功能、兑现对优秀学员的奖励，这些多样化的培训方式的出现，在一定程度上提升了培训的灵活性和效率。

转型后的心理契约管理

悦跑圈自2016年开始人力资源管理模式的转型，强调对员工的个性化管理，例如，除了根据员工的基本信息对员工特征进行深入分析，还通过员工需要获取工作成就感的特征，积极鼓励普通员工挖掘人脉资源为公司推荐优秀人才，并设立"伯乐奖"来肯定他们的工作，同时设立了"首马奖"，鼓励普通员工积极报名参加马拉松比赛。在具体的心理契约管理中，重视对每位员工与企业的心理契约的形成和发展过程的阶段管理。具体体现如下：

（1）心理契约的建立阶段。网络社交平台的兴起为应聘者之间创造了便捷的交流条件和场所，尤其是在普通岗位的应聘者通过面试环节一般无法全面了解企业信息的情况下。"我在招聘信息上看到悦跑圈福利里面有首马奖，因为自己也是一名跑者，就到悦跑圈App的社区里面问了一下，才知道是每个季度有一次跑马拉松的机会，如果入职后第一次完成全程马拉松，除了享受对应的带薪假期，还会获得价值不菲的专业跑鞋一双。"（悦跑圈运营专员）这样一来，即便是普通岗位的应聘者也能在招聘环节就获得真实可靠的信息，与企业建立的心理契约也更稳定。

（2）心理契约的调整阶段。发生公司业务调整、组织结构变更等情况时，普通员工会在变化发生前就知道做出这些决定的原因，部门负责人也会提前沟通。尤其是岗位发生变化的员工，联合创始人会跟部门负责人以及人力资源负责人一起商量调整方案，以充分发挥员工的专长，使其在新岗位也能得到成长并实现自己的期望。

（3）心理契约的实现阶段。悦跑圈快速发展壮大依托的是扁平化的组织结构，普通员工在本职位体系内晋升的机会不多。随着新业务项目的不断孵化，更多的晋升机会也提供给了普通员工，使得他们能在新业务项目里面获得更大的发展。另外，在申报政府项目资质、参加各类创新创业比赛的过程中，悦跑圈也向技术、设计、产品、赛事等专业部门提供了很多专业人才资质认定的机会，让无意于在管理岗位上发展的普通员工能够获得专业方面的肯定。

另外，悦跑圈还借助"红酒鉴赏会""足球俱乐部""王者荣耀大赛"等特色活动，以及微信群、钉钉群等渠道的互动来实现与普通员工的跨层级沟通。这些活动不仅有助于管理者清晰地了解普通员工心理契约建立与维护过程中遇到的问题，而且在沟通顺畅的前提下可以及时采取适当的方法解决这些问题，使企业与普通员工的心理契约得以实现。

基于心理契约的员工关系管理产生的作用

基于心理契约的人力资源管理模式改善了企业与员工之间的关系，使得企业的人力资源管理能够更好地促进企业的发展。转型后的人力资源管理模式对企业产生的影响主要体现在以下方面：

（1）基于心理契约推行弹性工作制，使员工有更大的自主性决定自己的上下班时间，从而也在很大程度上激励了员工，降低了企业考勤管理的难度，提高了员工工作的积极性。

（2）企业与员工达成心理契约后，培训的有效性显著提升。与以往企业强制要求员工参加培训不同的是，企业与员工建立心理契约后，员工对学习的需求日益增加，主动提升自身的专业能力和管理水平。因此，基于心理契约的培训体系不仅能节省培训成本和培训时间，还能提高员工参与培训的积极性，从而有效地提高培训管理的效率。

（3）以心理契约为基础的人力资源管理模式的建立，可提高全员参与企业雇主品牌建设的积极性，而优秀的雇主品牌有助于企业提升财务回报率。建立心理契约后，企业与员工的目标高度一致，员工更加关注企业雇主品牌建设对实现企业目标的影响，从而在自身的工作中也会理解、执行并向潜在的员工宣传企业品牌。例如，悦跑圈每次进行线上马拉松活动或者开展线下赛事时，都会在企业内部召集员工做志愿者参与活动，从而使员工能够更加深入地理解悦跑圈的雇主品牌以及企业文化，同时在参与活动时员工也能够向企业的用户传递雇主品牌的内涵。

问题与思考

悦跑圈的员工关系管理有哪些特色和经验？对基于心理契约的员工关系管理实践，你有哪些建议？

案例教学参考

1. 教学目的

通过对悦跑圈的案例分析，从民营企业与员工共同发展的视角探讨民营企业人力资源管理模式从以劳动契约为基础到以心理契约为基础的转型过程，归纳互联网情境下民营企业人力资源管理模式转型实现机制的理论框架，并为基于心理契约的员工关系管理的实践应用提供建议。

2. 适用范围

本案例适用于员工关系管理、员工激励、人力资源管理等主题。

3. 案例分析思路

（1）基于心理契约的员工关系管理的典型特征。

悦跑圈转型后的人力资源管理模式是通过企业与员工动态互动达到平衡状态从而建立心理契约来实现双方的共同发展的。管理者和核心员工成为企业的合作伙伴，起到了连接企业和普通员工的媒介作用。企业成为支持性的平台，促进管理者、核心员工与普通员工的个性化互动。企业与管理者、核心员工通过动态互动，共同为普通员工提供学习成长的机会，满足普通员工的需求。因此，转型后，企业的人力资源管理模式转变为与员工共同发展的动态交互，其特征主要表现在以下三个方面：

首先，企业与员工的动态互动以达成双方心理契约为目的。在转型之后，企业与员工之间从劳动契约的互动转变为心理契约的互动，主要包含两种心理契约互动关系：一是企业与管理者、核心员工这类特殊员工的心理契约互动，特殊员工与企业建立劳动关系，主要通过共享双方的专业能力、平台等互动方式来发挥各自的优势满足对方的需求，实现共同发展；二是企业与特殊员工合作共同履行与普通员工的心理契约，特殊员工与普通员工进行个性化互动，与普通员工进行更深入、更有针对性的互动，而企业提供一个平台来支持特殊员工与普通员工的互动，更好地履行与普通员工之间的心理契约。

其次，企业与员工双向的互动与优势互补支持实现共同发展。悦跑圈的实践表明，招聘识别是企业与特殊员工建立心理契约的关键过程，为进一步的优势共享和互补创造了条件，优势共享和互补是共同发展这一前提下形成动态互动的重要机制。在优势共享维度上，特殊员工主要共享个人的专业能力、知识技能等个人优势，企业主要共享基于实物和基于能力的组织优势；在优势互补维度上，特殊员工主要针对企业特征转变自己的身份，强化对普通员工心理契约动态调整的影响，企业主要针对特殊员工的特征变为支持性平台，通过适应性调整企业优势强化对特殊员工的支持作用。

最后，企业与员工共同发展的结果既包括经济收益，也包括自我价值的实现。通过企业与特殊员工的配合，企业、特殊员工与普通员工三方都获得了不同的价值：企业主要借助特殊员工的沟通优势更好地满足了普通员工的需求，提升了普通员工对企业的忠诚度，获得了经营业绩提升带来的经济收益；特殊员工在参与实现共同发展的过程中获得了自我价值的提升以及个人成就感；普通员工通过与特殊员工的社交沟通，满足了心理契约的沟通需求，并借助特殊员工的推荐，获得了个人个性化需求的满足，心理契约得以兑现。

（2）理论总结。

本案例的总体分析遵循"转型前—转型过程—转型后"这一人力资源管理模式转型过程。首先，针对企业转型前的人力资源管理模式进行特征分析。其次，分别针对管理者以及核心员工这两类特殊员工分析他们与企业之间动态交互关系的变化，企业都是在招聘阶段就开始识别这两类特殊员工并与之建立心理契约的。再次，在心理契约的调整阶段，在企业与特殊员工之间进行优势资源的互补与对接并动态展开这一交互过程中，充分发挥特殊员工对普通员工的影响力，从而使企业与普通员工之间的心理契约调整到稳定状态。最后，根据管理者、核心员工的特征，企业提供不同的支持政策，支持员工之间心理契约的实现。悦跑圈的人力资源管理模式转型路径可概括为心理契约"建立—调整—实现"这一路径。

通过对悦跑圈数据的归纳分析，我们发现双向的动态交互是悦跑圈与普通员工动态交互的重要机制。从心理契约形成的特征来看，主要分为建立、调整和实现这三个阶段。具体如图10-1所示。

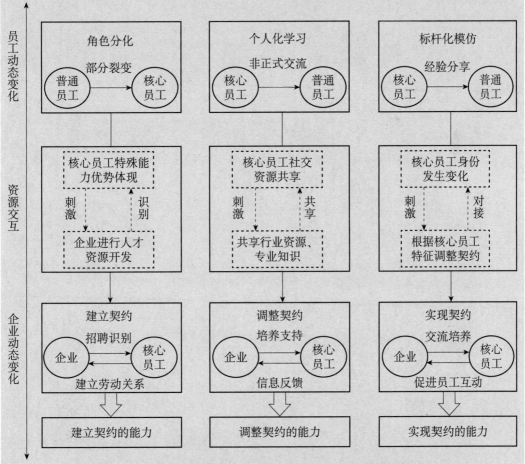

图10-1 企业与普通员工通过动态交互形成人力资源转型的过程

（3）实践启示。

在互联网环境下，民营企业如何通过与员工的动态交互，转型为基于心理契约的人力资源管理模式，最终与员工实现共同发展，是当前民营企业发展过程中面临的人力资源管理难题。本案例研究为民营企业实践提供了以下三个方面的启示：

（1）民营企业招聘过程是企业与员工建立心理契约的第一个环节，也是建立民营企业与员工共同发展这个关系的基础。在招聘阶段，民营企业管理者制定符合企业特点的招聘政策，才能招到技术能力、忠诚度、主动性、适应企业文化的能力都匹配的人才，最终才能实现企业与员工个人双方的共同发展。

（2）民营企业人力资源培训与开发的实质是企业对员工的人力资源投资和开发，以帮助员工在企业内部具备晋升条件。而培训和晋升都能有效激励员工，可以让员工感到被企业重视，促使员工发展与企业发展一致。

（3）根据企业所处的发展阶段和市场定位，建立良好的薪酬体系，使其对内具有一致性、对外具有市场竞争性，在合理控制人工成本的前提下确保能有效激励员工并吸引外部人才。

图书在版编目（CIP）数据

组织行为学知识点精解与习题案例集 / 邓靖松编著
. －－北京：中国人民大学出版社，2023.9
ISBN 978-7-300-31669-7

Ⅰ.①组…　Ⅱ.①邓…　Ⅲ.①组织行为学－教学参考
资料　Ⅳ.① C936

中国国家版本馆 CIP 数据核字（2023）第 076762 号

组织行为学知识点精解与习题案例集

邓靖松　编著

Zuzhi Xingweixue Zhishidian Jingjie yu Xiti Anli Ji

出版发行	中国人民大学出版社			
社　　址	北京中关村大街 31 号		**邮政编码**	100080
电　　话	010 - 62511242（总编室）		010 - 62511770（质管部）	
	010 - 82501766（邮购部）		010 - 62514148（门市部）	
	010 - 62515195（发行公司）		010 - 62515275（盗版举报）	
网　　址	http:// www. crup. com. cn			
经　　销	新华书店			
印　　刷	唐山玺诚印务有限公司			
开　　本	787 mm×1092 mm　1/16		**版　　次**	2023 年 9 月第 1 版
印　　张	19.5		**印　　次**	2023 年 9 月第 1 次印刷
字　　数	442 000		**定　　价**	49.00 元

中国人民大学出版社　管理分社

教师教学服务说明

中国人民大学出版社管理分社以出版工商管理和公共管理类精品图书为宗旨。为更好地服务一线教师，我们着力建设了一批数字化、立体化的网络教学资源。教师可以通过以下方式获得免费下载教学资源的权限：

★ 在中国人民大学出版社网站 www.crup.com.cn 进行注册，注册后进入"会员中心"，在左侧点击"我的教师认证"，填写相关信息，提交后等待审核。我们将在一个工作日内为您开通相关资源的下载权限。

★ 如您急需教学资源或需要其他帮助，请加入教师 QQ 群或在工作时间与我们联络。

中国人民大学出版社　管理分社

教师 QQ 群：648333426（工商管理）　114970332（财会）　648117133（公共管理）
教师群仅限教师加入，入群请备注（学校＋姓名）

☎ 联系电话：010-62515735，62515987，62515782，82501048，62514760

✉ 电子邮箱：glcbfs@crup.com.cn

◉ 通讯地址：北京市海淀区中关村大街甲 59 号文化大厦 1501 室（100872）

管理书社

人大社财会

公共管理与政治学悦读坊